동양북스 외국어
베스트 도서
700만 독자의 선택!

새로운 도서,
다양한 자료
동양북스
홈페이지에서
만나보세요!

www.dongyangbooks.com
m.dongyangbooks.com

※ 학습자료 및 MP3 제공 여부는 도서마다 상이하므로 확인 후 이용 바랍니다.

홈페이지 도서 자료실에서 학습자료 및 MP3 무료 다운로드

PC

❶ 홈페이지 접속 후 도서 자료실 클릭
❷ 하단 검색 창에 검색어 입력
❸ MP3, 정답과 해설, 부가자료 등 첨부파일 다운로드
* 원하는 자료가 없는 경우 '요청하기' 클릭!

MOBILE

* 반드시 '인터넷, Safari, Chrome' App을 이용하여 홈페이지에 접속해주세요. (네이버, 다음 App 이용 시 첨부파일의 확장자명이 변경되어 저장되는 오류가 발생할 수 있습니다.)

❶ 홈페이지 접속 후 ≡ 터치

❷ 도서 자료실 터치

❸ 하단 검색창에 검색어 입력
❹ MP3, 정답과 해설, 부가자료 등 첨부파일 다운로드
* 압축 해제 방법은 '다운로드 Tip' 참고

최신개정판

일단 합격 JLPT

실전 모의고사 N3

황요찬, 박영미, 오카자키 마이 지음

동양북스

일본어능력시험

일단 합격 JLPT
실전모의고사 N3

초판 인쇄 | 2024년 3월 25일
초판 인쇄 | 2024년 4월 5일

지은이 | 황요찬, 박영미, 오카자키 마이
발행인 | 김태웅
책임편집 | 길혜진, 이서인
디자인 | 남은혜, 김지혜
마케팅 총괄 | 김철영
온라인 마케팅 | 김은진
제　작 | 현대순

발행처 | (주)동양북스
등　록 | 제 2014-000055호
주　소 | 서울시 마포구 동교로22길 14 (04030)
구입 문의 | 전화 (02)337-1737　팩스 (02)334-6624
내용 문의 | 전화 (02)337-1762　dybooks2@gmail.com

ISBN 979-11-7210-020-9 13730

머리말

일본어능력시험(JLPT)은 국제교류기금 및 일본국제교육지원협회가 1984년부터 일본어를 모국어로 하고 있지 않은 학습자들의 일본어능력시험을 측정하기 위해 실시하는 시험입니다. 일본어능력시험은 일본 정부가 공인하는 세계 유일의 일본어 시험으로 1년에 2회 실시하고 있습니다. 시험의 결과는 일본의 대학 진학이나 국내 대학의 특차 전형, 기업 인사, 공무원 선발 등에서 일본어 능력을 평가하는 데 사용되고 있습니다.

2014년 기준으로 총 67개국에서 실시하고 있으며, 수험의 목적도 자신의 실력 측정과 입사, 승진, 대학 진학, 해외 취업 등으로 다양합니다. 특히 최근에는 2020년 일본 도쿄 올림픽 개최와 일본 취업의 활성화로 인하여 더욱 더 시험의 중요성이 부각되고 있다고 해도 과언이 아닐 것입니다. 성적이 우수한 자는 대학에서는 특별 전형으로, 국내와 해외 기업의 취업에 있어서 절대적으로 유리한 위치에 있을 수밖에 없을 것입니다.

'일단 합격하고 오겠습니다 JLPT 일본어능력시험 실전모의고사 N3'는 이러한 사회의 움직임에 발빠르게 대응하기 위해, 시험 전에 응시생이 보다 많은 문제를 풀면서 자신감과 경험을 쌓기를 바라는 마음에서 집필하게 되었습니다. 보다 많은 문제를 풀어서 시험의 유형을 익히고 자신감을 갖고 시험에 응하는 것이 가장 중요하다고 보기 때문입니다. 또한 독학하는 학습자들을 위하여 해설서에는 단순한 답만 제시하기 보다는 유의어와 시험의 포인트 등도 안내하고 있어, 그 어떤 수험서에도 뒤지지 않는 시험 전 필수 수험서라고 자신할 수 있습니다.

5회분의 모의고사를 풀어 나가면서 많은 수험생이 자신감을 갖게 되어, 본 시험에서는 부디 좋은 결과가 있기를 바라겠습니다. 끝으로 본 수험서의 출판에 도움을 주신 동양북스 관계자 여러분께 이 자리를 빌려 감사의 말씀을 드립니다.

저자 일동

JLPT(일본어 능력시험) 알아보기

❶ JLPT 개요

JLPT(Japanese-Language Proficiency Test)는 일본어를 모국어로 하지 않는 사람의 일본어 능력을 측정하고 인정하는 시험으로, 국제교류기금과 재단법인 일본국제교육지원협회가 주최하고 있습니다. 1984년부터 실시되고 있으며 다양화된 수험자와 수험 목적의 변화에 발맞춰 2010년부터 새로워진 일본어 능력시험이 연 2회(7월, 12월) 실시되고 있습니다.

❷ JLPT 레벨과 인정 기준

레벨	과목별 시간		인정 기준
	유형별	시간	
N1	언어지식(문자·어휘·문법) 독해	110분	**기존시험 1급보다 다소 높은 레벨까지 측정** [읽기] 논리적으로 약간 복잡하고 추상도가 높은 문장 등을 읽고, 문상의 구성과 내용을 이해할 수 있으며 다양한 화제의 글을 읽고, 이야기의 흐름이나 상세한 표현의도를 이해할 수 있다.
	청해	60분	[듣기] 자연스러운 속도의 체계적 내용의 회화나 뉴스, 강의를 듣고, 내용의 흐름 및 등장인물의 관계나 내용의 논리구성 등을 상세히 이해하거나, 요지를 파악할 수 있다.
	계	170분	
N2	언어지식(문자·어휘·문법) 독해	105분	**기존시험의 2급과 거의 같은 레벨** [읽기] 신문이나 잡지의 기사나 해설, 평이한 평론 등, 논지가 명쾌한 문장을 읽고 문장의 내용을 이해할 수 있으며, 일반적인 화제에 관한 글을 읽고, 이야기의 흐름이나 표현의도를 이해할 수 있다.
	청해	55분	[듣기] 자연스러운 속도의 체계적 내용의 회화나 뉴스를 듣고, 내용의 흐름 및 등장인물의 관계를 이해하거나, 요지를 파악할 수 있다.
	계	160분	
N3	언어지식(문자·어휘)	100분	**기존시험의 2급과 3급 사이에 해당하는 레벨(신설)** [읽기] 일상적인 화제에 구체적인 내용을 나타내는 문장을 읽고 이해할 수 있으며, 신문의 기사 제목 등에서 정보의 개요를 파악할 수 있다. 일상적인 장면에서 난이도가 약간 높은 문장을 바꿔 제시하며 요지를 이해할 수 있다.
	언어지식(문법)·독해		
	청해	45분	[듣기] 자연스러운 속도의 체계적 내용의 회화를 듣고, 이야기의 구체적인 내용을 등장인물의 관계 등과 함께 거의 이해할 수 있다.
	계	145분	
N4	언어지식(문자·어휘)	80분	**기존시험 3급과 거의 같은 레벨** [읽기] 기본적인 어휘나 한자로 쓰여진, 일상생활에서 흔하게 일어나는 화제의 문장을 읽고 이해할 수 있다.
	언어지식(문법)·독해		
	청해	40분	[듣기] 일상적인 장면에서 다소 느린 속도의 회화라면 거의 내용을 이해할 수 있다.
	계	120분	
N5	언어지식(문자·어휘)	60분	**기존시험 4급과 거의 같은 레벨** [읽기] 히라가나나 가타카나, 일상생활에서 사용되는 기본적인 한자로 쓰여진 정형화된 어구나 문장을 읽고 이해할 수 있다.
	언어지식(문법)·독해		
	청해	35분	[듣기] 일상생활에서 자주 접하는 장면에서 느리고 짧은 회화로부터 필요한 정보를 얻어낼 수 있다.
	계	95분	

❸ JLPT 레벨과 인정 기준

레벨	득점 구분	인정 기준
N1	언어지식(문자 · 어휘 · 문법)	0~60
	독해	0~60
	청해	0~60
	종합득점	0~180
N2	언어지식(문자 · 어휘 · 문법)	0~60
	독해	0~60
	청해	0~60
	종합득점	0~180
N3	언어지식(문자 · 어휘 · 문법)	0~60
	독해	0~60
	청해	0~60
	종합득점	0~180
N4	언어지식(문자 · 어휘 · 문법) · 독해	0~120
	청해	0~60
	종합득점	0~180
N5	언어지식(문자 · 어휘 · 문법) · 독해	0~120
	청해	0~60
	종합득점	0~180

❹ 시험 결과 통지의 예

다음 예와 같이 ① '득점구분별 득점'과 득점구분별 득점을 합계한 ② '종합득점', 앞으로의 일본어 학습을 위한 ③ '참고정보'를 통지합니다. ③ '참고정보'는 합격/불합격 판정 대상이 아닙니다.

* 예 N3을 수험한 Y씨의 '합격/불합격 통지서'의 일부 성적 정보(실제 서식은 변경될 수 있습니다.)

① 득점 구분별 득점			② 종합 득점
언어지식 (문자 · 어휘 · 문법)	독해	청해	
50/60	30/60	40/60	120/180

③ 참고 정보	
문자 · 어휘	문법
A	C

A 매우 잘했음 (정답률 67% 이상)
B 잘했음 (정답률 34% 이상 67% 미만)
C 그다지 잘하지 못했음 (정답률 34% 미만)

N3

日本語能力認定書

CERTIFICATE
JAPANESE–LANGUAGE PROFICIENCY

氏名
Name

生年月日(y/m/d)
Date of Birth

受験地 **韓国** Korea
Test Site

上記の者は　　年　月に独立行政法人国際交流基金および
公益財団法人日本国際教育支援協会が実施した日本語能力試験
N3　レベルに合格したことを証明します。

　　　　　　　　　　　　　年　月　日

This is to certify that the person named above has passed
Level N³ of the Japanese-Language Proficiency Test given in
December 20XX, jointly administered by the Japan Foundation
and Japan Educational Exchanges and Services.

独立行政法人　国際交流基金
理事長　　安藤　裕康

Hiroyasu Ando
President
The Japan Foundation

公益財団法人　日本国際教育支援協会
理事長　　井上　正幸

Masayuki Inoue
President
Japan Educational
Exchanges and Services

차례

여기에 당신의 목표 점수를 적어 보세요!

JLPT N3 [ ] 점 합격!

목표를 세우고 하루 하루 정진하면, 못 이룰 것이 없습
니다. 처음의 마음 잊지 말고
이 점수를 마음 속에서 되뇌어 보세요. 합격하는 그날
까지 힘내길 바랍니다!

N3

실전모의고사
1회

N3

げんごちしき (もじ・ごい)

(30ぷん)

ちゅうい
Notes

1. しけんが はじまるまで、この もんだいようしを あけないで ください。
    Do not open this question booklet until the test begins.

2. この もんだいようしを もって かえる ことは できません。
    Do not take this question booklet with you after the test.

3. じゅけんばんごうと なまえを したの らんに、じゅけんひょうと
    おなじように かいて ください。
    Write your examinee registration number and name clearly in each box below as written on your test voucher.

4. この もんだいようしは、ぜんぶで 5ページ あります。
    This question booklet has 5 pages.

5. もんだいには かいとうばんごうの ①、②、③…が ついて います。
    かいとうは、かいとうようしに ある おなじばんごうの ところに マーク
    して ください。
    One of the row numbers ①, ②, ③ … is given for each question. Mark your answer in the same row of the answer sheet.

じゅけんばんごう Examinee Registration Number	

なまえ Name	

問題1 ＿＿＿＿＿のことばの読み方として最もよいものを、1・2・3・4から一つ
えらびなさい。

1 車は近くの駐車場に止めてあります。

1 ちゅしゃじょう 2 ちゅうしゃじょう 3 ちゅしゃじょ 4 ちゅうしゃじょ

2 大事に使っていた皿を夫が割ってしまった。

1 わって 　　　　 2 うって 　　　　 3 よって 　　　　 4 いって

3 この料理は味が薄くて塩を入れました。

1 わかくて 　　　 2 あさくて 　　　 3 かたくて 　　　 4 うすくて

4 この書類に名前と住所を記入してください。

1 きにゅう 　　　 2 ぎにゅう 　　　 3 きにゅ 　　　　 4 ぎにゅ

5 1から10までの数字を全部足すと55です。

1 あす 　　　　　 2 おす 　　　　　 3 たす 　　　　　 4 かす

6 手術は無事に終わりました。

1 むじに 　　　　 2 ぶじに 　　　　 3 むごとに 　　　 4 ぶごとに

7 このレストランではバイトを募集しています。

1 もうしゅう 　　 2 ぼうしゅう 　　 3 もしゅう 　　　 4 ぼしゅう

問題2 ＿＿＿＿のことばを漢字で書くとき、最もよいものを、1・2・3・4から一つ
えらびなさい。

8 私はみどり色がすきです。

1 録 2 禄 3 緑 4 緑

9 お休みの日のちゅうしょくは何を作っていますか。

1 中食 2 昼食 3 注食 4 駐食

10 このホテルは子供が遊べるあさいプールもあります。

1 軽い 2 浅い 3 固い 4 若い

11 トウモロコシはたくさんのところでげんりょうとして使われている。

1 源量 2 減量 3 原料 4 現料

12 目の悪い学生は前の席にうつってもいいです。

1 刊って 2 和って 3 私って 4 移って

13 ストレスでたおれることもあるという。

1 倒れる 2 至れる 3 到れる 4 討れる

問題3 （　　　　）に入れるのに最もよいものを、1・2・3・4から一つえらびなさい。

14 大切な方からもらったものは、ジュエリーボックスに大切に（　　　）あります。

1　はいって　　　　2　だして　　　　　3　しまって　　　　4　おりて

15 きのうのパーティーは、（　　　）楽しくなかった。

1　とても　　　　　2　すこし　　　　　3　ひじょうに　　　4　ちっとも

16 真面目_{まじめ}な人は、いつも最善_{さいぜん}を（　　　）。

1　つくします　　　2　いれます　　　　3　もやします　　　4　あげます

17 有効（　　　）は、ポイントの種類_{しゅるい}によって異_{こと}なります。

1　期日　　　　　　2　期末　　　　　　3　期限　　　　　　4　期待

18 留学生全体で、ベトナム人留学生の（　　　）は約22.3%だそうだ。

1　文句　　　　　　2　割合　　　　　　3　調子　　　　　　4　意外

19 就職が決まり、親と（　　　）住むことになりました。

1　ながれて　　　　2　あふれて　　　　3　はなれて　　　　4　こわれて

20 家で寒さを（　　　）するのは本当は体によくない。

1　不満　　　　　　2　分析　　　　　　3　我慢　　　　　　4　目的

21 彼女は、英語もフランス語も（　　　）で、うらやましいですよ。

1　ほくほく　　　　2　しくしく　　　　3　べらべら　　　　4　ぺらぺら

22 大切な試合に負けてしまってとても（　　　　）。

1　おそろしかった　　　　　　　　2　くやしかった

3　わかかった　　　　　　　　　　4　なつかしかった

23 私の友達はよく子供の成績を（　　　　）してくる。

1　期待　　　　　2　調査　　　　　3　発表　　　　　4　自慢

24 自分の好みに（　　　　）合うくつを見つけた。

1　ぴったり　　　　2　ぐっすり　　　　3　ゆっくり　　　　4　はっきり

問題4　　　　　　の意味が最も近いものを、1・2・3・4から一つえらびなさい。

25 これはネットで注文すれば、希望する日に花を届けてくれるサービスだ。

1　持ってきて渡す　　　　　　　　　2　持ってきて送る

3　持ってきて配る　　　　　　　　　4　持ってきて出す

26 みなさんはものすごく頭にきたとき、どうしますか。

1　悲_{かな}しくなった　　2　寂_{さび}しくなった　　3　がっかりした　　4　怒_{おこ}った

27 面接_{めんせつ}において、長所_{ちょうしょ}はよく聞かれます。

1　いいところ　　　　　　　　　　2　わるいところ

3　すんでいるところ　　　　　　　4　すみたいところ

28 お電話によるお問い合わせは、可能_{かのう}な限_{かぎ}り避_さけていただき、メールでお願い

します。

1　抗議_{こうぎ}　　　　　2　質問　　　　　3　申し込み　　　4　受付

29 ぶらぶら歩きながら、町の景色を見るのが好きだ。

1　いそいで　　　　2　ゆっくり　　　　3　あわてて　　　4　だいたい

問題5　つぎのことばの使い方として最もよいものを、1・2・3・4から一つえらび
　　　　なさい。

30　預ける

1　一週間旅行に行くので、友達に犬の世話を預けた。

2　このサービスを利用すると、気軽に荷物を預けられる。

3　お花やプレゼントをおくって、感謝の気持ちを預けた。

4　すみませんが、約束した期日を預けてもらえませんか。

31　渋滞

1　たくさんの社員が集まって、食堂はいつもより渋滞していた。

2　長い休みが続くと、高速道路が渋滞することが多い。

3　はやくこの渋滞な問題を解決したいと思う。

4　会話の中でわざわざ渋滞の言葉を使う人がいる。

32　ころぶ

1　がんばっていたのに、大事な試験にころんでしまった。

2　運転免許をとってから、一度も車をころんだことがない。

3　植物は水が足りないと、葉っぱがころびます。

4　隣のおじいさんは階段でころんで大きなけがをした。

33　おちつく

1　店内の照明は暗く、おちついた雰囲気だった。

2　このパン、ちょっとおちついてみて。

3　もし、宝くじがおちついたら何がしたい？

4　私の趣味は切手をおちつくことです。

34 いまのところ

1　彼のいまのところは、まだ誰<ruby>誰<rt>だれ</rt></ruby>も知らないようだ。

2　鈴木<ruby>鈴木<rt>すず き</rt></ruby>君<ruby>君<rt>くん</rt></ruby>の家のいまのところは、学校から2時間もかかるところにある。

3　いまのところ、大きなトラブルはないようです。

4　うちの会社のいまのところの経営<ruby>経営<rt>けいえい</rt></ruby>は、うまくいっているらしい。

N3

言語知識（文法）・読解

げんごちしき

ぶんぽう　どっかい

（70分）

注　意
Notes

1. 試験が始まるまで、この問題用紙を開けないでください。
   Do not open this question booklet until the test begins.

2. この問題用紙を持って帰ることはできません。
   Do not take this question booklet with you after the test.

3. 受験番号と名前を下の欄に、受験票と同じように書いてください。
   じゅけんばんごう　　　　　　　　　　らん　　　　じゅけんひょう
   Write your examinee registration number and name clearly in each box below as written on your test voucher.

4. この問題用紙は、全部で19ページあります。
   ぜんぶ
   This question booklet has 31 pages.

5. 問題には解答番号の 1 、2 、3 、… が付いています。
   かいとうばんごう　　　　　　　　　　　　　　　　　つ
   解答は、解答用紙にある同じ番号のところにマークしてください。
   かいとう　　かいとう　　　　　　　ばんごう
   One of the row numbers 1 , 2 , 3 … is given for each question. Mark your answer in the same row of the answer sheet.

受験番号 Examinee Registration Number
じゅけんばんごう

名前 Name

問題1　つぎの文の（　　　）に入れるのに最もよいものを、1・2・3・4から一つ
　　　　えらびなさい。

1 給料をもらっている（　　　）一生懸命働かないといけない。

　　1　以上に　　　　2　以上で　　　　3　以上は　　　　4　以上では

2 うちの会社としてはこの提案を受け入れ（　　　）ので、断ります。

　　1　きれる　　　　2　かねない　　　3　がたい　　　　4　つつある

3 父の誕生日に、心を（　　　）編んだセーターを贈りました。

　　1　こめて　　　　2　ちゅうしんとして 3　とおして　　　4　はじめとして

4 このパソコン、先週買った（　　　）、もう壊れるなんて信じられない。

　　1　ばかりなのに　2　ばかりだから　3　あとなのに　　　4　あとだから

5 A「すみません、紳士服売り場は何階ですか。」

　　B「4階に（　　　）。」

　　1　いらっしゃいます　　　　　　　　2　おります

　　3　もうしあげます　　　　　　　　　4　ございます

6 とてもお腹が空いていたので、一人では食べ（　　　）ほどの料理を頼んでし

　　まった。

　　1　きれない　　　2　きれる　　　　3　かける　　　　4　かけない

7 私はスイーツには目がなくて、新商品が出るたびに買わ（　　　）。

　　1　ずはいられない 2　ずにはいられない 3　しかない　　　4　しかならない

8 A「佐藤さんは最近、頑張っていた試験に失敗したらしいよ。」

B「あ〜だから、元気がない（　　　　　）。」

1　ということだ　2　せいだ　　　　3　というはずだ　4　わけだ

9 この会社に入社して（　　　　　）、病気で休んだことは一度もなかった。

1　以来　　　　　2　以来に　　　　3　以来で　　　　4　以来には

10 太っている（　　　　　）、体のラインを隠す服を着る必要はないと思います。

1　にもかかわらず2　からといって　3　とはかぎらず　4　にしたがって

11 この1週間、かぜ（　　　　　）で調子が悪い。

1　がち　　　　　2　っぽい　　　　3　ぎみ　　　　　4　ほど

12 田中「明日の会議の資料を読んで（　　　　　）。」

北川「はい、わかりました。」

1　おいてあげられませんか　　　　2　おいていただけませんか

3　おきたいと思いませんか　　　　4　おきたいと思えますか

13 皆さんがお好きだとうかがったので持ってまいりました。

よろしければ（　　　　　）。

1　お召し上がってください　　　　2　召し上がってください

3　召し上がりください　　　　　　4　お召し上がりしてください

24

問題2　つぎの文の＿＿＿＿★＿＿＿＿に入る最もよいものを、1・2・3・4から一つえらび
　　　　なさい。

（問題例）

あそこで　＿＿＿＿＿　＿＿＿＿＿　＿＿★＿＿　＿＿＿＿＿　は山田さんです。

　1　テレビ　　　　　2　見ている　　　　3　を　　　　　　4　人

（解答のしかた）

1　正しい文はこうです。

あそこで　＿＿＿＿＿　＿＿＿＿＿　＿＿★＿＿　＿＿＿＿＿　は山田さんです。

　　　　　1 テレビ　　3 を　　2 見ている　　4 人

2　＿＿★＿＿　に入る番号を解答用紙にマークします。

（解答用紙）　　（例）　　①　●　③　④

14　その件については上司に確認し　＿＿＿＿＿　＿＿＿＿＿　＿＿★＿＿　＿＿＿＿＿、

何ともお答えできません。

　1　てから　　　　　2　と　　　　　　　3　ない　　　　4　で

15　ランニングマシーン　＿＿＿＿＿　＿＿＿＿＿　＿＿★＿＿　＿＿＿＿＿、また全然

使わなくなってしまうだろう。

　1　買った　　　　　2　で　　　　　　　3　なんて　　　4　ところ

16 卒業 _____ _★_ _____ _____ おくりたい言葉があります。

    1　あたって　　　2　に　　　　　3　する　　　　4　皆さんに

17 実は、コーヒーが _____ _____ _★_ _____、疲れたから

 ちょっと座りたいだけです。

    1　飲みたい　　　2　いう　　　　　3　と　　　　　4　より

18 A「スマップを知らない日本人はたぶんいないでしょうね。」

    B「そうですね、でもみんなが _____ _____ _★_ _____

   でしょう。知らない人もいると思います。」

    1　とは　　　　　　2　いる　　　　　3　知って　　　　4　限らない

問題3　つぎの文章を読んで、文章全体の内容を考えて、 19 から 22 の中に入る
　　　　最もよいものを、1・2・3・4から一つえらびなさい。

　この間、知り合いから職場でのモラハラのことで相談を受けたことがある。モラ
ハラとは「モラルハラスメント」の略で、人に精神的な嫌がらせをするという意味
だ。

　前は会社の上司や先輩が自分の立場を利用して自分の下の人にハラスメントを行
う場合が多かったが、最近は会社の同僚や後輩からも行われたりするので社会問題
化されている。モラハラは相手の人間性や能力などの 19 だけではなく、周りに
人がいるところで相手を叱ったり、理由もないのに仕事を与えなかったり無視した
りするいろいろなことが含まれる。

　それではモラハラを行う人にはどんな特徴があるのか。まず、他人から認められ
たい気持ちや自己愛が強くて、 20 と思っている。または自分の意見や考えがい
つも正しいから、他人を自分の思いのままにしようとする傾向がある。

　しかしモラハラは精神的な暴力で、ストレスによる様々な症状を起こさせる。頭
痛で仕事に集中できない、食欲がない、眠れないなどがある。さらに何をしても楽
しくなかったり、不安感が強くなったりしてモラハラを受けた人は会社を休むか辞
めてしまう状況となり、結局職場の雰囲気を悪化させてしまう。

　 21 、普段から社会や企業がモラハラは決して許さない強い意志を持たなけれ
ばならない。もし、モラハラが起こったら、我慢せず社内の相談窓口に助けを求め
る必要がある。また、会社側も定期的に面談やミーティングを行い、社員のコミュ
ニケーションに問題はないか、 22 、きちんとチェックしなればならない。

19

1 悪口 　　　　 2 けんか 　　　　 3 指示 　　　　 4 不足

20

1 何もかも自分で決める 　　　　 2 やればできると自信を持つ

3 自分は人より才能がある 　　　　 4 結局うまくいくと確信する

21

1 したがって 　　 2 ところで 　　 3 さて 　　　　 4 そして

22

1 働きすぎて疲れがたまっていないか

2 会社に不満は多くないか

3 けんかの後は仲直りしているか

4 お互い働きやすい環境になっているか

問題4　つぎの(1)から(4)の文章を読んで、質問に答えなさい。答えは、1・2・3・4から最もよいものを一つえらびなさい。

（1）

皆さんは、社会人というとどんな人を思い浮かべますか。

　一般的に社会人というと、スーツを着て、会社に行ってパソコンに向かって仕事をすると考えられがちです。しかし、社会人とは何らかの役割を持ち、社会のために活動する人たちのことであり、その場所が会社でも家でもどこでも、社会の中で活動していれば社会人なのです。つまり、在宅勤務をする、学校で先生をする、居酒屋を経営する、専業主婦で子育てをするというような場合でも社会人として成立するのです。

23　本文の内容と合っているのはどれか。

1　社会人とは会社で働く人たちのことだけを意味する。

2　家で仕事をする人は、社会人と言うことはできない。

3　社会の中で役割がなくても社会人と言うことができる。

4　専業主婦で子供を育てている人も社会人と言える。

（2）

　私には4歳の娘がいる。出産して1年休んだ後仕事に復帰し、フルタイムで働いているので、娘をゼロ歳から保育園に行かせている。

　ところで最近、知り合いから「親が子供とご飯を一緒に食べないと、子供が不安になる」という話を聞いて、悩んでいる。私の仕事は、朝9時から17時までだが、残業もときどきあるため、近くに住んでいる私の母に娘の面倒を見てもらっている。そのため、平日は一緒にご飯を食べることが少ない。週末は娘がご飯を食べている間に平日にできなかった洗濯や掃除などで忙しく、なかなか一緒に食べる時間がない。私もできるだけ娘と一緒にご飯を食べたいが、あっという間に時間が過ぎて、ご飯をゆっくり食べる時間すらないのだ。娘と少しでも一緒に過ごす時間を作るために、仕事を辞めようかと考えたが、経済的な理由でそれはできないためどうすればいいか悩んでいる。

24 それが指しているのはどれか。

1 娘と一緒にご飯を食べること
2 他の人に娘の面倒を見てもらうこと
3 洗濯や掃除などの家事をすること
4 フルタイムの仕事を辞めること

（3）

最近サイクリングがブームになっています。自転車に乗ってゆっくり走りながら自然の景色（けしき）を見たり、いつもはあまり行かないような楽しいスポットを発見したりと、日常とは違う体験ができるため、考えただけでもワクワクします。

しかし、自転車は電車や車と違って時間もかかるし、体力も使うので、大変だと思っている人が多いかもしれません。確かに自転車に長い時間乗るには体力が必要ですが、近い距離から始めて練習するうちに慣れるので心配しなくても大丈夫です。

サイクリングをよくする人たちにその楽しみを聞いてみたら「達成感」をあげる人が多かったです。一生懸命（いっしょうけんめい）自転車をこいで目的地に着いた時の達成感は忘れられないそうです。みなさんもサイクリングを始めてみませんか。

25 内容と合っているのはどれか。

1 サイクリングは体力が必要なので、かなり練習しなければならない。

2 サイクリングをすれば必ず楽しいスポットを発見することができる。

3 サイクリングでの移動は電車や車と違って時間がかかる。

4 サイクリングの楽しみは、目的地に着いたときの解放感だ。

（4）

　私は料理が大きらいだ。だが、周りを見てみると、料理が好きだという人がけっこういてびっくりしている。それで、その人たちにどうして料理が好きなのか聞いてみた。

　理由としては単に「料理好き」という人もいたり、「誰かに作ってあげたいから」という人もいたが、一番多かったのは「おいしいものを食べたいから」と言う人たちだった。おいしいものを食べれば気分もよくなるし、お腹がいっぱいになるのはもちろん、そのようなおいしい料理を自分で作ったという満足感もあるというのだ。食べた後の後片付けはしたくないが、それでもお店に行って食べるより、材料を買って、レシピを見ながら自分の好みに合わせて自由に作れるのがいいという。

　もちろん私もおいしいものを食べたい。しかしそのためにわざわざお金と時間と労力を使って料理をするというのが面倒くさくてたまらないのだ。

26　内容と合っているのはどれか。

1　料理が好きな人はおいしいものを食べることには興味がない。

2　料理好きな人は、おいしい料理を自分で作ったという満足感があるようだ。

3　お腹いっぱい食べられるから料理が好きだという人もいるようだ。

4　この人はこれからは頑張って料理をしてみると言っている。

問題5　つぎの(1)と(2)の文章を読んで、質問に答えなさい。答えは、1・2・3・4から最もよいものを一つえらびなさい。

（1）

　　日本人は海外留学をする人がほかの国に比べて少ないと言われているが、ここ数年で①海外留学する人はさらに減少してきている。最大の理由は少子化だが、経済的な理由により、留学費用が出せないことや、留学に積極的ではない若者が多いことも関係していると言われている。今はネット社会のおかげで、学校で教えているようなレベルであれば、家にいてもほぼすべてのことを自分の力で学べる。②このような時代において、海外留学はどうなっていくのであろうか。

　　OECD(経済協力開発機構)の調査によると、日本人で海外に留学している人の数は(2016年時点)約5万6000人で、ピークだった2004年の8万3000人から大きく減少している。また、2004年の20代の人口は約1650万人だが、2016年は1250万人になっている。少子化が進み、若者の人口がかなり減ったことで、留学生の数も減ったといってもよいだろう。

　　そもそも、日本人は学習に積極的ではないという調査結果もある。学生時代に授業やテスト対策以外で、自分が興味を持ったことについて自ら学習したという人はほとんどいないそうだ。勉強というのはテスト対策でするものという考えが非常に強いという状況を考えると、わざわざ留学して学ぼうという人が少ないのも理解できる。また、ネットが発達してきたことで、学校で何かを勉強することの重要性が低くなっているのも事実だ。

　　このような理由により、今後ますます留学する若者が減っていくのは間違いないだろう。

27 ①海外留学する人はさらに減少してきているとあるが、その理由として考えられるのはどれか。

1 少子化が進んで、若者の人口が減ってきているため

2 海外で生活をするのが怖いと考える人が多いため

3 外国語を学びたい人が少なくなってきているため

4 日本で外国語を勉強したほうが上手になるため

28 ②このような時代について正しいのはどれか。

1 以前より留学がブームになっている時代

2 ネットのおかげで世界中の人と友達になれる時代

3 現地に行かなくてもネットで学べる時代

4 学校に行けばいろいろなことが学べる時代

29 本文の内容と合っているのはどれか。

1 日本の若者は海外留学に消極的な人が多いようだ。

2 日本人は学習するためならどこでも行くイメージだ。

3 ネットだけで外国語が上手になるのはなかなか難しい。

4 金銭的な問題が留学する人が減っている一番の理由だ。

（2）

　「アルバイトをしたことがありますか。」と聞けば、ほとんどの学生が「一度はしたことがある」と答えるだろう。中にはしたことがない学生もいるだろうが、現在アルバイトをしている高校生や大学生を対象に「アルバイトは経験すべきか」と聞くと、約90％以上の人が、①そうだと答えた。

　アルバイトを経験すべきだと答えた人たちにその理由を聞いてみたところ、最も多かったのは「社会経験を積むため」であった。アルバイトをすれば、社会勉強にもなるし、働くことの大切さや人間関係、マナーなどが学べるからだというのだ。次に多かったのは「就職や将来のため」であった。学校を卒業して社会に出る前にアルバイトを経験していれば、就職に有利になるし、またどんな仕事が自分に合うかと考えたとき、アルバイトの経験が役に立ったという意見もあった。

　これ以外にも「お金のため」と答えた人がいたが、「学費や生活費、自分の趣味のため」ではなく、「お金をかせぐことの大変さがわかるから」とか「お金の大切さを知ることができるから」といった②理由を挙げていた。つまり、遊ぶお金をかせぐためというよりも、お金の勉強のためと言えるだろう。

　一方、アルバイトをしていない人たちに理由を聞くと、「アルバイトをする時間がないから」が最も多かった。大学生の中には、「いいアルバイトがなかなか見つからないから」とか「アルバイトをしなくても生活できるから」と答えた人もいたが、高校生は「学校で禁止されているから」と答えた人が約半数だった。

　このように、アルバイトをする理由もしない理由も人それぞれ違うが、高校生や大学生のほとんどは、ただ単純にアルバイトをするのではなく、しっかり理由があってアルバイトをしているということがわかった。

30 ①そうだとあるが、そう答えた理由として合わないのはどれか。

1 働くことの大切さがわかるから

2 社会のマナーが学べるから

3 お金の勉強ができるから

4 いい会社に必ず就職できるから

31 ②理由とあるが、なんの理由か。

1 生活費のためにアルバイトをする理由

2 趣味にお金を使うためにアルバイトをする理由

3 お金のためにアルバイトをする理由

4 働く大変さを知るためにアルバイトをする理由

32 本文の内容と合っているのはどれか。

1 全国にある約半数の高校ではアルバイトが禁止されている。

2 大学生のほとんどが貯金するためにアルバイトをしている。

3 高校生や大学生の多くは、アルバイトをすることに肯定的だ。

4 アルバイトで人間関係を学べることはほとんどない。

問題6 つぎの文章を読んで、質問に答えなさい。答えは、1・2・3・4から最も
よいものを一つえらびなさい。

日本のコンビニやファミレスは２４時間営業というのが当たり前になっている。実際、一晩中営業し、店員が働いている姿を日本各地で目にすることができる。しかし、はたしてそこまでして営業する必要があるのだろうか。もちろん、①時代とともにライフスタイルも変化して、以前より深夜まで働く人や活動する人が増えたのは事実であるが、２４時間、店を開けておく必要はないと思う。遅くても、深夜０時まででいいのではないだろうか。

最近では、一部の大手企業が②このような営業形態の見直しを検討していることを明らかにした。２４時間営業を見直すようになった要因として最も挙げられるのは「少子高齢化」だ。この少子高齢化により、働ける年代の人口が減少し、人手不足という問題につながってしまったという。深夜に勤務できる人を採用するために、企業側が時給を上げるという努力をしても、やはり負担が大きいからかなかなか人が集まりにくいというのだ。

また、以前に比べて夜中に出かける人が少なくなったことにより、深夜にコンビニやファミレスを利用する客が減ってきたことも見直す要因として考えられる。少しでも客を確保して利益をあげるために営業しているのに、利益がなければ高いコスト（人件費や電気代）をかけて③営業する理由もなくなるのだ。

もし、コンビニやファミレスで２４時間営業が廃止されれば、私たちの生活にはどのような影響を及ぼすだろうか。深夜勤務の人や、夜に活動するのが好きな人、夜中によくコンビニを利用することが習慣になっていた人などにとっては、不便な部分もあるだろう。その一方で２４時間営業のないライフスタイルが定着すれば、多くの人が深夜に活動しなくなり、今以上に深夜の売り上げは落ちることが予想される。

今回の一部企業における２４時間営業の見直しは、効率よく深夜営業を行うための実験であると考えられる。効率の良い営業を続けていくために、必要な対策を立てようとする動きであると考えるのが現実的だと言えるだろう。

33 ①時代とともにライフスタイルも変化してとあるが、どう変化したか。

1 深夜に、コンビニやファミレスで働きたい人が増えた。

2 売り上げのために２４時間営業が当たり前のようになった。

3 一晩中営業しているお店があまり見られなくなった。

4 昔に比べて、深夜に仕事や活動をする人が多くなった。

34 ②このような営業形態とあるが、なにか。

1 コンビニやファミレスなどが、深夜に営業をしなくなったこと

2 コンビニやファミレスなどが、２４時間営業していること

3 コンビニやファミレスなどが、時給を上げてでも営業していること

4 コンビニやファミレスなどが、人手不足でも営業しなければならないこと

35 ③営業する理由もなくなるとあるが、なぜか。

1 利用する若者が減ってきたから

2 夜中に出かける人が少なくなったから

3 ２４時間営業が廃止されることになったから

4 高いコストに比べて、利益が少ないから

36 この文章の全体のテーマはなにか。

1 ２４時間営業の重要性について

2 ２４時間営業のデメリットについて

3 ２４時間営業の廃止について

4 ２４時間営業の見直しについて

問題7　右のページは、あるホテルの宿泊プランの案内である。これを読んで、下の
　　　　質問に答えなさい。答えは、1・2・3・4から最もよいものを一つえらび
　　　　なさい。

[37]　今年60歳になった佐藤さんはこの宿泊プランに妻と参加したいと思っている。
　　　佐藤さんがこのホテルに行くとき、必ず持って行かなければならないものは
　　　何か。

　　1　身分証明書

　　2　通帳

　　3　スマートフォン

　　4　予約を印刷した用紙

[38]　この宿泊プランの案内文と合うものはどれか。

　　1　60歳以上の人は14,000円に割引してもらえる。

　　2　利用する前の日は、予約できない。

　　3　このホテルのチェックインは午後3時からできる。

　　4　温泉は24時間営業だが、朝5時半には利用できない。

宿泊プランのご案内

アークホテルに泊まって、２日間ゴルフを楽しみませんか。

● プラン内容：ゴルフが好きな方におすすめのお得な宿泊プランです。宿泊プランには朝食と夕食、また温泉利用がついていますので、ゴルフのあとはゆっくりお過ごしいただけます。

● 期間：２０２４年５月１５日(木)から１０月３１日(火)まで

● 料金：通常料金１名様２０,０００円(１室２名様ご利用時)

　※ アークホテルの会員様、シニア割引(６０歳以上の方)プランをご利用の方は、通常料金より２０％割引となっております。

● 朝食：7:00〜9:30
　和食と洋食のバイキングをご用意しております。

● 夕食：18:00〜20:30
　和食と洋食のバイキングをご用意しております。

● チェックイン：15:00〜

● チェックアウト：〜11:00

● 温泉利用：24時間営業

　※ 朝４時から５時までは、掃除のためスタッフがおります。タオルはお部屋にバスタオルとフェイスタオルをご用意いたしております。

● ご予約は、ご利用日の前日まで、お電話でのみとさせていただきます。

● お問い合わせ

　TEL：0120-1234-5678　アークホテル　ゴルフプラン予約係

※ シニアプランをご利用のお客様は６０歳以上の方を代表者としてご予約ください。当日、チェックインの際に身分証明書(パスポートや運転免許証など、本人を確認できるもの)の確認をさせていただきます。またご家族やご友人の方は６０歳未満でも、同じ料金でご利用いただけます。

N3

聴解
<ruby>聴解<rt>ちょうかい</rt></ruby>

（40分）

注 意
Notes

1. 試験が始まるまで、この問題用紙を開けないでください。
   Do not open this question booklet until the test begins.

2. この問題用紙を持って帰ることはできません。
   Do not take this question booklet with you after the test.

3. 受験番号と名前を下の欄に、受験票と同じように書いてください。
   Write your examinee registration number and name clearly in each box below as written on your test voucher.

4. この問題用紙は、全部で13ページあります。
   This question booklet has 13 pages.

5. この問題用紙にメモをとってもいいです。
   You may make notes in this question booklet.

受験番号 Examinee Registration Number	

名前 Name	

もんだい
問題 1

　問題 1 では、まず質問を聞いてください。それから話を聞いて、問題用紙の 1 から 4 の中から、最もよいものを一つえらんでください。

れい

1　1階

2　2階

3　3階

4　4階

1 ばん

2 ばん

1 明日の午後、豊本自動車に行くように小川さんに言う

2 明日の午前中、東京機械に電話するよう木村さんに言う

3 今日の午後、豊本自動車からの電話を待つよう小川さんに言う

4 今日の夜、東京機械からの電話を待つよう木村さんに言う

3ばん

1　隣の部屋に文句を言いに行く

2　空いている旅館に移動する

3　フロントに電話でお願いする

4　隣の部屋が静かになるのを待つ

4ばん

1　部長から頼まれた資料を作る

2　課長から頼まれた資料を作る

3　取引先に電話をかける

4　取引先に新製品の資料をもらう

5ばん

1 今ある本を全部捨てて、新しい本を買う

2 今より広いところに引っ越すつもりだ

3 リサイクルショップに行って本を売る

4 本を置くため、新しい本棚を買う

6ばん

1 今日の会議で使う資料を作る

2 駅で待っている部長に資料を届ける

3 駅に行って部長から資料をもらう

4 桜田印刷に約束時間の変更を電話する

問題 2

　問題2では、まず質問を聞いてください。そのあと、問題用紙を見てください。読む時間があります。それから話を聞いて、問題用紙の1から4の中から、最もよいものを一つえらんでください。

れい

1　早く映画の情報が知りたいから

2　キャンペーンに応募してチケットをもらいたいから

3　限定グッズをもらって人に見せたいから

4　レビューを読んで、話題の映画が見たいから

1ばん

1 新しい上司と性格が合わないから

2 今より残業が増えるから

3 親しい同僚が会社を辞めるから

4 会社がボーナスをなくすと言ったから

2ばん

1 毎日遅くまで残業したこと

2 部長とお酒を飲みに行ったこと

3 企画書をやり直ししたこと

4 部長から怒られたこと

3ばん

1 ヨーロッパへ行くことにしたから

2 急に仕事が入ったから

3 農業を始めることにしたから

4 実家へ帰ることにしたから

4ばん

1 通勤に2時間かかるから

2 運動不足が解消されるから

3 出勤する前に運動するから

4 仕事に遅れたくないから

5 ばん

1 みんなとお酒を飲みたくないから

2 病院に行かなければならないから

3 胃の調子が悪くてお酒を飲めないから

4 お酒やコーヒーが嫌いだから

6 ばん

1 駅前で 11 時半に会う

2 駅前で 12 時に会う

3 バス停で 11 時半に会う

4 バス停で 12 時に会う

もんだい
問題 3

　問題 3 では、問題用紙に何もいんさつされていません。この問題は、ぜんたいとしてどんなないようかを聞く問題です。話の前に質問はありません。まず話を聞いてください。それから、質問とせんたくしを聞いて、1 から 4 の中から、最もよいものを一つえらんでください。

― 　メモ　―

問題4

　問題4では、えを見ながら質問を聞いてください。やじるし（→）の人は何と言いますか。1から3の中から、最もよいものを一つえらんでください。

れい

1ばん

2ばん

3 ばん

4 ばん

問題5

問題5では、問題用紙に何もいんさつされていません。まず文を聞いてください。
それから、そのへんじを聞いて、1から3の中から、最もよいものを一つえらんで
ください。

― メモ ―

N3

실전모의고사
2회

N3

げんごちしき (もじ・ごい)

(30ぷん)

問題1 ＿＿＿＿のことばの読み方として最もよいものを、1・2・3・4から一つ
えらびなさい。

1 彼女は結婚したら仕事を辞めて、専業主婦になりました。

1 しゅふ 2 しゅうふ 3 しゅふう 4 しゅうふう

2 子供に楽器を習わせるには何がいいか、すすめてください。

1 らくき 2 がくき 3 らっき 4 がっき

3 残ったおかずは必ず冷蔵庫に入れてください。

1 れいじょうこう 2 れじょうこ 3 れいぞうこう 4 れいぞうこ

4 天気がいい時は屋上テラスで洗濯物を干しています。

1 ほして 2 だして 3 ふして 4 まして

5 空に浮かんでいるあの雲の名前を知っていますか。

1 ふかんで 2 はかんで 3 うかんで 4 あかんで

6 大学では日本の政治について勉強しています。

1 せいち 2 せいじ 3 せち 4 せじ

7 これを持ち帰りたいので包んでもらえますか。

1 うらんで 2 つつしんで 3 つつんで 4 ならんで

問題2 ＿＿＿＿のことばを漢字で書くとき、最もよいものを、1・2・3・4から一つえらびなさい。

8 男の子を二人もそだてるのはとても大変でした。

1 育てる 　　　　2 盲てる 　　　　3 肯てる 　　　　4 忘てる

9 彼は進学か就職かでまよっているらしい。

1 疑って 　　　　2 洗って 　　　　3 払って 　　　　4 迷って

10 これは毎日どれぐらい歩いたのか、きろくしてくれるアプリです。

1 期録 　　　　2 記録 　　　　3 機緑 　　　　4 基緑

11 子供が大学を卒業して、親のやくめも終わったと思う。

1 役員 　　　　2 約目 　　　　3 約員 　　　　4 役目

12 私が考えているじょうけんに合う部屋を探しています。

1 条研 　　　　2 状態 　　　　3 条件 　　　　4 状況

13 風邪薬を飲んだらねむくなるので車の運転をしてはいけない。

1 冒く 　　　　2 寝く 　　　　3 眠く 　　　　4 眠く

問題3 （　　　　）に入れるのに最もよいものを、1・2・3・4から一つえらびなさい。

14 食事をするときは（　　　　）のバランスをよく考えてください。

1 影響　　　　　　2 栄養　　　　　　3 順番　　　　　　4 方法

15 のどが（　　　　）ので、水をコップ2杯も飲んでしまった。

1 わけた　　　　　2 かわいた　　　　3 やぶれた　　　　4 はえた

16 (電車の中で) ちょっとすみませんが、（　　　　）もらえませんか。

1 つめて　　　　　2 むけて　　　　　3 だして　　　　　4 みとめて

17 最近は自分でも（　　　　）ほど、お菓子、特にチョコレートをたくさん食べている。

1 あやしい　　　　2 うらやましい　　3 あきれる　　　　4 うながす

18 見るなと言われると（　　　　）見たくなるのは人間の心理である。

1 もっとも　　　　2 よけいに　　　　3 ただし　　　　　4 あらかじめ

19 警察は（　　　　）いる犯人を追っていました。

1 浮かんで　　　　2 守って　　　　　3 迷って　　　　　4 逃げて

20 手洗いやうがいをすると、風邪を（　　　　）ことができる。

1 防ぐ　　　　　　2 囲む　　　　　　3 表す　　　　　　4 止める

21 子猫は、（　　　　）泣き出しそうな悲しい顔をしていた。

1 いまと　　　　　2 いまも　　　　　3 いまにも　　　　4 いまで

22 会社に（　　　　）質問してくる人がいて困る。

1　ゆたかに　　　　2　上品に　　　　3　しつこく　　　4　正しく

23 旅行に行く前に円をドルに（　　　　）しておくと便利だ。

1　両者　　　　　　2　両面　　　　　　3　両側　　　　　4　両替

24 最近、（　　　　）が高くて生活が苦しくなった。

1　合計　　　　　　2　値段　　　　　　3　価格　　　　　4　物価

問題4 ＿＿＿＿の意味が最も近いものを、1・2・3・4から一つえらびなさい。

25 グラフをごらんください。

1 見てください
2 描いてください
3 作ってください
4 消してください

26 今の会社は仕事はきつくても、給料はたくさんもらえる。

1 つまらなくても
2 下品でも
3 大変でも
4 忙しくても

27 申し訳ございませんが、こちらの商品は売り切れになっております。

1 全部失いました
2 全部無くなりました
3 全部売れました
4 全部切れました

28 どういうわけか、彼は私にすごく怒っていた。

1 理由
2 返事
3 環境
4 文句

29 山村さんは学生時代から、女にもてる男だった。

1 きらわれる
2 同情される
3 さけられる
4 人気のある

問題5　つぎのことばの使い方として最もよいものを、1・2・3・4から一つえらび
　　　　なさい。

30　さっそく

1　コンビニに新しい商品が出ていたので、さっそく買ってみた。

2　コンタクトレンズをつけると、さっそく見えます。

3　耳が悪いので、もう一度さっそく言ってもらえますか。

4　定年したら、田舎に帰ってさっそく暮らしたい。

31　めったに

1　うちの母は、めったにデパートへ買い物に行きます。

2　私は高校時代の同級生たちとめったに会います。

3　真理さんの彼氏は、近所に住んでいるのでめったに会うそうです。

4　ベテラン講師から指導を受けられることはめったにないチャンスだ。

32　そなえる

1　日頃から災害にそなえて、対策を立てておくことが大切だ。

2　毎日同じものばかり食べていたら、そなえてしまった。

3　すみません、この席そなえていますか。

4　彼は子供のころから、東京にそなえていた。

33　たいして

1　たいしていいから、また遊びに来てください。

2　たいして意味のない話なので、深く考えなかった。

3　ここでもうたいしてお待ちいただけませんか。

4　社長はたいして大声で怒鳴り始めました。

34 にぎる

1 夏休みに友達と海に行って魚を<u>にぎった</u>ことがある。

2 虫歯ができて、歯を<u>にぎる</u>ことになってしまった。

3 離れないように、子供の手を強く<u>にぎった</u>。

4 部屋の中に虫がいて、兄に<u>にぎって</u>もらった。

N3

言語知識（文法）・読解

（70分）

注　意
Notes

1. 試験が始まるまで、この問題用紙を開けないでください。
   Do not open this question booklet until the test begins.

2. この問題用紙を持って帰ることはできません。
   Do not take this question booklet with you after the test.

3. 受験番号と名前を下の欄に、受験票と同じように書いて
   ください。
   Write your examinee registration number and name clearly in each box below as
   written on your test voucher.

4. この問題用紙は、全部で19ページあります。
   This question booklet has 19 pages.

5. 問題には解答番号の 1 、 2 、 3 … が付いています。
   解答は、解答用紙にある同じ番号のところにマークして
   ください。
   One of the row numbers 1 , 2 , 3 … is given for each question. Mark your answer in
   the same row of the answer sheet.

受験番号　Examinee Registration Number	

名前　Name	

問題1　つぎの文の（　　　　　）に入れるのに最もよいものを、1・2・3・4から一つ
えらびなさい。

1　空港行きのバスは20分（　　　　　）出ます。

1　あいだ　　　　2　あいだに　　　　3　おきで　　　　4　おきに

2　クラスメートと喧嘩をした（　　　　　）、先生に叱られた。

1　わけに　　　　2　ことで　　　　　3　ものに　　　　4　はずで

3　私は日本料理（　　　　　）、まず、すしやみそしるが思い浮かびますね。

1　ときたら　　　2　というと　　　　3　にしては　　　4　によって

4　燃えないゴミは火・木・金に出す（　　　　　）。

1　ものになっている　　　　　　　　2　ものでなっている

3　ことでなっている　　　　　　　　4　ことになっている

5　薬を飲んでもよくなる（　　　　　）、病状はだんだん悪くなっていく。

1　としたら　　　2　どころか　　　　3　につれ　　　　4　にしたがい

6　この本は、読む（　　　　　）元気がもらえます。

1　だけあって　　2　たびに　　　　　3　とおり　　　　4　うちに

7　A「新しいプロジェクトは誰に任せましょうか。」
B「木村君（　　　　　）どう？」

1　ほど　　　　　2　として　　　　　3　なんて　　　　4　なんか

8 約束の時間までまだ3時間もあるから、そんなに急ぐ（　　　　　）。

1　ことにする　　　2　ことになる　　　3　ことはない　　　4　ものはない

9 小説家としての私の夢は、世界中の（　　　　　）愛される名作を書くことです。

1　誰からも　　　　2　誰も　　　　　3　誰かも　　　　4　誰とも

10 人々の考え方は時代の流れ（　　　　　）変わっていきます。

1　とともに　　　　2　ということに　　3　にあたって　　4　にかわって

11 私は一社員（　　　　　）ので、それを決める権利はありません。

1　にしかない　　　2　にそういない　　3　にすぎない　　4　にしたがい

12 入社してからすぐ昇進した田中さんがうらやましくて（　　　　　）。

1　だけでない　　　2　ばかりでない　　3　しかたがない　　4　ようがない

13 社長、お客様2名が（　　　　　）。

1　ごらんになりました　　　　　　2　ごらんにしました

3　お見えになりました　　　　　　4　お見せになりました

問題2　つぎの文の＿＿＿★＿＿＿に入る最もよいものを、1・2・3・4から一つえらび
　　　　なさい。

（問題例）

あそこで　＿＿＿＿＿　＿＿＿＿＿　＿＿★＿＿　＿＿＿＿＿は山田さんです。

1　テレビ　　　　　2　見ている　　　　3　を　　　　　　4　人

（解答のしかた）

1　正しい文はこうです。

あそこで　＿＿＿＿＿　＿＿＿＿＿　＿＿★＿＿　＿＿＿＿＿は山田さんです。
　　　　　　1 テレビ　　3 を　　2 見ている　　4 人

2　＿＿★＿＿　に入る番号を解答用紙にマークします。

（解答用紙）　　（例）　　①　　●　　③　　④

14　私が富士山の写真を　＿＿＿＿＿　＿＿＿＿＿　＿＿★＿＿　＿＿＿＿＿、バッグから

さいふをすられてしまいました。

1　間　　　　　　2　いる　　　　　3　に　　　　　4　とって

15　ただいま、Webサイトに　＿＿＿＿＿　＿＿＿＿＿　＿＿★＿＿　＿＿＿＿＿が発生

しております。

1　づらい　　　　2　障害　　　　　3　アクセス　　4　し

16 もし、タイムマシンに乗って過去に戻れる ＿＿＿＿ ★ ＿＿＿＿ ＿＿＿＿ 戻りたいですか。

1　に　　　　　　2　と　　　　　　3　いつ　　　　　　4　したら

17 このデータの分析結果 ＿＿＿＿ ＿＿＿＿ ★ ＿＿＿＿ 新しい商品を開発する。

1　もと　　　　　2　して　　　　　3　を　　　　　　4　に

18 父は ＿＿＿＿ ＿＿＿＿ ★ ＿＿＿＿、家族への愛は人一倍深い。

1　短い　　　　　2　反面　　　　　3　が　　　　　　4　気

問題3　つぎの文章を読んで、文章全体の内容を考えて、 19 から 22 の中に入る最もよいものを、1・2・3・4から一つえらびなさい。

　　私の周りには、毎日のように子供の送り迎えをしている友人がいる。学校はもちろん、習い事や塾の送り迎えまでしているので、平日も週末も 19 会えない。子供の安全や将来を考える親の気持ちもよく分かるが、毎日の送迎は、必要以上に子供を甘やかして過保護になっているのではないかと思う。

　　しかし、その友人は自分の子供は学校まで遠いし、塾から家に帰る時間も遅いので仕方がないと言っている。もちろん自分も周りから「過保護だな」と思われるのは知っているが、考え方は人それぞれだし、何より 20 、周りの目は気にしたくないと言っている。 21 、通学時間が減ったことで、その分勉強に集中できるし、車の中で休んだり、睡眠できるので学習効率が上がるとのことだ。

　　さらに、子供と一緒に過ごせる時間が増えたことで、学校での生活や悩みとかも聞けるので、友人にとって送迎時間は、とても幸せに感じるそうだ。

　　ところが、子育てというのは年齢や発達の状態に合わせて適切な対応が必要だ。人は自分の力で困難を乗り越えることで、精神的に成長できる機会を得られる。親があまりにも子供に密着するのは、子供が自立心を育てることや深い友人関係を築くことに影響を与えるかもしれない。

　　自力で通学することで、子供たち同士で相談したり、通ったことのない道を歩いたりするのもなかなか 22 。

19

    1   まっすぐ   2   たまに   3   はっきり   4   ろくに

20

    1   安心感が得られるのであれば   2   自己満足を得られるためには

    3   それで遠いところまで行けるなら   4   子供に満足感を感じさせたいので

21

    1   かなり   2   いつか   3   まったく   4   むしろ

22

    1   やりがいのないことだと思う

    2   人らしく生きるために必要なことのようだ

    3   大切な経験ではないだろうか

    4   貴重な時間の過ごし方である

問題4　つぎの(1)から(4)の文章を読んで、質問に答えなさい。答えは、1・2・3・4から最もよいものを一つえらびなさい。

(1)

　野菜ジュースと聞くと、健康にいいイメージがある。テレビやネット、雑誌などの広告に影響されて、そう思う人も少なくはないし、健康のためと言って、毎日1本飲んでいる人もいるだろう。もちろん、野菜が苦手な人もジュースなら飲みやすいとか、わざわざ作る必要がなく、楽だというメリットはある。しかし、本当に健康にいいのだろうか。結論から言うと、実は健康にはよくない飲み物なのだ。

　理由としては、市販の野菜ジュースは野菜に熱を加えて作るので、栄養素がなくなってしまっていることが挙げられる。そのため、私たちが考えているよりもかなり栄養素が少ない飲み物なのだ。しかも飲みやすいように多くの砂糖を入れて作られているため、飲みすぎると肥満の原因になってしまう。また、100%野菜だけで作られている野菜ジュースはほとんどない。本当に健康にいい野菜ジュースを飲みたいなら、家でジューサーを使って直接作って飲むことをおすすめする。

23　内容と合わないのはどれか。

1　野菜ジュースに関する情報はメディアから得ているようだ。
2　野菜ジュースは野菜がきらいな人でも飲みやすい。
3　野菜ジュースは、他のものは入っていなく野菜だけで作られている。
4　野菜ジュースは健康にいいと考える人が多いようだ。

（2）

　　有能なビジネスマンになるためには、プレゼンやセールスのスキル、リーダーシップ、人脈といった要素が重要だと思われているが、実は、有能なビジネスマンほど時間がどんなに重要かということをわかっており、時間管理をしっかりしながら生活をしている。

　　このようなビジネスマンは時間をしっかり守って行動する。有意義な時間の使い方をすることが、仕事の質を上げることをわかっているため、約束の時間は必ず守り、自分の時間も相手の時間も決して無駄にしない。いくら素晴らしいアイディアや説得力のある提案があっても、プレゼンに遅刻してしまえば、<u>人から信頼されなくなり</u>、今までのことがすべて水の泡になることをわかっているのだ。時間は貴重で大切なものだ。有能なビジネスマンになりたい人は今までの自分の時間の使い方をもう一度見直してほしい。

24 　<u>人から信頼されなくなり</u>とあるが、その理由として考えられるのはどれか。

1　時間の大切さをわかっていないので

2　素晴らしいアイディアではないから

3　プレゼンがうまくできないから

4　セールススキルがないから

（3）

あけみちゃん、入学おめでとう。

小学校に入ったら、勉強が大変になるけど、がんばってね。

そして、好き嫌いしないで、たくさん食べて、元気に楽しく過ごしてね。

先生やお父さん、お母さんの言うこともよく聞いてね。

それから新しいお友達をいっぱい作って、お友だちと仲良く遊んでね。

おじいちゃん、おばあちゃんより。

25 この手紙からどんなことがわかるか。

1 孫が小学1年生になった。

2 孫が幼稚園に入ることになった。

3 孫に友達がたくさんできた。

4 孫が先生の言うことを聞かない。

（4）

　私の家では猫を一匹飼っています。名前はタマと言います。箱の中に入って、公園に捨てられていたタマを私が拾ってきました。タマは生まれたばかりで本当に小さい子猫でした。

　タマが家に来たばかりのときは、ぜんぜん元気がなく、いつもぶるぶる震えていて、怖がっていました。私はそんなタマのことがいつも心配でした。タマという名前は母がつけた名前で、最初は「タマ～」と呼んでも反応しませんでしたが、自分の名前だということがわかると、私の方を見ながら、近づいてくるようになりました。タマには子猫用のミルクを買ってきてあげました。子猫用のミルクはちょっと高いので、私のおこづかいだけでは無理でしたが、父と母がミルク代の半分を出してくれて買うことができました。タマが家に来て1か月くらいですが、すっかり元気になって、今では私とよく遊ぶようになりました。

---

26 内容と合っているのはどれか。

1　公園に捨てられていたタマを私が拾ってきた。

2　わたしのお金だけでタマのミルクを買っていた。

3　タマは外より家の中で遊ぶのが好きだ。

4　タマがどこで生まれたのか私は知っている。

問題5　つぎの（1）と（2）の文章を読んで、質問に答えなさい。答えは、1・2・3・4から最もよいものを一つえらびなさい。

（1）

小学生のころ、夏休みに毎日絵日記を書く宿題があった。私は①この宿題が本当にいやだった。絵も苦手だったし、毎日何をどう書けばいいのかわからなかったからだ。しかしそれよりも毎日続けるということが私にとっては一番大変なことだった。日記の内容といっても、たいていは、「今日はまず何をして、次に何をして、誰と会って、何々をした。とても楽しかった、いい一日だった」というように、感じたことやどんな気持ちだったかは書かないで、その日のスケジュールを書くだけであった。

ところが、不思議なことに３０歳を過ぎてからあんなにいやだった②日記を書くようになった。さすがに絵までは描けないが、その日の出来事を短い日記として書くことで、１日の反省ができて、自分を客観的に見ることができるということがわかったからだ。これが日記を書くようになった一番のきっかけであった。それまではずっと面倒くさいものと思っていたのに、少しずつ日記へのイメージは変わり、考え方も変わってきたのだ。

今も毎日日記を書いているが、日記を書いていると、なんだか気持ちが落ち着く。その日の反省とともに、気持ちよく寝ることができるのだ。

27 ①この宿題が本当にいやだったとあるが、なぜいやだったのか。

1　毎日続けて日記を書くのが大変だったから

2　日記に書く内容がなかったから

3　夏休みの宿題があまりにも多かったから

4　日記を書いても意味がないと思ったから

28 ②日記を書くようになったとあるが、その理由として考えられるのは

どれか。

1　大人になってから日記に書けるような出来事が多いから

2　日記を書くことで自分を客観的に見ることができるから

3　自分の気持ちを日記に記録しておきたかったから

4　その日の出来事を日記として書くことが習慣になっていたから

29 本文の内容と合っているのはどれか。

1　この人は、小学生のころ夏休みの宿題を全然しなかった。

2　この人は、子供のころ絵を描くのが好きだった。

3　この人は現在、毎日欠かさないで日記を書いている。

4　この人は現在、日記が面倒くさいものだと思っている。

中村さん、お元気ですか。

　私は今、沖縄に来ています。東京は暑かったですが、ここは思ったよりも暑くなくて過ごしやすいです。気温は３１度くらいで、蒸し暑い日もあれば、海からの風が気持ちいい日もあります。天気がいい日はいいのですが、台風がよく来るせいでホテルから出られない日もあります。こんな天候のなかでも、沖縄のみなさんは明るく楽しく生活しています。私はというと、沖縄に来てから体調があまりよくなく、急にかぜをひいてしまって、おとといときのうはどこへも出かけないで、ずっとホテルにいました。ゆうべ、知り合いにかぜ薬を買ってきてもらい、それを飲んでぐっすり寝たら、体調もだいぶ良くなりました。

　かぜのせいで二日間寝てばかりいましたが、明日からはまた論文の資料探しに出かけようと思っています。海洋大学に行けば、沖縄の海洋問題に関する資料がたくさんあると聞いたので、明日行ってみようと思っています。

　もともとは１か月の予定でしたが、台風や体調が悪かったせいで資料探しが十分にできなかったので、期間を延ばしてもう少しいようと思っています。色々大変だったので、お盆は実家に帰ってゆっくり休むつもりです。お盆休みが終わったら、すぐ東京に戻ろうと思っていますので、その時はまた連絡します。それでは東京で会えるのを楽しみにしています。

30 おとといときのうはどこへも出かけないで、ずっとホテルにいましたとあるが、

なぜか。

1 台風がきていたので

2 体調（たいちょう）がよくなかったので

3 あまりにも暑かったので

4 薬がなかったから

31 この人が沖縄（おきなわ）へ来た一番の理由はなにか。

1 沖縄（おきなわ）の知り合いを訪ねるため

2 疲れたのでゆっくり休むため

3 論文用（ろんぶんよう）の資料（しりょう）を探す（さが）ため

4 海洋問題（かいようもんだい）の研究（けんきゅう）をするため

32 本文の内容と合っているのはどれか。

1 この人はもうすぐで資料探し（しりょうさが）が終わる（お）。

2 この人は沖縄（おきなわ）出身で東京（とうきょう）の大学に行っている。

3 この人は東京（とうきょう）に行ってから実家に行く予定だ。

4 この人は沖縄（おきなわ）に１か月以上いるつもりだ。

問題6　つぎの文章を読んで、質問に答えなさい。答えは、1・2・3・4から最もよいものを一つえらびなさい。

　去年の健康診断で結果がよくなかった私は、この1年間で健康的な体を作るためにかなりの努力をした。最初は薬やビタミンなどをとるための栄養剤を飲んだり、ダイエットに効果があると言われるドリンクを作って、食事の代わりに飲んだりと①いろいろな工夫をしたが、これよりも基本的な体作りをすることが一番効果があるということがわかった。そこで今日は、健康的な体作りのコツを4つ紹介したい。

　まずは一つ目は②運動だ。わざわざジムに行って運動するということは大変なので、できることから始めたらいいと思う。たとえばいつも降りる駅より一駅前で降りて、その分歩くとか、エレベーターやエスカレーターを使わないで階段を使うとか、生活の中でできることはたくさんある。さまざまな運動があるなかで、特におすすめなのは筋肉トレーニングだ。家で簡単にできる筋肉トレーニングがあるので、ぜひやってみてほしい。

　二つ目は規則正しい生活だ。学校や仕事があると、朝早く起きて夜早く寝るという理想的な生活をするのは難しいが、意識することで生活は変わり、健康的な体作りができる。また、夜遅くまで起きてスマートフォン見るのではなく、十分に睡眠をとってほしい。

　三つ目はバランスのとれた食事だ。日ごろから③バランスのとれた食事をしっかりすることはとても重要である。好きだからといって肉ばかり食べたり、忙しいからといってご飯や麺といった炭水化物ばかり食べるのは決して良くない。ご飯や肉、魚と一緒に少しでもいいから野菜を食べてほしい。好き嫌いをしないでいろいろな野菜を食べれば必要な栄養素をとることができて、健康な体になるはずだ。

　最後に、お風呂に入ることを勧めたい。最近の若い人の中には、お風呂に入らず、シャワーだけですませる人が多いようだが、ゆっくりお風呂に入れば、代謝がよくなり体の中にある不必要なものが外に出やすくなる。汗もかきやすくなるため、健康のためには効果的だ。また、お風呂に入ることで体が温まり、体が冷えにくくなる。体が冷えると、体の機能が落ちて、かぜをひきやすく、体調が悪くなりがちだ。

日ごろから上記の方法で体作りをしておくと、病気の予防にも役立つため、みなさんにもぜひ試してほしい。

---

33 ①<u>いろいろな工夫</u>とあるが、どんな工夫をしたのか。

1　野菜をしっかり食べること

2　ダイエットをすること

3　お風呂にはいること

4　ビタミンなどの栄養剤を飲むこと

---

34 ②<u>運動</u>とあるが、筆者が特に強調していることは何か。

1　ジムに行って運動する

2　階段を上ったり下りたりする

3　ウォーキングをする

4　筋肉トレーニングをする

---

35 ③<u>バランスのとれた食事</u>とあるが、ここでは主にどうすることを勧めているか。

1　炭水化物と肉をたくさん食べること

2　肉ではなく魚を食べること

3　肉やご飯だけではなく、野菜も食べること

4　野菜だけをたくさん食べること

---

36 この文章で筆者が最も言いたいことは何か。

1　健康的な体を作る方法

2　バランスのとれた食事の重要性

3　筋肉トレーニングと病気の予防

4　効果的なお風呂の入り方

問題7　右のページは、ある英会話教室の生徒募集案内である。これを読んで、下の
　　　　質問に答えなさい。答えは、1・2・3・4から最もよいものを一つえらびな
　　　　さい。

37　高校2年生の山田さんはこの英会話教室に参加しようと思っている。開講日まで

　　にしておかなければならないことは何か。

　　1　テキストを見て予習をしておく。

　　2　42,000円を払っておく。

　　3　ホームページで申込書を作る。

　　4　担当の先生が誰か見ておく。

38　この案内文の内容と合うものはどれか。

　　1　クラスのレベルは2つしかない。

　　2　授業は週に3回で午前中のみだ。

　　3　中学生はこの英会話教室に参加できない。

　　4　各クラスの定員は5名以上だ。

スマイル英会話教室　生徒大募集！

＊スマイル英会話教室では、2024年度、秋クラスの開講にあたり、生徒さんを
募集します。

スマイル英会話教室では、こんな方を募集しています。

● 英会話が上手になりたい方

● 英語を基礎から勉強したい方

● 英語圏に行く予定のある方（旅行や出張など）

● 外国人と英語で話せるようになりたい方

みなさん、ぜひご応募ください。

1. 期間：2024年10月2日(月)〜11月30日(木)

2. 授業時間：毎週　月水金　19時〜21時（1回2時間のレッスン）

3. 料金：受講料 40,000円（＊入会費不要）

　　　　テキスト代 2,000円（2冊分）

　　　　合計 42,000円（税込み）

　　　＊開講日の2日前までお支払いください。

4. 定員：各クラス5名まで

　　　＊クラスは初級、中級、上級それぞれ3クラスずつ開講予定です。

5. 参加できる方：高校生以上

6. 申し込み方法：ホームページの専用フォームより、1週間前までにお申し込み
　　　　　　　　ください。

　　ホームページ：smile@english.com

7. 場所：〒678-2345

　　　　さくら市みどり区2丁目5番地

　　　　さくらビル 2階

　　　　スマイル英会話教室

N3

聴解

（40分）

注　意
Notes

1. 試験が始まるまで、この問題用紙を開けないでください。
   Do not open this question booklet until the test begins.

2. この問題用紙を持って帰ることはできません。
   Do not take this question booklet with you after the test.

3. 受験番号と名前を下の欄に、受験票と同じように書いてください。
   Write your examinee registration number and name clearly in each box below as written on your test voucher.

4. この問題用紙は、全部で13ページあります。
   This question booklet has 13 pages.

5. この問題用紙にメモをとってもいいです。
   You may make notes in this question booklet.

受験番号 Examinee Registration Number	

名前　Name	

もんだい
問題 1

問題 1 では、まず質問を聞いてください。それから話を聞いて、問題用紙の1から4の中から、最もよいものを一つえらんでください。

れい

1　1階

2　2階

3　3階

4　4階

1ばん

2ばん

1 結婚をやめて、一人で海外に行く

2 結婚したら、彼氏と一緒に海外に行く

3 結婚したら、彼氏と一緒に会社を作る

4 結婚しても、今の仕事を続ける

3 ばん

1 駅から自転車で行ける安い部屋にする

2 駅から歩いて行ける高い部屋にする

3 駅からバスに乗って行く安い部屋にする

4 駅とスーパーが近くにある安い部屋にする

4 ばん

1 少し移動してから山下工業にもう一度電話をかける

2 いったん電話を切って、山下工業の近くまで行く

3 このまま聞こえるまで電話を続ける

4 電話を切らないで電波のいいところまで移動する

5ばん

1　男の人といっしょにジョギングを始める

2　一人でウォーキングを始める

3　ビタミンや栄養剤を飲み始める

4　バランスのいい食事をする

6ばん

1　今日は何も買わずに帰る

2　グレーと紺のネクタイを買う

3　黒のネクタイを注文する

4　赤のネクタイを買う

もんだい
問題2

　問題2では、まず質問を聞いてください。そのあと、問題用紙を見てください。読む時間があります。それから話を聞いて、問題用紙の1から4の中から、最もよいものを一つえらんでください。

れい

1　早く映画の情報が知りたいから

2　キャンペーンに応募してチケットをもらいたいから

3　限定グッズをもらって人に見せたいから

4　レビューを読んで、話題の映画が見たいから

1 ばん

1 板橋君と試験勉強をすることにしたから

2 工事のせいで眠れなくなりそうだから

3 隣の家がうるさくて眠れないから

4 板橋君の家に招待されたから

2 ばん

1 大学の専攻だったから

2 韓国支社に行くことになったから

3 韓国人の女性と付き合っているから

4 韓国へ旅行に行くことになったから

3ばん

1 売れていない商品の紹介が入っていたから

2 発売が延期になった商品の紹介が入っていたから

3 商品の説明が間違いだらけだったから

4 もうこの資料は使わなくなったから

4ばん

1 金銭的負担が大きくなったから

2 健康が一番だと考えたから

3 医者にやめるように言われたから

4 10年ぶりにお酒の値段が安くなるから

5ばん

1 お金が足りなかったから

2 歩いて持って帰れないから

3 セールが終わっていたから

4 タクシーで帰ることにしたから

6ばん

1 料理がおいしくなかったこと

2 値段が思ったより高かったこと

3 店員のサービスがよくなかったこと

4 定食の量が少なかったこと

もんだい
問題3

問題3では、問題用紙に何もいんさつされていません。この問題は、ぜんたいとしてどんなないようかを聞く問題です。話の前に質問はありません。まず話を聞いてください。それから、質問とせんたくしを聞いて、1から4の中から、最もよいものを一つえらんでください。

― メモ ―

　問題4では、えを見ながら質問を聞いてください。やじるし(→)の人は何と言いますか。1から3の中から、最もよいものを一つえらんでください。

れい

1 ばん

2 ばん

3 ばん

4 ばん

<ruby>問題<rt>もんだい</rt></ruby> 5

<ruby>問題<rt>もんだい</rt></ruby> 5 では、<ruby>問題用紙<rt>もんだいようし</rt></ruby>に<ruby>何<rt>なに</rt></ruby>もいんさつされていません。まず<ruby>文<rt>ぶん</rt></ruby>を<ruby>聞<rt>き</rt></ruby>いてください。それから、そのへんじを<ruby>聞<rt>き</rt></ruby>いて、1から3の<ruby>中<rt>なか</rt></ruby>から、<ruby>最<rt>もっと</rt></ruby>もよいものを<ruby>一<rt>ひと</rt></ruby>つえらんでください。

― メモ ―

N3

실전모의고사
3회

N3

げんごちしき (もじ・ごい)

(30ぷん)

ちゅうい
Notes

1. しけんが はじまるまで、この もんだいようしを あけないで ください。
   Do not open this question booklet until the test begins.

2. この もんだいようしを もって かえる ことは できません。
   Do not take this question booklet with you after the test.

3. じゅけんばんごうと なまえを したの らんに、じゅけんひょうと おなじように かいて ください。
   Write your examinee registration number and name clearly in each box below as written on your test voucher.

4. この もんだいようしは、ぜんぶで 5ページ あります。
   This question booklet has 5 pages.

5. もんだいには かいとうばんごうの 1 、 2 、 3 …が ついて います。
   かいとうは、かいとうようしに ある おなじばんごうの ところに マーク して ください。
   One of the row numbers 1 , 2 , 3 … is given for each question. Mark your answer in the same row of the answer sheet.

じゅけんばんごう Examinee Registration Number	

なまえ Name	

問題1 _____ のことばの読み方として最もよいものを、1・2・3・4から一つ
えらびなさい。

1 子供の人口が<u>減って</u>いくのはこれから大きな問題になる。

　　1　けって　　　　　2　へって　　　　　3　まもって　　　　4　たもって

2 朝早く山に登ると、<u>涼しい</u>風が吹いて気持ちがよかった。

　　1　すずしい　　　　2　うれしい　　　　3　くるしい　　　　4　あやしい

3 私はダイエットのために、夜7時<u>以降</u>は何も食べないようにしています。

　　1　いこ　　　　　　2　いこう　　　　　3　いご　　　　　　4　いごう

4 さっき子供がジュースをこぼして服が<u>汚れて</u>います。

　　1　たおれて　　　　2　おぼれて　　　　3　かくれて　　　　4　よごれて

5 ここは<u>外科</u>病院です。

　　1　がか　　　　　　2　がいか　　　　　3　げか　　　　　　4　げいか

6 彼女のあたたかい心が<u>伝わって</u>きた。

　　1　もうかって　　　2　つたわって　　　3　たすかって　　　4　あやまって

7 女性のほうが男性よりも甘いものを<u>好む</u>と言う。

　　1　かこむ　　　　　2　このむ　　　　　3　たたむ　　　　　4　しずむ

問題2 ＿＿＿＿のことばを漢字で書くとき、最もよいものを、1・2・3・4から一つ
えらびなさい。

8 谷藤さんはびっくりするほど、お父さんににていますね。

1 以て 　　　 2 似て 　　　 3 俲て 　　　 4 此て

9 娘は勉強してもせいせきが上がらなくて落ち込んでいる。

1 性積 　　　 2 性績 　　　 3 成績 　　　 4 成積

10 9時になったら、この問題用紙をくばってください。

1 渡って 　　 2 映って 　　 3 配って 　　 4 絞って

11 新しい職場になれるまで時間がかかるだろう。

1 慣れる 　　 2 貫れる 　　 3 連れる 　　 4 慣れる

12 しゅういに反対されても、私は彼女と結婚するつもりだ。

1 周囲 　　　 2 週井 　　　 3 集意 　　　 4 趣以

13 彼は海外で有名なけんちくデザイナーとして活躍している。

1 建築 　　　 2 健築 　　　 3 建蘗 　　　 4 健蘗

問題3 （　　　）に入れるのに最もよいものを、1・2・3・4から一つえらびなさい。

14 虫を（　　　）するのが好きです。

　　1　観察　　　　　2　見物　　　　　3　工夫　　　　　4　見学

15 赤ちゃんの歯は生まれて、3〜9ヶ月ごろ（　　　）そうです。

　　1　出す　　　　　2　生きる　　　　3　生える　　　　4　育つ

16 封筒に（　　　）を書いて、切手を貼ってください。

　　1　合図　　　　　2　しめきり　　　3　希望　　　　　4　あて先

17 腕を少し（　　　）だけでも、とても痛い。

　　1　動かす　　　　2　落とす　　　　3　離す　　　　　4　渡す

18 子供は自然に親の（　　　）を受けるものです。

　　1　機会　　　　　2　意志　　　　　3　影響　　　　　4　希望

19 このラーメンは濃いスープに（　　　）めんが特徴だ。

　　1　ほそい　　　　2　ふるい　　　　3　しつこい　　　4　おかしい

20 父は最近、夜中によく目が（　　　）と言っている。

　　1　気づく　　　　2　感じる　　　　3　覚める　　　　4　握る

21 子供の将来や進学のためにお金を（　　　）います。

1　あげて　　　　　2　さげて　　　　　3　さめて　　　　　4　ためて

22 真夏に３時間も歩いたら、のどが（　　　）になってしまった。

1　からから　　　　2　ぺこぺこ　　　　3　ばらばら　　　　4　ぺらぺら

23 目を（　　　）想像してごらん。

1　覚まして　　　　2　閉めて　　　　　3　通して　　　　　4　閉じて

24 この風邪薬は（　　　）のか、咳が止まらない。

1　無駄な　　　　　2　優れない　　　　3　無用な　　　　　4　効かない

問題4　＿＿＿＿＿の意味が最も近いものを、1・2・3・4から一つえらびなさい。

25 <u>いきなり</u>名前を呼ばれてびっくりした。

　　1　おそらく　　　　2　突然　　　　　3　そっくり　　　4　案外

26 インターネットやカタログで注文すると家まで<u>配達</u>してくれる。

　　1　アルカリして　　　　　　　　2　デリバリーして

　　3　イコールして　　　　　　　　4　リフレッシュして

27 今日は本当に<u>くたびれた</u>。

　　1　忙しかった　　　　　　　　　2　楽しかった

　　3　恥ずかしかった　　　　　　　4　疲れた

28 彼は世界の歴史や地理にとても<u>詳しい</u>。

　　1　よく調べている　　　　　　　2　よく通じている

　　3　よく比べている　　　　　　　4　よく知っている

29 彼は目的地まで<u>のろのろ</u>歩いていきました。

　　1　はやく　　　　　2　ゆっくり　　　3　忙しそうに　　4　楽しそうに

問題5　つぎのことばの使い方として最もよいものを、1・2・3・4から一つえらびなさい。

30 次第に

1 他人の言葉に次第にすることはないと思う。

2 この薬を飲んだら、病気は次第によくなるだろう。

3 小学生のときは背の低い次第に並ぶことが多かった。

4 冷めないうちに次第に食べてください。

31 短気

1 この作業はみんなのおかげで短気間で完成できた。

2 この夏は思い切って髪を短気で切ってみたい。

3 彼女は何ごとに対してもくよくよ悩まない短気な人だ。

4 彼は小さなことでもすぐ怒ってしまう短気な性格だ。

32 空く

1 隣の人が引っ越したばかりなので、まだ部屋は空いていると思います。

2 朝から何も食べていなくて、いますごくお腹が空いています。

3 彼は部屋を飛び出して、夜が空くまで帰ってこなかった。

4 コンビニは24時間空いているので、とても便利です。

33 改札

1 新年を迎え、条約を改札する必要があります。

2 悪い生活習慣を改札すると、健康な体が作れます。

3 ベランダをカフェ風に改札してみたいです。

4 スイカカードで改札が通れないときは、ピーという音が出ます。

118

34 応募

1　このセンターは、ボランティアグループなどの市民活動を<u>応募</u>しています。

2　サクラ市では、スクール・サポート・スタッフを<u>応募</u>します。

3　ゲームでポイントをためて、プレゼントキャンペーンに<u>応募</u>しよう。

4　日本で発生する地震は、大きく次の３タイプに<u>応募</u>される。

N3

言語知識（文法）・読解

（70分）

注　意 Notes

1. 試験が始まるまで、この問題用紙を開けないでください。
   Do not open this question booklet until the test begins.

2. この問題用紙を持って帰ることはできません。
   Do not take this question booklet with you after the test.

3. 受験番号と名前を下の欄に、受験票と同じように書いて
   ください。
   Write your examinee registration number and name clearly in each box below as
   written on your test voucher.

4. この問題用紙は、全部で19ページあります。
   This question booklet has 31 pages.

5. 問題には解答番号の 1 、 2 、 3 、… が付いています。
   解答は、解答用紙にある同じ番号のところにマークして
   ください。
   One of the row numbers 1 , 2 , 3 … is given for each question. Mark your answer in
   the same row of the answer sheet.

受験番号 Examinee Registration Number	

名前 Name	

問題1　つぎの文の（　　　　　）に入れるのに最もよいものを、1・2・3・4から一つ
　　　　えらびなさい。

1　休日も休む（　　　　　）働いてきたので、最近体調が悪い。

　1　ことなく　　　　2　ものなく　　　　3　ことないで　　4　ものないで

2　妹（　　　　　）ボランティア活動に参加してみました。

　1　のかわりで　　　2　のかわりに　　　3　かわりで　　　4　かわりに

3　こんなに残業が続くと、体調を崩し（　　　　　）。

　1　にくい　　　　　2　かねる　　　　　3　かねない　　　4　がたい

4　二日間の徹夜の（　　　　　）何もやる気が起きない。

　1　せいで　　　　　2　くせで　　　　　3　わりに　　　　4　わけに

5　課長によると、会議の時間は9時から10時に変更になった（　　　　　）。

　1　というべきだ　　2　というはずだ　　3　というだけだ　　4　ということだ

6　お客様、お飲み物は何に（　　　　　）か。

　1　いたします　　　　　　　　　　2　いらっしゃいます

　3　なさいます　　　　　　　　　　4　飲みます

7　息子「お母さん、宿題終わったら遊びに行ってもいい？」

　　　　母「行ってもいいけど、暗く（　　　　　）帰ってきなさい。」

　1　ならないように　　　　　　　　2　ならないうちに

　3　なったあとで　　　　　　　　　4　なってから

8 医学が進歩するに（　　　　　）、人間の平均寿命ものびている。

　　1　したがい　　　2　比べ　　　　　3　関わり　　　　4　こたえ

9 ゆき「金さん、日本の食べ物はもう慣れましたか。」

　　　金「はい、最初は納豆が（　　　　　）けど、今は大好きになりました。」

　　1　食べられませんでした　　　　　　2　食べなくてはなりませんでした

　　3　食べたかったんです　　　　　　　4　食べたがっていました

10 考えれば考える（　　　　）、ますます分からなくなった。

　　1　ほど　　　　　2　はず　　　　　3　わけ　　　　4　もと

11 これからは間違えない（　　　　　）、しっかり覚えてください。

　　1　ことに　　　　2　ほどに　　　　3　すえに　　　　4　ように

12 お金のことにうるさい彼があんなに高いものを買う（　　　　）。

　　1　ほかがない　　2　ことがない　　3　はずがない　　4　ようがない

13 留守の（　　　　）どろぼうに入られてしまった。

　　1　あいだに　　　2　あいだ　　　3　おりに　　　4　おりには

問題2　つぎの文の＿＿＿★＿＿＿に入る最もよいものを、1・2・3・4から一つえらび
　　　　なさい。

（問題例）

あそこで　＿＿＿＿＿　＿＿＿＿＿　＿＿★＿＿　＿＿＿＿＿　は山田さんです。

1　テレビ　　　　　2　見ている　　　　3　を　　　　　　4　人

（解答のしかた）

1　正しい文はこうです。

あそこで　＿＿＿＿＿　＿＿＿＿＿　＿＿★＿＿　＿＿＿＿＿　は山田さんです。

　　　　　1 テレビ　　3 を　　2 見ている　　4 人

2　＿＿★＿＿　に入る番号を解答用紙にマークします。

（解答用紙）　　（例）　　①　●　③　④

14　海外旅行から　＿＿＿＿＿　＿＿＿＿＿　＿＿★＿＿　＿＿＿＿＿　この申告書を提出

していただいています。

1　際　　　　　　2　の　　　　　　3　には　　　　　4　帰国

15　私は、ギャンブルは　＿＿＿＿＿　＿＿＿＿＿　＿＿★＿＿　＿＿＿＿＿　だと考えて

います。

1　十分　　　　　2　で　　　　　　3　だけ　　　　　4　人生

16 その事件について ＿＿＿＿ ＿＿＿＿ ＿★＿＿、 ＿＿＿＿ ふりをした。

1 知らない 　　　2 詳しく 　　　3 ながら 　　　4 知ってい

17 学生時代は国語が ＿＿＿＿ ＿＿＿＿、 ＿★＿＿ ＿＿＿＿、 本を読んでも

内容が頭に入ってこない。

1 今は 　　　　2 のに 　　　　3 大人になった 　4 得意だった

18 人は外見で判断 ＿＿＿＿ ＿＿＿＿ ＿★＿＿ ＿＿＿＿ ない。

1 で 　　　　　2 する 　　　　3 べき 　　　　4 は

問題3　つぎの文章を読んで、文章全体の内容を考えて、　19　から　22　の中に入る最もよいものを、1・2・3・4から一つえらびなさい。

　私は今年の4月で社会人3年目になる。会社では人事部にいるが、ある日、大学の後輩から就職活動のことで相談に　19　と言われた。後輩は今まで必死に就職活動をしてきたが、内定が一つも取れなかったという。就職は無理なのかもしれないと思っていたところ、親から知り合いの会社で働かないかと言われ、どうするか悩んでいるとのことだ。

　友達にもこの話をしたら「自分の実力で会社に入れるのに、親の力を借りる理由がわからない」「会社に入って実績をあげても、皆に『あの人はコネ入社だからね』と認められない」などと言われて反対されたらしい。

　確かにその友達の心配もわかるような気がする。私の会社にもそのような社員がいるが同じように言われている。親のコネで入社したというだけで、周りから正当な評価を得られず、実力がついたとしてもそのイメージが　20　。そして結局、この先も親に頼り続けることになってしまうだろう。しかし、最終的にどうするかを決めるのは自分自身である。コネが全くなく就職活動が大変だった私からすれば、　21　後輩は、そういう親がいて恵まれていると思う。そもそも「コネ」というのは人間関係から始まる。その後輩の親が、うまく人間関係を作ってきた人だからこそ、周りに自分の息子を紹介できるのではないだろうか。

　親のコネがあったとしても、自分の実力を認めてもらいたいなら、　22　、まじめに勤めるしかない。どういう形で入社したとしても、努力して自分の実力を証明するしかないのだ。

19

1 乗ったほうがいい 2 乗ってあげたい

3 乗ってほしい 4 乗るはずだ

20

1 消えてしまうのだ 2 消えたくてたまらないのだ

3 消えることはないのだ 4 消えるしかないのだ

21

1 むしろ 2 やはり 3 それで 4 どうしても

22

1 周りの意見は気になって 2 周りの意見は気にせず

3 周りの意見なんか無視して 4 周りの意見に気を付けて

問題4　つぎの（1）から（4）の文章を読んで、質問に答えなさい。答えは、1・2・3・4から最もよいものを一つえらびなさい。

（1）

> これは高齢者向けのパソコン教室を紹介する文である。
>
> 　パソコンに興味はあるけれど、難しそうでなかなか始められなかった高齢者の方が多いのではないでしょうか。そんな方々にぴったりのシルバーパソコン教室を紹介させていただきます。この教室では学びたいことや興味のある内容に合わせて、毎月さまざまな講座を開設しています。パソコンの操作方法からインターネットの使い方、オンラインミーティングの基本的なやり方、写真や動画の編集など、ご自身が学びたい講座をお選びいただけます。また、わかりやすく丁寧に指導しますのでスキルアップしたい方や資格取得を目指している方はもちろん、初心者の方でも安心して受講できます。まずは体験教室を無料でお試しください。

23　この紹介文の正しい説明はどれか。

1　「シルバーパソコン教室」はパソコンを学びたい人ならだれでも受講ができる。

2　「シルバーパソコン教室」では初心者向けの講座のみ開設する予定だ。

3　「シルバーパソコン教室」ではパソコンがもっと上手になりたい人も学ぶことができる。

4　「シルバーパソコン教室」では基本的なパソコンの操作は予習しておかなければならない。

（2）

これはある会社からのお詫びの文である。

　この度は、ご注文いただき誠にありがとうございます。フランボワーズ新宿店です。この度、当社製のフルーツケーキに異物が検出されたことについて、大変ご迷惑をおかけいたしまして、誠に申し訳ありませんでした。心よりお詫び申し上げます。早速調査いたしましたところ、製造の過程で問題が生じたことがわかりました。当社では細心の注意を払って商品を製造いたしておりますが、今後はこのようなことがないよう、十分に注意いたします。フルーツケーキの代替品は別便にてお送りいたしました。なお、問題の商品につきましては、お手数をおかけして誠に申し訳ございませんが、料金着払いにて、当社までご返送くださいますようお願いいたします。今後ともなにとぞ、よろしくお願い申し上げます。

24 内容から分からないことは何か。

1 問題があった商品を売った店
2 商品から異物が検出された原因
3 送られてくる代替品の中身
4 問題の商品の返送方法

（3）

これは結婚予定のカップルのためのイベントの文である。

ブライダルフェア

　神社（じんじゃ）での結婚式をご希望の方に、挙式（きょしき）と披露宴（ひろうえん）の会場を1日で見学することができるフェアです。ご希望者はご希望のお時間にご予約ください。

＊参加者全員に鉄板焼き（てっぱんや）高級和牛（こうきゅうわぎゅう）のフルコースとワインを一杯ずつプレゼント

＊先着（せんちゃく）10名様に最大10万円分のプレゼントを差し上げます。

（ネット予約の方のみ）

＜日時＞　令和6年7月9日（日）　9：00～18：00

＜場所＞　大正記念会館

＜定員＞　ペア100組

＜参加費＞　無料

＜予約受付＞　ネットでは前日の18時まで、電話での予約は2日前の18時まで

　　　　　　（当日は不可）

25 このフェアの正しい説明はどれか。

1　このフェアを電話で予約をした人のうち、先着（せんちゃく）10名様に10万円のプレゼントを差し上げる。

2　このフェアに参加した人は高級和牛（こうきゅうわぎゅう）のフルコースを食べることができる。

3　このフェアには男性50人、女性50人が最大で参加できる。

4　予約はネットでは前の日までだが、電話では当日も可能だ。

（4）

これはある製品の注意事項を知らせる文である。

ご使用上の注意

＊保管方法により、液体の色やにおいが変化する場合がありますので、ご注意ください。

＊乳幼児の手に届かない場所に保管してください。

＊商品がお肌に合わないときは、すぐに使用を中止してください。

＊洗う際には目の周囲を避けてお使いください。

＊目に入った場合は、水やぬるま湯で十分に洗い流してください。

3회

26 これはどの製品に対しての注意点か。

1 リップクリーム
2 シャンプー
3 香水
4 洗剤

問題5 つぎの(1)と(2)の文章を読んで、質問に答えなさい。答えは、1・2・3・4から最もよいものを一つえらびなさい。

（1）

　スマホは私たちの生活になくてはならない存在です。国内だけではなく世界のニュースを見たり、友達や取引先の人と連絡をするなど、現代社会で生きるために必要なことがスマホ一つでできてしまいます。そんなスマホに依存した生活をしている私たちだからこそ注意したいのが「スマホ依存症」です。

　スマホ依存症の人は、ご飯を食べる時も、トイレに行く時も、お風呂に入る時もどんな時でも、スマホから離れることができません。また、スマホが見つからないと不安になり、他のことに集中できなくなります。

　スマホ依存症にならないためにも、まず自分が一日にどれほどの時間スマホを使っているのかを確認しましょう。そうすることで、自分の生活を客観的に見直すきっかけにもなり、スマホの使いすぎを予防することができます。また、スマホからのお知らせをオフにして他のことに集中する時間を作りましょう。余計な気を取られなくなることで、スマホを意識する時間が減っていきます。しかしこれよりも大事なことは、スマホを自分の近くに置かないということです。普段からできるだけスマホを手の届かない場所に置いたり、寝る時だけでも他の部屋にスマホを置いたままにすると、スマホを使う時間が減り、だんだんとスマホに依存しなくなっていくでしょう。

　どんなに便利なものでも、使い方によっていい面も悪い面もあります。スマホの便利な部分や幸せを感じさせてくれる部分だけを上手に活用し、使いすぎによって自分にとって良くない道具にならないように気を付けましょう。

27 「スマホ依存症」とはどんな現象か。

1 スマホだけで友達同士のやり取りをすること

2 スマホがないと不安になること

3 スマホを使った時間がわからないこと

4 スマホがなかったら友達が作れないこと

28 スマホ依存症にならないためには、どうすればいいか。

1 スマホを一週間に何時間使ったのか確認する。

2 スマホを使う時間を減らすため、寝る時は必ずお知らせをオフにする。

3 スマホの電源を消して、他のことに集中する時間を作る。

4 スマホを自分から遠くに置いて、使う時間を減らす。

29 著者がもっとも言いたいのは何か。

1 スマホは、現代を生きる私たちの生活には必要な大事なものだ。

2 スマホによって、コミュニケーション能力を高めることが大切だ。

3 スマホは使い方によって、いい部分も悪い部分もあるから気を付けたほうが
いい。

4 スマホの使いすぎは、いろいろな病気になりやすいので注意すべきだ。

（2）

　　みなさんは1日の中でどのくらいテレビを見るだろうか？　私が子どものころは、テレビは家庭にとって必要不可欠なものであり、いつも家族がテレビを囲んで笑ったり泣いたりしていたように思う。また、一人暮らしを始めたころは朝起きたらとりあえずテレビをつける、仕事から帰ってきたらとりあえずテレビをつける、特に見たい番組がなくてもテレビをつけるというのが習慣になっていた。しかし、最近では、わざわざテレビを見るという人は少なく、特に若者を中心に①テレビ離れが進んでいるようだ。なぜこのように変化したのだろうか。

　　まず、メディアが多様化したことが理由として挙げられる。そのため、インターネット上で情報を得たり動画を見たりする人が増え、また、時間さえあればSNSを使って人と気軽につながることを楽しめるようになった。これにより、暇があれば今までは「テレビでも見るか」だったのが、今では「SNSでもするか」という②時代の流れになってきたと言える。また、動画サイトの存在が大きくなってきたのも理由の一つだ。サイトにはさまざまな動画が毎日アップロードされており、自分に時間ができたときに、好きなタイミングで好きな動画を見られるというのが大きなメリットだ。これにより、若者はますますテレビ離れしていくであろう。

　　しかし不思議なことに、テレビ離れが進んでいても、話題になっているドラマの最終回はテレビで見たとか、オリンピックやワールドカップは必ずテレビで見るという人はいる。現代の人々がテレビに求めているのは情報やエンタメのおもしろさではなく「感動」だとしたら、テレビ局はこの「感動」を取り入れた番組を作っていく工夫が必要なのかもしれない。

30 ①テレビ離れが進んでいる理由として考えられないのは何か。

1 テレビを家に持っている人が少なくなってきたから

2 インターネットで情報や動画を得るようになったから

3 時間さえあればSNSを楽しむようになったから

4 動画サイトでいつでも自分の好きな動画を見られるから

31 ②時代の流れとはどんな流れか。

1 暇があればテレビよりもネットをするようになった。

2 家族でテレビを囲むことが少なくなった。

3 朝から晩まで1日中テレビをつけておくのが習慣になった。

4 一人暮らしをする若者が減ってきた。

32 この文章の内容と合っているのはどれか。

1 テレビ離れにより、オリンピックやワールドカップもテレビでは見なくなった。

2 時代の流れにより、感動的な動画をネット上で見るのは不可能だ。

3 メディアの多様化により、インターネットで動画を見る人が増えてきた。

4 テレビ局はネットの動画よりももっとおもしろい番組を作る努力をするべきだ。

問題6　つぎの文章を読んで、質問に答えなさい。答えは、1・2・3・4から最も
　　　　よいものを一つえらびなさい。

　人は誰でも他人からいい人に見られたいと思っています。他人から好かれて、認められるために、「いい人」になろうと努力している人も多いでしょう。このような人のことを①「いい人症候群」と言いますが、「いい人症候群」は自分が他の人からどう見られているかが気になる、つまり他人の評価が気になるといった心理が特徴です。

　ところが、それが行き過ぎてしまうとストレスを感じ、心が病気になってしまう人もいます。いつもは他人に認めてもらうために「いい人」でいようと笑顔でニコニコしていますが、誰も認めてくれなかった場合や少し批判された場合には、人格が変わったように怒ってしまう可能性があるそうです。また、ある研究によると、自分が言いたいことが気ままに言える人より、「いい人」の方が健康状態を悪くする人が多いということもわかっています。

　それでは②「いい人症候群」にならないためにはどうしたらいいでしょうか。まずは、「いい人」であっても、他人が必ずしも認めてくれるわけではないということを認識しておきましょう。他人の評価ではなく、自分で自分を認めてあげられるようになること、つまりいい意味で自己中心的になることが大事なのです。

　また、人と会話をするときには相手に失礼にならない程度に、自分の本音を話してみましょう。相手に話を合わせないと、自分のイメージが悪くなるのではないかと心配になりますが、イメージばかり気にして「いい人」でいると、あなたが本当は何を考えているのかわかってもらえなくなるのです。

　そして③何より大事なのが、周りに流されない強い意志を持つということです。「いい人」でいるために、自分がしたいことを我慢して、相手のために気を使いすぎても疲れるだけです。相手に気を使いすぎることなく、無理しないで、ありのまま

の自分の人生を楽しみましょう。

(注) 症候群：同時に起きる一群の症候のこと。

---

33 ①「いい人症候群」の可能性がない人は誰か。

1　友達に嫌われるのが怖くて自分の意見が言えない人

2　相手と意見が違う場合でも自分の意見をはっきり言う人

3　同僚からよく見られるために同僚に話を合わせる人

4　上司に認めてもらうためにいつも笑顔でいる人

34 ②「いい人症候群」にならないためにはどうすればいいか。

1　他人はいつも自分を認めてくれるということをわかっておいたほうがいい。

2　他人と会話をするときは、相手に配慮しながら自分の本音を話したほうがいい。

3　他人の評価を気にしながら、自分自身で自分のことを認めてあげたほうがいい。

4　他人に話を合わせて、自分のイメージをよくしておいたほうがいい。

35 ③何より大事なのは何か。

1　自分がしたいことを我慢すること

2　相手のために気を使って行動すること

3　他の人に流されない意志を持つこと

4　いい人になろうとする努力を止めること

36 この文章の内容と合っていないのはどれか。

1　人は他人に好かれるために「いい人」になろうとする。

2　「いい人」でいようと頑張りすぎると、心が病気になる可能性がある。

3　無理して「いい人」でいる人のほうが健康状態がいい。

4　自分がしたいことを我慢して「いい人」でいても疲れるだけだ。

問題7　右のページは、マッサージ店の移転オープンのお知らせである。これをよく読んで、下の質問に答えなさい。答えは、1・2・3・4の中から最もよいものを一つえらびなさい。

37 このお知らせを見て、料金を割り引きしてもらうためにはどうすればいいか。

1　この葉書を持って、9月20日に行く。

2　この葉書を持って、火曜日午前11時に行く。

3　この葉書を持って、アクアビルに行く。

4　この葉書を持って、友達と一緒に行く。

38 この葉書を持って10月20日、Aさんは全身アロママッサージ、Aさんの友達のBさんは小顔マッサージと上半身マッサージをしに行く。二人の合計金額は全部でいくらになるか。

1　26,460円

2　29,400円

3　37,800円

4　42,000円

移転リニューアルOPENのお知らせ

平素はリリアンをご利用いただき、誠にありがとうございます。

この度、リリアンは令和6年10月1日より、アクアビルとの契約満了のため、令和7年9月25日に下記新店舗へ移転し、リニューアルオープンすることとなりました。移転場所は北山通りをはさんで、向かい側にはメガネビジョン北山店があります。（地図をご参照ください。）

この葉書をご持参のお客様にはリニューアルオープン記念として、30％割引をさせていただきます。（有効期限はございません。）

今後もお客様によりいっそうのサービスをご提供できますよう、努力いたします。皆様のご来店をお待ちしております。

割引料金：全身アロママッサージ（60分）20,000円 → 14,000円（税込み）

　　　　　小顔マッサージ（60分）15,000円 → 10,500円（税込み）

　　　　　上半身マッサージ（40分）7,000円 → 4,900円（税込み）

　　　　　足マッサージ（40分）5,000円 → 3,500円（税込み）

　　※ お友達とご来店の場合は、上記の金額からさらに10％割引いたします。

　　　（ただし、オープン後1ヶ月間）

移転場所：京都市北区元町4丁目7番地　山上ビル3階（北山駅から徒歩5分）

営業時間：10:00〜20:00

定休日：火曜日

N3

聴解
<ruby>聴解<rt>ちょうかい</rt></ruby>

（40分）

注 意
Notes

1. 試験が始まるまで、この問題用紙を開けないでください。
   Do not open this question booklet until the test begins.

2. この問題用紙を持って帰ることはできません。
   Do not take this question booklet with you after the test.

3. 受験番号と名前を下の欄に、受験票と同じように書いてください。
   Write your examinee registration number and name clearly in each box below as written on your test voucher.

4. この問題用紙は、全部で13ページあります。
   This question booklet has 13 pages.

5. この問題用紙にメモをとってもいいです。
   You may make notes in this question booklet.

受験番号 Examinee Registration Number

名 前 Name

問題 1

問題 1 では、まず質問を聞いてください。それから話を聞いて、問題用紙の1 から 4 の中から、最もよいものを一つえらんでください。

れい

1 　1 階

2 　2 階

3 　3 階

4 　4 階

1 ばん

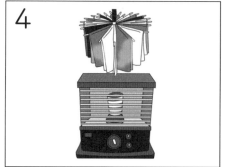

2 ばん

1　授業名を書く位置

2　タイトルの位置

3　レポートの題名

4　表紙に書くもの

3ばん

1 代理人が図書館に行って予約する

2 本人が図書館に電話して予約する

3 本人が借りたい資料を郵便で予約する

4 図書館を利用するために東京に引っ越す

4ばん

1 今日、お店に電話してポイント移動の手続きをする

2 来週、お店に行ってポイント移動の手続きをする

3 ホームページでポイント移動ができるかどうか見てみる

4 ポイントの移動は面倒くさいから、諦める

5ばん

1　7時出発の指定席

2　7時出発のグリーン席

3　8時出発の自由席

4　9時出発の指定席

6ばん

1　タオルで髪の毛をふいてからトリートメントをつける

2　シャンプーしたらすぐトリートメントをつける

3　お風呂の間、ずっとトリートメントをつけておく

4　トリートメントをしたらそのまま流さないでおく

問題 2

問題2では、まず質問を聞いてください。そのあと、問題用紙を見てください。読む時間があります。それから話を聞いて、問題用紙の1から4の中から、最もよいものを一つえらんでください。

れい

1 早く映画の情報が知りたいから

2 キャンペーンに応募してチケットをもらいたいから

3 限定グッズをもらって人に見せたいから

4 レビューを読んで、話題の映画が見たいから

3回

1ばん

1 自分の子供がいい大学の学生だから

2 息子がアメリカの大学に行っているから

3 娘が有名な大学に合格したから

4 娘が自分と同じ大学に合格したから

2ばん

1 仕事が忙しくて疲れがたまってるから

2 深夜までテレビを見て寝る時間が足りないから

3 脂っこいものを食べすぎているから

4 栄養あるものを食べていなかったから

3ばん

1 仕事が忙しくて時間がないから

2 お金が必要以上にかかるから

3 自分や友達との時間が大切だから

4 女同士で遊んだほうが効率がいいから

4ばん

1 食事中に会話をするのは失礼なことだから

2 狭い店でケータイを使うと、他の客に悪いから

3 食べながらケータイをするのは店の人に失礼だから

4 集中して思いっきりラーメンの味を楽しみたいから

5ばん

1　仕事のせいでストレスをひどく感じているから

2　部下との関係があまりよくないから

3　残業が多くて寝る時間がないから

4　全然休みがなくて疲れがとれないから

6ばん

1　思ったよりも料金が高いから

2　家事のストレスがあまり減らないから

3　他の人が自分のものに触るのが嫌だから

4　自分が家事をする時間があるから

もんだい
問題3

　問題3では、問題用紙に何もいんさつされていません。この問題は、ぜんたいとしてどんなないようかを聞く問題です。話の前に質問はありません。まず話を聞いてください。それから、質問とせんたくしを聞いて、1から4の中から、最もよいものを一つえらんでください。

― メモ ―

問題4では、えを見ながら質問を聞いてください。やじるし（➜）の人は何と言いますか。1から3の中から、最もよいものを一つえらんでください。

れい

1 ばん

2 ばん

3 ばん

4 ばん

問題 5

　問題 5 では、問題用紙に何もいんさつされていません。まず文を聞いてください。それから、そのへんじを聞いて、1 から 3 の中から、最もよいものを一つえらんでください。

― メモ ―

3회

N3

실전모의고사
4회

N3

げんごちしき (もじ・ごい)

(30ぷん)

ちゅうい
Notes

1. しけんが はじまるまで、この もんだいようしを あけないで ください。
   Do not open this question booklet until the test begins.

2. この もんだいようしを もって かえる ことは できません。
   Do not take this question booklet with you after the test.

3. じゅけんばんごうと なまえを したの らんに、じゅけんひょうと おなじように かいて ください。
   Write your examinee registration number and name clearly in each box below as written on your test voucher.

4. この もんだいようしは、ぜんぶで 5ページ あります。
   This question booklet has 5 pages.

5. もんだいには かいとうばんごうの [1]、[2]、[3]…が ついて います。
   かいとうは、かいとうようしに ある おなじばんごうの ところに マーク して ください。
   One of the row numbers [1], [2], [3] … is given for each question. Mark your answer in the same row of the answer sheet.

じゅけんばんごう Examinee Registration Number	

なまえ Name	

問題1 _____ のことばの読み方として最もよいものを、1・2・3・4から一つ
えらびなさい。

1 ブラジルは、資源の多い国の一つである。

    1　しけん　　　　2　しげん　　　　3　じけん　　　　4　じげん

2 このお菓子は予約しないと買えないそうだ。

    1　よやく　　　　2　ようやく　　　　3　ゆやく　　　　4　ゆうやく

3 妹は意志が弱くて他人の意見に左右されやすいから、いつも心配だ。

    1　ざゆ　　　　2　ざゆう　　　　3　さゆ　　　　4　さゆう

4 田中さんは「遅れてごめんなさい」と謝った。

    1　うたがった　　2　あつかった　　3　うしなった　　4　あやまった

5 私は寒くなると、セーターを2枚も重ねて着たりする。

    1　まねて　　　　2　おもねて　　　　3　かさねて　　　　4　むねて

6 私は学生時代、体育の時間がきらいだった。

    1　ていいく　　　2　でいいく　　　3　たいいく　　　4　だいいく

7 この薬はあまりにも苦くて飲みにくいですね。

    1　つらくて　　　2　くるしくて　　　3　うすくて　　　4　にがくて

問題2 _____のことばを漢字で書くとき、最もよいものを、1・2・3・4から一つ
えらびなさい。

8 祖父から庭に木を<u>うえる</u>方法を教えてもらった。

   1 直える   2 埴える   3 植える   4 殖える

9 危ないから、<u>さわらないで</u>ください。

   1 守らないで   2 触らないで   3 移らないで   4 残らないで

10 <u>きかい</u>があれば、富士山に登ってみたいです。

   1 機会   2 機械   3 期回   4 器会

11 「<u>ふしぎ</u>の国のアリス」という童話を読んだことがありますか。

   1 付思義   2 付思議   3 不思義   4 不思議

12 日曜日の朝、新幹線で東京を<u>たつ</u>予定です。

   1 発つ   2 出つ   3 経つ   4 立つ

13 荷物は受付に<u>あずけて</u>ください。

   1 受けて   2 与けて   3 預けて   4 表けて

問題3 （　　　）に入れるのに最もよいものを、1・2・3・4から一つえらびなさい。

14 私は、モノを買ったら（　　　）は必ずもらうようにしています。

　　1　オーダー　　　　2　メッセージ　　　3　レシート　　　4　カタログ

15 今まで作成^{さくせい}した文章を（　　　）しないで閉じてしまいました。

　　1　貯保　　　　　　2　保存　　　　　　3　存蓄　　　　　4　貯蔵

16 近年、外国人を（　　　）する会社が増えています。

　　1　募集^{ぼしゅう}　　　2　選択^{せんたく}　　　3　応募^{おうぼ}　　　4　選考^{せんこう}

17 テーブルの上に、コーヒーを（　　　）しまった。

　　1　すべって　　　　2　こぼして　　　　3　のこして　　　4　こぼれて

18 夜中^{よなか}に目が（　　　）から、そのまま眠れないときがあります。

　　1　開けて　　　　　2　つぶって　　　　3　覚めて　　　　4　閉じて

19 彼は、1度も約束を（　　　）ことがないそうだ。

　　1　やぶった　　　　2　つぶした　　　　3　くずした　　　4　たたいた

20 子供の時は思いっきり遊んで、服を（　　　）しまったことも多かった。

　　1　破^{やぶ}れて　　　　2　溺^{おぼ}れて　　　　3　負^まけて　　　4　汚^{よご}して

21 今日は朝から雨が（　　　）降っている。

　　1　だんだん　　　　2　わくわく　　　　3　うろうろ　　　4　ざあざあ

22 壊れやすい商品なので、ていねいに（　　　）ください。

　　1　なくして　　　　2　つつんで　　　　3　つたえて　　　　4　いわって

23 朝から熱があり、体も（　　　）。

　　1　だるい　　　　　2　あぶない　　　　3　あやしい　　　　4　なつかしい

24 彼を犯人だと（　　　）理由は何ですか。

　　1　怖がる　　　　　2　外れる　　　　　3　あつかう　　　　4　うたがう

166

問題4 ＿＿＿＿の意味が最も近いものを、1・2・3・4から一つえらびなさい。

25 短気な性格で得をすることはないと思います。

1 気になる 　　 2 気が早い 　　 3 気を遣う 　　 4 気が付く

26 彼女はつねに笑顔を見せてくれる。

1 たまに 　　 2 いつも 　　 3 ときどき 　　 4 たいてい

27 兄は、今の仕事がきついと言っている。

1 大変だ 　　 2 楽だ 　　 3 おもしろい 　　 4 つまらない

4回

28 この容器のガラスは薄くて割れやすいので、気をつけてください。

1 入れ物 　　 2 小物 　　 3 見物 　　 4 産物

29 とうとう梅雨があけました。

1 はじまりました 　　　　　 2 おわりました

3 きまりました 　　　　　　 4 発表されました

問題5　つぎのことばの使い方として最もよいものを、1・2・3・4から一つえらび
　　　　なさい。

30 物語

1　この道路を利用すると、通行料金が<u>物語</u>になる。

2　<u>物語</u>が不足すると、かぜなどをひきやすくなる。

3　この<u>物語</u>の登場人物は、みんないい人ばかりだ。

4　コピー<u>物語</u>がなくなってしまったので買いに行った。

31 申し込む

1　市民スポーツ大会に、電子メールで<u>申し込んだ</u>。

2　グラスをくるくると<u>申し込んで</u>から、ワインを飲んだ。

3　最近インフルエンザが<u>申し込み</u>はじめています。

4　自分に<u>申し込む</u>色がわかる人はそんなに多くないと思う。

32 足りない

1　今日はもう<u>足りない</u>ので、明日また話しましょう。

2　今年のクリスマスは、家族みんなで<u>足りなく</u>過ごしました。

3　仕事で、夜も眠れないほど<u>足りない</u>思いをしたことがある。

4　試合に負けたのは、自分の実力が<u>足りなかった</u>からだ。

33 明らかに

1　近視とは近くは<u>明らかに</u>見えるが、遠くはぼけて見えることだ。

2　これは血圧<ruby>血圧<rt>けつあつ</rt></ruby>を<u>明らかに</u>測るとき使います。

3　その事件が起こったのは<u>明らかに</u>去年の9月だったような気がする。

4　今回の失敗は<u>明らかに</u>彼の責任に違いない。

34 おとなしい

1 隣がうるさくて、おとなしい部屋に引っ越したいと思う。

2 お風呂の時間はなるべく心をおとなしくして、心身を休ませたい。

3 父は子供のとき貧しかったらしく、お金のことにはとてもおとなしい。

4 ロシアンブルーという猫はおとなしくて飼いやすい。

N3

言語知識（文法）・読解

(70分)

注　意
Notes

1. 試験が始まるまで、この問題用紙を開けないでください。
   Do not open this question booklet until the test begins.

2. この問題用紙を持って帰ることはできません。
   Do not take this question booklet with you after the test.

3. 受験番号と名前を下の欄に、受験票と同じように書いてください。
   Write your examinee registration number and name clearly in each box below as written on your test voucher.

4. この問題用紙は、全部で19ページあります。
   This question booklet has 31 pages.

5. 問題には解答番号の 1 、 2 、 3 、… が付いています。解答は、解答用紙にある同じ番号のところにマークしてください。
   One of the row numbers 1, 2, 3 … is given for each question. Mark your answer in the same row of the answer sheet.

受験番号 Examinee Registration Number	

名前　Name	

問題1　つぎの文の（　　　　）に入れるのに最もよいものを、1・2・3・4から一つえらびなさい。

1 兄の会社は家からとても遠くて、電車で2時間（　　　　）かかる。

1　を　　　　　　2　は　　　　　　3　も　　　　　　4　が

2 どうして彼は、いつも相手を（　　　　）ようなことをするのだろう。

1　怒らせる　　　2　怒る　　　　　3　怒られる　　　4　怒っている

3 このお子様ランチは大人（　　　　）食べたくなりますね。

1　だと　　　　　2　だの　　　　　3　だって　　　　4　だが

4 どうぞご遠慮（　　　　）、どんどん召し上がってください。

1　なく　　　　　2　なくて　　　　3　ないで　　　　4　ない

5 今回の発表は待ち（　　　　）待ったチャンスなので、絶対に逃せない。

1　の　　　　　　2　に　　　　　　3　で　　　　　　4　も

6 京都は、訪れる（　　　　）新しい発見と感動に出会える。

1　まえに　　　　2　たびに　　　　3　までに　　　　4　うちに

7 もし宴会に遅れる（　　　　）なら、事前に知らせてください。

1　よう　　　　　2　こと　　　　　3　もの　　　　　4　はず

8 日本の食堂では、席に着くと無料で飲み水を（　　　　）。

　　1　出てあげる　　　2　出てくれる　　　3　出してあげる　　4　出してくれる

9 ちょっと（　　　　）ことがありますが、お時間いただけますか。

　　1　おたずねになりたい　　　　　　2　ごらんになりたい

　　3　お借りしたい　　　　　　　　　4　うかがいたい

10 A「女性用のトイレはどちらですか。」

　　B「3階（　　　　）。」

　　1　いらっしゃいます　　　　　　　2　でございます

　　3　まいります　　　　　　　　　　4　いたします

11 ピアノは、年を（　　　　）始められるすばらしい趣味の一つである。

　　1　とる前は　　　　2　とっただけに　　3　とってからでも4　とるかわりに

12 木村「山田さんは、田中課長に（　　　　）ことがありますか。」

　　山田「いいえ、でも鈴木さんには会ったことがあります。」

　　1　お会いした　　　　　　　　　　2　お会いになった

　　3　お会いできた　　　　　　　　　4　お会いになれた

13 部下「部長、ケーキ食べませんか。」

　　部長「あ、実は最近ダイエット中なので、甘いものは一切（　　　　）よ。」

　　1　食べてはいけなくなった　　　　2　食べなければならなくなった

　　3　食べないようにしている　　　　4　食べなかったつもりでいる

問題2　つぎの文の＿＿＿★＿＿＿に入る最もよいものを、1・2・3・4から一つえらび
　　　なさい。

（問題例）

あそこで ＿＿＿＿＿ ＿＿＿＿＿ ＿＿★＿＿ ＿＿＿＿＿ は山田<ruby>山田<rt>やまだ</rt></ruby>さんです。

1　テレビ　　　　2　見ている　　　　3　を　　　　　4　人

（解答のしかた）

1　正しい文はこうです。

┌───┐
│　あそこで ＿＿＿＿＿ ＿＿＿＿＿ ＿＿★＿＿ ＿＿＿＿＿ は<ruby>山田<rt>やまだ</rt></ruby>さんです。│
│　　　　　　1 テレビ　　3 を　　2 見ている　　4 人　　　　　　│
└───┘

2　＿＿★＿＿　に入る番号を解答用紙にマークします。

（解答用紙）　│（例）　①　●　③　④　│

14　ピラティスは、韓国の女優やアイドルの ＿＿＿＿＿ ＿＿★＿＿ ＿＿＿＿＿

　　　　＿＿＿＿＿ 注目が集まっている。

1　として　　　　2　最近　　　　3　運動法　　　4　また

15　＿＿＿＿＿ ＿＿＿＿＿ ＿＿★＿＿ ＿＿＿＿＿、自分で決めた道を進みたい。

1　出会っても　　2　困難に　　　3　どんな　　　4　たとえ

16　田舎<rt>いなか</rt> ＿＿＿＿＿ ＿＿＿＿＿ ＿＿★＿＿ ＿＿＿＿＿ 遊びもあるのだ。

1　できる　　　　2　から　　　　3　こそ　　　　4　だ

175

4회

17 英語を上手に話すためには、＿＿＿＿＿ ＿＿＿＿＿ ＿＿★＿ ＿＿＿＿＿

ことをおすすめします。

1　おく　　　　　2　つけて　　　　　3　基本表現を　　4　身に

18 待ち合わせの時間に ＿＿＿＿＿ ＿＿★＿、＿＿＿＿＿ ＿＿＿＿＿ 事前に電話

などで言ってほしいです。

1　遅れる　　　　2　なら　　　　　3　と　　　　　　4　間に合わない

問題3　つぎの文章を読んで、文章全体の内容を考えて、 19 から 22 の中に入る最もよいものを、1・2・3・4から一つえらびなさい。

健康的なダイエット方法

　インターネットや雑誌などで多くのダイエット方法が紹介されていますが、本当に効果があって健康にも良いダイエットとは、食事と運動の両方をバランスよく行い、健康的にやせるダイエットです。

　激しい運動や食べないダイエットは 19 続かないし、ダイエットが成功しない理由になるのでおすすめできません。しかし食事や運動を正しく行えば、ダイエットは成功しやすくなるのです。

　まず食事は、カロリーの高い食品のとりすぎに気をつけ、その代わりに野菜をたっぷり食べるようにしましょう。そしてよくかんで、ゆっくり味わって食事をして、量も少し減らしましょう。またできる限り、食事は20時までに 20 。

　 21 健康的にやせるためには、運動も欠かせません。体を動かすことでカロリーを消費し、健康的にやせることができます。もちろん運動は、時間も努力も必要となりますが、運動をすることで筋肉がつくので、 22 体になるメリットがあります。

　最後にダイエットの目標は、1ヶ月に1〜2キロのスローペースで行うことをおすすめします。その理由は無理のないダイエットの方が苦しさを感じず、結果として長く続けられるし、良い効果を得ることができるからです。

19

    1   なかなか   2   せっかく   3   ぐっすり   4   だんだん

20

    1   すむようにしましょう   2   すませるようにしましょう

    3   ことわるようにしましょう   4   ひきうけるようにしましょう

21

    1   でも   2   それから   3   つまり   4   たとえば

22

    1   ふとりやすい   2   ふとりたい   3   やせやすい   4   やせたい

4회

問題４　つぎの(1)から(4)の文章を読んで、質問に答えなさい。答えは、１・２・３・４から最もよいものを一つえらびなさい。

（1）

これはパートを募集する文である。

パート募集

　当店は東京都の杉並区にあるスーパーで、店内で商品の整理や接客をするフロアスタッフとして働けるパートさんを募集しています。初心者や主婦の方も大歓迎です。勤務時間は１０：００〜１４：００、または１６：００〜２２：００のうち、ご自分のライフスタイルに合わせて選ぶことができますので、お気軽にご相談ください。時給は１０００円です。交通費は全額支給し、制服もお貸しします。６か月以上勤務してくだされば時給も上がり、正社員として採用される可能性もあります。ご興味のある方はまずお電話にてご連絡後、履歴書をお送りください。たくさんのご応募お待ちしております。

23　どの人が応募できるか。

1　子育てがあるので短時間働きたい人
2　スーパーのおかずコーナーで料理をしたい人
3　できるだけ早く正社員になりたい人
4　なるべく一日中働いて稼ぎたい人

（2）

これはある屋外スポーツ施設を利用するときの規則である。

さくらスポーツ施設ご利用のお願い

＊本人確認のため、身分証や学生証を必ず持ってきてください。

＊スポーツ用品（ボールやラケット）はお貸ししておりませんので、ご用意ください。

＊ごみは必ず持って帰ってください。

＊施設を壊したり、落書きや張り紙をしないでください。

＊雨の日や雪の日など、天気が悪いときはご利用できません。

＊施設内で食べたり、お酒を飲んだり、タバコを吸ったりする行為（水やお茶、スポーツドリンクなどの飲料水は可）、それから花火などの火を使った行為は禁止されています。

他人に迷惑をかけないようにお気を付けください。

24 このスポーツ施設でできることは何か。

1 大学の友達と飲み会をすること

2 ごみを施設内のごみ箱に捨てること

3 ボールを持ってきて遊ぶこと

4 スポーツの後お弁当を食べること

（3）

これは火事が起きたらどうするのか説明する文である。

　皆さん、火事が起きたとき、最初にとるべき行動は何か知っていますか。火事はいつどこで起きるかわかりません。自分の身を安全に守るために、日ごろから注意をしておきましょう。まず、火事を発見したら一人で何とかしようとしないで、「火事だ！」と大きな声で周りの人に知らせ、できるだけ早く逃げましょう。そのあとに119番に通報しましょう。また、火事が起きると、怖くてパニックになりがちです。落ち着いて、冷静に行動しましょう。避難するときは、閉じ込められて避難できない可能性があるので、エレベーターを使ってはいけません。必ず階段で移動しましょう。また煙を絶対に吸わないように注意をすることが大切です。地面に近いほど、新鮮な空気や視界が確保されるので、ぬれたタオルなどで口や鼻を押さえ、低い姿勢で逃げましょう。

25　火事が起こったときにしてはいけないことはどれか。

1　大きな声で火事が起こったことを周りに知らせる。
2　パニックにならないように落ち着いて行動する。
3　早く逃げるためにエレベーターを利用する。
4　煙を吸わないようにぬれたハンカチで口と鼻を押さえる。

（4）

この文は教養講座の受講が決定されたことを知らせる文である。

お知らせ

来月から始まる教養講座の受講が決まりましたので、ご連絡いたします。

1　受講名：心理学

2　受講日時：毎週月曜日と水曜日

　　　　　　　　15:00〜16:30

3　受講料：15,000円（1ヶ月分）

4　その他：

　(1) この講座は全16講座、2カ月コースで開設されています。

　(2) あなたの最初の受講日は10月2日(月)です。

　(3) 月曜日や水曜日が祝日の場合は休講です。

　(4) 都合により、遅刻や欠席される場合は事前にご連絡ください。

26　この文の内容と合っているものはどれか。

1　この講座は1カ月で全16講座が終了するコースだ。

2　すべての講座を受けるためには30,000円を払わなければならない。

3　受講するためには、月曜日か水曜日のどちらかに行けばいい。

4　遅刻や欠席をする場合は連絡しなくてもよい。

問題5　つぎの（1）と（2）の文章を読んで、質問に答えなさい。答えは、1・2・3・4から最もよいものを一つえらびなさい。

（1）

　　①「シェアハウス」に興味を持っている若者が増えている。シェアハウスは性別に関係なく、年齢や職業が違う人々が集まって共同生活する家のことだ。共同生活なので、他の人と適度な交流はあるが、自分のプライベートは守れるし、また家賃がそこまで高くないため、一人暮らしをするよりは初期費用が安くて金銭的負担が少ない。このような理由で一人暮らしよりもシェアハウスに住みたい若者が多くなっているようだ。

　しかし、実際に住んでみるとさまざまな②トラブルが起きているのも事実だ。例えば、シェアハウスではごみ捨てやキッチンなどの共有スペースの掃除を当番で担当していることがあるが、これを守らない人も多い。自分がしなくても誰かがやってくれると思っていたり、当番であったことを忘れていたりして、一部の人ばかりが負担になりトラブルが起きるようだ。次に多いのが騒音トラブルだ。シェアハウスでは複数人が同じ家で生活するため、物件によってはテレビの音や電話の話し声、足音が聞こえやすい。普段は気にならなくても、寝る前や早朝には迷惑に感じることが少なくないようだ。そして意外に大きなトラブルになりやすいのが冷蔵庫に入れていた食べ物がなくなることだ。シェアハウスの冷蔵庫に入れていた食べ物に名前を書いていたとしても勝手に食べられたり使われたりすることがあるようだ。食材を使われた人は、お金を払ってまた買わなければならないし、食費もさらに増えてしまう。これによりケンカをして住みづらくなることも多いそうだ。

　このようにさまざまなトラブルはあるが、共同生活は苦しいことばかりではない。メリットとデメリットを理解して入居すれば、共同生活も楽しいものになるはずだ。

27 ①「シェアハウス」に興味を持っている若者が増えているとあるが、どうしてか。

1 進学や就職に役立つ人々と出会えるから

2 自分が好きな人たちと一緒に生活できるから

3 家賃が払えなくてもいい家に住めるから

4 他人と適度にコミュニケーションが取れるから

28 ②トラブルが起きているとあるが、トラブルではないものはどれか。

1 何もかも住人と話さなければならないこと

2 ゴミ捨てや掃除を一部の人が負担してしまうこと

3 テレビの音や電話の声がうるさいこと

4 自分の食べ物を他の人に食べられてしまうこと

29 この文章の内容と合っているのはどれか。

1 最近の若者は一人暮らしよりシェアハウスをする人が多いようだ。

2 共同生活は苦しいことばかりなので、できればしないほうがいい。

3 他の人との交流があることでケンカが多くなってしまう。

4 シェアハウスの長所と短所を理解して住めば楽しい生活になるだろう。

（2）

　「コンビニ」といえば、２４時間営業で、いつでも好きな時に買い物ができる場所であり、私たちの生活に欠かせない存在となっています。特に買うものがなくてもコンビニに寄ってから家に帰ったり、深夜に何か食べたくなってコンビニに行ったりすることは誰でもあると思います。なぜ人はコンビニに行くのでしょうか。

　日本のコンビニ業界１位と言われているセブンイレブンでは、１年で商品の７０％を入れ替えています。これは世の中の変化やお客様の要求の変化に対応し、お客様を飽きさせないためと言われています。そのためか、コンビニに行くたびに、「また新商品が出たんだ。こんなものまで売っているんだ。今度来た時はこれを買ってみよう」と思い、またコンビニに行く楽しみができます。

　また、コンビニはだた買い物ができるだけではありません。銀行のＡＴＭがあるので入金や送金はもちろん、公共料金の支払いもできますし、宅配便の受付も可能です。また、コンサートなどのチケットの予約販売や写真の印刷も可能ですし、最近では行政の代行サービスも行っています。このように生活に必要なさまざまなことをコンビニですることができるようになり、コンビニの役割も増えてきているのです。２４時間の便利さを生かし、コンビニがより地域社会と密接な関係を持ち、地域のコミュニティーの場になることで、今後コンビニに行く人はますます増えていくことになるでしょう。

[30] そのためとはどういう意味か。

1 特に理由がなくてもコンビニに行きたくなるため

2 セブンイレブンがコンビニ業界1位であるため

3 全国にある全てのコンビニが1年で70%も新しい商品を作っているため

4 お客を飽きさせないようにコンビニが工夫しているため

[31] コンビニでできないことは何か。

1 ガス代や電気代の支払いをする。

2 友達へのプレゼントを宅配便で送る。

3 旅行で撮った写真をプリントアウトする。

4 落とした銀行のカードを新しく発行する。

[32] この文章の内容と合っているのはどれか。

1 コンビニは私たちが交流するために欠かせない場所だ。

2 コンビニでは毎月新商品が出るのでそれを買える楽しみがある。

3 コンビニの役割は24時間ものが買える便利さだけではない。

4 これからますますお客様のニーズに対応するコンビニが増えていくだろう。

4回

問題6 つぎの文章を読んで、質問に答えなさい。答えは、1・2・3・4から最もよいものを一つえらびなさい。

近頃、すぐキレる人が多いという声を聞く。仕事が思い通りにいかなかったり、相手とちょっとでも意見が違うと、自分の感情をコントロールできずに怒鳴ったりする人のことだ。そのような人とは冷静に会話ができず、相手の怒鳴っている声を聞かされて精神的にストレスになったりすることはよくある話だ。また、毎日のように怒鳴られ、必要以上にビクビクすることで、仕事に集中できなくてミスを繰り返してしまう人もいるようだ。

すぐキレる原因としてまず挙げられるのが、ストレスだ。ストレスがたまると、疲れやすかったり、体調が悪くなったりしていつもより気分も悪くなりがちだ。また、いつもなら気づかない細かいことが気になって、イライラしてしまうことも多くなり、「え？ そんなことで？」というようなところでも怒鳴ったりする。2つ目は性格に関係することが原因だ。自分の考えがいつも正しいと思っている人は、視野が狭く、自分に少しでも不利益なことが許せない。「自分は悪くない、相手が悪いから注意してやっているんだ」「他の人たちの意見を自分が代わりに代表して言ってるんだ」と自分が怒ることは当然だと思っているが、実際は自分にとって都合が悪いからキレているだけなのである。3つ目の原因は年を取ったことだ。少し前までは「キレる若者」がニュースでもよく出ていたが、現在では「キレる中高年」もよく見るようになった。普通に会話をしていると思ったら急に「何でいきなり違う話をするんだ！」とキレる人がいる。それは年を取るとともに、理解力が低下し、情報処理のスピードが遅くなったからだ。また、自分の立場を守るために怒鳴ることもあるようだ。怒鳴ることで、自分は偉い人だから丁寧に対応しろということを主張しているのだろう。

原因はどうであれ、このような怒りを避けるためにはどうすればいいのか。まず

相手が感情的(かんじょうてき)になっても、冷静(れいせい)でいることだ。また相手にしないで、キレてる相手と一度時間を置くようにすることだ。こうすることでキレる人とうまく付き合っていけるようになるだろう。

33 すぐキレる人とはどんな人か。

1　友達が自分の意見と違うのですぐ怒ってしまう人

2　子供のころ親からよく怒られていた人

3　何をするにも急いで終わらせようとする人

4　部下の方が仕事ができるのでイライラしている人

34 毎日のように上司に怒鳴(どな)られると人はどうなるか。

1　転職先(てんしょくさき)を探してから仕事を辞める。

2　上司が怖くて、出勤できなくなる。

3　仕事に集中できなくて、ミスが多くなる。

4　ストレスがたまり、病気になってしまう。

35 人がすぐキレる原因は何か。

1　ストレスで病気になり、気分まで悪くなってしまうから

2　自分の考えがいつも正しく、自分に不利益(ふりえき)なことが許せないから

3　若者は中高年(ちゅうこうねん)よりももともとキレやすい性格だから

4　年を取るにつれて、偉(えら)い立場になっていくから

36 すぐキレる人に対処(たいしょ)するにはどうすればいいか。

1　なるべく相手を怒らせないように優しい言葉で話す。

2　仕事でミスをしたら何回でも謝るようにする。

3　冷静になり、相手と時間を少し置くようにする。

4　その人が怒った状態でもしっかり話をする。

4회

問題7　右のページは、ネットカフェの利用案内文である。これを読んで、下の質問に
答えなさい。答えは、1・2・3・4から最もよいものを一つえらびなさい。

37　このネットカフェを利用できる人は誰か。

1　発行してから1年以上の会員証を持って映画を見たい主婦

2　発行してから1年未満の会員証を持ってゲームをしたい高校生

3　発行してから1年未満の会員証を持って一人で漫画を読みたい小学生

4　友達の会員証を持ってデスクワークをしたい会社員

38　Aさんはパソコンで書類づくりを、Bさんは友達4人で映画を見たい。Aさんと
Bさんの正しい利用方法はどれか。

1　Aさん：1時間、ソファルームを利用する

　　Bさん：3時間、シアタールームを利用する

2　Aさん：1時間、チェアルームを利用する

　　Bさん：2時間、ソファルームを利用する

3　Aさん：2時間、オープンスペースを利用する

　　Bさん：3時間、リビングルームを利用する

4　Aさん：3時間、チェアルームを利用する

　　Bさん：4時間、シアタールームを利用する

サクラネットカフェの利用案内

ご利用していただくためには、必ず会員証が必要です。初めてご来店いただく方は、住所・氏名・生年月日を確認できるものを持参し、ご本人様が受付で会員登録をしてください。登録時、会員証を発行します。このカードの有効期限は1年で、本人以外は使うことができません。登録カードを盗まれたり、なくした場合はすぐに当店へご連絡ください。お部屋によって、ご利用方法が違いますので、ご注意ください。

部屋の種類	時間	注意
シアタールーム	3時間〜	映画観賞用ですので、ゲームはできません。（最大5人まで）
チェアルーム	2時間〜	デスクワーク用ですが、オンライン会議はできません。
ソファルーム	1時間〜	2人で入店の場合のみご利用できます。
リビングルーム	1時間〜	カラオケも可能で、最大8人までご利用できます。
オープンスペース	30分〜	ゲーム用ですので、仕事や漫画を読むことができません。

※小学生の方は保護者と一緒であればご利用可能です。

お飲み物は無料で、コーラやジュースなどの冷たい飲み物やコーヒーやココアなどの暖かいものまであります。また全席禁煙、禁酒となっております。書類を印刷したい場合は、ご入店時に店員へお伝えください。印刷可能なお席へご案内いたします。また、入店時に携帯電話の充電器を無料でお貸ししております。お帰りの際にはカウンターまで必ずお持ちください。シャワールームのご利用ですが、ご利用の際に、カウンターへ料金をお支払いください。（30分100円）その後シャワー室へご案内しますが、もしほかのお客様がご利用されていた場合、順番にご案内となります。

N3

聴解

（40分）

注　意
Notes

1. 試験が始まるまで、この問題用紙を開けないでください。
   Do not open this question booklet until the test begins.

2. この問題用紙を持って帰ることはできません。
   Do not take this question booklet with you after the test.

3. 受験番号と名前を下の欄に、受験票と同じように書いてください。
   Write your examinee registration number and name clearly in each box below as written on your test voucher.

4. この問題用紙は、全部で13ページあります。
   This question booklet has 13 pages.

5. この問題用紙にメモをとってもいいです。
   You may make notes in this question booklet.

受験番号 Examinee Registration Number	

名前 Name	

もんだい
問題 1

　問題 1 では、まず質問を聞いてください。それから話を聞いて、問題用紙の 1 から 4 の中から、最もよいものを一つえらんでください。

れい

1　1 階
2　2 階
3　3 階
4　4 階

4回

1 ばん

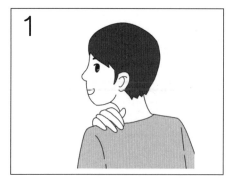
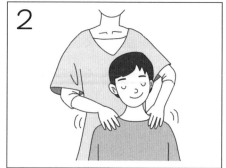

2 ばん

1 　ホームページの「ログインできない方へ」をクリックする

2 　「お客様情報」に登録した番号を入力する

3 　6桁の登録番号が書いてあるメールを探す

4 　新しいパスワードを作ってもう一度会員登録する

3ばん

1 親戚や友人へ招待状を送る

2 結婚式の食事の内容を決める

3 式場に電話して食事の内容を聞く

4 友達に結婚することを知らせる

4ばん

1 桜シネマ、午後7時半

2 桜シネマ、午後9時

3 東京シアター、午前10時

4 東京シアター、午後8時

5ばん

1 会員登録して、ネットでSuica定期券を買う

2 会員登録しないで、駅に行って予約する

3 ネットで予約して、使う1週間前までにお金を払う

4 予約しないで定期券を1週間後に駅まで買いに行く

6ばん

1 ネットでブルー系のワンピースを購入する

2 この店でブルー系のワンピースを試着する

3 もっと他のデザインのワンピースを探してみる

4 ブルー系のワンピースの値段を店員に聞いてみる

<ruby>問題<rt>もんだい</rt></ruby>2

<ruby>問題<rt>もんだい</rt></ruby>2では、まず<ruby>質問<rt>しつもん</rt></ruby>を<ruby>聞<rt>き</rt></ruby>いてください。そのあと、<ruby>問題用紙<rt>もんだいようし</rt></ruby>を<ruby>見<rt>み</rt></ruby>てください。<ruby>読<rt>よ</rt></ruby>む<ruby>時間<rt>じかん</rt></ruby>があります。それから<ruby>話<rt>はなし</rt></ruby>を<ruby>聞<rt>き</rt></ruby>いて、<ruby>問題用紙<rt>もんだいようし</rt></ruby>の1から4の<ruby>中<rt>なか</rt></ruby>から、<ruby>最<rt>もっと</rt></ruby>もよいものを<ruby>一<rt>ひと</rt></ruby>つえらんでください。

れい

1　<ruby>早<rt>はや</rt></ruby>く<ruby>映画<rt>えいが</rt></ruby>の<ruby>情報<rt>じょうほう</rt></ruby>が<ruby>知<rt>し</rt></ruby>りたいから

2　キャンペーンに<ruby>応募<rt>おうぼ</rt></ruby>してチケットをもらいたいから

3　<ruby>限定<rt>げんてい</rt></ruby>グッズをもらって<ruby>人<rt>ひと</rt></ruby>に<ruby>見<rt>み</rt></ruby>せたいから

4　レビューを<ruby>読<rt>よ</rt></ruby>んで、<ruby>話題<rt>わだい</rt></ruby>の<ruby>映画<rt>えいが</rt></ruby>が<ruby>見<rt>み</rt></ruby>たいから

4回

199

1ばん

1 女の子がたくさん集まるから

2 外国人も友達の家に来るから

3 有名な和菓子を食べさせたいから

4 友達が洋菓子より和菓子が好きだから

2ばん

1 部長との関係があまりよくないから

2 昔と今を比較して説教されるから

3 夜遅くまでお酒を飲むので疲れるから

4 今と昔では状況が全然違うから

3ばん

1 家で使える家電製品をもらったから

2 有名なフランス料理を食べられるから

3 結婚記念日をホテルで祝うことができるから

4 ホテルでのんびりできるのを自慢できるから

4ばん

1 いい気分になって運もよくなるから

2 いい会社に就職できるから

3 次の試験は絶対合格するから

4 性格が変わっていい人になるから

5ばん

1 外で遊ぶことが多かったから

2 夏休みに自由に勉強できるから

3 学べるチャンスがたくさんあるから

4 毎日塾に行くことができるから

6ばん

1 駅から近いホテルを安く予約したいから

2 自分の好きな車を予約できるから

3 カフェのクーポンがほしいから

4 貯まったポイントで買い物がしたいから

　問題3では、問題用紙に何もいんさつされていません。この問題は、ぜんたいとしてどんなないようかを聞く問題です。話の前に質問はありません。まず話を聞いてください。それから、質問とせんたくしを聞いて、1から4の中から、最もよいものを一つえらんでください。

－　メモ　－

4回

もんだい
問題 4

問題 4 では、えを見ながら質問を聞いてください。やじるし（➔）の人は何と言いますか。 1 から 3 の中から、最もよいものを一つえらんでください。

れい

1 ばん

2 ばん

3 ばん

4 ばん

問題5

問題5では、問題用紙に何もいんさつされていません。まず文を聞いてください。それから、そのへんじを聞いて、1から3の中から、最もよいものを一つえらんでください。

― メモ ―

4회

N3

실전모의고사
5회

N3

げんごちしき（もじ・ごい）

（30ぷん）

ちゅうい
Notes

1. しけんが はじまるまで、この もんだいようしを あけないで ください。
   Do not open this question booklet until the test begins.

2. この もんだいようしを もって かえる ことは できません。
   Do not take this question booklet with you after the test.

3. じゅけんばんごうと なまえを したの らんに、じゅけんひょうと
   おなじように かいて ください。
   Write your examinee registration number and name clearly in each box below as written on your test voucher.

4. この もんだいようしは、ぜんぶで 5ページ あります。
   This question booklet has 5 pages.

5. もんだいには かいとうばんごうの 1 、 2 、 3 …が ついて います。
   かいとうは、かいとうようしに ある おなじばんごうの ところに マーク
   して ください。
   One of the row numbers 1 , 2 , 3 … is given for each question. Mark your answer in the same row of the answer sheet.

じゅけんばんごう Examinee Registration Number	

なまえ Name	

問題 1 _____のことばの読み方として最もよいものを、1・2・3・4から一つえらびなさい。

1 部長に会議の結果を報告しました。

1　ほうこう　　　2　ほうこく　　　3　ほこう　　　4　ほこく

2 世界には驚くような変わった趣味を持つ人々も多い。

1　しゅみ　　　2　しゅうみ　　　3　しゅあじ　　　4　しゅうあじ

3 用事があったので、飲み会の誘いを断った。

1　ことわった　　　2　くわわった　　　3　たすかった　　　4　あつかった

4 スポーツ用品企業の競争は、さらに激しくなってきた。

1　けいしょう　　　2　きょうしょう　　　3　けいそう　　　4　きょうそう

5 彼の話を聞いて、複雑な気持ちになった。

1　ほくさつ　　　2　ほくざつ　　　3　ふくさつ　　　4　ふくざつ

6 私は会社の方針に従って判断しただけです。

1　たたかって　　　2　あやまって　　　3　したがって　　　4　からかって

7 私は家庭の事情で、大学に行けなくなりました。

1　ししょう　　　2　じしょう　　　3　じじょう　　　4　しじょう

問題2 ＿＿＿＿＿のことばを漢字で書くとき、最もよいものを、1・2・3・4から一つ
えらびなさい。

[8] 私はいつも親に<u>かんしゃ</u>しています。

1 感射　　　　2 感謝　　　　3 閑射　　　　4 閑謝

[9] パソコンが<u>せいじょう</u>かどうかチェックしてみた。

1 正常　　　　2 正相　　　　3 正賞　　　　4 正状

[10] 娘の料理は味が<u>うすい</u>。

1 浅い　　　　2 深い　　　　3 狭い　　　　4 薄い

[11] この病気は、<u>わかい</u>女性に多いそうです。

1 浅い　　　　2 苦い　　　　3 固い　　　　4 若い

[12] 今日習ったことを実生活に<u>おうよう</u>してみるのはどうですか。

1 応用　　　　2 応要　　　　3 追用　　　　4 追要

[13] コインを投げて<u>おもて</u>が出たら、僕が行くことにするよ。

1 裏　　　　2 末　　　　3 緒　　　　4 表

問題3 （　　　　）に入れるのに最もよいものを、1・2・3・4から一つえらびなさい。

14 レポートの提出（　　　　）が過ぎてしまった。

1　都合　　　　　　2　規則　　　　　　3　期限　　　　　4　方向

15 今日は時間がないので、また（　　　）ゆっくりお話しましょう。

1　今回　　　　　　2　今　　　　　　3　しばらく　　　　4　今度

16 早く韓国語が（　　　）話せるようになりたい。

1　ぺこぺこ　　　　2　ぺらぺら　　　　3　ばらばら　　　4　からから

17 母は口が（　　　）ので、長年付き合ってる友人が多く、特に女性からの信頼が
厚い。

1　かるい　　　　　2　わるい　　　　　3　かたい　　　　4　はやい

18 ゴールデンレトリバーの性格は、（　　　）です。

1　おとなしい　　　2　おさない　　　　3　やわらかい　　4　なつかしい

19 昨日の夜、地震によって（　　　）が起こった。

1　家具　　　　　　2　緊張　　　　　　3　整理　　　　　4　停電

20 （　　　）ばかり言わないで、もっと努力してみたらどうですか。

1　ひも　　　　　　2　言葉　　　　　　3　あわ　　　　　4　文句

21 石川さんはお兄さんに（　　　）ですね。双子かと思うくらいです。

  1　そっくり　　　　2　ぴったり　　　　3　がっかり　　　　4　あっさり

22 植物や動物を（　　　）ことは、子供に責任感を持たせるきっかけになると

  言われている。

  1　建てる　　　　2　預ける　　　　3　育てる　　　　4　占める

23 その書類なら、机の引き出しの中に（　　　）ありますよ。

  1　入って　　　　2　おかれて　　　　3　しまって　　　　4　書いて

24 最近、仕事が忙しくて、（　　　）時間が夜中になることもある。

  1　集合　　　　2　帰宅　　　　3　期待　　　　4　予定

問題4 _____の意味が最も近いものを、1・2・3・4から一つえらびなさい。

25 今のアパートは前のアパートに比べて、家賃がやや安い。

1　とても　　　　2　けっこう　　　3　だいぶ　　　4　ちょっと

26 息子は、リビングルームでテレビを見ている。

1　台所　　　　2　居間　　　　3　廊下　　　　4　玄関

27 子供のころ、私の家はまずしかった。

1　大きかった　　　　　　　　2　小さかった

3　お金持ちだった　　　　　　4　お金がなかった

28 みんなでオフィスを整理した。

1　かたづけた　　　2　さがした　　　3　しらべた　　　4　かりた

29 おそらく、彼は二度と実家に戻ってこないだろう。

1　だいぶ　　　　2　まもなく　　　3　けっして　　　4　たぶん

問題5　つぎのことばの使い方として最もよいものを、1・2・3・4から一つえらび
　　　　なさい。

30 夢中

1　友達の信二君は最近、アイドルに夢中している。
2　勉強に夢中できなくて、成績は落ちるばかりだ。
3　うちの息子は最近、テレビゲームに夢中になっている。
4　彼はゴルフに夢中していて、仕事もさぼっているという。

31 得意だ

1　学生時代、もっとも得意だった科目は国語でした。
2　得意でうそをつく人の心理が知りたいです。
3　母はいつも、もっと得意に勉強しなさいと言っています。
4　その事件は、現在調査中なので得意なことは言えません。

32 しっかり

1　揺れるからしっかりつかまっていてください。
2　物事をしっかり言う性格は短所とも長所とも言えない。
3　試験に失敗して、しっかり落ち込んでいると思った。
4　私にとって彼女はしっかり理想的な人だと言えるだろう。

33 あやしい

1　実は、あやしい時こそ、成長できるチャンスかもしれない。
2　田中さんは、自動車にとてもあやしいそうです。
3　妹は、家の前であやしい男を見たと言いました。
4　インターネットであやしい情報を得る方法を教えてください。

34 故障する

1 私の部屋は南向きなので、日がよく<u>故障して</u>気持ちいい。

2 プリンターが<u>故障した</u>場合、どうすればいいですか。

3 兄は私に何か<u>故障している</u>に違いない。

4 人の心を<u>故障する</u>ことは決して簡単なことではありません。

N3

言語知識（文法）・読解

（70分）

注　意
Notes

1. 試験が始まるまで、この問題用紙を開けないでください。
   Do not open this question booklet until the test begins.

2. この問題用紙を持って帰ることはできません。
   Do not take this question booklet with you after the test.

3. 受験番号と名前を下の欄に、受験票と同じように書いてください。
   Write your examinee registration number and name clearly in each box below as written on your test voucher.

4. この問題用紙は、全部で19ページあります。
   This question booklet has 31 pages.

5. 問題には解答番号の 1 、 2 、 3 、… が付いています。解答は、解答用紙にある同じ番号のところにマークしてください。
   One of the row numbers 1 , 2 , 3 … is given for each question. Mark your answer in the same row of the answer sheet.

受験番号 Examinee Registration Number	

名前 Name	

問題1　つぎの文の（　　　　　）に入れるのに最もよいものを、1・2・3・4から一つえ
　　　らびなさい。

1 日本人は玄関（　　　　　）くつを脱いで家に入ります。

　　1　へ　　　　　　　2　と　　　　　　　3　で　　　　　　　4　を

2 読書がきらいになる理由は（　　　　　）あるが、読書感想文を書くこともその

　　一つだと言う。

　　1　いくつか　　　　2　いくらか　　　3　どれか　　　　4　なんだか

3 学生「先生、申し訳ございません。先週、先生に貸して（　　　　　）資料を家に忘

　　　　れてきてしまって…。」

　　先生「その資料なら明日でもいいから。」

　　1　くださった　　　2　さしあげた　　　3　おっしゃった　　4　いただいた

4 お金が（　　　　　）、ほしいものを買っておこうと思います。

　　1　残っている前に　　　　　　　　　2　残っているうちに

　　3　残っているあとに　　　　　　　　4　残っているまでに

5 かぜをひいたときは温かくして、ゆっくり（　　　　　）。

　　1　やすむものだ　　2　やすむことだ　　3　やすんだものだ　　4　やすんだことだ

6 もし、コンビニへ行くなら、（　　　　　）タバコ買ってきてくれない？

　　1　ついでに　　　　2　といっても　　　3　そのかわり　　　4　おもわず

7 商品を（　　　　）もう1ヶ月以上たつけど、まだ届きません。

1　注文するから　2　注文してから　3　注文できるから　4　注文になってから

8 昨日の夕方からすごい雪だったが、今はもう（　　　　）。

1　やんでいない　2　やまないでいる　3　やむ　　　　4　やんでいる

9 医者から運動（　　　　）ように言われたのだが、なかなか始められない。

1　しよう　　　　2　したい　　　　3　する　　　　4　しなさい

10 記者「優勝おめでとうございます。」

　　選手「ありがとうございます。優勝できたのは、チームのみなさんに助けていた
　　　　だいた（　　　　）。」

1　はずです　　　2　おかげです　　　3　つもりです　　4　せいです

11 子ども一人（　　　　）飛行機に乗ることはできますか。

1　だけなら　　　2　ほどなら　　　3　だけでも　　　4　ほどでも

12 山村「由美ちゃん、元気ないみたいだけど、大丈夫かな？」

　　内田「彼氏に別れたい（　　　　）言われたらしいよ。」

1　って　　　　　2　だけ　　　　　3　とは　　　　　4　ばかり

13 鈴木「田中さん、彼女の誕生日プレゼントはもう選びましたか。」

　　田中「いいえ、今（　　　　）。」

1　選んだところです　　　　　　2　選ぶためです

3　選んだことがあります　　　　4　選んでいるところです

問題2　つぎの文の＿＿＿★＿＿＿に入る最もよいものを、1・2・3・4から一つえらび
なさい。

（問題例）

あそこで ＿＿＿＿＿ ＿＿＿＿＿ ＿＿★＿＿ ＿＿＿＿＿ は山田さんです。

1　テレビ　　　　　2　見ている　　　　3　を　　　　　　4　人

（解答のしかた）

1　正しい文はこうです。

あそこで ＿＿＿＿＿ ＿＿＿＿＿ ＿＿★＿＿ ＿＿＿＿＿ は山田さんです。

　　　　　1 テレビ　　3 を　　2 見ている　　4 人

2　＿＿★＿＿ に入る番号を解答用紙にマークします。

（解答用紙）　（例）　①　●　③　④

14　今、世田谷に住んでいるが、都心に ＿＿＿＿＿ ＿＿＿＿＿ ＿＿★＿＿
＿＿＿＿＿ と思う。

1　住みやすい　　　2　静かで　　　　　3　ところだ　　　4　しては

15　鈴木さんの話によると、青山ビルはこの辺にある ＿＿＿＿＿ ＿＿＿＿＿
＿＿★＿＿ ＿＿＿＿＿、どこだか全然わからなかった。

1　こと　　　　　　2　との　　　　　　3　が　　　　　　4　だ

16 国内旅行は _____、_____ _____ ★ _____ をご用意しており

ます。

1　プラン　　　　　2　クルーズなど　3　もちろん　　4　様々な

17 初めての海外 _____ ★ _____ _____ 会見が行われる

予定だ。

1　に　　　　　　　2　先立ち　　　　3　記者　　　　4　コンサート

18 アクセスしても安全な _____ _____ _____ ★ _____、サイト

の安全性に関する情報を調べる必要がある。

1　確認する　　　2　どうかを　　　3　サイトか　　4　ためには

問題3 つぎの文章を読んで、文章全体の内容を考えて、 19 から 22 の中に入る最もよいものを、1・2・3・4から一つえらびなさい。

シェアハウス

近年、ライフスタイルの新しい形としてシェアハウスが大きく 19 。利用者は年々増加していますが、まだまだ知られていないことがたくさんあります。

シェアハウスとは、一つの住居の中で自分の部屋とは別に、たとえばリビング、キッチン、バスルーム、トイレなど、みんなが利用できる共有スペースのある住まいです。

普通のアパートに比べ、 20 価格で住める点はシェアハウスの大きなメリットと言えるでしょう。都心であっても、月々の生活費を節約できます。それから共有スペースには電子レンジや冷蔵庫、洗濯機のような電気製品から、なべやフライパンなどのキッチン用品までそろっているところが多く、自分で買う必要はありません。またシェアハウス 21 人間関係をつくり、相談できる友だちができることもメリットの一つです。

22 、多くの人が集まると問題も起きてしまいます。生活習慣や考え方は、人によってそれぞれ違うため、人間関係でストレスを感じることもあるでしょう。それに、プライバシーを守ることが難しい問題もあります。特に共用スペースでは、常に人の目があり、コミュニケーションが苦手な人にとっては、苦痛に感じることさえあるそうです。

1　注目しています　　　　　　　　2　注目されています

3　注目させています　　　　　　　4　注目させられています

20

1　ヘルシーな　　　2　アプローチな　　3　モダンな　　　4　リーズナブルな

21

1　を通じて　　　　2　について　　　　3　をきっかけに　　4　にかけて

22

1　そこで　　　　　2　一方で　　　　　3　すなわち　　　　4　実は

5回

問題4　つぎの(1)から(4)の文章を読んで、質問に答えなさい。答えは、1・2・3・4から最もよいものを一つえらびなさい。

（1）

人間関係で守るべきマナーはたくさんあるが、その中でも私はアポなしで訪問する人がとても苦手だ。ビジネスだけではなく、身内や家族、友人などを訪問する時もそうだが、相手も都合があるのに、それを考えないで突然訪問するのは失礼に当たると思う。お客さんが来ているかもしれないし、これから出かけるところなのかもしれないのに、どうして自分の都合だけを考えて訪問するのか不思議でならない。だれかを訪ねることになったら、前もって電話かメールで相手の都合を確かめることが大切だ。その際、訪問日時や目的、所要時間などを詳しく伝えて、相手の許可を得てから訪問するべきだと私は思う。

23　親しい友人を訪問するとき、どうするのがいいと言っているか。

　　1　失礼に当たるから、約束より早い時間に訪問したほうがいい。

　　2　あらかじめ友人に予定があるか聞いておいた方がいい。

　　3　前もって友人に会って訪問日時を一緒に決めたほうがいい。

　　4　友人だから、訪問日時を事前に連絡をしなくても大丈夫だ。

（2）

> 　部下にとって上司の存在は大きい。しかし、その上司との関係で悩んでいる部下は少なくない。部下の立場や気持ちを考えずに感情的に叱ったり、自分の好みで部下の評価や対応を変えたりする上司と一緒に働くのはストレスがたまる一方だ。周囲からも頼られるいい上司になるためには、自分の考えばかりでなく、部下の意見をきちんと聞き、尊重すること、そしてどんな部下であっても仕事の機会を与えることが大事だ。そして、何が本当の意味で部下のためになるのかを考え、愛情を持って毎日の指導やコミュニケーションに当たることが必要だ。こうすることで、部下が成長し、いい人材が育っていくだろう。

24 筆者が考えているいい上司とはどんな上司か。

1 部下に仕事をさせないで自分が一生懸命働く上司
2 愛情をもって、感情的に叱ることができる上司
3 自分の考えだけで部下の評価をする上司
4 部下の意見を尊重してくれる上司

（3）

> これは大阪で開かれる絵画展を知らせる文である。

絵画展についてお知らせいたします。11月30日まで、大阪府美術館で「世界絵画展」が開かれます。国籍、出身、年齢は関係なく、世界中の画家の作品から選ばれた50あまりの素晴らしい作品が見られるいいチャンスです。この絵画展は、大阪をはじめ、広島、福岡、北海道、そして東京と全国各地を巡回する予定です。また、この絵画展では画家の作品以外にも、画家の絵が描かれたポスターやポストカード、タオルなどが販売される予定です。入場料は無料で、火曜日は休みです。皆様のご来館をお待ちしております。

25 このお知らせと合っているものはどれか。

1 この絵画展は日本だけでなく世界で開催される。

2 この絵画展は日本の画家50人の作品が展示される。

3 この絵画展は週末も入場無料だ。

4 この絵画展では画家の絵だけが販売される。

（4）

これはテレビ会社が社員を募集している文である。

現在、「東京テレビ」はテレビの番組制作だけではなく、動画や新しい広告ビジネスなど、さまざまな分野で活躍してくれる社員を募集しています。あなたのスキルや経験を生かして、「東京テレビ」で働いてみませんか。

＊募集要項

1.採用人員：大卒以上　3名

2.応募資格：大卒以上で、番組制作等の経験がある方、海外企業とのビジネス経験がある方（未経験・新卒の方は不可）

3.職種：アニメ制作・海外アニメビジネス担当など

4.勤務地：東京都港区六本木　東京テレビ局内

5.提出書類：履歴書・職務経歴書・卒業証明書・健康診断書

26 この掲示文の内容と合っていないのはどれか。

1　この会社に応募できるのは経歴者のみで、新卒は応募できない。

2　この会社ではさまざまな分野で活躍してくれる人を募集している。

3　勤務地は東京になるか他の地域になるかまだわからない。

4　応募に必要な書類は履歴書や職務経歴書など合わせて4種類だ。

問題5　つぎの(1)と(2)の文章を読んで、質問に答えなさい。答えは1・2・3・4から最もよいものを一つえらびなさい。

（1）

　　山田さんは今年音楽大学を卒業して、音楽教室でピアノ講師として働いています。山田さんは子供のころから楽器を弾いたり、歌を歌ったりすることが大好きでした。大人になったら、音楽の先生になろうと思って毎日練習していました。幼いころはバイオリンやフルートなど、さまざまな楽器を習ってきましたが、中学時代からはそれらの楽器はすべてやめて、本格的にピアノを習い始めました。先生は厳しく、練習は大変でしたが、すればするほど上手になり、ピアノの演奏が楽しくなりました。

　　高校3年生のときには、自分で作曲してみることになりました。きっかけは先生から一度自分で曲を作ってみるのはどうかと提案されたからでした。初めて作った曲は技術がそこまで難しいものではありませんでしたが、自分で直接作るのは本当に大変でした。それに自分で作った曲を弾いてみても本当にいい曲なのかわからず、あまり弾く気分にはなれませんでした。山田さんががっかりしていると、先生は、「はじめてにしてはよくできた」とほめてくれました。山田さんはこの言葉を聞いてまたやる気が出ました。作曲はこれ以来していませんが、この先生のおかげで、ピアノの練習はやめることなく続けられました。

　　そして大学生になって将来の就職先を考えたとき、山田さんの頭の中には音楽教室しかありませんでした。山田さんは大学3年生のときから就職活動を始めましたが、始めてすぐに今の音楽教室から、内定をもらうことができました。実力を落とさないためにも毎日の練習は大変ですが、山田さんは自分がやりたい仕事ができて、本当によかったと思っています。

27 自分で作曲してみることになりましたとあるが、なぜそうなったのか。

1 一度はピアノの曲を自分で作ってみたかったため

2 大学卒業後、就職先の会社で必要だったため

3 子供のころから音楽が好きだったため

4 ピアノ教室の先生から提案されたため

28 山田さんは、ピアノ教室の先生にほめてもらってどうなったか。

1 この先生から作曲の勉強を習いたくなった。

2 ピアノ以外の楽器も好きになった。

3 自分の曲をもっと作ることにした。

4 ピアノの練習をやめないで続けた。

29 本文の内容と合っているのはどれか。

1 山田さんは子供のころからピアノだけを必死に練習してきた。

2 山田さんのピアノ教室の先生は作曲も教えてくれる。

3 山田さんは大学生になってからもピアノの練習と作曲を続けた。

4 山田さんは音楽教室に就職できてよかったと思っている。

5回

（2）

　現金をほとんど使わないで、毎日①自転車で都内を走り回るおじさんが話題になっている。こう聞くと変なおじさんだと思われがちだが、実は株主優待で生活をしている。株主優待とは、企業が自社の株式を一定数持っている株主に対して、自社の製品やサービス、商品券などをプレゼントすることだ。つまり、このおじさんは個人投資家なのだ。

　このおじさんは、15年前から個人で投資を始めたそうだが、あるとき株で失敗してしまい、現金がほとんどなくなってしまった時期があった。がっかりしていたおじさんのもとに届いたのが株の優待品や優待券だった。そのとき優待券のよさに気づき、それからはずっとこのような生活をしているそうだ。優待券は期限が切れそうなものから優先的に使い切るようにしていて、そのための移動手段として手軽に乗れる自転車を使っているそうなのだ。資産が十分ならぜいたくな生活をしそうだが、そうはしないで、優待券を使い切るために汗をダラダラかきながら自転車に乗って、いろんな場所に行く。このおじさんにとってはこの生活が一番の幸せだというのだ。

　人は他の人と同じであることに安心するし、みんなと違えばそれは普通じゃないと判断される。しかし人はそれぞれ自分の考えや価値観を持っていて、違うのは当たり前なのだ。もし、あなたが人と違うことで悩んでいるなら、みんなが決めた「普通」という概念を捨て、②自分だけの人生を生きてみるのはどうだろうか。このおじさんのように自分だけの人生をぜひ見つけてほしい。

30 ①自転車で都内を走り回るおじさんの説明として正しいのはどれか。

1　自転車で走り回る理由は、期限が切れそうな商品券を期限内に使いたいからだ。

2　自転車で毎日いろんなお店に行き、現金のみで生活をしている。

3　自転車で走り回っても、優待券を使い切れなくて捨てることが多いのが嫌だ。

4　自転車で走り回ることで、周りからは変なおじさんだと思われて困っている。

31 ②自分だけの人生を生きてみる人とはどんな人か。

1　周りからの批判をあまり聞かない人

2　人と考えが違ったら自分の考えを変える人

3　人と違う生き方でも気にしない人

4　みんなが決めた「普通」に従う人

32　この文章の内容と合っているのはどれか。

1　自分の人生を生きるためには、人々が決めた「普通」はあまり気にしなくてもいい。

2　最近は自分が他の人と違うことで悩んでいる人が大勢いるようだ。

3　周りと違う行動をすれば、批判的な意見を持つ人が多いようだ。

4　自分だけの人生を生きるために一番重要なことは、価値観の違いを受け入れることだ。

問題6 つぎの文章を読んで、質問に答えなさい。答えは、1・2・3・4から最もよいものを一つえらびなさい。

夏の暑さのせいで食欲がなかったり、体がだるかったりして、体調がよくないことを「夏バテ」というが、夏バテになってしまう原因は何だろうか。

まず一つ目の原因は暑くて汗をたくさんかくことで、体内の水分が少なくなり、脱水症状になることだ。夏は軽い作業をするだけでも1日2～3リットルの汗をかく。これにより水分が不足して、食欲がなくなり、めまいといった症状が現れる。また、冷たい飲み物や食べ物ばかり食べると、栄養不足にもなりやすいため、だるさや疲れを感じやすくなる。さらに、夏は非常に暑い外に対して、室内はエアコンで冷えているため、室内外の温度差が大きくなりがちだ。これにより、体に負担がかかってしまい、体の調子が悪くなるという。また、夏は暑くて眠れないせいで、睡眠不足になり疲れが取れにくくなるのも夏バテの原因になるのだ。

このような夏バテを防ぐためには、まず、不足しがちな水分をしっかりとって、栄養バランスを意識し、しっかり食事をすることが大事だ。豚肉や豆類、ブロッコリーやキウイフルーツなどの野菜や果物など栄養の高いものを食べるのが効果的だ。また、室内外の温度差が5度以上になるのはよくないので、エアコンの温度は28℃に設定し、体を冷やしすぎないようにすること。エアコンのせいで部屋が寒く感じる場合は、上着を着て体温を調節するのも重要だ。それから、お風呂に入って体を温めてからぐっすり寝ること。こうすることで質のいい睡眠をとることができる。寝る時にも温度は28℃、湿度は50～60％が適切で、一晩中扇風機やエアコンをつけっぱなしにしないほうがいい。そして、体力をつけるためにもすこし汗をかくぐらいの軽い運動をすること。汗をかくことで暑さに対して強い体が作れるのだ。運動をする時間は、昼間は暑すぎるので、気温が少し低く、日差しも弱い朝や夕方以降にすることがポイントだ。

このように夏バテは、毎日の食事や生活習慣に気を付けることで防ぐことができる。夏を体調良く過ごせるように、自分の生活習慣を見直してほしい。

33 夏バテを引き起こす原因になるのはどれか。

1　アイスコーヒーやアイスクリームなど冷たいものばかり食べている。

2　毎晩、20～30分ぐらい公園をウォーキングしている。

3　ビルの解体工事をしながら、水分をよくとるようにしている。

4　室内のエアコンの温度を高めに設定し、体を冷やさないようにしている。

34 夏バテを防ぐためにはどうすればいいか。

1　野菜はあまり食べないで豚肉をたくさん食べて体力をつける。

2　寝る前ではなく、朝起きてからお風呂にゆっくり入るようにする。

3　少し汗をかくくらいの軽い運動をして、体力をつけるようにする。

4　エアコンの温度は低い温度にして、なるべく部屋を涼しくするようにする。

35 夏バテの予防のために食事や生活習慣のポイントではないのはどれか。

1　バランスよくいろいろなものを食べること

2　寝る時はエアコンをずっとつけておくこと

3　お風呂に入って体を温めてから寝ること

4　冷房が強いところではそでの長い服を着ること

36 この文章の内容と合っていないのはどれか。

1　夏には水分が不足することで、食欲がなくなることがある。

2　暑さで眠れないせいで、疲れが取れにくくなり体調が悪くなる。

3　夏には軽い運動をするだけでもかなりの汗をかく。

4　運動は汗をたくさんかきやすい昼間にするのが効果的だ。

37 このお知らせの目的として、もっともふさわしいと考えられるものはどれか。

1　上手な暖房の使い方

2　電気や暖房の管理方法

3　冬服の着用規定

4　会社での省エネの方法

38 今週の金曜日は会社の創立記念日で休み、来週の月曜日は祝日で休みとなり、4連休となる。最後に会社を出る人がやるべきこととして正しいのはどれか。

1　暖房の温度を20度に設定し、室内を温かくしてから帰る。

2　電子機器の電源を切り、コンセントから電源プラグを抜いてから帰る。

3　マフラーや手袋をして体を温め、寒さ対策をしっかりして帰る。

4　すべての業務を終わらせて、部屋をきれいに掃除してから帰る。

件名：省エネに関するお願い

＊冬の省エネにご協力ください。

社員の皆様へ

　お疲れ様です。総務部の田崎です。省エネに関するお願いです。

　今年は全国的に厳しい寒さが続いており、例年に比べ電力の消費量が増加しています。電力不足を防ぐためにも、以下の冬の省エネにご協力をお願いいたします。

記

1. 暖房の設定温度は、 20度と低めに設定しましょう。
2. 会議室やトイレ、応接室など、使用していない場所の電気、暖房は消しましょう。
3. 昼間は外の日差しを取り入れて部屋を明るくし、照明を部分的に消しましょう。
4. 冬はよくお湯が使われます。給湯器の温度を下げて、洗い物をするようにしましょう。
5. 退社時や週末、連休前は、パソコンやプリンター、コピー機などの電源を切って、必ず電源プラグをコンセントから抜いておきましょう。
6. 服装は寒さをしっかり防ぎ、厚着にならないことがポイントです。首、手首、足首を温めるために、マフラーやひざ掛けを使いましょう。カイロなどの保温グッズを使って、部分的に温めるのも効果的です。また、ただ上着を着るだけではなく、薄くても体が温かくなり、軽くて着やすいものを選びましょう。

　以上よろしくお願いいたします。

総務部 田崎圭太

N3

<ruby>聴解<rt>ちょうかい</rt></ruby>

（40分）

注　意
Notes

1. 試験が始まるまで、この問題用紙を開けないでください。
   Do not open this question booklet until the test begins.

2. この問題用紙を持って帰ることはできません。
   Do not take this question booklet with you after the test.

3. <ruby>受験番号<rt>じゅけんばんごう</rt></ruby>と名前を下の<ruby>欄<rt>らん</rt></ruby>に、<ruby>受験票<rt>じゅけんひょう</rt></ruby>と同じように書いてください。
   Write your examinee registration number and name clearly in each box below as written on your test voucher.

4. この問題用紙は、<ruby>全部<rt>ぜんぶ</rt></ruby>で13ページあります。
   This question booklet has 13 pages.

5. この問題用紙にメモをとってもいいです。
   You may make notes in this question booklet.

<ruby>受験番号<rt>じゅけんばんごう</rt></ruby> Examinee Registration Number	
名前 Name	

もんだい
問題1

　問題1では、まず質問を聞いてください。それから話を聞いて、問題用紙の1から4の中から、最もよいものを一つえらんでください。

れい

1　1階

2　2階

3　3階

4　4階

1ばん

2ばん

1 違うレストランの予約をする

2 系列店に席があるかどうか確認する

3 系列店の店員に会って直接聞く

4 なんとかして空いている席を作る

3ばん

1 予定通り小田君一人だけにプレゼンをさせる

2 自分が小田君の代わりにプレゼンをする

3 小田君と渡辺さんの二人にプレゼンさせる

4 渡辺さん一人だけにプレゼンをさせる

5회

4ばん

1 先輩の車で一緒に通勤することにした

2 明日から車で通勤することにした

3 まずは運転免許を取ることにした

4 先輩の車で運転の練習をすることにした

5 ばん

1 病院でもらった薬を飲んでから寝る

2 体が冷たくならないように部屋の温度を上げる

3 喉が乾燥しないようにマスクをする

4 部屋が乾燥しないようにぬれた洗濯物を干す

6 ばん

1 カードの持ち主を調べてから電話を掛けなおす

2 母の代わりに自分がこのまま手続きをする

3 カードの名義人である母に電話をさせる

4 自分の名義のカードを作るために電話をする

問題2では、まず質問を聞いてください。そのあと、問題用紙を見てください。読む時間があります。それから話を聞いて、問題用紙の1から4の中から、最もよいものを一つえらんでください。

れい

1 早く映画の情報が知りたいから

2 キャンペーンに応募してチケットをもらいたいから

3 限定グッズをもらって人に見せたいから

4 レビューを読んで、話題の映画が見たいから

5回

1 ばん

1 　会議に行かなければならないから

2 　取引先との飲み会があるから

3 　出張の準備をしなければならないから

4 　今から北海道に行かなければならないから

2 ばん

1 　授業中に騒いだから

2 　宿題を持って行くのを忘れたから

3 　友達とけんかしたから

4 　かばんを持って行くのを忘れたから

3ばん

1 去年と同じ温泉に行く

2 若者に人気のリゾートホテルに行く

3 まだどうするかわからない

4 今年は行かないことにした

4ばん

1 外食より手料理の方がおいしいから

2 体にもいいし、愛情を込めて作ってくれるから

3 料理教室で習って、上手に作れるようになったから

4 彼女が料理が上手なので、いつも食べているから

5 ばん

1　ストーリーが同じパターンだから

2　俳優も設定もすべて同じだから

3　悲しい結末で終わるドラマが多いから

4　主人公が事件を解決しながら恋愛もするから

6 ばん

1　一日の疲れがとれて、リフレッシュできるから

2　シャワーよりも体がきれいになるから

3　仕事のミスを減らすことができるから

4　その日のスケジュールを考えることができるから

問題3では、問題用紙に何もいんさつされていません。この問題は、ぜんたいとしてどんなないようかを聞く問題です。話の前に質問はありません。まず話を聞いてください。それから、質問とせんたくしを聞いて、1から4の中から、最もよいものを一つえらんでください。

— メモ —

　問題4では、えを見ながら質問を聞いてください。やじるし（➡）の人は何と言いますか。1から3の中から、最もよいものを一つえらんでください。

れい

1 ばん

2 ばん

3 ばん

4 ばん

問題 5 では、問題用紙に何もいんさつされていません。まず文を聞いてください。それから、そのへんじを聞いて、 1 から 3 の中から、最もよいものを一つえらんでください。

― メ モ ―

memo

N3 第1回 日本語能力試験 模擬テスト 解答用紙

げんごちしき (もじ・ごい)

じゅけんばんごう
Examinee Registration Number

なまえ
Name

問題 1

	1	2	3	4
1	①	②	③	④
2	①	②	③	④
3	①	②	③	④
4	①	②	③	④
5	①	②	③	④
6	①	②	③	④
7	①	②	③	④

問題 2

	1	2	3	4
8	①	②	③	④
9	①	②	③	④
10	①	②	③	④
11	①	②	③	④
12	①	②	③	④
13	①	②	③	④

問題 3

	1	2	3	4
14	①	②	③	④
15	①	②	③	④
16	①	②	③	④
17	①	②	③	④
18	①	②	③	④
19	①	②	③	④
20	①	②	③	④
21	①	②	③	④
22	①	②	③	④
23	①	②	③	④
24	①	②	③	④

問題 4

	1	2	3	4
24	①	②	③	④
25	①	②	③	④
26	①	②	③	④
27	①	②	③	④
28	①	②	③	④
29	①	②	③	④

問題 5

	1	2	3	4
30	①	②	③	④
31	①	②	③	④
32	①	②	③	④
33	①	②	③	④
34	①	②	③	④

N3 第1回 日本語能力試験 模擬テスト 解答用紙

げんごちしき(ぶんぽう)・どっかい

じゅけんばんごう
Examinee Registration
Number

なまえ
Name

問題 1

1	①	②	③	④
2	①	②	③	④
3	①	②	③	④
4	①	②	③	④
5	①	②	③	④
6	①	②	③	④
7	①	②	③	④
8	①	②	③	④
9	①	②	③	④
10	①	②	③	④
11	①	②	③	④
12	①	②	③	④
13	①	②	③	④

問題 2

14	①	②	③	④
15	①	②	③	④
16	①	②	③	④
17	①	②	③	④
18	①	②	③	④

問題 3

19	①	②	③	④
20	①	②	③	④
21	①	②	③	④
22	①	②	③	④

問題 4

23	①	②	③	④
24	①	②	③	④
25	①	②	③	④
26	①	②	③	④

問題 5

27	①	②	③	④
28	①	②	③	④
29	①	②	③	④
30	①	②	③	④
31	①	②	③	④
32	①	②	③	④

問題 6

33	①	②	③	④
34	①	②	③	④
35	①	②	③	④
36	①	②	③	④

問題 7

37	①	②	③	④
38	①	②	③	④

N3　第1回　日本語能力試験　模擬テスト　解答用紙

ちょうかい

じゅけんばんごう　Examinee Registration Number

なまえ　Name

もんだい 1

かい				
1	①	●	③	④
2	①	②	③	④
3	①	②	③	④
4	①	②	③	④
5	①	②	③	④
6	①	②	③	④

もんだい 2

かい				
1	①	●	③	④
2	①	②	③	④
3	①	②	③	④
4	①	②	③	④
5	①	②	③	④
6	①	②	③	④

もんだい 3

かい				
1	①	②	③	●
2	①	②	③	④
3	①	②	③	④

もんだい 4

かい			
1	●	②	③
2	①	②	③
3	①	②	③
4	①	②	③

もんだい 5

かい			
1	①	●	③
2	①	②	③
3	①	②	③
4	①	②	③
5	①	②	③
6	①	②	③
7	①	②	③
8	①	②	③
9	①	②	③

N3 第2回 日本語能力試験 模擬テスト 解答用紙

げんごちしき (もじ・ごい)

なまえ
Name

じゅけんばんごう
Examinee Registration
Number

〈ちゅうい Notes〉

1. くろい えんぴつ(HB、No.2)で かいて ください。
   (ペンや ボールペンでは かかないで ください。)
   Use a black medium soft (HB or No.2) pencil.
   (Do not use any kind of pen.)
2. かきなおす ときは、けしゴムで きれいに けして
   ください。
   Erase any unintended marks completely.
3. きたなく したり、おったり しないで ください。
   Do not soil or bend this sheet.
4. マークれい Marking Examples

よい れい Correct Example	わるい れい Incorrect Examples
●	⊗ ○ ◔ ◖ ◐ ⦸

問題 1

1	①	②	③	④
2	①	②	③	④
3	①	②	③	④
4	①	②	③	④
5	①	②	③	④
6	①	②	③	④
7	①	②	③	④

問題 2

8	①	②	③	④
9	①	②	③	④
10	①	②	③	④
11	①	②	③	④
12	①	②	③	④
13	①	②	③	④

問題 3

14	①	②	③	④
15	①	②	③	④
16	①	②	③	④
17	①	②	③	④
18	①	②	③	④
19	①	②	③	④
20	①	②	③	④
21	①	②	③	④
22	①	②	③	④
23	①	②	③	④
24	①	②	③	④

問題 4

24	①	②	③	④
25	①	②	③	④
26	①	②	③	④
27	①	②	③	④
28	①	②	③	④
29	①	②	③	④

問題 5

29	①	②	③	④
30	①	②	③	④
31	①	②	③	④
32	①	②	③	④
33	①	②	③	④
34	①	②	③	④

N3 第2回 日本語能力試験 模擬テスト 解答用紙

げんごちしき(ぶんぽう)・どっかい

じゅけんばんごう
Examinee Registration
Number

なまえ
Name

問題 1

1	①	②	③	④
2	①	②	③	④
3	①	②	③	④
4	①	②	③	④
5	①	②	③	④
6	①	②	③	④
7	①	②	③	④
8	①	②	③	④
9	①	②	③	④
10	①	②	③	④
11	①	②	③	④
12	①	②	③	④
13	①	②	③	④

問題 2

14	①	②	③	④
15	①	②	③	④
16	①	②	③	④
17	①	②	③	④
18	①	②	③	④

問題 3

19	①	②	③	④
20	①	②	③	④
21	①	②	③	④
22	①	②	③	④

問題 4

23	①	②	③	④
24	①	②	③	④
25	①	②	③	④
26	①	②	③	④

問題 5

27	①	②	③	④
28	①	②	③	④
29	①	②	③	④
30	①	②	③	④
31	①	②	③	④
32	①	②	③	④

問題 6

33	①	②	③	④
34	①	②	③	④
35	①	②	③	④
36	①	②	③	④

問題 7

37	①	②	③	④
38	①	②	③	④

N3

第2回 日本語能力試験 模擬テスト 解答用紙

ちょうかい

もんだい 問題 1

かい	①	②	③	●
1	①	②	③	④
2	①	②	③	④
3	①	②	③	④
4	①	②	③	④
5	①	②	③	④
6	①	②	③	④

もんだい 問題 2

かい	①	●	③	④
1	①	②	③	④
2	①	②	③	④
3	①	②	③	④
4	①	②	③	④
5	①	②	③	④
6	①	②	③	④

もんだい 問題 3

かい	①	②	③	●
1	①	②	③	④
2	①	②	③	④
3	①	②	③	④

もんだい 問題 4

かい	①	●	③
1	①	②	③
2	①	②	③
3	①	②	③
4	①	②	③

もんだい 問題 5

かい	①	●	③
1	①	②	③
2	①	②	③
3	①	②	③
4	①	②	③
5	①	②	③
6	①	②	③
7	①	②	③
8	①	②	③
9	①	②	③

N3 第3回 日本語能力試験 模擬テスト 解答用紙

げんごちしき (もじ・ごい)

じゅけんばんごう
Examinee Registration
Number

なまえ
Name

〈ちゅうい Notes〉

1. くろい えんぴつ(HB、No.2)で かいて ください。
（ペンや ボールペンでは かかないで ください。）
Use a black medium soft (HB or No.2) pencil.
(Do not use any kind of pen.)
2. かきなおす ときは、けしゴムで きれいに けして
ください。
Erase any unintended marks completely.
3. きたなく したり、おったり しないで ください。
Do not soil or bend this sheet.
4. マークれい　Marking Examples

よい れい Correct Example	わるい れい Incorrect Examples
●	⊗ ◯ ◑ ◐ ◖ ●

問題 1

	1	2	3	4
1	①	②	③	④
2	①	②	③	④
3	①	②	③	④
4	①	②	③	④
5	①	②	③	④
6	①	②	③	④
7	①	②	③	④

問題 2

	1	2	3	4
8	①	②	③	④
9	①	②	③	④
10	①	②	③	④
11	①	②	③	④
12	①	②	③	④
13	①	②	③	④

問題 3

	1	2	3	4
14	①	②	③	④
15	①	②	③	④
16	①	②	③	④
17	①	②	③	④
18	①	②	③	④
19	①	②	③	④
20	①	②	③	④
21	①	②	③	④
22	①	②	③	④
23	①	②	③	④
24	①	②	③	④

問題 4

	1	2	3	4
24	①	②	③	④
25	①	②	③	④
26	①	②	③	④
27	①	②	③	④
28	①	②	③	④
29	①	②	③	④

問題 5

	1	2	3	4
30	①	②	③	④
31	①	②	③	④
32	①	②	③	④
33	①	②	③	④
34	①	②	③	④

じゅけんばんごう
Examinee Registration
Number

N3

第3回 日本語能力試験 模擬テスト 解答用紙

(げんごちしき(ぶんぽう)・どっかい)

問題 1				
1	①	②	③	④
2	①	②	③	④
3	①	②	③	④
4	①	②	③	④
5	①	②	③	④
6	①	②	③	④
7	①	②	③	④
8	①	②	③	④
9	①	②	③	④
10	①	②	③	④
11	①	②	③	④
12	①	②	③	④
13	①	②	③	④

問題 2				
14	①	②	③	④
15	①	②	③	④
16	①	②	③	④
17	①	②	③	④
18	①	②	③	④

問題 3				
19	①	②	③	④
20	①	②	③	④
21	①	②	③	④
22	①	②	③	④

問題 4				
23	①	②	③	④
24	①	②	③	④
25	①	②	③	④
26	①	②	③	④

問題 5				
27	①	②	③	④
28	①	②	③	④
29	①	②	③	④
30	①	②	③	④
31	①	②	③	④
32	①	②	③	④

問題 6				
33	①	②	③	④
34	①	②	③	④
35	①	②	③	④
36	①	②	③	④

問題 7				
37	①	②	③	④
38	①	②	③	④

N3 第3回 日本語能力試験 模擬テスト 解答用紙

ちょうかい

じゅけんばんごう
Examinee Registration
Number

なまえ
Name

もんだい 問題 1

かい	1	2	3	4
れい	①	②	●	④
1	①	②	③	④
2	①	②	③	④
3	①	②	③	④
4	①	②	③	④
5	①	②	③	④
6	①	②	③	④

もんだい 問題 2

かい	1	2	3	4
れい	●	②	③	④
1	①	②	③	④
2	①	②	③	④
3	①	②	③	④
4	①	②	③	④
5	①	②	③	④
6	①	②	③	④

もんだい 問題 3

かい	1	2	3	4
れい	①	②	③	●
1	①	②	③	④
2	①	②	③	④
3	①	②	③	④

もんだい 問題 4

かい	1	2	3
れい	①	●	③
1	①	②	③
2	①	②	③
3	①	②	③
4	①	②	③

もんだい 問題 5

かい	1	2	3
れい	①	●	③
1	①	②	③
2	①	②	③
3	①	②	③
4	①	②	③
5	①	②	③
6	①	②	③
7	①	②	③
8	①	②	③
9	①	②	③

N3

第4回 日本語能力試験 模擬テスト 解答用紙

げんごちしき (もじ・ごい)

なまえ
Name

問題 1

1	①	②	③	④
2	①	②	③	④
3	①	②	③	④
4	①	②	③	④
5	①	②	③	④
6	①	②	③	④
7	①	②	③	④
8	①	②	③	④

問題 2

9	①	②	③	④
10	①	②	③	④
11	①	②	③	④
12	①	②	③	④
13	①	②	③	④

問題 3

14	①	②	③	④
15	①	②	③	④
16	①	②	③	④
17	①	②	③	④
18	①	②	③	④
19	①	②	③	④
20	①	②	③	④
21	①	②	③	④
22	①	②	③	④
23	①	②	③	④
24	①	②	③	④

問題 4

24	①	②	③	④
25	①	②	③	④
26	①	②	③	④
27	①	②	③	④
28	①	②	③	④
29	①	②	③	④

問題 5

30	①	②	③	④
31	①	②	③	④
32	①	②	③	④
33	①	②	③	④
34	①	②	③	④

N3 第4回 日本語能力試験 模擬テスト 解答用紙

げんごちしき(ぶんぽう)・どっかい

じゅけんばんごう
Examinee Registration Number

なまえ
Name

問題 1

	1	2	3	4
1	①	②	③	④
2	①	②	③	④
3	①	②	③	④
4	①	②	③	④
5	①	②	③	④
6	①	②	③	④
7	①	②	③	④
8	①	②	③	④
9	①	②	③	④
10	①	②	③	④
11	①	②	③	④
12	①	②	③	④
13	①	②	③	④

問題 2

	1	2	3	4
14	①	②	③	④
15	①	②	③	④
16	①	②	③	④
17	①	②	③	④
18	①	②	③	④

問題 3

	1	2	3	4
19	①	②	③	④
20	①	②	③	④
21	①	②	③	④
22	①	②	③	④

問題 4

	1	2	3	4
23	①	②	③	④
24	①	②	③	④
25	①	②	③	④
26	①	②	③	④

問題 5

	1	2	3	4
27	①	②	③	④
28	①	②	③	④
29	①	②	③	④
30	①	②	③	④
31	①	②	③	④
32	①	②	③	④

問題 6

	1	2	3	4
33	①	②	③	④
34	①	②	③	④
35	①	②	③	④
36	①	②	③	④

問題 7

	1	2	3	4
37	①	②	③	④
38	①	②	③	④

N3 第4回 日本語能力試験 模擬テスト 解答用紙

ちょうかい

じゅけんばんごう
Examinee Registration Number

なまえ
Name

〈ちゅうい Notes〉

1. 〈くろい えんぴつ(HB、No.2)で かいて ください。〉
（ペンや ボールペンでは かかないで ください。）
Use a black medium soft (HB or No.2) pencil.
(Do not use any kind of pen.)

2. かきなおす ときは、けしゴムで きれいに けして ください。
Erase any unintended marks completely.

3. きたなく したり、おったり しないで ください。
Do not soil or bend this sheet.

4. マークれい Marking Examples

よい れい Correct Example	わるい れい Incorrect Examples
●	⊗ ◯ ◑ ⊘ ◐ ●

もんだい 問題 1

	①	②	③	④
れい	①	②	③	●
1	①	②	③	④
2	①	②	③	④
3	①	②	③	④
4	①	②	③	④
5	①	②	③	④
6	①	②	③	④

もんだい 問題 2

	①	②	③	④
れい	①	●	③	④
1	①	②	③	④
2	①	②	③	④
3	①	②	③	④
4	①	②	③	④
5	①	②	③	④
6	①	②	③	④

もんだい 問題 3

	①	②	③	④
れい	①	②	③	●
1	①	②	③	④
2	①	②	③	④
3	①	②	③	④

もんだい 問題 4

	①	②	③
れい	①	●	③
1	①	②	③
2	①	②	③
3	①	②	③
4	①	②	③

もんだい 問題 5

	①	②	③
れい	●	②	③
1	①	②	③
2	①	②	③
3	①	②	③
4	①	②	③
5	①	②	③
6	①	②	③
7	①	②	③
8	①	②	③
9	①	②	③

N3　第 5 回 日本語能力試験 模擬テスト 解答用紙

げんごちしき（もじ・ごい）

じゅけんばんごう
Examinee Registration
Number

なまえ
Name

問 題 1

1	①	②	③	④
2	①	②	③	④
3	①	②	③	④
4	①	②	③	④
5	①	②	③	④
6	①	②	③	④
7	①	②	③	④

問 題 2

8	①	②	③	④
9	①	②	③	④
10	①	②	③	④
11	①	②	③	④
12	①	②	③	④
13	①	②	③	④

問 題 3

14	①	②	③	④
15	①	②	③	④
16	①	②	③	④
17	①	②	③	④
18	①	②	③	④
19	①	②	③	④
20	①	②	③	④
21	①	②	③	④
22	①	②	③	④
23	①	②	③	④
24	①	②	③	④

問 題 4

24	①	②	③	④
25	①	②	③	④
26	①	②	③	④
27	①	②	③	④
28	①	②	③	④
29	①	②	③	④

問 題 5

30	①	②	③	④
31	①	②	③	④
32	①	②	③	④
33	①	②	③	④
34	①	②	③	④

N3 第5回 日本語能力試験 模擬テスト 解答用紙

げんごちしき(ぶんぽう)・どっかい

じゅけんばんごう
Examinee Registration
Number

なまえ
Name

問題 1

1	①	②	③	④
2	①	②	③	④
3	①	②	③	④
4	①	②	③	④
5	①	②	③	④
6	①	②	③	④
7	①	②	③	④
8	①	②	③	④
9	①	②	③	④
10	①	②	③	④
11	①	②	③	④
12	①	②	③	④
13	①	②	③	④

問題 2

14	①	②	③	④
15	①	②	③	④
16	①	②	③	④
17	①	②	③	④
18	①	②	③	④

問題 3

19	①	②	③	④
20	①	②	③	④
21	①	②	③	④
22	①	②	③	④

問題 4

23	①	②	③	④
24	①	②	③	④
25	①	②	③	④
26	①	②	③	④

問題 5

27	①	②	③	④
28	①	②	③	④
29	①	②	③	④
30	①	②	③	④
31	①	②	③	④
32	①	②	③	④

問題 6

33	①	②	③	④
34	①	②	③	④
35	①	②	③	④
36	①	②	③	④

問題 7

37	①	②	③	④
38	①	②	③	④

N3 第5回 日本語能力試験 模擬テスト 解答用紙

ちょうかい

じゅけんばんごう
Examinee Registration
Number

なまえ
Name

よい れい Correct Example	わるい れい Incorrect Examples
●	⊗ ○ ◑ ◒ ○ ①

問題 1

もんだい				
れい	①	●	③	④
1	①	②	③	④
2	①	②	③	④
3	①	②	③	④
4	①	②	③	④
5	①	②	③	④
6	①	②	③	④

問題 2

もんだい				
れい	①	●	③	④
1	①	②	③	④
2	①	②	③	④
3	①	②	③	④
4	①	②	③	④
5	①	②	③	④
6	①	②	③	④

問題 3

もんだい				
れい	①	②	③	●
1	①	②	③	④
2	①	②	③	④
3	①	②	③	④

問題 4

もんだい			
れい	①	●	③
1	①	②	③
2	①	②	③
3	①	②	③
4	①	②	③

問題 5

もんだい			
れい	①	●	③
1	①	②	③
2	①	②	③
3	①	②	③
4	①	②	③
5	①	②	③
6	①	②	③
7	①	②	③
8	①	②	③
9	①	②	③

N3 日本語能力試験 模擬テスト 解答用紙（練習用）

げんごちしき（もじ・ごい）

じゅけんばんごう
Examinee Registration
Number

なまえ
Name

問題 1

1	①	②	③	④
2	①	②	③	④
3	①	②	③	④
4	①	②	③	④
5	①	②	③	④
6	①	②	③	④
7	①	②	③	④

問題 2

8	①	②	③	④
9	①	②	③	④
10	①	②	③	④
11	①	②	③	④
12	①	②	③	④
13	①	②	③	④

問題 3

14	①	②	③	④
15	①	②	③	④
16	①	②	③	④
17	①	②	③	④
18	①	②	③	④
19	①	②	③	④
20	①	②	③	④
21	①	②	③	④
22	①	②	③	④
23	①	②	③	④
24	①	②	③	④

問題 4

24	①	②	③	④
25	①	②	③	④
26	①	②	③	④
27	①	②	③	④
28	①	②	③	④
29	①	②	③	④

問題 5

30	①	②	③	④
31	①	②	③	④
32	①	②	③	④
33	①	②	③	④
34	①	②	③	④

N3 日本語能力試験 模擬テスト 解答用紙（練習用）

げんごちしき（ぶんぽう）・どっかい

じゅけんばんごう
Examinee Registration
Number

なまえ
Name

問題 1

1	①	②	③	④
2	①	②	③	④
3	①	②	③	④
4	①	②	③	④
5	①	②	③	④
6	①	②	③	④
7	①	②	③	④
8	①	②	③	④
9	①	②	③	④
10	①	②	③	④
11	①	②	③	④
12	①	②	③	④
13	①	②	③	④

問題 2

14	①	②	③	④
15	①	②	③	④
16	①	②	③	④
17	①	②	③	④
18	①	②	③	④

問題 3

19	①	②	③	④
20	①	②	③	④
21	①	②	③	④
22	①	②	③	④

問題 4

23	①	②	③	④
24	①	②	③	④
25	①	②	③	④
26	①	②	③	④

問題 5

27	①	②	③	④
28	①	②	③	④
29	①	②	③	④
30	①	②	③	④
31	①	②	③	④
32	①	②	③	④

問題 6

33	①	②	③	④
34	①	②	③	④
35	①	②	③	④
36	①	②	③	④

問題 7

37	①	②	③	④
38	①	②	③	④

N3

日本語能力試験 模擬テスト 解答用紙（練習用）

ちょうかい

じゅけんばんごう
Examinee Registration Number

なまえ
Name

もんだい 問題 1

	1	2	3	4
れい	①	②	③	●
1	①	②	③	④
2	①	②	③	④
3	①	②	③	④
4	①	②	③	④
5	①	②	③	④
6	①	②	③	④

もんだい 問題 2

	1	2	3	4
れい	①	●	③	④
1	①	②	③	④
2	①	②	③	④
3	①	②	③	④
4	①	②	③	④
5	①	②	③	④
6	①	②	③	④

もんだい 問題 3

	1	2	3	4
れい	①	②	③	●
1	①	②	③	④
2	①	②	③	④
3	①	②	③	④

もんだい 問題 4

	1	2	3
れい	●	②	③
1	①	②	③
2	①	②	③
3	①	②	③
4	①	②	③

もんだい 問題 5

	1	2	3
れい	①	●	③
1	①	②	③
2	①	②	③
3	①	②	③
4	①	②	③
5	①	②	③
6	①	②	③
7	①	②	③
8	①	②	③
9	①	②	③

N3 日本語能力試験 模擬テスト 解答用紙（練習用）

げんごちしき（もじ・ごい）

じゅけんばんごう
Examinee Registration
Number

なまえ
Name

問題 1

	1	2	3	4
1	①	②	③	④
2	①	②	③	④
3	①	②	③	④
4	①	②	③	④
5	①	②	③	④
6	①	②	③	④
7	①	②	③	④

問題 2

	1	2	3	4
8	①	②	③	④
9	①	②	③	④
10	①	②	③	④
11	①	②	③	④
12	①	②	③	④
13	①	②	③	④

問題 3

	1	2	3	4
14	①	②	③	④
15	①	②	③	④
16	①	②	③	④
17	①	②	③	④
18	①	②	③	④
19	①	②	③	④
20	①	②	③	④
21	①	②	③	④
22	①	②	③	④
23	①	②	③	④
24	①	②	③	④

問題 4

	1	2	3	4
24	①	②	③	④
25	①	②	③	④
26	①	②	③	④
27	①	②	③	④
28	①	②	③	④
29	①	②	③	④

問題 5

	1	2	3	4
30	①	②	③	④
31	①	②	③	④
32	①	②	③	④
33	①	②	③	④
34	①	②	③	④

절취선

N3 日本語能力試験 模擬テスト 解答用紙（練習用）

げんごちしき（ぶんぽう）・どっかい

なまえ
Name

問題 1				
1	①	②	③	④
2	①	②	③	④
3	①	②	③	④
4	①	②	③	④
5	①	②	③	④
6	①	②	③	④
7	①	②	③	④
8	①	②	③	④
9	①	②	③	④
10	①	②	③	④
11	①	②	③	④
12	①	②	③	④
13	①	②	③	④

問題 2				
14	①	②	③	④
15	①	②	③	④
16	①	②	③	④
17	①	②	③	④
18	①	②	③	④

問題 3				
19	①	②	③	④
20	①	②	③	④
21	①	②	③	④
22	①	②	③	④

問題 4				
23	①	②	③	④
24	①	②	③	④
25	①	②	③	④
26	①	②	③	④

問題 5				
27	①	②	③	④
28	①	②	③	④
29	①	②	③	④
30	①	②	③	④
31	①	②	③	④
32	①	②	③	④

問題 6				
33	①	②	③	④
34	①	②	③	④
35	①	②	③	④
36	①	②	③	④

問題 7				
37	①	②	③	④
38	①	②	③	④

N3 日本語能力試験 模擬テスト 解答用紙（練習用）

ちょうかい

じゅけんばんごう Examinee Registration Number

なまえ Name

<ちゅうい Notes>

1. くろい えんぴつ(HB、No.2)で かいて ください。
（ペンや ボールペンでは かかないで ください。）
Use a black medium soft (HB or No.2) pencil.
(Do not use any kind of pen.)

2. かきなおす ときは、けしゴムで きれいに けして ください。
Erase any unintended marks completely.

3. きたなく したり、おったり しないで ください。
Do not soil or bend this sheet.

4. マークれい Marking Examples

よい れい Correct Example	わるい れい Incorrect Examples
●	⊗ ◯ ◔ ⊘ ◑ ●

もんだい 題 1

もんだい	1	2	3	4
れい	①	●	③	④
1	①	②	③	④
2	①	②	③	④
3	①	②	③	④
4	①	②	③	④
5	①	②	③	④
6	①	②	③	④

もんだい 題 2

もんだい	1	2	3	4
れい	●	②	③	④
1	①	②	③	④
2	①	②	③	④
3	①	②	③	④
4	①	②	③	④
5	①	②	③	④
6	①	②	③	④

もんだい 題 3

もんだい	1	2	3	4
れい	●	②	③	④
1	①	②	③	④
2	①	②	③	④
3	①	②	③	④

もんだい 題 4

もんだい	1	2	3
れい	●	②	③
1	①	②	③
2	①	②	③
3	①	②	③
4	①	②	③

もんだい 題 5

もんだい	1	2	3
れい	①	●	③
1	①	②	③
2	①	②	③
3	①	②	③
4	①	②	③
5	①	②	③
6	①	②	③
7	①	②	③
8	①	②	③
9	①	②	③

동양북스 채널에서 더 많은 도서
더 많은 이야기를 만나보세요!

 ▶ 유튜브

 ⊙ 인스타그램

 blog 블로그

 포스트

 f 페이스북

 카카오뷰

외국어 출판 45년의 신뢰
외국어 전문 출판 그룹
동양북스가 만드는 책은 다릅니다.

45년의 쉼 없는 노력과 도전으로 책 만들기에 최선을 다해온
동양북스는 오늘도 미래의 가치에 투자하고 있습니다.
대한민국의 내일을 생각하는 도전 정신과 믿음으로 최선을 다하겠습니다.

📖 동양북스

최신개정판

일단 합격 JLPT

실전 모의고사 N3

황요찬, 박영미, 오카자키 마이 지음

해설서

동양북스

최신개정판

일단 합격 JLPT

실전 모의고사 N3

황요찬, 박영미, 오카자키 마이 지음

해설서

동양북스

차례

나의 점수는?

총 [   ] 문제 정답

혹시 부족한 점수라도 실망하지 말고 해설을 보며 다시 확인하고 틀린 문제를
다시 풀어보세요. 실력이 점점 쌓여갈 것입니다.

1교시 언어지식(문자·어휘)

문제 1
1	2	2	1	3	4	4	1	5	3	6	2	7	4

문제 2
8	4	9	2	10	2	11	3	12	4	13	1

문제 3
14	3	15	4	16	1	17	3	18	2	19	3	20	3	21	4	22	2
23	4	24	1

문제 4
25	1	26	4	27	1	28	2	29	2

문제 5
30	2	31	2	32	4	33	1	34	3

1교시 언어지식(문법)

문제 1
1	3	2	3	3	1	4	1	5	4	6	1	7	2	8	4	9	1
10	2	11	3	12	2	13	2

문제 2
14	3	15	4	16	2	17	2	18	1

문제 3
19	1	20	3	21	1	22	4

1교시 독해

문제 4
23	4	24	4	25	3	26	2

문제 5
27	1	28	3	29	1	30	4	31	3	32	3

문제 6
33	4	34	2	35	4	36	4

문제 7
37	1	38	3

2교시 청해

문제 1
1	4	2	2	3	4	4	1	5	2	6	2

문제 2
1	4	2	2	3	4	4	3	5	3	6	3

문제 3
1	3	2	3	3	1

문제 4
1	1	2	3	3	3	4	1

문제 5
1	1	2	2	3	1	4	3	5	2	6	2	7	1	8	3	9	1

문제 1 _____의 단어의 읽는 법으로 가장 적당한 것을 1·2·3·4에서 하나 고르세요.

---

1 車は近くの駐車場に止めてあります。

1 ちゅしゃじょう　　2 ちゅうしゃじょう　　3 ちゅしゃじょ　　4 ちゅうしゃじょ

차는 근처 주차장에 세워져 있습니다.

> **어휘** 近く 가까운 곳, 근처 | 駐車場 주차장 ✚ 駐在員 주재원, 運動場 운동장 | 止める 중단하다, 세우다

---

2 大事に使っていた皿を夫が割ってしまった。

1 わって　　　2 うって　　　3 よって　　　4 いって

소중히 사용하고 있었던 접시를 남편이 깨 버렸다.

> **어휘** 大事だ 중요하다, 소중하다 | 皿 접시 | 夫 남편 | 割る 깨다 (타동사) ✚ 割れる 깨지다 (자동사) | ～てしまう ~해 버리다

---

3 この料理は味が薄くて塩を入れました。

1 わかくて　　　2 あさくて　　　3 かたくて　　　4 うすくて

이 요리는 맛이 연해서(싱거워서) 소금을 넣었습니다.

> **어휘** 味 맛 | 薄い 두께가 얇다, 농도가 연하다 ✚ 濃い 진하다 | 塩 소금

---

4 この書類に名前と住所を記入してください。

1 きにゅう　　　2 ぎにゅう　　　3 きにゅ　　　4 ぎにゅ

이 서류에 이름과 주소를 기입해 주세요.

> **어휘** 書類 서류 | 住所 주소 | 記入 기입

---

5 1から10までの数字を全部足すと55です。

1 あす　　　2 おす　　　3 たす　　　4 かす

1부터 10까지 숫자를 전부 더하면 55입니다.

어휘) 数字 숫자 | 全部 전부 | 足す 더하다 ✚ 引く 빼다, 掛ける 곱하다, 割る 나누다

6 手術は無事に終わりました。

1 むじに　　　　　　2 ぶじに　　　　　　3 むごとに　　　　　4 ぶごとに

수술은 무사히 끝났습니다.

어휘) 手術 수술 | 無事に 무사히 | 終わる 끝나다

7 このレストランではバイトを募集しています。

1 もうしゅう　　　　2 ぼうしゅう　　　　3 もしゅう　　　　　4 ぼしゅう

이 레스토랑에서는 아르바이트를 모집하고 있습니다.

어휘) 募集 모집

✚「募」는 절대로 장음으로 발음하지 않는다.

応募 응모

문제 2 _____의 단어를 한자로 쓸 때, 가장 적당한 것을 1·2·3·4에서 하나 고르세요.

8 私はみどり色がすきです。

1 録　　　　　　　　2 禄　　　　　　　　3 縁　　　　　　　　4 緑

저는 초록색을 좋아합니다.

어휘) 色 색, 색깔 | すきだ 좋아한다

✚「緑 녹색, 초록」와「縁 연, 인연」은 혼동되기 쉬운 한자이니 주의한다.

9 お休みの日のちゅうしょくは何を作っていますか。

1 中食　　　　　　　2 昼食　　　　　　　3 注食　　　　　　　4 駐食

휴일 점심은 무엇을 만들고 있어요?

어휘) 休み 휴일 | 作る 만들다

✚ 우리말은 '중식(中食)'이란 단어를 쓰지만, 일본어에서는「昼食 점심밥, 점심 식사」를 쓴다.

朝食 조식 | 夕食 석식

10 このホテルは子供が遊べるあさいプールもあります。

1 軽い　　　　　　2 浅い　　　　　　3 固い　　　　　　4 若い

이 호텔은 아이가 놀 수 있는 얕은 수영장도 있습니다.

어휘 遊べる 놀 수 있다(「遊ぶ(놀다)」의 가능형) | 浅い (깊이가)얕다 ✚ 深い 깊다 | プール 풀, 수영장 | 軽い 가볍다 | 固い 단단하다, 딱딱하다 | 若い 젊다

---

11 トウモロコシはたくさんのところでげんりょうとして使われている。

1 源量　　　　　　2 減量　　　　　　3 原料　　　　　　4 現料

옥수수는 많은 곳에서 원료로써 사용되고 있다.

어휘 トウモロコシ 옥수수 | 原料 원료 ✚ 原因 원인, 原理 원리 | ～として ~로서(로써)

---

12 目の悪い学生は前の席にうつってもいいです。

1 刊って　　　　　2 和って　　　　　3 私って　　　　　4 移って

눈이 나쁜 학생은 앞자리로 옮겨도 좋습니다.

어휘 目が悪い 눈이 나쁘다 | 前の席 앞자리 | 移る (자리를)옮기다, (병이)옮다 예 営業部に移る 영업부로 옮기다 風邪が移る 감기가 옮다

---

13 ストレスでたおれることもあるという。

1 倒れる　　　　　2 至れる　　　　　3 到れる　　　　　4 討れる

스트레스로 쓰러지는 경우도 있다고 한다.

어휘 倒れる 쓰러지다

✚ 헷갈리기 쉬운 한자들을 잘 구분해서 외워두자.

倒 넘어질 도 ▶ 倒産 도산
至 이를 지 ▶ 至る 이르다
到 이를 도 ▶ 到着 도착, 到達 도달

문제 3 ( ) 안에 들어갈 가장 적당한 것을 1·2·3·4에서 하나 고르세요.

14 大切な方からもらったものは、ジュエリーボックスに大切に（ ）あります。
1 はいって 2 だして 3 しまって 4 おりて
소중한 분께 받은 것은 보석상자에 소중하게 보관하고 있습니다.

어휘 大切だ 소중하다 | しまう 담다, 넣다, 보관하다
＋「入る 들다」는 자동사이므로「あります」와 함께 쓰일 수 없다.

15 きのうのパーティーは、（ ）楽しくなかった。
1 とても 2 すこし 3 ひじょうに 4 ちっとも
어제 파티는 조금도 재미있지 않았다.

어휘 ちっとも〜ない 전혀(조금도) ~않다
예 3月なのにちっとも暖かくならない。3월인데 조금도 따뜻해지지 않는다.

16 真面目な人は、いつも最善を（ ）。
1 つくします 2 いれます 3 もやします 4 あげます
성실한 사람은 항상 최선을 다합니다.

어휘 真面目だ 성실하다 | 最善 최선 | つくす 다하다
＋(最善・ベスト・義務を)尽くす (최선·베스트·의무를)다하다

17 有効（ ）は、ポイントの種類によって異なります。
1 期日 2 期末 3 期限 4 期待
유효기한은 포인트 종류에 따라 다릅니다.

어휘 有効期限 유효기한 | 種類 종류 | 異なる 다르다 | 期日 기일 | 期末 기말 | 期待 기대

18 留学生全体で、ベトナム人留学生の（ ）は約２２.３％だそうだ。
1 文句 2 割合 3 調子 4 意外
유학생 전체에서 베트남인 유학생의 비율은 약 22.3%라고 한다.

어휘 留学生 유학생 | 全体 전체 | ベトナム人 베트남인, 베트남 사람 | 割合 비율 | 約 약 | 文句 불평, 불만 | 調子 상태 | 意外 의외

19 就職が決まり、親と（　　　）住むことになりました。

1　ながれて　　　　　2　あふれて　　　　　3　はなれて　　　　　4　こわれて

취직이 결정되어 부모님과 떨어져 살게 되었습니다.

어휘　就職 취직｜決まる 결정되다｜親 부모｜離れる 떨어지다｜流れる 흐르다｜溢れる 넘쳐흐르다｜壊れる 부서지다, 망가지다

20 家で寒さを（　　　）するのは本当は体によくない。

1　不満　　　　　2　分析　　　　　3　我慢　　　　　4　目的

집에서 추위를 참는 것은 사실은 몸에 좋지 않다.

어휘　寒さ 추위｜我慢する 참다｜体 몸｜不満 불만｜分析 분석｜目的 목적

21 彼女は、英語もフランス語も（　　　）で、うらやましいですよ。

1　ほくほく　　　　　2　しくしく　　　　　3　べらべら　　　　　4　ぺらぺら

그녀는 영어도 프랑스어도 유창해서 부러워요.

어휘　ぺらぺら (외국어 등)유창하게 구사하는 모습｜うらやましい 부럽다｜ほくほく 따끈따끈｜しくしく (울 때)훌쩍훌쩍｜べらべら (쓸데없는 말을 필요 이상으로)재잘대는 모습

22 大切な試合に負けてしまってとても（　　　）。

1　おそろしかった　　　2　くやしかった　　　3　わかかった　　　4　なつかしかった

중요한 시합에 져 버려서 너무 억울했다.

어휘　試合 시합｜負ける 지다｜悔しい 억울하다｜恐ろしい 두렵다｜若い 젊다｜懐かしい 그립다

23 私の友達はよく子供の成績を（　　　）してくる。

1　期待　　　　　2　調査　　　　　3　発表　　　　　4　自慢

내 친구는 자주 아이의 성적을 자랑해 온다.

어휘　成績 성적｜自慢する 자랑하다｜期待 기대｜調査 조사｜発表 발표

24 自分の好みに（　　　）合うくつを見つけた。
1 ぴったり　　　　2 ぐっすり　　　　3 ゆっくり　　　　4 はっきり
자신의 취향에 딱 맞는 구두를 발견했다.

어휘 **自分** 자신 | **好み** 취향 | ぴったり ① 빈틈 없이 밀착한 모양 ② 사물이 잘 어울리는 모양 | **合う** 맞다 | ぐっすり 깊이 잠을 자는 모양 예 ぐっすり**寝る** 푹 자다 | ゆっくり 천천히 예 ゆっくり**話す** 천천히 이야기하다 | はっきり 분명히, 확실히 예 はっきり**見える** 분명히(확실히) 보이다

문제 4 ＿＿＿＿의 의미에 가장 가까운 것을 1·2·3·4에서 하나 고르세요.

25 これはネットで注文すれば、希望する日に花を届けてくれるサービスだ。
1 持ってきて渡す　　2 持ってきて送る　　3 持ってきて配る　　4 持ってきて出す
이것은 인터넷으로 주문하면, 희망하는 날짜에 꽃을 배달해 주는 서비스이다.

어휘 **注文** 주문 | **希望** 희망 | **届ける** 물건을 가지고 가서 상대방에게 건네다 | **渡す** 건네다 | **送る** 보내다 | **配る** 나눠주다 | **出す** 내다, 꺼내다

26 みなさんはものすごく頭にきたとき、どうしますか。
1 悲しくなった　　　2 寂しくなった　　　3 がっかりした　　　4 怒った
여러분은 엄청나게 열받았을 때 어떻게 합니까?

어휘 ものすごく 무지하게, 엄청나게 | **頭にくる** 열받다, 화나다 | **怒る** 화내다 | **悲しい** 슬프다 | **寂しい** 외롭다 | がっかりする 낙담하다, 실망하다

27 面接において、長所はよく聞かれます。
1 いいところ　　　　　　　　　　2 わるいところ
3 すんでいるところ　　　　　　　4 すみたいところ
면접에 있어 장점은 흔히 받는 질문입니다.

어휘 **面接** 면접 | **長所** 장점 ↔ **短所** 단점

28 お電話によるお問い合わせは、可能な限り避けていただき、メールでお願いします。
1 抗議　　　　　　2 質問　　　　　　3 申し込み　　　　4 受付
전화에 의한 문의는 가능한 한 피해 주시고, 메일로 부탁드리겠습니다.

어휘 **お問い合わせ** 문의 | **可能な限り** 가능한 한 | **避ける** 피하다 | **抗議** 항의 | **申し込み** 신청 | **受付** 접수

어휘 ぶらぶら 어슬렁어슬렁 | 景色(けしき) 경치 | ゆっくり 천천히 | 急(いそ)ぐ 서두르다 | 慌(あわ)てる 당황하다 | だいたい 대부분, 대체로

문제 5 다음 단어의 사용법으로 가장 적당한 것을 1・2・3・4에서 하나 고르세요.

30 預(あず)ける (돈, 짐, 아이 등을)맡기다

1 一週間旅行に行くので、友達に犬の世話を預けた。

2 このサービスを利用すると、気軽に荷物を預けられる。

3 お花やプレゼントをおくって、感謝の気持ちを預けた。

4 すみませんが、約束した期日を預けてもらえませんか。

1 일주일간 여행을 가기 때문에, 친구에게 강아지 돌보기를 맡겼다.

2 이 서비스를 이용하면, 부담 없이 짐을 맡길 수 있다.

3 꽃과 선물을 보내 감사의 마음을 맡겼다.

4 죄송합니다만, 약속한 기일을 맡겨 주실 수 없을까요?

해설 1번은「友達(ともだち)に犬(いぬ)の世話(せわ)を頼(たの)んだ。친구에게 강아지를 돌봐줄 것을 부탁했다.」라고 하거나「友達(ともだち)に犬(いぬ)を預(あず)けた。친구에게 개를 맡겼다.」라고 바꾸는 것이 좋다. 3번은「感謝(かんしゃ)の気持(きも)ちを伝(つた)えた。감사의 마음을 전달했다.」로 바꾸고, 4번은「期日(きじつ)を延(の)ばしてもらえませんか。기일을 연기해 주실 수 없을까요?」라고 바꾸면 좋다.

어휘 世話(せわ) 신세, 돌봄 | 利用(りよう) 이용 | 気軽(きがる)に 마음 편하게, 부담없이 | 荷物(にもつ) 짐 | 感謝(かんしゃ) 감사 | 期日(きじつ) 기일

---

31 渋滞(じゅうたい) (교통)정체

1 たくさんの社員が集まって、食堂はいつもより渋滞していた。

2 長い休みが続くと、高速道路が渋滞することが多い。

3 はやくこの渋滞な問題を解決したいと思う。

4 会話の中でわざわざ渋滞の言葉を使う人がいる。

1 많은 사원이 모여, 식당은 평소보다 정체되어 있었다.

2 긴 휴일이 계속되면, 고속도로가 막히는 일이 많다.

3 빨리 이 정체된 문제를 해결하고 싶다고 생각한다.

4 대화 중에 일부러 정체의 말을 쓰는 사람이 있다.

해설 1번은「食堂(しょくどう)はいつもより混雑(こんざつ)していた。식당은 평소보다 혼잡해 있었다.」로, 2번은「はやくこの複雑(ふくざつ)な問題(もんだい)を解決(かいけつ)したいと思(おも)う。빨리 이 복잡한 문제를 해결하고 싶다고 생각한다.」로 바꾸는 것이 좋다. 4번은「難(むずか)しい言葉(ことば)を使(つか)う人(ひと)がいる。어려운 말을 쓰는 사람이 있다.」로 바꾸면 좋다.

어휘 社員しゃいん 사원 | 集まるあつ 모이다 | 食堂しょくどう 식당 | いつもより 여느 때보다, 평소보다 | 続くつづ 계속되다 | 高速道路こうそくどうろ 고속
도로 | 解決かいけつ 해결 | 会話かいわ 회화 | わざわざ 일부러 | 言葉ことば 말

---

[32] ころぶ 구르다, 넘어지다

1 がんばっていたのに、大事な試験に<u>ころんで</u>しまった。

2 運転免許をとってから、一度も車を<u>ころんだ</u>ことがない。

3 植物は水が足りないと、葉っぱが<u>ころびます</u>。

4 隣のおじいさんは階段で<u>ころんで</u>大きなけがをした。

1 열심히 하고 있었는데, 중요한 시험에 <u>넘어지고</u> 말았다.

2 운전면허를 따고 나서, 한 번도 차를 <u>넘어진</u> 적이 없다.

3 식물은 물이 부족하면 잎이 <u>넘어집니다</u>.

4 이웃집 할아버지는 계단에서 <u>넘어져</u> 큰 부상을 입었다.

해설 1번은 「大事だいじな試験しけんに落おちてしまった。중요한 시험에 떨어져 버렸다.」라고 바꾸고, 2번은 「一度いちども車くるまをぶつ
けたことがない。한 번도 차를 부딪힌 적이 없다.」로 하면 자연스러우며, 3번은 「葉はっぱが落おちる(枯かれる)。
잎이 떨어진다(시들다).」라고 바꾸는 것이 좋다.

어휘 転ころぶ 구르다, 넘어지다 | 運転免許うんてんめんきょをとる 운전면허를 따다 | 植物しょくぶつ 식물 | 水みずが足たりない 물이 부족하다 (足た
りる 족하다, 충분하다) | 葉はっぱ 잎 | けがをする 상처(부상)을 입다

---

[33] おちつく 차분해지다, 안정되다, 침착하다

1 店内の照明は暗く、<u>おちついた</u>雰囲気だった。

2 このパン、ちょっと<u>おちついて</u>みて。

3 もし、宝くじが<u>おちついたら</u>何がしたい？

4 私の趣味は切手を<u>おちつく</u>ことです。

1 가게 안 조명은 어두웠고 <u>차분한</u> 분위기였다.

2 이 빵, 좀 <u>차분하게</u> 봐.

3 만약 복권이 <u>차분해지면</u> 뭐 하고 싶어?

4 제 취미는 우표를 <u>차분해지는</u> 것입니다.

해설 2번은 「食たべる 먹다」, 3번은 「当あたる 당첨되다」, 4번은 「集あつめる 모으다」로 수정해야 한다.

어휘 店内てんない 가게 안 | 照明しょうめい 조명 | 雰囲気ふんいき 분위기 | 宝たからくじが当あたる 복권이 당첨되다 | 趣味しゅみ 취미 | 切手きって 우표

いまのところ 지금으로서는, 현단계로서는

1 彼のいまのところは、まだ誰も知らないようだ。

2 鈴木君の家のいまのところは、学校から2時間もかかるところにある。

3 いまのところ、大きなトラブルはないようです。

4 うちの会社のいまのところの経営は、うまくいっているらしい。

1 그의 <u>지금으로서는</u> 아직 아무도 모르는 것 같다.

2 스즈키 군의 집의 <u>지금으로서는</u> 학교에서 2시간이나 걸리는 곳에 있다.

3 <u>지금으로서는</u> 큰 문제는 없는 것 같습니다.

4 우리 회사의 <u>지금으로서의</u> 경영은 잘 되고 있는 것 같다.

해설 1번은「消息 소식」, 2번은「鈴木君の家は〜」로 해야 하고, 4번도 「いまのところの」를 없애고 「うちの会社の経営は〜」로 수정해야 한다.

어휘 経営 경영 | うまくいく 어떠한 사항이 좋은 결과가 되다

문제 1 다음 문장의 (   ) 에 들어갈 가장 적당한 것을 1·2·3·4에서 하나 고르세요.

1　給料をもらっている（　　　　）一生懸命働かないといけない。

　　1　以上に　　　　　　2　以上で　　　　　3　以上は　　　　　4　以上では

월급을 받고 있는 이상, 열심히 일해야 한다.

> **문법포인트!**　⊘ 以上(は) : ~한 이상(에는)
>
> **어휘**　給料 급료, 월급 | もらう 받다 | 一生懸命 열심히 | 働く 일하다

2　うちの会社としてはこの提案を受け入れ（　　　　）ので、断ります。

　　1　きれる　　　　　　2　かねない　　　　　3　がたい　　　　　4　つつある

저희 회사로서는 이 제안을 수락하기 어려우므로, 거절하겠습니다.

> **문법포인트!**　⊘ 동사ます형+がたい : ~하기 어렵다
>
> 　　　　⊘ 동사ます형+切る : (끝까지, 전부) ~하다 (동작의 완료, 극한의 상태)
>
> 　　　　⊘ 동사ます형+かねない : ~할지도 모른다
>
> 　　　　⊘ 동사ます형+つつある : ~하고 있다 (~한 변화가 진행 중이다)
>
> **어휘**　~として ~로서 | 提案 제안 | 受け入れる 받아들이다 | 断る 거절하다

3　父の誕生日に、心を（　　　　）編んだセーターを贈りました。

　　1　こめて　　　　　　　　　　　　　2　ちゅうしんとして

　　3　とおして　　　　　　　　　　　　4　はじめとして

아버지의 생일에 정성을 담아 뜬 스웨터를 선물했습니다.

> **문법포인트!**　⊘ ~をこめて : ~을 담아　예 愛をこめて 사랑을 담아
>
> **어휘**　編む 뜨다, 뜨개질하다 | 贈る 선물하다

4　このパソコン、先週買った（　　　　）、もう壊れるなんて信じられない。

　　1　ばかりなのに　　　　　　　　　　2　ばかりだから

　　3　あとなのに　　　　　　　　　　　4　あとだから

이 컴퓨터, 지난주에 막 샀는데 벌써 고장나다니 믿을 수 없다.

> **문법포인트!**　⊘ ~たばかりだ : 막(방금) ~했다, ~한 지 얼마 안 된다
>
> 　　예 今始まったばかりです。지금 막 시작되었습니다.

5 　A 「すみません、紳士服売り場は何階ですか。」

　　B 「4階に（　　　　　）。」

　　1　いらっしゃいます　　　　　　　　2　おります

　　3　もうしあげます　　　　　　　　　4　ございます

A 「실례합니다, 신사복 매장은 몇 층인가요?」

B 「4층에 있습니다.」

6 　とてもお腹が空いていたので、一人では食べ（　　　　　）ほどの料理を頼んでしまった。

　　1　きれない　　　　　2　きれる　　　　　　3　かける　　　　　　4　かけない

너무 배가 고파서 혼자서는 다 먹을 수 없을 정도의 요리를 시켜 버렸다.

7 　私はスイーツには目がなくて、新商品が出るたびに買わ（　　　　　）。

　　1　ずはいられない　　2　ずにはいられない　3　しかない　　　　　4　しかならない

나는 디저트에는 사족을 못 써서, 신상품이 나올 때마다 사지 않을 수 없다.

8 　A 「佐藤さんは最近、頑張っていた試験に失敗したらしいよ。」

　　B 「あ～だから、元気がない（　　　　　）。」

　　1　ということだ　　　　　2　せいだ　　　　3　というはずだ　　　　　4　わけだ

A 「사토 씨는 최근 열심히 하고 있었던 시험에 실패했다는 것 같아.」

B 「아~, 그래서 기운이 없는 거구나.」

✓ ~わけだ : ① ~라서 당연히 ~라는 결과가 된다

② ~라서 ~라는 거구나 (상대방이 말한 것이나 의견 등을 반복하거나 다시 확인할 때 사용함)

※ B의 대화의 '아~, 그래서'에서 힌트를 얻어야 한다.

어휘 頑張る 분발하다, 열심히 하다 | 失敗 실패

---

9 この会社に入社して（　　　　）、病気で休んだことは一度もなかった。

1　以来　　　　　　2　以来に　　　　　3　以来で　　　　4　以来には

이 회사에 입사한 이래, 병으로 쉰 적은 한 번도 없었다.

문법포인트! ✓ ~て以来 : ~한 이래, ~한 이후

어휘 入社 입사 | 病気 병

---

10 太っている（　　　　）、体のラインを隠す服を着る必要はないと思います。

1　にもかかわらず　　　　　　　　2　からといって
3　とはかぎらず　　　　　　　　　4　にしたがって

살쪘다고 해서 몸의 라인을 감추는 옷을 입을 필요는 없다고 생각합니다.

문법포인트! ✓ ~からといって : ~라고 해서　　✓ ~にもかかわらず : ~임에도 불구하고

✓ ~とはかぎらず : 꼭 ~인 것은 아니며　✓ ~にしたがって : ~에 따라

어휘 太る 뚱뚱하다, 살찌다 | 隠す 숨기다, 감추다

---

11 この1週間、かぜ（　　　　）で調子が悪い。

1　がち　　　　　2　っぽい　　　　　3　ぎみ　　　　4　ほど

최근 1주일 동안 감기 기운으로 몸 상태가 나쁘다.

문법포인트! ✓ ~ぎみだ : 어떤 상태, 모습, 느낌이 조금 들 때

예 最近太り気味だ。 요즘 살찐 것 같다. (비만까지는 아니고, 살이 약간 찐 느낌)

最近疲れ気味だ。 요즘 피곤한 것 같다. (지쳐 쓰러질 정도는 아니고, 좀 피로를 느끼는 상태)

✓ ~がちだ : 어떤 상태, 경향이 자주 보일 때. 상습적인 느낌

예 彼は休みがちだ。 그는 툭하면 결석한다. (결석하는 횟수가 잦을 때)

雨がちだ。 툭하면 비가 온다. (장마철에 비 오는 횟수가 잦을 때)

くもりがちだ。 툭하면 흐리다. (장마철에 흐린 날이 많을 때)

어휘 調子 상태

12 田中「明日の会議の資料を読んで（　　　　　　）。」
北川「はい、わかりました。」

1 おいてあげられませんか　　　　　　2 おいていただけませんか
3 おきたいと思いませんか　　　　　　4 おきたいと思えますか

다나카 「내일 회의 자료를 읽어 두어 주시지 않겠습니까?」
기타가와 「네, 알겠습니다.」

문법포인트! ⊘ ～ていただけませんか : ~해 주시지 않겠습니까?, ~해 주실 수는 없을까요? (정중하게 의뢰할 때)
※ 비교적 시험에 잘 나오는 표현이니 잘 숙지해 두기 바란다.
예 窓を開けていただけませんか。 창문을 열어 주시지 않겠습니까?
手伝っていただけませんか。 도와주시지 않겠습니까?

어휘 会議 회의 | 資料 자료

13 皆さんがお好きだとうかがったので持ってまいりました。よろしければ（　　　　　　）。
1 お召し上がってください　　　　　　2 召し上がってください
3 召し上がりください　　　　　　　　4 お召し上がりしてください

여러분이 좋아하신다고 들어서 가지고 왔습니다. 괜찮으시면 드십시오.

문법포인트! ⊘ 1번「お召し上がってください」는 「お」가 붙어서 틀림 ➡ 召し上がってください
⊘ 3번「召し上がりください」는 「お」가 없어서 틀림(お+ます형+ください) ➡ お召し上がりください
⊘ 4번「お召し上がりしてください」는 「して」가 들어가서 틀림 ➡ お召し上がりください

어휘 うかがう '듣다, 묻다'의 겸양어 | 召し上がる 드시다, 잡수시다

문제 2 다음 문장의 ＿＿＿＿★＿＿＿에 들어갈 가장 적당한 것을 1・2・3・4에서 하나 고르세요.

14 その件については上司に確認し ＿＿＿＿ ＿＿＿＿ ＿★＿＿ ＿＿＿＿、何ともお答え
できません。

1 てから　　　　　2 と　　　　　　3 ない　　　　　4 で

그 건에 대해서는 상사에게 확인하고 나서가 아니면 뭐라고도 답변드릴 수 없습니다.

정답문장 その件については上司に確認してからでないと、何ともお答えできません。

문법포인트! ⊘ ～てからでないと : ~하고 나서가 아니면
어휘 その件 그 건 | ～について ~에 대하여 | 上司 상사 | 確認 확인 | 何とも 뭐라고도 | 答える 대답하다

15 ランニングマシーン ＿＿＿＿ ＿＿＿＿ ＿★＿ ＿＿＿＿、また全然使わなくなってしまうだろう。

1 買った 2 で 3 なんて 4 ところ

런닝머신 따위 사봤자, 또 전혀 사용하지 않게 되고 말 것이다.

정답문장 ランニングマシーンなんて買ったところで、また全然使わなくなってしまうだろう。

문법포인트! ⊘ ～たところで : ～해봤자(소용없다, 쓸데없다)

예 今から行ったところで、もう間に合わないだろう。 지금부터 가봤자 이미 늦을 것이다.

어휘 ～なんて ① ～따위 ② ～같은 거 | 全然 전혀

16 卒業 ＿＿＿＿ ＿★＿ ＿＿＿＿ ＿＿＿＿ おくりたい言葉があります。

1 あたって 2 に 3 する 4 皆さんに

졸업을 맞이하여 여러분께 드리고 싶은 말이 있습니다.

정답문장 卒業するにあたって皆さんにおくりたい言葉があります。

문법포인트! ⊘ ～にあたって : ～할 때에, ～을 맞이하여

어휘 卒業 졸업 | おくる (감사, 축복, 격려의 뜻을)보내다 | 言葉 말

17 実は、コーヒーが ＿＿＿＿ ＿＿＿＿ ＿★＿ ＿＿＿＿、疲れたからちょっと座りたいだけです。

1 飲みたい 2 いう 3 と 4 より

실은 커피가 마시고 싶다기보다 피곤해서 잠시 앉고 싶을 뿐입니다.

정답문장 実は、コーヒーが飲みたいというより、疲れたからちょっと座りたいだけです。

문법포인트! ⊘ ～というより : ～라기보다

예 彼は政治家というより、ビジネスマンという感じがする。

그는 정치가라기보다 사업가라는 느낌이 든다.

어휘 実は 실은 | 疲れる 피곤하다 | 座る 앉다

18 A「スマップを知らない日本人はたぶんいないでしょうね。」

B「そうですね、でもみんなが ＿＿＿＿ ＿＿＿＿ ＿★＿ ＿＿＿＿ でしょう。
知らない人もいると思います。」

1 とは 2 いる 3 知って 4 限らない

A「스맙을 모르는 일본인은 아마 없겠지요?」

B「그래요, 하지만 모두가 알고 있다고는 할 수 없겠지요. 모르는 사람도 있을 거라 생각합니다.」

（정답문장） そうですね、みんなが知っているとは限らないでしょう。

（문법포인트!） ☑ ～とは限らない : (반드시, 꼭)~라고는 할 수 없다, ~인 것은 아니다
　　　　　　　 例 自由が幸せだとは限らない。 자유가 반드시 행복한 것은 아니다.

（어휘） 知る 알다｜たぶん 아마

문제 3 다음 글을 읽고, 글 전체의 내용을 생각해서, 19 ～ 22 안에 들어갈 가장 적당한 것을 1・2・3・4 에서 하나 고르세요.

얼마 전 지인으로부터 직장에서의 모라하라(정신적 폭력) 문제로 상담을 받은 적이 있다. 모라하라라고 하는 것은 '모럴 해러스먼트'의 약자로, 다른 사람을 정신적으로 괴롭힌다는 의미이다.

예전에는 회사 상사나 선배가 자신의 입장을 이용하여 자신의 아랫사람을 괴롭히는 경우가 많았지만, 최근에는 회사 동료나 후배들로부터도 이뤄지기 때문에 사회문제화되고 있다. 모라하라는 상대방의 인간성이나 능력 등의 험담뿐만 아니라 주변에 사람이 있는 곳에서 상대방을 꾸짖거나, 이유도 없는데 일을 주지 않거나 ⎣19⎦ 무시하는 여러 가지 것이 포함된다.

그러면 모라하라를 하는 사람에게는 어떤 특징이 있을까. 우선 남에게 인정받고 싶은 마음과 자기애가 강해서 자신은 남보다 재능이 있다고 생각하고 있다. 또는 자신의 의견이나 생각이 항상 옳기 때문에 타인을 자기 ⎣20⎦ 마음대로 하려고 하는 경향이 있다.

그러나 모라하라는 정신적 폭력으로 스트레스로 인한 여러 증상을 일으키게 한다. 두통으로 일에 집중할 수 없다, 식욕이 없다, 잠을 잘 수 없다 등이 있다. 더욱이 무엇을 해도 즐겁지 않거나 불안감이 강해지거나 해서 모라하라를 당한 사람은 회사를 쉬거나 그만둬 버리는 상황이 되어, 결국 직장 분위기를 악화시키고 만다.

따라서 평소부터 사회나 기업이 모라하라는 결코 용납하지 않는다는 강한 의지를 가져야 한다. 만약 모라하라가 일어난다면 참지 말고 사내 상담창구에 도움을 요청할 필요가 있다. 또한 회사측도 정기적으로 면담이나 미팅을 실시하여 사원의 의사소통에 문제는 없는지, 서로 일하기 편한 환경이 되어 있는지 제대로 확인해야 ⎣22⎦ 한다.

（어휘） この間 요전날｜知り合い 아는 사람, 지인｜職場 직장｜モラハラ 정신적 폭력｜相談を受ける 상담을 받다｜略 생략, 줄임｜精神的 정신적｜嫌がらせ 괴롭힘｜意味 의미｜立場 입장｜利用 이용｜ハラスメント 해러스먼트, 남을 괴롭히는 것｜行う 행하다｜同僚 동료｜社会問題化 사회문제화｜相手 상대｜人間性 인간성｜能力 능력｜～だけではなく ~뿐만 아니라｜周り 주위, 주변｜叱る 꾸짖다｜理由 이유｜与える 주다, 부여하다｜無視 무시｜含む 포함하다｜特徴 특징｜まず 먼저, 우선｜他人 타인｜認める 인정하다｜自己愛 자기애｜意見 의견｜正しい 올바르다｜傾向 경향｜暴力 폭력｜様々だ 다양하다｜症状 증상｜頭痛 두통｜集中 집중｜食欲 식욕｜眠る 잠들다｜さらに 게다가, 한층 더｜不安感 불안감｜状況 상황｜結局 결국｜雰囲気 분위기｜悪化 악화｜普段 평소｜企業 기업｜決して 결코｜許す 용서하다｜意志 의지｜我慢 참음｜相談窓口 상담창구｜助け 도움｜求める 요구하다, 요청하다｜定期的 정기적｜面談 면담｜社員 사원｜きちんと 말끔히, 정확히

19	1 悪口	2 けんか	3 指示	4 不足

해설 모라하라는 상대방의 인간성이나 능력 등의 험담뿐만 아니라 주변에 사람이 있는 곳에서 상대방을 꾸짖거나, 이 유도 없는데 일을 주지 않거나 무시하는 등의 행위를 말하므로, 1번이 정답이다.

어휘 悪口 험담 | けんか 싸움 | 指示 지시 | 不足 부족

20	1 何もかも自分で決める	2 やればできると自信を持つ
	3 自分は人より才能がある	4 結局うまくいくと確信する

문법포인트! ⊘ 何もかも自分で決める : 무엇이든 자신이 결정한다
⊘ やればできると自信を持つ : 하면 된다고 자신감을 가진다
⊘ 結局うまくいくと確信する : 결국 잘 된다고 확신한다

해설 모라하라를 하는 사람의 특징은 자기애가 강해서 자신은 남보다 재능이 있다고 생각하고 있고, 항상 자신은 옳다고 생각한다고 했으므로, 3번이 정답이다.

어휘 何もかも 무엇이든, 모두 | やればできる 하면 된다 | 自信を持つ 자신감을 가지다 | 才能 재능 | 結局 결국 | うまくいく 잘 되다(풀리다) | 確信 확신

21	1 したがって	2 ところで	3 さて	4 そして

해설 '모라하라를 당한 사람은 회사를 쉬거나 그만둬 버리는 상황이 되어, 결국 직장 분위기를 악화시키고 만다. 따라서 평소부터 사회나 기업이 모라하라는 결코 용납하지 않는다는 강한 의지를 가져야 한다.'라는 글의 흐름이 자연스러우므로, 1번이 정답이다.

어휘 したがって 따라서 | ところで 그런데 | さて 그런데, 한편(하나의 이야기가 끝나고, 다음 이야기로 넘어갈 때 사용) | そして 그리고

22	1 働きすぎて疲れがたまっていないか	2 会社に不満は多くないか
	3 けんかの後は仲直りしているか	4 お互い働きやすい環境になっているか

문법포인트! ⊘ 働きすぎて疲れがたまっていないか : 과로하여 피곤이 쌓여 있지는 않은지
⊘ 会社に不満は多くないか : 회사에 불만은 많지 않은지
⊘ けんかの後は仲直りしているか : 싸운 후는 화해를 하고 있는지

해설 모라하라가 일어나지 않도록, '회사측도 정기적으로 면담이나 미팅을 실시하여 사원의 의사소통에 문제는 없는 지, 서로 일하기 편한 환경이 되어 있는지 제대로 확인해야 한다.'는 글의 흐름이 자연스러우므로, 4번이 정답이다.

어휘 疲れがたまる 피로가 쌓이다 | 不満 불만 | 仲直りする 화해하다 | お互い 서로 | 環境 환경

문제 4 다음 (1)~(4)의 글을 읽고, 질문에 답하세요. 답은 1·2·3·4에서 가장 적당한 것을 하나 고르세요.

(1)

여러분은 사회인이라고 하면 어떤 사람을 떠올립니까?

일반적으로 사회인이라고 하면 정장을 입고 회사에 가서 컴퓨터를 향해 일을 한다고 생각되기 십상입니다. 하지만 사회인이란 어떤 역할을 가지고, 사회를 위해 활동하는 사람들을 말하며, 그 장소가 회사든 집이든 어디든 사회 안에서 활동하고 있다면 사회인인 것입니다. 즉 재택근무를 한다, 학교에서 선생님을 한다, 선술집을 경영한다, 전업주부로 육아를 한다라는 듯한 경우에도 사회인으로서 성립하는 것입니다.

[23] 본문의 내용과 맞는 것은 어느 것인가?

1 사회인이란 회사에서 일하는 사람들만을 의미한다.
2 집에서 일하는 사람은 사회인이라고 말할 수는 없다.
3 사회 속에서 역할이 없어도 사회인이라고 말할 수 있다.
4 전업주부로 아이를 키우는 사람도 사회인이라 할 수 있다.

어휘 社会人 사회인 | 思い浮かべる 떠올리다, 생각해 내다 | 一般的 일반적 | スーツ 정장, 슈트 | 向かう 향하다 | ~がちだ ~하기 쉽다, ~하는 경향이 잦다 | 何らかの 어떠한, 어떤 | 役割 역할 | 活動 활동 | つまり 즉 | 在宅勤務 재택근무 | 居酒屋 선술집 | 経営 경영 | 専業主婦 전업주부 | 子育て 육아 | 成立する 성립하다

해설 전업주부로 육아를 하는 경우에도 사회인으로 성립한다고 했기 때문에, 정답은 4번이다.

(2)

나에게는 4살짜리 딸이 있다. 출산하고 1년 쉰 뒤 일에 복귀하여 풀타임으로 일하고 있기 때문에 딸을 0세부터 보육원에 보내고 있다.

그런데 최근에 지인으로부터 '부모가 아이와 밥을 같이 먹지 않으면 아이가 불안해진다'는 이야기를 듣고 고민하고 있다. 나의 일은 아침 9시부터 17시까지이지만, 야근도 때때로 있기 때문에 근처에 살고 있는 나의 엄마가 딸을 돌보고 있다. 그 때문에, 평일에는 함께 밥을 먹는 일이 적다. 주말에는 딸이 밥을 먹는 동안 평일에 하지 못했던 빨래나 청소 등으로 바빠 좀처럼 함께 먹을 시간이 없다. 나도 가능한 한 딸과 함께 밥을 먹고 싶지만, 순식간에 시간이 지나, 밥을 천천히 먹을 시간조차 없는 것이다. 딸과 조금이라도 함께 보낼 시간을 만들기 위해 일을 그만둘까 생각했지만, 경제적인 이유로 <u>그것</u>은 할 수 없기 때문에 어떻게 하면 좋을지 고민하고 있다.

<u>그것</u>이 가리키는 것은 어느 것인가?

　　1 딸과 함께 밥을 먹는 것

　　2 다른 사람이 딸을 돌봐 주는 것

　　3 빨래나 청소 등의 집안일을 하는 것

　　4 풀타임 일을 그만두는 것

어휘 娘 딸 | 出産 출산 | 復帰 복귀 | フルタイム 풀타임 | ゼロ歳 0살(생후 1년 미만) | ところで 그런데 | 知り合い 지인, 아는 사람 | 不安 불안 | 悩む 고민하다, 괴로워하다 | 残業 잔업, 야근 | 面倒を見る 돌보다 | 平日 평일 | なかなか + ない 좀처럼 (~하지)않다 | できるだけ 가능한 한 | あっという間に 눈 깜짝할 사이에 | 〜すら ~조차 | 経済的 경제적 | 理由 이유 | 家事 가사, 집안일

해설 딸과 함께 보낼 시간을 만들기 위해 일을 그만둘까 생각했지만, 경제적인 이유로 불가능하다 했으니, 정답은 4번이다.

(3)

　　최근 사이클링이 붐을 이루고 있습니다. 자전거를 타고 천천히 달리면서 자연의 경치를 보거나 평소에는 잘 가지 않을 듯한 신나는 장소를 발견하거나 하여, 일상과는 다른 체험을 할 수 있기 때문에 생각하는 것만으로도 두근두근합니다.

　　그러나 자전거는 전철이나 자동차와 달리 시간도 걸리고 체력도 사용하기 때문에 힘들다고 생각하는 사람이 많을지도 모릅니다. 확실히 자전거를 오랜 시간 타면 체력이 필요하지만, 가까운 거리에서 시작해서 연습하는 동안 익숙해지기 때문에 걱정하지 않아도 괜찮습니다.

　　사이클링을 자주 하는 사람들에게 그 즐거움을 물어보니 '성취감'을 준다는 사람들이 많았습니다. 열심히 자전거를 타고 목적지에 도착했을 때의 성취감은 잊을 수 없다고 합니다. 여러분도 사이클링을 시작해 보지 않겠습니까?

25 내용과 맞는 것은 어느 것인가?

　　1 사이클링은 체력이 필요하므로, 상당히 연습해야 한다.

　　2 사이클링을 하면 반드시 신나는 장소를 발견할 수 있다.

　　3 사이클링으로의 이동은 전철이나 자동차와 달리 시간이 걸린다.

　　4 사이클링의 즐거움은 목적지에 도착했을 때의 해방감이다.

어휘 ブーム 붐 | 自然 자연 | 景色 경치 | スポット 스폿 | 発見 발견 | 日常 일상 | 違う 다르다 | 体験 체험 | ワクワク 두근두근 | 体力 체력 | 確かに 확실히 | 距離 거리 | 〜うちに ~하는 사이에(동안에) | 慣れる 익숙해지다, 적응하다 | 達成感 성취감 | こぐ 자전거나 그네 등을 발을 폈다 구부렸다 하며 움직이다 | 目的地 목적지 | 移動 이동 | 解放感 해방감

해설 자전거는 전철이나 자동차와 달리 시간도 걸리고 체력도 사용한다고 했기 때문에, 정답은 3번이다. 사이클링은 체력이 필요하지만, 연습을 많이 해야 한다는 내용은 없고, 반드시 신나는 장소를 발견할 수 있는 것도 아니다. 또한 자전거를 타고 목적지에 도착했을 때의 즐거움은 성취감이라고 했지 해방감이라고 하지는 않았다.

(4)

나는 요리를 매우 싫어한다. 하지만 주변을 보면 요리를 좋아한다는 사람들이 꽤 있어서 깜짝 놀랐다. 그래서 그 사람들에게 왜 요리를 좋아하는지 물어봤다.

이유로는 단순히 '요리를 좋아함'이라는 사람도 있거나 '누군가에게 만들어 주고 싶어서'라는 사람도 있었지만, 가장 많았던 것은 '맛있는 것을 먹고 싶어서'라고 하는 사람들이었다. 맛있는 음식을 먹으면 기분도 좋아지고 배부르게 되는 것은 물론, 그러한 맛있는 음식을 직접 만들었다는 만족감도 있다고 하는 것이다. 먹고 난후 뒷정리는 하고 싶지 않지만, 그래도 가게에 가서 먹는 것보다 재료를 사서 레시피를 보면서 자신의 취향에 맞춰 자유롭게 만들 수 있는 것이 좋다고 한다.

물론 나도 맛있는 것을 먹고 싶다. 하지만 그러기 위해 일부러 돈과 시간과 노력을 들여 요리를 한다는 것이 귀찮아 견딜 수 없는 것이다.

---

26   내용과 맞는 것은 어느 것인가?

1 요리를 좋아하는 사람은 맛있는 것을 먹는 것에는 관심이 없다.

2 요리를 좋아하는 사람은 맛있는 음식을 스스로 만들었다는 만족감이 있는 것 같다.

3 배불리 먹을 수 있으니까 요리를 좋아한다는 사람도 있는 것 같다.

4 이 사람은 앞으로는 열심히 요리를 해 보겠다고 말하고 있다.

어휘 大きらいだ 아주(몹시) 싫어하다 | 周り 주변, 주위 | けっこう 꽤, 상당히 | ～としては ~로서는 | 単に 단순히 | 料理好き 요리를 좋아함(또는 그런 사람) | お腹がいっぱいになる 배가 부르다 | 満足感 만족감 | 後片付け 뒷정리 | 材料 재료 | レシピ 레시피 | 好み 취향 | 合わせる 맞추다 | わざわざ 일부러 | 労力 노력 | 面倒くさい 귀찮다, 성가시다 | ～てたまらない 매우(몹시) ~하다, 참을 수 없을 만큼 ~하다 | 興味 흥미

해설 본문에서 맛있는 음식을 직접 만들었을 때의 만족감도 있다고 했으니, 2번이 정답이다. 맛있는 음식을 먹으면 기분도 좋아지고 배부르게 된다고 했지, 배불리 먹기 위해 요리를 즐기는 것이 아님에 주의해야 한다.

문제 5 다음의 (1)과 (2)의 글을 읽고 질문에 답하세요. 답은 1·2·3·4에서 가장 적당한 것을 하나 고르세요.

(1)

일본인은 해외 유학을 하는 사람이 다른 나라에 비해 적다고 일컬어지고 있지만, 최근 몇 년 사이에 ①해외 유학하는 사람은 더욱 감소하고 있다. 가장 큰 이유는 저출산이지만 경제적인 이유로 인해 유학비용을 낼 수 없는 것이나 유학에 적극적이지 않은 젊은이가 많은 것도 관련되어 있다고 일컬어지고 있다. 지금은 인터넷 사회 덕분에 학교에서 가르치는 것 같은 수준이라면, 집에 있어도 거의 모든 것을 자신의 힘으로 배울 수 있다. ②이런 시대에서 해외 유학은 어떻게 될 것인가.

OECD(경제협력개발기구)의 조사에 따르면, 일본인으로 해외에 유학하고 있는 사람의 수는(2016년 시점) 약 5만 6000명으로, 정점이었던 2004년의 8만 3000명에서 크게 감소했다. 또한 2004년 20대 인구는 약 1650만 명이지만, 2016년에는 1250만 명이 되었다. 저출산이 진행되어, 청년 인구가 상당히 줄었기 때문에, 유학생 수도 줄었다고 해도 좋을 것이다.

애당초 일본인은 학습에 적극적이지 않다는 조사 결과도 있다. 학창 시절 수업이나 시험 대책 이외에 자신이 흥미를 가진 것에 대해 스스로 학습했다는 사람은 거의 없다고 한다. 공부라고 하는 것은 시험 대책으로 하는 것이라는 생각이 매우 강하다는 상황을 생각하면, 굳이 유학을 가서 배우려는 사람이 적은 것도 이해할 수 있다. 또한 인터넷이 발달하면서 학교에서 무언가를 공부하는 것의 중요성이 낮아져 있는 것도 사실이다.

이런 이유로 인해, 앞으로 더욱더 유학하는 젊은이들이 줄어들 것은 틀림없을 것이다.

---

27 ①해외로 유학하는 사람은 더욱 감소하고 있다라고 했는데, 그 이유로 생각되는 것은 어느 것인가?

　1 저출산이 진행되어 젊은이들의 인구가 줄어들고 있기 때문에

　2 해외에서 생활을 하는 것이 두렵다고 생각하는 사람이 많기 때문에

　3 외국어를 배우고 싶은 사람이 적어지고 있기 때문에

　4 일본에서 외국어를 공부하는 편이 능숙해지기 때문에

해설 가장 큰 이유는 저출산이라고 했으니, 정답은 1번이다. 다른 선택지는 본문에는 없는 내용이다.

---

28 ②이런 시대에 관해 올바른 것은 어느 것인가?

　1 이전보다 유학이 붐을 이루고 있는 시대

　2 인터넷 덕분에 전세계 사람들과 친구가 될 수 있는 시대

　3 현지에 가지 않아도 인터넷으로 배울 수 있는 시대

　4 학교에 가면 여러 가지 것을 배울 수 있는 시대

해설 지금은 인터넷 사회 덕분에 학교에서 가르치는 수준이라면, 집에 있어도 거의 모든 것을 자신의 힘으로 배울 수 있다라고 했으니, 정답은 3번이다.

본문의 내용과 맞는 것은 어느 것인가?

1 일본 젊은이들은 해외 유학에 소극적인 사람이 많은 것 같다.

2 일본인은 학습하기 위해서라면 어디든 가는 이미지다.

3 인터넷만으로 외국어가 능숙해지는 것은 좀처럼 어렵다.

4 금전적 문제가 유학하는 사람이 줄고 있는 가장 큰 이유다.

해설 유학하는 사람이 줄고 있는 이유가 저출산이나 금전적인 것도 있지만, 유학에 적극적이지 않은 젊은이들이 많은 것도 관련이 있다고 했으니, 정답은 1번이다. 해외 유학이 감소하는 가장 큰 이유는 저출산이므로, 4번은 정답이 될 수 없다.

어휘 海外留学 해외 유학 | ～に比べて ～에 비해 | さらに 그 위에, 더욱더 | 減少 감소 | 最大 최대 | 少子化 저출산 | 経済的 경제적 | 費用 비용 | 積極的 적극적 | 若者 젊은이 | ネット社会 인터넷 사회 | ～のおかげで ～덕분에 | ほぼ 거의 | このような 이러한 | 時代 시대 | ～において ～에서, ～에 있어서 | 調査 조사 | ピーク 피크 | 人口 인구 | 進む 진행되다 | かなり 꽤, 상당히 | 減る 줄다 | そもそも ① 처음, 시초 ② 애초에, 애당초 | 学習 학습 | 結果 결과 | 対策 대책 | 興味 흥미 | 自ら 스스로 | ほとんど 거의 | 非常に 매우, 상당히 | 状況 상황 | わざわざ 일부러 | 理解 이해 | 発達 발달 | 重要性 중요성 | 事実 사실 | 今後 앞으로 | ますます 더욱더 | 間違いない 틀림없다 | 怖い 무섭다 | 現地 현지 | 消極的 소극적 | 金銭的 금전적

(2)

'아르바이트를 한 적이 있습니까?'라고 물으면 대부분의 학생들이 '한 번은 한 적이 있다'고 대답할 것이다. 그중에는 한 적이 없다는 학생도 있겠지만, 현재 아르바이트를 하고 있는 고등학생이나 대학생을 대상으로 '아르바이트는 (당연히)경험해야 하는가'라고 묻자, 약 90% 이상의 사람이 ①그렇다고 대답했다.

아르바이트를 (당연히)경험해야 한다고 대답한 사람들에게 그 이유를 물어봤더니, 가장 많았던 것은 '사회 경험을 쌓기 위해서'였다. 아르바이트를 하면 사회 공부도 되고 일하는 것의 중요성이나 인간관계, 매너 등을 배울 수 있기 때문이라는 것이다. 다음으로 많았던 것은 '취업이나 장래를 위해서'였다. 학교를 졸업하고 사회에 나가기 전에 아르바이트를 경험하면 취업에 유리해지고, 또 어떤 일이 자신에게 맞을까 생각했을 때, 아르바이트 경험이 도움이 됐다는 의견도 있었다.

이 이외에도 '돈 때문'이라고 답한 사람이 있었는데 '학비나 생활비, 자신의 취미를 위해서'가 아니라 '돈을 버는 것의 어려움을 알 수 있으니까'라든가 '돈의 중요성을 알 수 있으니까'라는 ②이유를 들었다. 즉, 놀기 위한 돈을 벌기 위해서라기보다도, 돈에 관한 공부를 위해서라고 말할 수 있을 것이다.

한편 아르바이트를 하고 있지 않은 사람들에게 이유를 묻자 '아르바이트를 할 시간이 없으니까'가 가장 많았다. 대학생 중에는 '좋은 아르바이트를 좀처럼 찾을 수 없으니까'라든가 '아르바이트를 하지 않아도 생활할 수 있으니까'라고 답한 사람도 있었지만, 고등학생은 '학교에서 금지되어 있으니까'라고 답한 사람이 약 절반이었다.

이처럼 아르바이트를 하는 이유도, 안 하는 이유도 사람마다 각각 다르지만, 고등학생이나 대학생 대부분은 그저 단순히 아르바이트를 하는 것이 아니라, 확실한 이유가 있어 아르바이트를 하고 있다는 것으로 알 수 있었다.

①그렇다고 하였는데 그렇게 답한 이유로 맞지 않는 것은 어느 것인가?

1 일하는 것의 중요성을 알 수 있으니까

2 사회의 매너를 배울 수 있으니까

3 돈 공부를 할 수 있으니까

4 좋은 회사에 반드시 취직할 수 있으니까

해설 아르바이트를 하는 이유가 취업에 유리하다는 내용은 있지만, 좋은 회사에 반드시 취직할 수 있다는 내용은 없으므로, 정답은 4번이다.

---

31 ②이유라고 했는데 무슨 이유인가?

1 생활비 때문에 아르바이트를 하는 이유

2 취미에 돈을 쓰기 위해 아르바이트를 하는 이유

3 돈 때문에 아르바이트를 하는 이유

4 일하는 것이 힘들다는 것을 알기 위해 아르바이트를 하는 이유

해설 '돈 때문'이라고 답한 이유가 돈에 대한 공부를 위해 아르바이트를 하는 것인데, 여기서 돈의 공부란 '돈 버는 것이 얼마나 힘든지', 또는 '돈에 대한 중요성을 알기 위함'이므로, 3번이 정답이 된다.

---

32 본문의 내용과 맞는 것은 어느 것인가?

1 전국에 있는 약 절반의 고등학교에서는 아르바이트가 금지되어 있다.

2 대학생 대부분이 저축하기 위해 아르바이트를 하고 있다.

3 고등학생이나 대학생의 대다수는 아르바이트를 하는 것에 긍정적이다.

4 아르바이트로 인간관계를 배울 수 있는 것은 거의 없다.

해설 대부분의 학생들이 아르바이트를 한 적이 있다고 했으며, '아르바이트는 당연히 경험해야 하는가'라는 질문에 90% 이상이 '그렇다'고 대답했기 때문에, 아르바이트를 하는 것에 긍정적이므로, 정답은 3번이다. 1번은 전국의 약 절반의 고등학교가 아르바이트를 금지하는 것이 아니라, 아르바이트를 하고 있지 않는 고등학생의 약 반수의 학교가 아르바이트를 금지하고 있다는 것이므로, 헷갈리지 않도록 주의한다.

어휘 ほとんど 거의 | 現在 현재 | ~を対象に ~를 대상으로 | 経験 경험 | ~べき (마땅히)~해야 한다 | ~たところ ~했더니 | 最も 가장, 제일 | 積む 쌓다 | 大切さ 소중함 | 人間関係 인간관계 | マナー 매너 | 学ぶ 배우다 | 就職 취직 | 将来 장래 | 有利 유리 | 役に立つ 도움이 되다, 유용하다 | 意見 의견 | 学費 학비 | 生活費 생활비 | 趣味 취미 | かせぐ 돈을 벌다 | 大変さ 힘듦, 어려움 | 挙げる (예를)들다 | つまり 즉 | ~というよりも ~라기보다도 | 一方 한편 | 見つかる 발견되다 | 禁止 금지 | 半数 반수, 절반 | 人それぞれ 사람마다 제각각 | 違う 다르다 | ただ 단지 | 単純に 단순히 | しっかり 제대로, 확실히 | 貯金 적금 | 肯定的 긍정적

문제 6 다음 글을 읽고 질문에 답하세요. 답은 1·2·3·4에서 가장 적당한 것을 하나 고르세요.

일본의 편의점이나 패밀리 레스토랑은 24시간 영업이라는 것이 당연하게 되어 있다. 실제로 밤새 영업하며 점원이 일하는 모습을 일본 각지에서 볼 수 있다. 그러나 과연 그렇게까지 해서 영업할 필요가 있는 것일까. 물론 ①시대와 함께 라이프스타일도 변화해 예전보다 심야까지 일하는 사람이나 활동하는 사람이 늘어난 것은 사실이지만, 24시간 가게를 열어 둘 필요는 없다고 생각한다. 늦어도 자정까지로 괜찮지 않을까.

최근에는 일부 대기업이 ②이런 영업 형태의 개편을 검토하고 있다고 밝혔다. 24시간 영업을 재검토하게 된 요인으로 가장 꼽히는 것은 '저출산 고령화'다. 이 저출산 고령화에 의해, 일할 수 있는 연령대의 인구가 감소하여, 일손부족이라는 문제로 이어져 버렸다고 한다. 심야에 근무할 수 있는 사람을 채용하기 위해서, 기업 측이 시급을 올린다는 노력을 해도, 역시 부담이 크기 때문인지, 좀처럼 사람이 모이기 힘들다는 것이다.

또, 이전에 비해 한밤중에 외출하는 사람이 적어짐에 따라, 심야에 편의점이나 패밀리 레스토랑을 이용하는 손님이 줄어든 것도 재검토하는 요인으로 생각할 수 있다. 조금이라도 손님을 확보해 이익을 올리기 위해 영업하고 있는데, 이익이 없으면 높은 비용(인건비나 전기세)을 들여 ③영업할 이유도 없어지는 것이다.

만약 편의점이나 패밀리 레스토랑에서 24시간 영업이 폐지되면, 우리 생활에는 어떤 영향을 미칠까. 심야 근무하는 사람이나, 밤에 활동하는 것을 좋아하는 사람, 한밤중에 자주 편의점을 이용하는 것이 습관이 되었던 사람 등에게 있어서는 불편한 부분도 있을 것이다. 그 반면 24시간 영업이 없는 라이프스타일이 정착되면, 많은 사람들이 심야에 활동하지 않게 되어, 지금 이상으로 심야 매출은 떨어질 것이 예상된다.

이번 일부 기업에 있어서의 24시간 영업의 재검토는 효율적으로 심야 영업을 시행하기 위한 실험이라고 생각된다. 효율적인 영업을 이어가기 위해, 필요한 대책을 세우려는 움직임이라고 생각하는 것이 현실적이라고 할 수 있을 것이다.

---

33 ①시대와 함께 라이프스타일도 변화해라고 했는데, 어떻게 변화했는가?

1 심야에 편의점이나 패밀리 레스토랑에서 일하고 싶은 사람이 늘었다.

2 매출을 위해 24시간 영업이 당연하게 되었다.

3 밤새 영업하는 가게를 별로 볼 수 없게 되었다.

4 옛날에 비해 심야에 일이나 활동을 하는 사람이 많아졌다.

해설 예전보다 심야까지 일하는 사람이나 활동하는 사람이 늘어났다고 했으니, 정답은 4번이다.

---

34 ②이런 영업 형태라고 했는데, 무엇인가?

1 편의점이나 패밀리 레스토랑 등이 심야에 영업을 하지 않게 된 것

2 편의점이나 패밀리 레스토랑 등이 24시간 영업을 하고 있는 것

3 편의점이나 패밀리 레스토랑 등이 시급을 올려서라도 영업하고 있는 것

4 편의점이나 패밀리 레스토랑 등이 일손 부족이라도 영업하지 않으면 안 되는 것

해설 편의점이나 패밀리 레스토랑의 24시간 영업이 당연한 시대에, 일부 대기업이 24시간 영업을 재검토하게 되었다고 했으니, 정답은 2번이다.

[35] ③영업할 이유도 없어지는 것이라고 했는데, 왜인가?

　1 이용하는 젊은이들이 줄어들었기 때문에

　2 한밤중에 나가는 사람이 적어졌기 때문에

　3 24시간 영업이 폐지되게 되었기 때문에

　4 비싼 비용에 비해 이익이 적기 때문에

해설 조금이라도 손님을 확보해 이익을 내기 위해 영업하고 있는데, 이익이 없으면 높은 비용을 들여 영업하는 의미가 없다고 했으니, 정답은 4번이다.

[36] 이 글의 전체 테마는 무엇인가?

　1 24시간 영업의 중요성에 대해서

　2 24시간 영업의 단점에 대해서

　3 24시간 영업의 폐지에 대해서

　4 24시간 영업의 재검토에 대해서

해설 일부 대기업이 24시간 영업을 재검토하고 있다는 얘기를 중심으로, 24시간 영업의 재검토 필요성에 대한 내용이므로, 정답은 4번이다.

어휘 ファミレス 패밀리 레스토랑, 「ファミリーレストラン」의 줄임말 | 営業(えいぎょう) 영업 | 当(あ)たり前(まえ) 당연함 | 実際(じっさい) 실제 | 一晩中(ひとばんじゅう) 밤새 | 店員(てんいん) 점원 | 姿(すがた) 모습 | 各地(かくち) 각지 | 目(め)にする 실제로 자신의 눈으로 보다, 목격하다 | はたして 과연 | 時代(じだい) 시대 | ~とともに ~함께 | 変化(へんか) 변화 | 深夜(しんや) 심야 | 活動(かつどう) 활동 | 事実(じじつ) 사실 | 大手(おおて) (특정 업계 안에서 큰 규모, 지명도나 시장 점유율 등을 가진 기업)큰 손, 큰 회사 | 企業(きぎょう) 기업 | 形態(けいたい) 형태 | 見直(みなお)し 다시 봄, 재평가, 재검토 | 検討(けんとう) 검토 | 明(あき)らかにする 밝히다, 분명히 하다 | 要因(よういん) 요인 | 最(もっと)も 가장, 제일 | 挙(あ)げる (보기, 예, 샘플, 증거 등을)들다 | 少子高齢化(しょうしこうれいか) 저출산 고령화 | 年代(ねんだい) 연대 | 人口(じんこう) 인구 | 減少(げんしょう) 감소 | 人手不足(ひとでぶそく) 일손부족 | 勤務(きんむ) 근무 | 採用(さいよう) 채용 | 時給(じきゅう) 시급 | 努力(どりょく) 노력 | 負担(ふたん) 부담 | なかなか ① 상당히, 꽤 ② (뒤에 부정어를 수반하여)좀처럼 | 比(くら)べる 비교하다 | 夜中(よなか) 한밤중, 늦은 밤 | 確保(かくほ) 확보 | 利益(りえき) 이익 | コスト 비용 | 人件費(じんけんひ) 인건비 | 電気代(でんきだい) 전기세 | 廃止(はいし) 폐지 | 影響(えいきょう)を及(およ)ぼす 영향을 끼치다 | 利用(りよう) 이용 | 習慣(しゅうかん) 습관 | 定着(ていちゃく) 정착 | 売(う)り上(あ)げ 매상 | 効率(こうりつ) 효율 | 実験(じっけん) 실험 | 続(つづ)ける 계속하다 | 対策(たいさく)を立(た)てる 대책을 세우다 | 現実的(げんじつてき) 현실적 | 昔(むかし) 옛날 | 若者(わかもの) 젊은이 | 重要性(じゅうようせい) 중요성 | デメリット 단점

문제 7 오른쪽 페이지는 어느 호텔의 숙박 프랜 안내이다. 이를 읽고 아래의 질문에 답하세요.
답은 1·2·3·4에서 가장 적당한 것을 하나 고르세요.

---

37 올해 60세가 된 사토 씨는 이 숙박 플랜에 아내와 참여하고 싶다고 생각한다. 사토 씨가 이 호텔에 갈 때, 반드시 가져가야만 하는 것은 무엇인가?

  1 신분증   2 통장

  3 스마트폰   4 예약을 인쇄한 용지

해설 60세 이상으로 시니어 플랜을 이용한다면 신분증 확인이 필요하므로, 정답은 1번이다.

---

38 이 숙박 플랜의 안내문과 맞는 것은 어느 것인가?

  1 60세 이상인 사람은 14,000엔으로 할인 받을 수 있다.

  2 이용하기 전날은 예약할 수 없다.

  3 이 호텔의 체크인은 오후 3시부터 가능하다.

  4 온천은 24시간 영업이지만, 새벽 5시 반에는 이용할 수 없다.

해설 체크인은 15시(오후 3시)부터이므로, 맞는 것은 3번이다. 1번의 경우는 원래 통상 요금 20,000엔에서 20% 할인이므로 16,000엔이 맞다. 예약은 이용일 전날까지 가능하며, 온천은 새벽 4시부터 5시까지 청소로 이용할 수 없으므로, 2번과 4번의 내용도 맞지 않다.

숙박 플랜 안내
아크 호텔에 묵으며, 이틀 동안 골프를 즐기지 않겠습니까?

- **플랜 내용** : 골프를 좋아하는 분들에게 추천하는 이득이 되는 숙박 플랜입니다. 숙박 플랜에는 조식과 석식, 또한 온천 이용이 포함되어 있으므로, 골프 후에는 느긋하게 지내실 수 있습니다.
- **기간** : 2024년 5월 15일(목)부터 10월 31일(화)까지
- **요금** : 통상 요금 1인당 20,000엔 (1실 2인 이용 시)

  ※ 아크 호텔 회원님, 시니어 할인(60세 이상인 분) 플랜을 이용하시는 분은 통상 요금보다 20% 할인됩니다.
- **조식** : 7:00~9:30

  일식과 양식 뷔페를 준비하고 있습니다.
- **석식** : 18:00~20:30

  일식과 양식 뷔페를 준비하고 있습니다.
- **체크인** : 15 : 00~
- **체크아웃** : ~11 : 00
- **온천** : 24시간 영업

  ※ 새벽 4시부터 5시까지는 청소를 위해 직원이 있습니다. 수건은 방에 바스타올과 페이스타올을 준비하고 있습니다.
- 예약은 이용일 전날까지 전화로만 하실 수 있습니다.
- **문의**

  TEL : 0120-1234-5678 아크 호텔 골프 플랜 예약 담당

※ 시니어 플랜을 이용하시는 고객님은 60세 이상인 분을 대표자로 예약해 주십시오. 당일 체크인 시 신분증(여권이나 운전면허증 등 본인을 확인할 수 있는 것)을 확인합니다. 또한 가족이나 친구분은 60세 미만이라도 같은 요금으로 이용하실 수 있습니다.

어휘 | 宿泊 숙박 | プラン 플랜, 계획 | 案内 안내 | 泊まる 숙박하다, 묵다 | おすすめ 추천 | 得だ 이득이다 | 朝食 조식, 아침 식사 | 夕食 석식, 저녁 식사 | 温泉 온천 | 利用 이용 | 通常 통상 | 会員 회원 | 割引 할인 | 和食 일식 | 洋食 양식 | 用意 준비 | 前日 전날 | ~のみ ~만, 뿐 | ~(さ)せていただく (상대방의 허락이나 은혜를 입어서)~하다 | 問い合わせる 문의하다 | 係 담당자 | 代表者 대표자 | 当日 당일 | 身分証明書 신분증명서(신분증) | 運転免許証 운전면허증 | 確認 확인 | 友人 친구 | 未満 미만 | 通帳 통장 | 印刷 인쇄 | 用紙 용지

문제 1 문제 1에서는 먼저 질문을 들으세요. 그리고 이야기를 듣고 문제지의 1~4 중에서 가장 적당한 것을 하나 고르세요.

れい 🎧 Track 1-1	예
女の人と男の人が話しています。男の人はこの後、どこに行けばいいですか。	여자와 남자가 이야기하고 있습니다. 남자는 이후, 어디로 가면 됩니까?
女：え、それでは、この施設の利用がはじめての方のために、注意していただきたいことがありますので、よく聞いてください。まず決められた場所以外ではケータイは使えません。	여：에, 그럼, 이 시설의 이용이 처음이신 분을 위해 주의해 주셨으면 하는 것이 있으므로, 잘 들어 주세요. 먼저 정해진 장소 이외에서는 휴대전화는 사용할 수 없습니다.
男：え？ 10分後に、友達とここで待ち合わせしているのに、どうしよう。じゃ、どこで使えばいいですか。	남：네? 10분 후에 친구와 여기서 만나기로 했는데, 어쩌지? 그럼, 어디에서 사용하면 됩니까?
女：3階と5階に、決められた場所があります。	여：3층과 5층에 정해진 장소가 있습니다.
男：はい、わかりました。友達とお茶を飲んだり、話したりする時はどこに行ったらいいですか。	남：네, 알겠습니다. 친구와 차를 마시거나 이야기하거나 할 때는 어디로 가면 됩니까?
女：4階にカフェテリアがありますので、そちらをご利用ください。	여：4층에 카페테리아가 있으므로, 그곳을 이용해 주십시오.
男：はい、わかりました。さあ、奈々ちゃん、どこまで来たのか電話かけてみるか。	남：네, 알겠습니다. 자, 나나는 어디까지 왔는지 전화 걸어 볼까?
男の人はこの後、どこに行けばいいですか。	남자는 이후, 어디로 가면 됩니까?
1 1階 2 2階 3 3階 4 4階	1 1층 2 2층 3 3층 4 4층

해설 남자는 마지막 대화에서 친구에게 '전화 걸어 볼까?'라고 했으므로, 통화가 가능한 3층이나 5층으로 가면 되니 정답은 3번이 된다.

어휘 施設 시설 | 利用 이용 | 注意 주의 | 以外 의외 | 待ち合わせ (시간과 장소를 정하여)만나기로 함

1ばん 🎧 Track 1-1-01

女の人と男の人が話しています。二人は花瓶を
どこに置きますか。

女：ねえ、この花瓶どこに置く？

男：うーん、そうだな。どこがいいだろう。

女：テーブルの上はどう？

男：テーブルの上？ いや～ご飯食べる時、じゃ
まにならないかな。

女：そうかな。雰囲気が明るくなっていいかな
と思ったんだけど。

男：それはそうだけど…。テレビの横はどう？

女：テレビの横とか、パソコンの隣は花瓶が倒
れた時が大変よ。水で機械が壊れたら困る
し。

男：そうか。どうしようかな…。

女：そしたら、玄関はどう？ 家に帰ってきた時
お花があったら、気分もよくなるんじゃな
い？

男：うん、そうだね。じゃ、そうしよう。

二人は花瓶をどこに置きますか。

4

1번

여자와 남자가 이야기하고 있습니다. 두 사람은 꽃
병을 어디에 놓습니까?

여 : 저기, 이 꽃병 어디에 둘까?

남 : 음, 글쎄. 어디가 좋을까?

여 : 테이블 위는 어때?

남 : 테이블 위? 아니~ 밥 먹을 때 방해되지 않을까?

여 : 그런가? 분위기가 밝아져서 좋겠다고 생각했는
데.

남 : 그건 그렇지만…. TV 옆은 어때?

여 : TV 옆이라든가, 컴퓨터 옆은 꽃병이 쓰러졌을 때
가 큰일이야. 물로 기계가 고장나면 곤란하고.

남 : 그런가. 어떡하지….

여 : 그렇다면 현관은 어때? 집에 돌아왔을 때 꽃이 있
으면 기분도 좋아지지 않을까?

남 : 응, 그러네. 그럼, 그렇게 하자.

두 사람은 꽃병을 어디에 놓습니까?

해설 여자는 집에 돌아왔을 때 현관에 꽃이 있다면 기분이 좋아질 것이라고 했고 남자도 그에 동의했으므로, 정답은
4번이다.

어휘 花瓶 꽃병 | じゃまになる 거치적대다, 방해되다 | 雰囲気 분위기 | 横 옆 | 倒れる 쓰러지다 | 機械 기계 | 壊
れる 고장나다 | 玄関 현관

男の人と女の人が話しています。女の人はこれからどうしますか。

（電話の着信音）
女：はい、豊本自動車でございます。
男：お世話になっております。私、東京機械の小川と申しますが、営業の木村部長はいらっしゃいますか？
女：東京機械の小川様でいらっしゃいますね。こちらこそいつもお世話になっております。木村ですが、あいにく席をはずしておりまして…。
男：そうですか。何時頃お戻りになりますか。
女：申し訳ございません。本日は、会社に戻らず、そのまま退社する予定でございます。
男：では、明日の午前中、お電話いただけますようお伝えください。
女：はい、かしこまりました。明日の午前中、木村から小川様へお電話差し上げるように伝えます。
男：はい、よろしくお願いします。

女の人はこれからどうしますか。

1 明日の午後、豊本自動車に行くように小川さんに言う
2 明日の午前中、東京機械に電話するように木村さんに言う
3 今日の午後、豊本自動車からの電話を待つように小川さんに言う
4 今日の夜、東京機械からの電話を待つように木村さんに言う

2번

남자와 여자가 이야기하고 있습니다. 여자는 이제부터 어떻게 합니까?

(전화의 착신음)
여 : 네, 도요모토 자동차입니다.
남 : 신세지고 있습니다. 저 도쿄 기계의 오가와라고 합니다만, 영업의 기무라 부장님은 계십니까?
여 : 도쿄 기계의 오가와 님이시군요. 이쪽이야 말로 항상 신세를 지고 있습니다. 기무라는 공교롭게도 자리를 비워서….
남 : 그렇습니까? 몇 시쯤 돌아오시나요?
여 : 죄송합니다. 오늘은 회사로 돌아오지 않고 그대로 퇴근할 예정입니다.
남 : 그럼, 내일 오전 중에 전화 주시도록 전해 주십시오.
여 : 네, 알겠습니다. 내일 오전 중 기무라가 오가와 님께 전화드리도록 선하겠습니다.
남 : 네, 잘 부탁드리겠습니다.

여자는 이제부터 어떻게 합니까?

1 내일 오후, 토요모토 자동차에 가라고 오가와 씨에게 말한다
2 내일 오전 중, 도쿄 기계에 전화하도록 기무라 씨에게 말한다
3 오늘 오후, 토요모토 자동차로부터의 전화를 기다리도록 오가와 씨에게 말한다
4 오늘밤, 도쿄 기계로부터의 전화를 기다리라고 기무라 씨에게 말한다

해설 남자는 「では、明日の午前中、お電話いただけますようお伝えください。그럼, 내일 오전 중에 전화 주시도록 전해 주십시오.」라며, 여자에게 기무라 부장에게 내일 오전 중 전화를 줄 것을 전해달라고 부탁했고, 여자는 알겠다고 했으므로, 정답은 2번이다.

어휘 着信音 착신음｜〜でござる 「だ」의 겸양어｜お世話になっております 신세지고 있습니다(거래처 직원에서 쓰는 상투적인 표현)｜おる 「いる」의 겸양어｜機械 기계｜営業 영업｜〜でいらっしゃる 「だ」의 존경어｜あいにく 공교롭게｜席を外す 자리를 비우다｜退社 퇴근, 퇴사, 퇴직｜差し上げる 드리다

3ばん 🎧 Track 1-1-03

<ruby>旅館<rt>りょかん</rt></ruby>で<ruby>夫婦<rt>ふうふ</rt></ruby>が<ruby>話<rt>はな</rt></ruby>しています。<ruby>二人<rt>ふたり</rt></ruby>はこれからどうしますか。

女1：<ruby>隣<rt>となり</rt></ruby>の<ruby>部屋<rt>へや</rt></ruby>、ドンドン<ruby>音<rt>おと</rt></ruby>がしてうるさくない？

男 ：そうだね。<ruby>声<rt>こえ</rt></ruby>も<ruby>大<rt>おお</rt></ruby>きくてこっちまで<ruby>聞<rt>き</rt></ruby>こえるし。

女1：ちょっと、フロントに<ruby>言<rt>い</rt></ruby>ってみてよ。

男 ：わかった。<ruby>電話<rt>でんわ</rt></ruby>してみるよ。
（<ruby>電話<rt>でんわ</rt></ruby>の<ruby>着信音<rt>ちゃくしんおん</rt></ruby>）

男 ：あ、もしもし。405<ruby>号室<rt>ごうしつ</rt></ruby>なんですが、<ruby>隣<rt>となり</rt></ruby>の<ruby>部屋<rt>へや</rt></ruby>が、すごくうるさいんですけど…。

女2：<ruby>申<rt>もう</rt></ruby>し<ruby>訳<rt>わけ</rt></ruby>ございません。<ruby>本日<rt>ほんじつ</rt></ruby><ruby>修学旅行<rt>しゅうがくりょこう</rt></ruby>で<ruby>来<rt>こ</rt></ruby>られた<ruby>学生<rt>がくせい</rt></ruby>の<ruby>方々<rt>かたがた</rt></ruby>が<ruby>泊<rt>と</rt></ruby>まっていまして…。

男 ：そうですか。もう12<ruby>時<rt>じ</rt></ruby><ruby>過<rt>す</rt></ruby>ぎてるのに…。このままじゃうるさくて<ruby>眠<rt>ねむ</rt></ruby>れないので、<ruby>他<rt>ほか</rt></ruby>の<ruby>部屋<rt>へや</rt></ruby>に<ruby>替<rt>か</rt></ruby>えてもらえませんか。

女2：<ruby>少々<rt>しょうしょう</rt></ruby>、お<ruby>待<rt>ま</rt></ruby>ちください。<ruby>空<rt>あ</rt></ruby>いているお<ruby>部屋<rt>へや</rt></ruby>があるかお<ruby>調<rt>しら</rt></ruby>べします。…… お<ruby>客様<rt>きゃくさま</rt></ruby>。<ruby>大変<rt>たいへん</rt></ruby><ruby>申<rt>もう</rt></ruby>し<ruby>訳<rt>わけ</rt></ruby>ございません。<ruby>本日<rt>ほんじつ</rt></ruby>はあいにくいっぱいでございます。

男 ：え〜、どうしたらいいんだ。

女2：<ruby>私<rt>わたし</rt></ruby>が<ruby>直接<rt>ちょくせつ</rt></ruby>、<ruby>隣<rt>となり</rt></ruby>のお<ruby>部屋<rt>へや</rt></ruby>に<ruby>行<rt>い</rt></ruby>って<ruby>静<rt>しず</rt></ruby>かにするように<ruby>言<rt>い</rt></ruby>いますので、<ruby>少々<rt>しょうしょう</rt></ruby>お<ruby>待<rt>ま</rt></ruby>ちいただけますか？

男 ：わかりました。お<ruby>願<rt>ねが</rt></ruby>いします。

女2：はい、<ruby>誠<rt>まこと</rt></ruby>に<ruby>申<rt>もう</rt></ruby>し<ruby>訳<rt>わけ</rt></ruby>ございません。

<ruby>二人<rt>ふたり</rt></ruby>はこれからどうしますか。

1 <ruby>隣<rt>となり</rt></ruby>の<ruby>部屋<rt>へや</rt></ruby>に<ruby>文句<rt>もんく</rt></ruby>を<ruby>言<rt>い</rt></ruby>いに<ruby>行<rt>い</rt></ruby>く
2 <ruby>空<rt>あ</rt></ruby>いている<ruby>旅館<rt>りょかん</rt></ruby>に<ruby>移動<rt>いどう</rt></ruby>する
3 フロントに<ruby>電話<rt>でんわ</rt></ruby>でお<ruby>願<rt>ねが</rt></ruby>いする
4 <ruby>隣<rt>となり</rt></ruby>の<ruby>部屋<rt>へや</rt></ruby>が<ruby>静<rt>しず</rt></ruby>かになるのを<ruby>待<rt>ま</rt></ruby>つ

3번

여관에서 부부가 이야기하고 있습니다. 두 사람은 이제부터 어떻게 합니까?

여1 : 옆방 쿵쿵 소리가 나서 시끄럽지 않아?

남 : 그러게. 목소리도 커서 이쪽까지 들리고.

여1 : 좀 프런트에 말해 봐.

남 : 알았어. 전화해 볼게.

(전화의 착신음)

남 : 아, 여보세요? 405호실인데요. 옆방이 너무 시끄러운데요.

여2 : 죄송합니다. 오늘 수학여행 오신 학생분들이 묵고 있어서요.

남 : 그래요? 벌써 12시가 넘었는데…. 이대로라면 시끄러워서 잠을 잘 수 없으니, 다른 방으로 바꿔 줄 수 없나요?

여2 : 잠시만, 기다려 주십시오. 비어 있는 방이 있는지 알아보겠습니다. …… 고객님 대단히 죄송합니다. 오늘은 공교롭게도 꽉 찼습니다.

남 : 에~, 어떻게 해야 하나.

여2 : 제가 직접 옆방에 가서 조용히 하도록 말할테니, 잠시만 기다려 주시겠습니까?

남 : 알겠습니다. 부탁할게요.

여2 : 네, 정말 죄송합니다.

두 사람은 이제부터 어떻게 합니까?

1 옆방에 불평하러 간다
2 비어 있는 여관으로 이동한다
3 프런트에 전화로 부탁한다
4 옆방이 조용해지기를 기다린다

해설 남자는 옆방이 너무 시끄러워 프런트에 전화를 걸었더니 바로 옆방에 수학여행을 온 학생들이 묵고 있다는 소리는 듣는다. 그래서 방을 바꿔달라고 했으나, 직원이 오늘은 빈방이 없다며 직접 가서 조용히 시키겠다고 하여, 남자는 그렇게 알고 조용해지기를 기다리기로 했으므로, 정답은 4번이다.

어휘 <ruby>旅館<rt>りょかん</rt></ruby> 여관 | <ruby>夫婦<rt>ふうふ</rt></ruby> 부부 | <ruby>隣<rt>となり</rt></ruby>の<ruby>部屋<rt>へや</rt></ruby> 옆방 | ドンドン 쿵쿵 | うるさい 시끄럽다 | フロント 프런트 | <ruby>修学旅行<rt>しゅうがくりょこう</rt></ruby> 수학여행 | <ruby>泊<rt>と</rt></ruby>まる 묵다 | <ruby>替<rt>か</rt></ruby>える 바꾸다 | <ruby>空<rt>あ</rt></ruby>く 비다 | あいにく 공교롭게도 | いっぱいだ 꽉 차다 | <ruby>直接<rt>ちょくせつ</rt></ruby> 직접 | <ruby>誠<rt>まこと</rt></ruby>に 참으로, 대단히 | <ruby>申<rt>もう</rt></ruby>し<ruby>訳<rt>わけ</rt></ruby>ございません 죄송합니다 | <ruby>文句<rt>もんく</rt></ruby>を<ruby>言<rt>い</rt></ruby>う 불평하다 | <ruby>移動<rt>いどう</rt></ruby> 이동

男の人と女の人が話しています。女の人はこれからどうしますか。

男：村田さん。

女：はい、課長、お呼びでしょうか。

男：この書類、今日中に作ってもらえるかな？明日の午後からの会議で使いたいから、よろしく頼むよ。

女：今日中ですか…。実は今部長から頼まれた資料を作っておりまして…。今日中にはちょっと難しいかと思います。

男：そうか。ちなみにどんな資料？

女：新製品に関する資料なんですが、今日の2時までに取引先に送らなければならないそうで…。

男：それは急がないとね。そしたら、いつまでにできそう？

女：そうですね。明日の午前中までにはできると思います。

男：明日の会議は3時だから、それなら間に合いそうだな。じゃ、よろしくね。

女：はい、かしこまりました。

女の人はこれからどうしますか。

1 部長から頼まれた資料を作る
2 課長から頼まれた資料を作る
3 取引先に電話をかける
4 取引先に新製品の資料をもらう

4번

남자와 여자가 이야기하고 있습니다. 여자는 이제부터 어떻게 합니까?

남：무라타 씨.

여：네, 과장님, 부르셨습니까?

남：이 서류 오늘 안으로 만들어 줄 수 있을까? 내일 오후부터의 회의에서 사용하고 싶으니까, 잘 부탁해.

여：오늘 중인가요…? 실은 지금 부장님으로부터 부탁 받은 자료를 만들고 있어서요…. 오늘 중으로는 좀 어렵다고 생각합니다.

남：그런가. 참고로 어떤 자료?

여：신제품에 관한 자료입니다만, 오늘 2시까지 거래처로 보내야 한다고 해서요.

남：그건 서둘러야겠네. 그러면 언제까지 할 수 있겠어?

여：글쎄요. 내일 오전 중까지는 가능할 것 같습니다.

남：내일 회의는 3시니까, 그럼 시간에 맞출 수 있을 것 같네. 그럼, 잘 부탁해.

여：네, 알겠습니다.

여자는 이제부터 어떻게 합니까?

1 부장으로부터 부탁 받은 자료를 만든다
2 과장으로부터 부탁 받은 자료를 만든다
3 거래처에 전화를 건다
4 거래처에 신제품 자료를 받는다

해설 과장이 필요한 서류는 내일 오후 3시에 쓸 자료이지만, 부장이 지시한 서류는 오늘 2시에 당장 필요한 서류이다. 부장이 부탁한 자료를 서둘러야 한다고 했으니 먼저 그것을 만들고 나서, 내일 오전 중까지 과장의 자료를 만들면 되니, 정답은 1번이다. 과장의 마지막 대화에서「それなら間に合いそうだな」는 '그렇다면 회의 시간에 맞출 수 있을 것 같군'이라는 의미이다.

어휘 書類 서류 | 頼む 부탁하다 | 資料 자료 | ちなみに 참고로 | 新製品 신제품 | 〜に関する ~에 관하다, ~에 관한 | 取引先 거래처 | 間に合う 시간에 늦지 않고 제 시간에 어떤 일이 이루어지다 | かしこまりました 알겠습니다, 「わかる」의 겸양어

男の人と女の人が話しています。男の人はこれからどうしようと思っていますか。

女：あなた、この本なんとかしてよ。たくさんありすぎて、部屋が片付けられないじゃない。

男：えー。でも高校時代から集めてたから、思い出がある本ばっかりなんだよ。なんとかしてって言われても…。

女：そんなこと言ったって、もうこれ以上置く場所がないのよ。部屋も狭いし、物はどんどん増えるし。

男：でも、僕の趣味だし、まだ読みたい本もたくさんあるし…。

女：それじゃ、売るか捨てるしかないわね。

男：そんなこと、もったいなくてできないよ。

女：じゃあ、どうする？

男：それじゃ、ここより広くて部屋が多いところに移ろうか。

女：それなら、文句ないわ。

男の人はこれからどうしようと思っていますか。
1 今ある本を全部捨てて、新しい本を買う。
2 今より広いところに引っ越すつもりだ
3 リサイクルショップに行って本を売る
4 本を置くため、新しい本棚を買う

5번

남자와 여자가 이야기하고 있습니다. 남자는 앞으로 어떻게 하려고 생각하고 있습니까?

여 : 여보, 이 책 어떻게든 해요. 너무 많아서 방을 정리할 수 없잖아.

남 : 음~. 하지만 고등학교 때부터 모으고 있었기 때문에, 추억이 있는 책 뿐이야. 어떻게든 하라고 말해도….

여 : 그렇게 말한 들, 이제 더 이상 둘 장소가 없어요. 방도 좁고, 물건은 점점 늘어나고.

남 : 하지만 내 취미이고, 아직 읽고 싶은 책도 많이 있고….

여 : 그럼, 팔든지 버리는 수밖에 없겠네.

남 : 그런 거 아까워서 할 수 없어.

여 : 그럼, 어떻게 할거야?

남 : 그럼, 여기보다 넓고 방이 많은 곳으로 옮길까?

여 : 그렇다면 불만 없어.

남자는 앞으로 어떻게 하려고 생각하고 있습니까?

1 지금 있는 책을 다 버리고, 새 책을 산다
2 지금보다 넓은 곳으로 이사할 예정이다
3 재활용 가게에 가서 책을 판다
4 책을 놓기 위해 새 책장을 산다

해설 남자는 책이 너무 많아서 현재 거주하는 곳에는 더 이상 놓을 곳이 없는데, 아까워서 팔거나 버리지도 못한다고 했다. 마지막 대화에서 '여기보다 넓고 방이 많고 넓은 곳으로 옮길까?'라고 했으니, 정답은 2번이다.

어휘 片付ける 정리하다 | 高校時代 고교 시절 | 集める 모으다 | 思い出 추억 | 増える 늘다 | もったいない 아깝다 | 移る 옮기다, 이동하다 | 文句 불만 | 引っ越す 이사하다 | リサイクルショップ 재활용 가게 | 本棚 책장

女の人と男の人が電話で話しています。女の人はこれからどうしますか。

（電話の着信音）

女：はい、にこにこ産業でございます。

男：あっ、日野さん、僕田中だけど。

女：田中部長！どうなさったんですか。

男：実は、急ぎでお願いしたいことがあって。

女：はい、なんでしょうか。

男：今日2時に桜田印刷の山本さんと会う約束があって今駅にいるんだけど、その時に使う資料を机の上に忘れて来ちゃって。

女：えー！それは大変ですね。

男：そうなんだよ。それで、お願いなんだけど、駅までその資料を持ってきてくれないかな？僕が会社に取りに戻ったら約束の時間に間に合いそうにないんだ。

女：わかりました。駅のどこにいらっしゃいますか。

男：切符売り場の隣にコンビニがあるんだけど、そこで待ってるよ。

女：わかりました。すぐ行きます。

男：ありがとう！よろしく頼むよ。

女の人はこれからどうしますか。

1 今日の会議で使う資料を作る
2 駅で待っている部長に資料を届ける
3 駅に行って部長から資料をもらう
4 桜田印刷に約束時間の変更を電話する

6번

여자와 남자가 전화로 이야기하고 있습니다. 여자는 이제부터 어떻게 합니까?

(전화 착신음)

여 : 네, 니코니코 산업입니다.

남 : 아, 히노 씨, 나 다나카인데.

여 : 다나카 부장님! 무슨 일이세요?

남 : 사실 급하게 부탁하고 싶은 것이 있어서.

여 : 네, 뭔가요?

남 : 오늘 2시에 사쿠라다 인쇄의 야마모토 씨와 만날 약속이 있어서 지금 역에 있는데, 그때 쓸 자료를 책상 위에 깜박 잊고 와 버려서.

여 : 엣! 그거 큰일이네요.

남 : 그렇지. 그래서 부탁인데, 역까지 그 자료를 가져다 주지 않을래? 내가 회사에 가지러 돌아가면 약속 시간에 맞출 수 없을 것 같아.

여 : 일겠습니다. 역 어디에 계세요?

남 : 매표소 옆에 편의점이 있는데, 거기서 기다릴게.

여 : 알겠습니다. 금방 갈게요.

남 : 고마워! 잘 부탁해.

여자는 이제부터 어떻게 합니까?

1 오늘 회의에서 사용할 자료를 만든다
2 역에서 기다리고 있는 부장에게 자료를 가지고 가서 건넨다
3 역에 가서 부장님으로부터 자료를 받는다
4 사쿠라다 인쇄에 약속 시간 변경을 전화한다

해설 남자는 「お願いなんだけど、駅までその資料を持ってきてくれないかな？부탁인데, 역까지 그 자료를 가져다 줄지 않을래?」라며, 오늘 약속에서 쓸 자료를 여자에게 가져다 달라고 했고, 여자는 알았다고 했으니, 정답은 2번이다.

어휘 産業 산업 | 〜でござる 〜이다(「だ」의 겸양어) | どうなさったんですか 무슨 일이세요? | なさる 하시다 | 急ぎ 급함, 서두름 | 印刷 인쇄 | 資料 자료 | 間に合う 시간에 늦지 않고 제시간에 어떤 일이 이루어지다 | 切符売り場 매표소 | 隣 옆 | 頼む 부탁하다 | 届ける 물건을 가져가서 상대방에게 건네다 | 変更 변경

문제 2 문제 2에서는 먼저 질문을 들으세요. 그 후 문제지를 보세요. 읽을 시간이 있습니다. 그리고 이야기를 듣고 문제지의 1~4 중에서 가장 적당한 것을 하나 고르세요.

れい 🎧 Track 1-2

女の人と男の人が映画のアプリについて話しています。女の人がこのアプリをダウンロードした一番の理由は何ですか。

女：田中君もよく映画見るよね。このアプリ使ってる？

男：いや、使ってないけど…。

女：ダウンロードしてみたら。映画が見たいときにすぐ予約もできるし、混雑状況も分かるよ。

男：へえ、便利だね。

女：映画の情報はもちろん、レビューまで載っているから、すごく参考になるよ。

男：ゆりちゃん、もうはまっちゃってるね。

女：でも、何よりいいことは、キャンペーンでチケットや限定グッズがもらえることだよ。私は、とにかくたくさん映画が見たいから、よく応募してるよ。

男：そうか。いろいろいいね。

女の人がこのアプリをダウンロードした一番の理由は何ですか。

1　早く映画の情報が知りたいから
2　キャンペーンに応募してチケットをもらいたいから
3　限定グッズをもらって人に見せたいから
4　レビューを読んで、話題の映画が見たいから

예

여자와 남자가 영화 앱에 대해 이야기하고 있습니다. 여자가 이 앱을 다운로드한 가장 큰 이유는 무엇입니까?

여 : 다나카 군도 자주 영화 보지? 이 앱 쓰고 있어?

남 : 아니, 사용하지 않는데….

여 : 다운로드해 보지 그래? 영화가 보고 싶을 때 바로 예약도 할 수 있고, 혼잡 상황도 알 수 있어.

남 : 에~, 편리하네.

여 : 영화 정보는 물론, 리뷰까지 실려 있기 때문에 굉장히 참고가 돼.

남 : 유리, 이미 빠져 있구나.

여 : 하지만 무엇보다 좋은 것은 캠페인으로 티켓이나 한정 상품을 받을 수 있는 거야. 난 어쨌든 많은 영화를 보고 싶으니까 자주 응모하고 있어.

남 : 그렇구나. 여러모로 좋네.

여자가 이 앱을 다운로드한 가장 큰 이유는 무엇입니까?

1 빨리 영화 정보를 알고 싶으니까
2 캠페인에 응모하여 티켓을 받고 싶으니까
3 한정 상품을 받아서 남에게 보여주고 싶으니까
4 리뷰를 읽고 화제의 영화를 보고 싶으니까

해설　「何よりいいことは 무엇보다 좋은 것은」와 같은 표현이 나오면 뒤에 나오는 말에 집중해야 한다. 여자는 어쨌든 많은 영화를 보고 싶다고 했으니 티켓을 받고 싶은 마음이 드러나 있다는 것을 알 수 있다. 그러므로 캠페인에 응모하여 티켓을 받고 싶다고 한 2번이 정답이 된다.

어휘　アプリ 앱｜混雑 혼잡｜状況 상황｜レビュー 리뷰｜情報 정보｜載る 실리다｜参考 참고｜はまる 빠지다, 열중하다｜限定 한정｜グッズ 상품｜とにかく 어쨌든｜応募 응모｜見せる 보여주다｜話題 화제

男の人と女の人が話しています。女の人が会社を辞めることにした一番の理由は何ですか。

女：伊藤さん、私、来月会社を辞めることにしました。

男：え？どうして？給料もいいし、残業も少ないからいい会社だって言ってたじゃん？

女：うん、確かにそうなんですけど、ちょっと問題があって。

男：問題？

女：はい、先日新しい上司が来たんですが、なんか性格が合わないんですよ。

男：そうか。それは困るね。

女：でもそれより問題なのは、いきなり今年からボーナスをなくすと言われたんです。

男：えー！それはひどいね。

女：ええ、交通の便もよかったし、同僚もいい人でしたからやめたくはなかったんですけどね。

女の人が会社を辞めることにした一番の理由は何ですか。

1 新しい上司と性格が合わないから
2 今より残業が増えるから
3 親しい同僚が会社を辞めるから
4 会社がボーナスをなくすと言ったから

1번

남자와 여자가 이야기하고 있습니다. 여자가 회사를 그만두기로 한 가장 큰 이유는 무엇입니까?

여 : 이토 씨, 저 다음 달에 회사를 그만두기로 했습니다.

남 : 엣? 왜? 월급도 좋고, 야근도 적어서 좋은 회사라고 말했잖아?

여 : 응, 확실히 그렇습니다만, 조금 문제가 있어서요.

남 : 문제?

여 : 네, 얼마 전에 새로운 상사가 왔는데, 뭔가 성격이 맞지 않아요.

남 : 그렇구나. 그건 곤란하네.

여 : 근데 그보다 문제인 것은 갑자기 올해부터 보너스를 없앤다고 하더라고요.

남 : 엣! 그건 너무하네.

여 : 네, 교통편도 좋았고, 동료도 좋은 사람이었기 때문에 그만두고 싶지는 않았네요.

여자가 회사를 그만두기로 한 가장 큰 이유는 무엇입니까?

1 새로운 상사와 성격이 맞지 않아서
2 지금보다 야근이 늘어나서
3 친한 동료가 회사를 그만둬서
4 회사가 보너스를 없앤다고 해서

해설 여자는 회사를 그만두기로 한 이유로 상사와 성격이 맞지 않는다는 문제도 말했지만, 그보다 문제는 회사가 올해부터 보너스를 없앤다고 한 것이 가장 큰 문제라고 했기 때문에, 정답은 4번이다.

어휘 給料 급료, 월급 | 残業 잔업, 야근 | 確かに 확실히 | 先日 얼마 전, 요전 | 性格 성격 | 合う 맞다 | いきなり 갑자기 | なくす 없애다 | 交通の便 교통편 | 同僚 동료

おとこ ひと おんな ひと はな
男の人と女の人が話しています。男の人は何が
いちばんたいへん
一番大変だったと言っていますか。

男：ただいま〜、ああ、疲れた。
つか

女：お帰りなさい。どうしたの？何かあったの？
なに

男：それが、部長に企画書のことで朝から怒ら
ぶちょう きかくしょ あさ おこ
れて最悪だったんだよ。
さいあく

女：企画書？それって先週、毎日遅くまで残業
きかくしょ せんしゅう まいにちおそ ざんぎょう
して作っていたものでしょ？
つく

男：そうなんだよ。気に入らなかったみたいで、
き い
やり直せって言われたよ。
なお い

女：ひどいわね。それで今日もこんな時間になっ
きょう じかん
たの？

男：いや、企画書は金額と内容を少し変えるだ
きかくしょ きんがく ないよう すこ か
けだったから、すぐ終わったんだ。
お

女：じゃ、どうして？

男：部長から急に飲みに行こうって言われてさ。
ぶちょう きゅう の い
眠いし、疲れてるし、行きたくなかったんだ
ねむ つか い
けど、部長から言われたから断れなかったん
ぶちょう い ことわ
だよ。これが何よりも大変だったよ。
なに たいへん

女：そうだったの。お疲れ様。
つか さま

おとこ ひと なに いちばんたいへん い
男の人は何が一番大変だったと言っていますか。

1 毎日遅くまで残業したこと
まいにちおそ ざんぎょう

2 部長とお酒を飲みに行ったこと
ぶちょう さけ の い

3 企画書をやり直ししたこと
きかくしょ なお

4 部長から怒られたこと
ぶちょう おこ

2번

남자와 여자가 이야기하고 있습니다. 남자는 무엇이 가장 힘들었다고 말하고 있습니까?

남 : 다녀왔습니다~, 아아 피곤하다.

여 : 잘 다녀왔어요? 왜 그래? 무슨 일 있었어?

남 : 그게 부장님이 기획서 때문에 아침부터 화내서 최악이었어.

여 : 기획서? 그건 지난주에 매일 늦게까지 야근하며 만들고 있었던 거지?

남 : 맞아. 마음에 안 드신 것 같아서, 다시 하라고 하셨어.

여 : 너무하네. 그래서 오늘도 이런 시간이 된 거야?

남 : 아니, 기획서는 금액과 내용을 조금 바꾸는 것뿐이었기 때문에 금방 끝났어.

여 : 그럼, 왜?

남 : 부장님이 갑자기 술 마시러 가자고 하셔서. 졸리고 피곤하고 가고 싶지 않았는데, 부장님이 말하셔서 거절을 못 했어. 이게 무엇보다도 힘들었어.

여 : 그랬어. 고생했네.

남자는 무엇이 가장 힘들었다고 말하고 있습니까?

1 매일 늦게까지 야근한 것

2 부장님과 술 마시러 간 것

3 기획서를 다시 작성한 것

4 부장으로부터 혼난 것

해설 「何よりも 무엇보다도」는 '제일'이라는 뜻이다. 남자를 힘들게 한 것은 여러 가지가 있었지만, 가장 힘들었던 것은 부장의 술자리 권유에 거절할 수 없었던 것이므로, 정답은 2번이다. 대화에서 「一番 가장」, 「何より(도)」 무엇보다(도)」, 「何といっても 뭐라고 해도, 뭐니뭐니 해도」가 들리면 특별이 신경 써야 한다. 대부분 이 단어들이 들리간 말이 결정적 힌트가 된다.

어휘 企画書 기획서 | 最悪 최악 | 残業 잔업, 야근 | 気に入る 마음에 들다 | やり直す 다시하다, 고치다 | 金額 금액 | 眠い 졸리다 | 断る 거절하다 | 何よりも 무엇보다도

男の人と女の人が事務室で話しています。男の人はどうして韓国旅行をやめましたか。

男：田村さんは今度の夏休み、どこかへ行きますか。

女：家族とヨーロッパに行く予定よ。西本君は？

男：実は僕も韓国のソウルへ行く予定でしたが、急に田舎の親に呼ばれてキャンセルしました。

女：そうなの？ご両親に何かあったの？

男：いいえ、親は二人とも元気なんですが、僕がなかなか帰らないので、顔を見せろって言われてしまって。

女：なんだ、そういうことね。

男：それに、父が農業をしてるんですけど、休みのときくらい手伝えってうるさいんですよ。

女：そうだったのね。まあ、旅行はいつでも行けるから、まずは家族を大切にしなくちゃね。

男：はい、そうですね。

男の人はどうして韓国旅行をやめましたか。

1 ヨーロッパへ行くことにしたから
2 急に仕事が入ったから
3 農業を始めることにしたから
4 実家へ帰ることにしたから

3번

남자와 여자가 사무실에서 이야기하고 있습니다. 남자는 왜 한국 여행을 안 가기로 했습니까?

남 : 다무라 씨는 이번 여름휴가에 어딘가 갑니까?

여 : 가족과 유럽에 갈 예정이야. 니시모토 군은?

남 : 사실 저도 한국의 서울에 갈 예정이었는데, 갑자기 시골 부모님이 불러서 취소했어요.

여 : 그래? 부모님께 무슨 일이 있어?

남 : 아니요, 부모님은 두 분 다 건강합니다만, 제가 좀처럼 돌아가지 않으니까 얼굴을 보여달라고 하셔서요.

여 : 뭐야, 그런 거구나.

남 : 게다가, 아버지가 농사를 짓고 있습니다만, 휴가 때 정도는 도우라고 난리예요.

여 : 그랬구나. 뭐 여행은 언제든지 갈 수 있으니까, 우선 가족을 소중히 해야지.

남 : 네, 그래요.

남자는 왜 한국 여행을 안 가기로 했습니까?

1 유럽에 가기로 했기 때문에
2 갑자기 일이 들어왔기 때문에
3 농사를 시작하기로 했기 때문에
4 본가에 돌아가기로 했기 때문에

해설 남자는 여름휴가에 원래 한국 여행을 준비하고 있었으나, 시골 부모님이 부르셔서 여행을 취소하고 부모님이 계신 본가에 가게 되었으므로, 정답은 4번이다.

어휘 予定 예정 | 田舎 ① 시골 ② 고향 | キャンセル 취소 | なかなか ～ない 좀처럼 ~하지 않다 | 顔を見せる 얼굴을 보이다 | 農業 농업, 농사 | 手伝う 돕다 | うるさい 시끄럽다 | 大切だ 소중하다 | 実家 본가

男の人と女の人が事務室で話しています。女の人はどうして早く家を出ますか。

男：岩本さんの家って、会社から遠いですか。

女：そうですね。電車で40分くらいだから、そんなに遠くもないけど、近くもないですね。

男：そうですね。通勤に2時間かかる人もいますしね。朝は何時ぐらいに出るんですか。

女：だいたい7時くらいですかね。

男：え？仕事は9時からなのに、どうしてそんなに早いんですか。

女：ラッシュアワーを避けたくて、少し早めに家を出ることにしてるんです。

男：あー、そうですか。満員電車は大変ですもんね。

女：ええ、でもそれより実は、先月からジムに通い始めたんです。運動不足も解消されるし、会社に行く前に運動すると、とても気持ちがいいですよ。

男：運動か。僕もやってみようかな。

女の人はどうして早く家を出ますか。

1 通勤に2時間かかるから
2 運動不足が解消されるから
3 出勤する前に運動するから
4 仕事に遅れたくないから

4번

남자와 여자가 사무실에서 이야기하고 있습니다. 여자는 왜 일찍 집을 나섭니까?

남：이와모토 씨의 집은 회사에서 멀어요?

여：글쎄요. 전철로 40분 정도니까, 그렇게 멀지도 않지만, 가깝지도 않죠.

남：그러네요. 통근에 2시간 걸리는 사람도 있고요. 아침은 몇 시쯤에 나오나요?

여：대개 7시 정도려나요?

남：네? 일은 9시부터인데, 왜 그렇게 빨라요?

여：러시아워를 피하고 싶어서 조금 일찌감치 집을 나서기로 하고 있어요.

남：아, 그렇군요. 만원 전철은 힘들죠.

여：네, 하지만 그것보다 실은, 지난달부터 스포츠 센터에 다니기 시작했어요. 운동 부족도 해소되고, 회사 가기 전에 운동하면 너무 기분이 좋아요.

남：운동이라? 나도 해 볼까?

여자는 왜 일찍 집을 나섭니까?

1 통근에 2시간 걸려서
2 운동 부족이 해소되니까
3 출근하기 전에 운동해서
4 일에 늦고 싶지 않아서

해설 여자가 아침 일찍 집은 나서는 이유는 러시아워를 피하고 싶은 이유도 있지만, 가장 큰 이유는 지난달부터 스포츠 센터에 다니기 시작한 것이므로, 정답은 3번이다.

어휘 通勤 통근 | だいたい 대개 | ラッシュアワー 러시아워 | 避ける 피하다 | 早めに 일찌감치 | ~ことにしている ~하기로 하고 있다 (개인의 결정) | 満員電車 만원 전철 | ジム 헬스장, 스포츠 센터 | 通い始める 다니기 시작하다 | 運動不足 운동 부족 | 解消 해소

5번

男の人と女の人が話しています。女の人はどうして飲み会に行きませんか。

남자와 여자가 이야기하고 있습니다. 여자는 왜 회식에 가지 않습니까?

男：青木さん、仕事が終わったらみんなで飲みに行くんだけど、付き合わない？

남：아오키 씨, 일이 끝나면 다 같이 술 마시러 갈 건데, 같이 가지 않을래?

女：すみません…。私はちょっと…。

여：죄송합니다…. 저는 좀….

男：どうしたの？何か予定でもあるの？

남：왜 그래? 뭔가 예정이라도 있어?

女：いいえ、予定はないんです…。ただ…。

여：아니요, 예정은 없어요…. 다만….

男：ただ…？

남：다만…?

女：実はこの前、体の調子が悪くて、病院へ行って検査を受けたんです。

여：사실 얼마 전에 몸이 안 좋아서 병원에 가서 검사를 받았어요.

男：あっ、そうだったんだ。結果はどうだった？

남：아, 그랬구나. 결과는 어땠어?

女：それが、お医者さんから「胃の調子がよくないから、刺激物を食べたり、お酒やコーヒーを飲んだりしないように」と言われたんです。なので、今日は帰ってゆっくり休もうと思います。

여：그게, 의사 선생님에게 '위 상태가 안 좋으니 자극적인 음식을 먹거나 술이나 커피를 마시거나 하지 않도록'이란 말을 들었어요. 그래서 오늘은 돌아가서 푹 쉬려고 합니다.

男：そうだったんだね。お大事にね。

남：그랬구나. 몸조리 잘해.

女：ありがとうございます。

여：감사합니다.

女の人はどうして飲み会に行きませんか。

여자는 왜 회식에 가지 않습니까?

1 みんなとお酒を飲みたくないから
2 病院に行かなければならないから
3 胃の調子が悪くてお酒を飲めないから
4 お酒やコーヒーが嫌いだから

1 모두와 술을 마시고 싶지 않아서
2 병원에 가야 해서
3 위 상태가 나빠서 술을 마실 수 없어서
4 술이나 커피를 싫어해서

해설 여자는 병원에서의 검사 결과, 위 상태가 좋지 못해 술과 커피를 삼가라는 의사의 말을 듣고 회식에 안 가기로 한 것이므로, 정답은 3번이다.

어휘 付き合う ① 사귀다 ② 함께하다 | この前 얼마 전 | 検査を受ける 검사를 받다 | 結果 결과 | 胃の調子 위 상태 | 刺激物 자극물(주로 의사나 의료 관계자가 사용하는 어구로 매운맛, 떫은맛, 향이 강한 음식물이나 기호품) | ～ないように ~하지 않도록 | お大事に 몸조리 잘하세요 | 胃の調子が悪い 위 상태가 나쁘다

6ばん 🎧 Track 1-2-06

男の人と女の人が電話で話しています。二人はどこで何時に会いますか。

（電話の着信音）
男：もしもし、彩子さん、明日って何してる？
女：明日は何もないけど、どうしたの？
男：一緒に水族館行かない？ 横浜にあるシーワールドっていうところなんだけど。
女：あ、そこ知ってる！ この間テレビで紹介されてて、行きたいと思ってたのよ。
男：よかった！ イルカのショーが11時と3時にあるらしいんだけど、どっちにする？
女：うーん、そうね。朝早いのはちょっと…。せっかくだし、お昼ご飯一緒に食べてから行こうよ。
男：いいね。それならこの時間にしよう。
女：待ち合わせ場所はどうしようか。駅前にする？
男：いや、ここから水族館まではバスの方が楽みたい。
女：じゃあ、バス停の前にしよう。時間は？
男：お昼だから…、12時くらいはどう？
女：ちょっと、遅いわよ。ご飯を食べてからバスに乗らないといけないから、それより30分前にしよう。
男：うん。わかった。じゃあ明日ね。

二人はどこで何時に会いますか。
1　駅前で11時半に会う
2　駅前で12時に会う
3　バス停で11時半に会う
4　バス停で12時に会う

6번

남자와 여자가 전화로 이야기하고 있습니다. 두 사람은 어디에서 몇 시에 만납니까?

（전화 착신음）
남：여보세요, 아야코 씨, 내일은 뭐해?
여：내일은 아무것도 없는데, 무슨 일이야?
남：같이 수족관 가지 않을래? 요코하마에 있는 씨월드라는 곳인데.
여：아, 거기 알아! 얼마 전에 TV에 소개돼서 가고 싶다고 생각하고 있었어.
남：다행이다! 돌고래 쇼가 11시와 3시에 있는 것 같은데, 어느 쪽으로 할래?
여：음…, 글쎄. 아침 일찍은 좀…. 모처럼이고, 점심을 같이 먹고 나서 가자.
남：좋아. 그렇다면 이 시간으로 하자.
여：만날 장소는 어떻게 할까? 역 앞으로 할래?
남：아니, 여기에서 수족관까지는 버스 쪽이 편한 것 같아.
여：그럼, 버스 정류장 앞으로 하자. 시간은?
남：점심이니까…. 12시 정도는 어때?
여：좀 늦어. 밥을 먹고 나서 버스를 타지 않으면 안 되니까, 그것보다 30분 전으로 하자.
남：응. 알았어. 그럼, 내일 보자.

두 사람은 어디에서 몇 시에 만납니까?

1 역 앞에서 11시 반에 만난다
2 역 앞에서 12시에 만난다
3 버스 정류장에서 11시 반에 만난다
4 버스 정류장에서 12시에 만난다

해설 여기에서 수족관까지는 버스를 타고 가는 편이 편하다고 했으니, 만나는 장소는 버스 정류장 앞이다. 만나는 시간은 돌고래 쇼가 11시와 3시에 있는데, 아침 일찍은 싫다고 했고, 점심을 먹고 버스를 타고 가야 하기 때문에 남자가 말한 12시보다 30분 전으로 정했으므로, 3번이 정답이 된다.

어휘 水族館 수족관 | 紹介 소개 | イルカのショー 돌고래 쇼 | せっかく 모처럼, 일부러 | 待ち合わせ場所 시간, 장소를 정해 만나는 장소 | 楽だ 편하다 | バス停 버스 정류장

문제 3 문제 3에서는 문제지에 아무것도 인쇄되어 있지 않습니다. 이 문제는 전체로써 어떤 내용인가를 묻는 문제입니다. 이야기 앞에 질문은 없습니다. 먼저 이야기를 들어 주세요. 그리고 질문과 선택지를 듣고, 1~4 중에서 가장 적당한 것을 하나 고르세요.

れい 🎧 Track 1-3

例

男の人と女の人が映画を見て話しています。

남자와 여자가 영화를 보고 이야기하고 있습니다.

男：映画、どうだった？

女：まあまあだった。

男：そう？ ぼくは、けっこうよかったと思うけど。主人公の演技もよかったし。

女：うん、確かに。でも、ストーリーがちょっとね…。

男：ストーリー？

女：うん、どこかで聞いたようなストーリーっていうか…。主人公の演技は確かにすばらしかったと思うわ。

男：そう？ ぼくはストーリーもおもしろかったと思うけどね。

남：영화, 어땠어?

여：그냥 그랬어.

남：그래? 난 꽤 좋았다고 생각하는데. 주인공의 연기도 좋았고.

여：응, 확실히(그건 그래). 근데 스토리가 좀….

남：스토리?

여：응, 어디선가 들어본 것 같은 스토리라고 할까…. 주인공의 연기는 확실히 훌륭했다고 생각해.

남：그래? 나는 스토리도 재미있었다고 생각하는데.

女の人は映画についてどう思っていますか。

1 ストーリーも主人公の演技もよかった
2 ストーリーも主人公の演技もよくなかった
3 ストーリーはよかったが、主人公の演技はよくなかった
4 ストーリーはよくなかったが、主人公の演技はよかった

여자는 영화에 대해 어떻게 생각하고 있습니까?

1 스토리도 주인공의 연기도 좋았다
2 스토리도 주인공의 연기도 좋지 않았다
3 스토리는 좋았지만, 주인공의 연기는 좋지 않았다
4 스토리는 좋지 않았지만, 주인공의 연기는 좋았다

해설 여자는 주인공의 연기는 좋았다고 인정했지만, 스토리가 별로였다고 하였으므로, 정답은 4번이 된다.

어휘 まあまあだ 그저 그렇다 ▶ まあまあ 그럭저럭 | 主人公 주인공 | 演技 연기 | 確かに 확실히 | すばらしい 훌륭하다

46

1ばん 🎧 Track 1-3-01

留守番電話のメッセージを聞いています。

男：もしもし、山本です。明日の同窓会のこと
　　なんだけど、急に大事な取引先との接待が
　　入って行けなくなったの。久しぶりの同窓
　　会だから参加したかったんだけど、本当に
　　ごめんね。みんなによろしく伝えてね。

山本さんが一番言いたいことは何ですか。
1　同窓会へ行くこと
2　取引先との接待に行くこと
3　同窓会へ行けなくなったこと
4　同窓会の場所がわからないこと

1번

자동응답기 메시지를 듣고 있습니다.

남 : 여보세요, 야마모토입니다. 내일 동창회 말인데
　　요, 갑자기 중요한 거래처와의 접대가 들어와서
　　(동창회) 못 가게 됐어. 오랜만의 동창회라서
　　참석하고 싶었는데, 정말 미안해. 모두에게 안부
　　전해 줘.

야마모토 씨가 가장 하고 싶은 말은 무엇입니까?

1 동창회에 가는 것
2 거래처와의 접대에 가는 것
3 동창회에 못 가게 된 것
4 동창회 장소를 모르는 것

해설 남자는 갑자기 중요한 거래처와의 접대가 생겨서 동창회에 못 가게 된 사실을 전하고 있다. 가장 하고 싶은 말은
동창회에 참석할 수 없게 되었다는 것이므로, 정답은 3번이 된다.

어휘 留守番電話 자동응답기 | 同窓会 동창회 | 急に 갑자기 | 取引先 거래처 | 接待が入る 접대가 생기다 | 参加
する 참가하다, 참석하다

2ばん 🎧 Track 1-3-02

男の人と女の人がカフェで話しています。

女：ご注文はお決まりでしょうか。
男：サンドイッチとアイスティーをお願いしま
　　す。
女：アイスティーはレモンとミルクがございま
　　すが、どちらになさいますか。
男：レモンでお願いします。
女：はい、かしこまりました。
（しばらく経って）
女：お待たせしました。ご注文のサンドイッチ
　　とミルクティーでございます。
男：あれ？ミルクティーじゃなくて、レモンティー
　　を頼んだんですが…。
女：あ、大変申し訳ございません。すぐお持ち
　　します。

2번

남자와 여자가 카페에서 이야기하고 있습니다.

여 : 주문은 결정하셨나요?
남 : 샌드위치와 아이스티를 부탁해요.
여 : 아이스티는 레몬과 밀크가 있습니다만, 어느 쪽
　　으로 하시겠습니까?
남 : 레몬으로 부탁합니다.
여 : 네, 알겠습니다.
(잠시 후)
여 : 오래 기다리셨습니다. 주문하신 샌드위치와 밀크
　　티입니다.
남 : 어? 밀크티가 아니라, 레몬티를 부탁했습니다
　　만….
여 : 아, 대단히 죄송합니다. 금방 가져다 드리겠습니다.

女の人はなぜ謝りましたか。	여자는 왜 사과했습니까?
1 サンドイッチしか持ってこなかったから	1 샌드위치밖에 가져오지 않았기 때문에
2 アイスティーしか持ってこなかったから	2 아이스티밖에 가져오지 않았기 때문에
3 注文とは違う飲み物を持ってきたから	3 주문과는 다른 음료를 가져왔기 때문에
4 注文を聞くのを忘れたから	4 주문을 물어보는 것을 깜박 잊었기 때문에

해설 남자는 레몬티를 시켰는데 여자가 밀크티를 가져와서, 이에 대해 사과하고 있는 것이므로, 정답은 3번이다.

어휘 ご注文はお決まりですか 주문은 정하셨습니까? (식당 등에서 손님에게) | どちらになさいますか 어느 쪽으로 하시겠습니까? ▶なさる 하시다 | かしこまりました 알겠습니다(「わかる」의 겸양어) | しばらく 잠시 | 経つ (시간이)지나다, 경과하다 | 頼む 부탁하다 | 大変 매우 | 申し訳ございません 죄송합니다 | 謝る 사과하다 | 違う 다르다

---

3 ばん 🎧 Track 1-3-03

男の学生と女の学生が話しています。

男：鈴木さん、お願いがあるんだけど、この本、もう一週間借りてもいい？ なかなか読む時間がなくて…。

女：え？ そうなの？ 困ったな。今日松本さんに貸す予定なんだけど。

男：そっかあ。残念。

女：でも松本さんが読み終わったらまた貸せるから、少し待ってくれる？

男：うん、もちろん！ ありがとう。

男の学生はこの本をどうしますか。

1 今日はいったん返してまた後で借りる
2 今日はいったん返して明日松本さんから借りる
3 今日は返さないでもう一週間借りる
4 松本さんに借りる期間を聞く

3번

남학생과 여학생이 이야기하고 있습니다.

남 : 스즈키 씨, 부탁이 있는데, 이 책 일주일 더 빌려도 될까? 좀처럼 읽을 시간이 없어서….

여 : 어? 그래? 곤란하네. 오늘 마츠모토 씨에게 빌려줄 예정인데.

남 : 그렇구나. 아쉽다.

여 : 하지만 마츠모토 씨가 다 읽으면, 다시 빌려줄 수 있으니까 조금만 기다려 줄래?

남 : 응, 물론! 고마워.

남학생은 이 책을 어떻게 합니까?

1 오늘은 일단 돌려주고 또 나중에 빌린다
2 오늘은 일단 돌려주고 내일 마츠모토 씨에게 빌린다
3 오늘은 돌려주지 않고 일주일 더 빌린다
4 마츠모토 씨에게 빌리는 기간을 묻는다

해설 남학생은 읽을 시간이 없어 책을 읽지 못했다며 일주일 더 빌리고 싶다고 했으나, 그 책은 이미 마츠모토 씨에게 빌려주기로 했다는 대답을 듣는다. 하지만 마츠모토 씨가 다 읽으면 다시 빌려줄 수 있으니 기다려 달라고 하자, 남학생은 그렇게 하겠다고 했으므로, 정답은 1번이다.

어휘 借りる 빌리다 | なかなか 좀처럼 | 困る 곤란하다 | ます형+終わる ~하기가 끝나다 | 貸す 빌려주다 | いったん 일단 | 返す 돌려주다, 갚다 | 期間 기간

문제 4 문제 4에서는 그림을 보면서 질문을 들어 주세요. 화살표(→)가 가리키는 사람은 뭐라고 말합니까? 1~3 중에서 가장 적당한 것을 하나 고르세요.

れい 🎧 Track 1-4

예

朝、友だちに会いました。何と言いますか。

아침에 친구를 만났습니다. 뭐라고 말합니까?

男：1 おはよう。

남：1 안녕.(아침 인사)

2 こんにちは。

2 안녕.(점심 인사)

3 こんばんは。

3 안녕.(저녁 인사)

해설 아침에 친구를 만나 인사하는 장면이다. 「おはようございます」를 친구나 가족에게 말할 때는 줄여서 「おはよう」라고 한다.

어휘 朝 아침 | 友だち 친구 | 会う 만나다

1ばん 🎧 Track 1-4-01

1번

取引先の人を応接室に案内しました。何と言いますか。

거래처 사람을 응접실로 안내했습니다. 뭐라고 말합니까?

女：1 どうぞおかけください。

여：1 자, 앉으세요.

2 ご苦労様でした。

2 수고하셨습니다.

3 お先に失礼します。

3 먼저 실례하겠습니다.

해설 거래처 사람을 응접실로 안내하고 의자에 앉으라고 하는 장면이므로, 정답은 1번이다. 「かける」는 '걸다, 걸치다' 외에 '앉다'라는 뜻이 있음에 주의한다.

어휘 取引先 거래처 | 応接室 응접실 | 案内する 안내하다 | ご苦労様でした 수고하셨습니다, 수고 많으셨습니다

2ばん 🎧 Track 1-4-02

2번

レストランにお客さんが入ってきました。店員は何と言いますか。

레스토랑에 손님이 들어왔습니다. 점원은 뭐라고 말합니까?

男：1 またお越しくださいませ。

남：1 다음에 또 오십시오.

2 ご注文はこちらでよろしいでしょうか。

2 주문은 이쪽에서 괜찮으실까요?

3 お客様、何名様でしょうか。

3 고객님, 몇 분이신지요?

해설 레스토랑에 손님이 들어와서 인원수가 맞게 자리를 안내하기 위해 점원이 몇 분인가를 묻는 장면이므로, 정답은 3번이다.

어휘 お越しください 오십시오 | 注文 주문 | よろしい 괜찮으시다 | 何名様 몇 분

3ばん Track 1-4-03

隣の席の同僚にはさみを借りたいです。同僚に何と言いますか。

男：1　はさみをお借りになってもいいですか。

2　はさみをお貸ししてもいいですか。

3　はさみを貸していただきたいんですが。

3번

옆자리 동료에게 가위를 빌리고 싶습니다. 동료에게 뭐라고 말합니까?

남 : 1 가위를 빌리셔도 될까요?

2 가위 좀 빌려드려도 될까요?

3 가위 좀 빌려주셨으면 하는데요.

해설 가위를 빌려달라고 부탁하는 장면이므로, 정답은 3번이다. 이 문제는 경어를 정확하게 이해해야지 풀 수 있는 문제로 평소에 꼼꼼하게 외워야 한다.「お＋ます형＋になる」는 존경어,「お＋ます형＋する」겸양어가 된다.

어휘 同僚 동료 | はさみ 가위 | 借りる 빌리다 | 貸す 빌려주다 | ～ていただきたいんですが ~해 주셨으면 합니다만

4ばん Track 1-4-04

玄関の外に知らない人が来ています。何と言いますか。

女：1　どちらさまですか。

2　どうされましたか。

3　どちらに行きましょうか。

4번

현관 밖에 모르는 사람이 와 있습니다. 뭐라고 말합니까?

여 : 1 누구세요?

2 무슨 일이세요?

3 어디로 갈까요?

해설 모르는 사람이 현관 밖에 있어 '누구세요?'라고 묻는 장면이므로, 정답은 1번이다.「どうしたんですか、どうしましたか、どうされましたか」등과 같은 표현은 '무슨 일이에요?, 어쩐 일이에요?, 왜 그래요?'와 같은 뉘앙스의 표현이다.

어휘 玄関 현관 | 外 밖 | どちらさま 누구 | される「する」의 존경어

문제 5 문제 5에서는 문제지에 아무것도 인쇄되어 있지 않습니다. 먼저 문장을 들어 주세요. 그리고 그 대답을 듣고 1~3 중에서 가장 적당한 것을 하나 고르세요.

れい 🎧 Track 1-5

男：では、お先に失礼します。

女：1　本当に失礼ですね。

　　2　おつかれさまでした。

　　3　さっきからうるさいですね。

예

남：그럼, 먼저 실례하겠습니다.

여：1 정말로 무례하군요.

　　2 수고하셨습니다.

　　3 아까부터 시끄럽네요.

> **해설** 남자는 일 등이 끝나 '먼저 실례한다' 즉, '먼저 돌아가겠다'고 하였으므로, '수고하셨습니다'라고 답하는 것이 가장 적당하다.

> **어휘** 先に 먼저 | 失礼 ① 실례 ② 무례 | さっき 조금 전, 아까 | うるさい 시끄럽다

1ばん 🎧 Track 1-5-01

男：木村さん、体の調子はよくなった？

女：1　ええ、おかげさまでよくなりました。

　　2　ええ、なんとなく調子はよくないです。

　　3　ええ、よろしくなりました。

1번

남：기무라 씨, 몸 상태는 좋아졌어?

여：1 네, 덕분에 좋아졌어요.

　　2 네, 어쩐지 상태는 좋지 않아요.

　　3 네, 좋아지셨어요.

> **해설** 「体の調子はよくなった？」는 상대의 건강 상태가 좋아졌는지 묻는 표현이고, 이에 대한 대답으로 '덕분에 좋아졌다'고 대답한 1번이 자연스럽다.

> **어휘** 体 몸 | 調子 상태 | おかげさまで 덕분에 | なんとなく 어쩐지, 왠지 모르게 | よろしい 「いい(좋다)」의 공손한 표현

2ばん 🎧 Track 1-5-02

女：まこと君、禁煙した方がいいんじゃない？

男：1　それはやめた方がいいよ。

　　2　わかってるんだけどなかなか…。

　　3　うん、これからも続けるつもりだよ。

2번

여：마코토 군, 금연하는 편이 좋지 않을까？

남：1 그건 그만두는 편이 좋아.

　　2 알고 있는데 좀처럼….

　　3 응, 앞으로도 계속할 작정이야.

> **해설** '금연하는 것이 좋다'는 상대방의 권유에 '알고는 있지만 좀처럼 안 된다', '못 끊겠다'는 흐름이므로, 2번이 정답이다. 「なかなか 좀처럼」는 뒤에 「やめられない 못 끊겠다」가 생략된 표현이다.

> **어휘** 禁煙 금연 | やめる 그만두다, 중지하다 | なかなか～ない 좀처럼 ~하지 않다 | 続ける 계속하다

3ばん 🎧 Track 1-5-03

男：すみません、佐藤は今、外出しております
　　が…。

女：1　では、伝言をお願いしてもいいですか。

　　2　では、一緒に出かけてもいいですか。

　　3　では、お戻りしたらお願いします。

3번

남 : 죄송합니다, 사토는 지금 외출 중입니다만….

여 : 1 그럼, 전언을 부탁드려도 될까요?

　　2 그럼, 같이 나가도 될까요?

　　3 그럼, 돌아오면 부탁드립니다.

해설 만나려고 한 사람(통화하고 싶은 사람)이 외출 중이라고 하여, 그 사람에게 전갈을 부탁하는 표현이므로, 정답은 1번이다.

어휘 外出 외출 | 〜ておる 「〜ている」의 겸양표현, ~하고 있다 | 伝言 전언 | 戻る 돌아오다 | お+ます형+する 제가 ~해 드리다 (겸양어)

4ばん 🎧 Track 1-5-04

女：ちょっと休憩しませんか。

男：1　二日ぐらい休みがほしいですね。

　　2　今週は無理だと思います。

　　3　いいですね。甘いものでもどうですか。

4번

여 : 잠깐 쉬지 않을래요?

남 : 1 이틀 정도 휴가를 갖고 싶네요.

　　2 이번 주는 무리라고 생각해요.

　　3 좋죠. 단것이라도 어떠세요?

해설 잠깐 쉬자는 제안에 대한 대답이므로, 정답은 3번이다. 우리말에서는 「休憩」란 단어를 '휴게실, 휴게소' 정도로 만 쓰지만 일본어에서는 '휴식을 취한다'는 의미로 잘 쓰인다.

어휘 休憩 휴게, 휴식 | 無理 무리 | 甘いもの 단것, 단맛을 내는 음식물

5ばん 🎧 Track 1-5-05

男：仕事が終わったら、一杯どう？

女：1　いや、もうお腹いっぱいです。

　　2　いいですね。どこに行きましょうか。

　　3　仕事がいっぱいで終わりません。

5번

남 : 일 끝나면, 한잔 어때?

여 : 1 아니, 벌써 배불러요.

　　2 좋네요. 어디로 갈까요?

　　3 일이 꽉 차서 끝나지 않아요.

해설 술 한잔 하자는 제안에 그걸 받아들이는 상황이므로, 2번이 정답이다.

어휘 一杯 ① 한 잔 ② 한잔함, 가볍게 술을 마심 | いっぱいだ 가득하다, 꽉 차다

6 ばん 🎧 Track 1-5-06

女：田中君、時間があったら、手を貸してくれる？

男：1　先生に聞いてみるよ。

　　2　ごめん、今はちょっと…。

　　3　昨日借りたばかりなのに…。

6번

여 : 다나카 군, 시간이 있으면 도와줄래?

남 : 1 선생님께 물어볼게.

　　2 미안, 지금은 좀….

　　3 어제 막 빌렸는데….

> **해설**　시간이 나면 도와 달라는 제안에 '지금은 좀…'이라며 거절하는 상황이므로, 정답은 2번이다.

> **어휘**　手を貸す 도와주다 (＝手伝う) | ～たばかりだ 막 ~했다, ~한 지 얼마 안 되다

7 ばん 🎧 Track 1-5-07

男：今日はけっこう蒸し暑いね。

女：1　うん、冷たいビールが飲みたいよ。

　　2　うん、もうすぐ夏が終わるのかな。

　　3　うん、それで半そでのシャツを捨てたよ。

7번

남 : 오늘은 꽤 후덥지근하네요.

여 : 1 응, 시원한 맥주를 마시고 싶어.

　　2 응, 이제 곧 여름이 끝나려나?

　　3 응, 그래서 반팔 셔츠를 버렸어.

> **해설**　후덥지근한 날씨에 시원한 맥주를 마시고 싶다는 대화이므로, 정답은 1번이다.

> **어휘**　けっこう 꽤, 상당히 | 蒸し暑い ① 찌는 듯이 덥다 ② 습기가 많고 바람이 없어 덥다 | 冷たい 차갑다 | もうすぐ 이제 곧 | 半そで 반팔 | 捨てる 버리다

8 ばん 🎧 Track 1-5-08

男：やっとプロジェクトが終わりましたね。

女：1　ええ、長い間お世話になりました。

　　2　ええ、お忙しいところすみません。

　　3　ええ、本当にお疲れさまでした。

8번

남 : 드디어 프로젝트가 끝났네요.

여 : 1 네, 오랫동안 신세를 졌습니다.

　　2 네, 바쁘신 와중에 죄송합니다.

　　3 네, 정말 수고하셨습니다.

> **해설**　「お疲れさまでした」는 어떤 일을 마치고 나서, 같이 일한 사람끼리 주고받는 인사말이다. 프로젝트가 끝나고 함께 일한 사람끼리 인사를 주고받는 상황이므로, 정답은 3번이다.

> **어휘**　やっと 드디어 | プロジェクト 프로젝트 | 長い間 오랫동안 | 世話になる 신세를 지다 | お忙しいところすみません 바쁘신 와중에 죄송합니다

9ばん 🎧 Track 1-5-09

男：荒木さん、報告書はまだ？

女：1　すみません、もう少し時間をいただけますか。

　　2　すみません、いつ頃できあがりますか。

　　3　すみません、明日はお時間いかがですか。

9번

남 : 아라키 씨, 보고서는 아직이야?

여 : 1 죄송합니다, 조금만 더 시간을 주시겠어요?

　　2 죄송합니다, 언제쯤 완성되나요?

　　3 죄송합니다, 내일은 시간 어떠세요?

해설 남자의 보고서 작성이 끝났냐는 질문에 여자는 시간을 좀 더 달라는 상황의 대화이므로, 정답은 1번이다.

어휘 報告書 보고서 | もう少し 조금 더 | いつ頃 언제쯤 | できあがる 완성되다

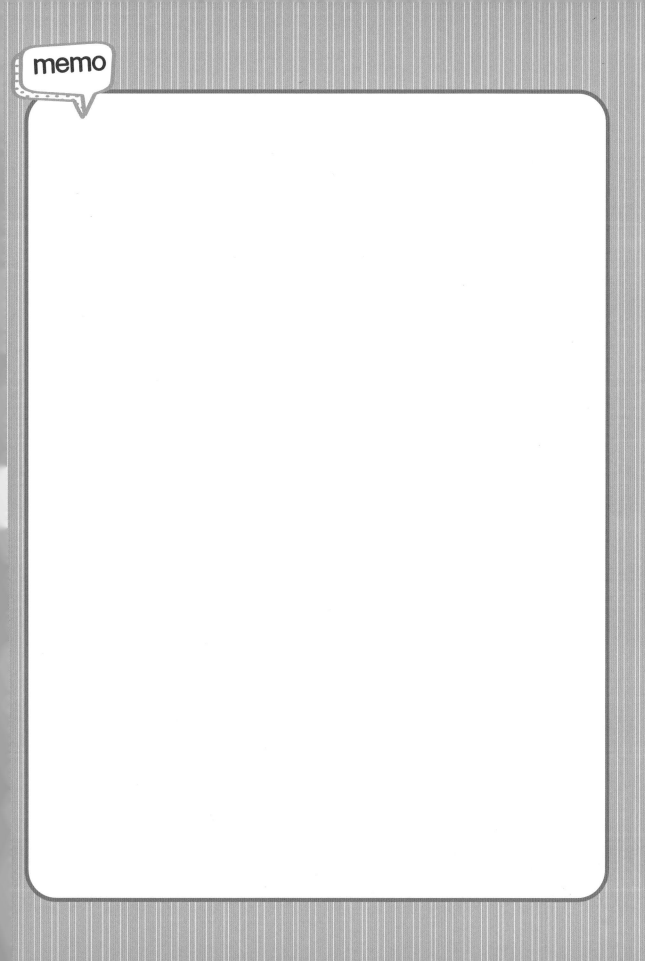

나의 점수는?

총 [   ] 문제 정답

혹시 부족한 점수라도 실망하지 말고 해설을 보며 다시 확인하고 틀린 문제를
다시 풀어보세요. 실력이 점점 쌓여갈 것입니다.

JLPT N3 제2회 실전모의고사 정답

1교시 언어지식(문자·어휘)

문제1 1 1 2 4 3 4 4 1 5 3 6 2 7 3

문제2 8 1 9 4 10 2 11 4 12 3 13 4

문제3 14 2 15 2 16 1 17 3 18 2 19 4 20 1 21 3 22 3
23 4 24 4

문제4 25 1 26 3 27 3 28 1 29 4

문제5 30 1 31 4 32 1 33 2 34 3

1교시 언어지식(문법)

문제1 1 4 2 2 3 2 4 4 5 2 6 2 7 4 8 3 9 1
10 1 11 3 12 3 13 3

문제2 14 1 15 1 16 4 17 4 18 1

문제3 19 4 20 1 21 4 22 3

1교시 독해

문제4 23 3 24 1 25 1 26 1

문제5 27 1 28 2 29 3 30 2 31 3 32 4

문제6 33 4 34 4 35 3 36 1

문제7 37 2 38 3

2교시 청해

문제1 1 4 2 2 3 2 4 1 5 3 6 4

문제2 1 2 2 3 3 2 4 1 5 2 6 4

문제3 1 4 2 3 3 3

문제4 1 2 2 1 3 2 4 1

문제5 1 2 2 1 3 1 4 1 5 2 6 2 7 1 8 1 9 3

1교시 언어지식(문자·어휘)

문제 1 _____의 단어의 읽는 법으로 가장 적당한 것을 1·2·3·4에서 하나 고르세요.

---

1 彼女は結婚したら仕事を辞めて、専業主婦になりました。

1 しゅふ 　　　　2 しゅうふ 　　　　3 しゅふう 　　　　4 しゅうふう

그녀는 결혼하더니 일을 그만두고 전업주부가 되었습니다.

어휘 専業 전업 | 主婦 주부

✚「主」는 음독할 때 장음으로 발음하지 않는다.

主人 남편 | 主張 주장 | 民主 민주

---

2 子供に楽器を習わせるには何がいいか、すすめてください。

1 らくき 　　　　2 がくき 　　　　3 らっき 　　　　4 がっき

아이에게 악기를 배우게 하기 위해서는 무엇이 좋은지, 추천해 주세요.

어휘 楽器 악기 ✚「楽」은「ガク」,「ラク」두 가지 음독이 있음에 주의하자. (音楽 음악, 快楽 쾌락) | 習わせる 배우게 하다, 「習う 배우다」의 사역형) | 薦める 추천하다

---

3 残ったおかずは必ず冷蔵庫に入れてください。

1 れいじょうこう 　　2 れじょうこ 　　3 れいぞうこう 　　4 れいぞうこ

남은 반찬은 반드시 냉장고에 넣어 주세요.

어휘 残る 남다 | おかず 반찬 | 必ず 반드시 | 冷蔵庫 냉장고 ✚ 冷凍 냉동, 冷房 냉방, 冷静 냉정

---

4 天気がいい時は屋上テラスで洗濯物を干しています。

1 ほして 　　　　2 だして 　　　　3 ふして 　　　　4 まして

날씨가 좋을 때는 옥상 테라스에서 빨래를 널고 있습니다.

어휘 屋上 옥상 | テラス 테라스 | 洗濯物を干す 세탁물을 널다(말리다) ✚ 髪を乾かす 머리를 말리다 | 出す (꺼)내다 | 増す 늘리다

5 空に浮かんでいるあの雲の名前を知っていますか。

1 ふかんで　　　　2 はかんで　　　　3 うかんで　　　　4 あかんで

하늘에 <u>떠</u> 있는 저 구름의 이름을 압니까?

어휘 空に浮かぶ 하늘에 뜨다 예 池に葉っぱが浮かんでいる。연못에 나뭇잎이 떠 있다. | 雲 구름

---

6 大学では日本の政治について勉強しています。

1 せいち　　　　　2 せいじ　　　　　3 せち　　　　　4 せじ

대학에서는 일본의 <u>정치</u>에 대해 공부하고 있습니다.

어휘 政治 정치 + 政府 정부, 政権 정권 (이외에도 「歴史 역사」, 「経済 경제」 등과 같은 필수 단어도 암기하자.)

---

7 これを持ち帰りたいので包んでもらえますか。

1 うらんで　　　　2 つつしんで　　　　3 つつんで　　　　4 ならんで

이것을 가지고 가고 싶으니 <u>포장해</u> 줄 수 있나요?

어휘 持ち帰る 가지고 돌아가다, 테이크아웃하다 | 包む 싸다, 포장하다 + 包装 포장, 包丁 식칼, 小包 소포 | 恨む 원망하다 | 並ぶ 줄 서다, 나란히 서다

문제 2 _____의 단어를 한자로 쓸 때, 가장 적당한 것을 1·2·3·4에서 하나 고르세요.

---

8 男の子を二人もそだてるのはとても大変でした。

1 育てる　　　　2 盲てる　　　　3 肯てる　　　　4 忘てる

남자아이를 두 명이나 <u>키우는</u> 것은 매우 힘들었습니다.

어휘 男の子 남자아이 | 育てる 키우다 예 植物を育てる 식물을 키우다 | 大変だ 힘들다 | 忘れる 잊다

---

9 彼は進学か就職かでまよっているらしい。

1 疑って　　　　2 洗って　　　　3 払って　　　　4 迷って

그는 진학할까 취직할까로 <u>망설이고</u> 있는 것 같다.

어휘 進学 진학 | 就職 취직 | 迷う 망설이다 | 疑う 의심하다 | 払う 지불하다

10 これは毎日どれぐらい歩いたのか、きろくしてくれるアプリです。

1　期録　　　　　　　2　記録　　　　　　　3　機緑　　　　　　　4　基緑

이것은 매일 어느 정도 걸었는지, 기록해 주는 앱입니다.

어휘　記録 기록 ✚ 記念日 기념일, 記者 기자

---

11 子供が大学を卒業して、親のやくめも終わったと思う。

1　役員　　　　　　　2　約目　　　　　　　3　約員　　　　　　　4　役目

아이가 대학을 졸업하여, 부모의 역할도 끝났다고 생각한다.

어휘　卒業 졸업 ｜ 親 부모 ｜ 役目 역할, 임무 ✚ 役員 중역, 임원, 役割 역할 ｜ 終わる 끝나다

---

12 私が考えているじょうけんに合う部屋を探しています。

1　条研　　　　　　　2　状態　　　　　　　3　条件　　　　　　　4　状況

내가 생각하고 있는 조건에 맞는 방을 찾고 있습니다.

어휘　条件に合う 조건에 맞다 ✚ 条約 조약 ｜ 探す 찾다 ｜ 状態 상태 ｜ 状況 상황

---

13 風邪薬を飲んだらねむくなるので車の運転をしてはいけない。

1　冒く　　　　　　　2　寝く　　　　　　　3　眠く　　　　　　　4　眠く

감기약을 먹으면 졸리게 되니 자동차 운전을 해서는 안 된다.

어휘　風邪薬 감기약 ｜ 眠い 졸리다

✚「眼」와 혼동되기 쉬우니 조심!

眼科 안과 ｜ 眼鏡 안경

문제 3 (   ) 안에 들어갈 가장 적당한 것을 1·2·3·4에서 하나 고르세요.

---

[14] 食事をするときは（   ）のバランスをよく考えてください。
1 影響　　　　　2 栄養　　　　　3 順番　　　　　4 方法
식사를 할 때는 영양의 균형을 잘 생각해 주세요.

어휘 栄養 영양 | バランス 밸런스, 균형 | 影響 영향 | 順番 순서 | 方法 방법

---

[15] のどが（   ）ので、水をコップ2杯も飲んでしまった。
1 わけた　　　　2 かわいた　　　　3 やぶれた　　　　4 はえた
목이 말라서 물을 2컵이나 마셔 버렸다.

어휘 のどが渇く 목이 마르다 | 2杯 2잔 | 分ける 나누다 | 破れる 찢어지다 | 生える (초목/이, 털, 뿔 등이)나다, 자라다

---

[16] （電車の中で）ちょっとすみませんが、（   ）もらえませんか。
1 つめて　　　　2 むけて　　　　3 だして　　　　4 みとめて
(전철 안에서) 좀 죄송합니다만, 좁혀 주실 수 없겠습니까?

어휘 つめる ① (빈틈없이 꽉)채우다 ② (틈, 간격 등을)좁히다, 줄이다 | 向ける 향하다 | 認める 인정하다

---

[17] 最近は自分でも（   ）ほど、お菓子、特にチョコレートをたくさん食べている。
1 あやしい　　　2 うらやましい　　　3 あきれる　　　4 うながす
요즘은 나 자신도 어이없을 만큼 과자, 특히 초콜릿을 많이 먹고 있다.

어휘 あきれる 어이없다, 기막히다, 질리다 | 怪しい 수상하다, 의심쩍다 | うらやましい 부럽다 | 促す 재촉하다, 촉구하다

---

[18] 見るなと言われると（   ）見たくなるのは人間の心理である。
1 もっとも　　　2 よけいに　　　3 ただし　　　4 あらかじめ
보지 말라는 말을 들으면 더욱 더 보고 싶어지는 것은 인간의 심리이다.

어휘 ～な (동사 기본형에 접속)~하지 마 예 行くな。 가지 마. | よけいに 더욱, 한층 더 | 心理 심리 | もっとも 가장, 제일 | ただし 단, 다만 | あらかじめ 미리, 앞서

19 警察は（　　　）いる犯人を追っていました。
1 浮かんで　　　　　2 守って　　　　　3 迷って　　　　　4 逃げて
경찰은 도망가고 있는 범인을 쫓고 있었습니다.

警察 경찰 ┃ 逃げる 도망치다 ┃ 犯人 범인 ┃ 追う 쫓다 ┃ 浮かぶ 뜨다 ┃ 守る 지키다 ┃ 迷う 헤매다

20 手洗いやうがいをすると、風邪を（　　　）ことができる。
1 防ぐ　　　　　　2 囲む　　　　　　3 表す　　　　　　4 止める
손씻기나 양치질을 하면 감기를 예방할 수 있다.

手洗い 손씻기 ┃ うがいをする 물 등을 머금고 입안이나 목을 헹구다 ┃ 風邪 감기 ┃ 防ぐ 막다, 예방하다 ┃ 囲む 둘러싸다 ┃ 表す 나타내다 ┃ 止める 세우다, 중단하다

21 子猫は、（　　　）泣き出しそうな悲しい顔をしていた。
1 いまと　　　　　2 いまも　　　　　3 いまにも　　　　4 いまで
새끼고양이는 당장이라도 울음을 터뜨릴 것 같은 슬픈 표정을 하고 있었다.

子猫 새끼고양이 ┃ 今にも~そうだ 당장이라도(지금이라도) ~할 것 같다 예 今にも雨が降り出しそうだ。 지금이라도 비가 쏟아질 것 같다. ┃ 悲しい 슬프다

22 会社に（　　　）質問してくる人がいて困る。
1 ゆたかに　　　　2 上品に　　　　　3 しつこく　　　　4 正しく
회사에 집요하게 질문해 오는 사람이 있어서 곤란하다.

しつこい 집요하다, 끈질기다 ┃ 質問 질문 ┃ 困る 곤란하다 ┃ 豊かだ 풍부하다 ┃ 上品だ 고상하다, 품위가 있다 ┃ 正しい 올바르다

23 旅行に行く前に円をドルに（　　　）しておくと便利だ。
1 両者　　　　　　2 両面　　　　　　3 両側　　　　　　4 両替
여행가기 전에 엔을 달러로 환전해 두면 편리하다.

両替 환전 ┃ 両者 양자 ┃ 両面 양면 ┃ 両側 양측

24 最近、(　　　　)が高くて生活が苦しくなった。

　　1　合計　　　　　　2　値段　　　　　　3　価格　　　　　　4　物価

최근 물가가 높아서 생활이 힘들어졌다.

> **어휘** 物価(ぶっか) 물가 ┃ 生活(せいかつ) 생활 ┃ 苦(くる)しい 힘들다, 괴롭다 ┃ 合計(ごうけい) 합계 ┃ 値段(ねだん) 가격 ┃ 価格(かかく) 가격

문제 4 ＿＿＿＿의 의미에 가장 가까운 것을 1・2・3・4에서 하나 고르세요.

25 グラフをごらんください。

　　1　見てください　　　2　描いてください　　　3　作ってください　　　4　消してください

그래프를 봐 주세요.

> **어휘** ご覧(らん)ください 봐 주세요 ┃ 描(か)く 그리다 ┃ 消(け)す 끄다, 지우다
> ✚ ご覧(らん)になる 보시다(「見る」의 존경어) ┃ 拝見(はいけん)する 보다(「見る」의 겸양어)

---

26 今の会社は仕事はきつくても、給料はたくさんもらえる。

　　1　つまらなくても　　2　下品でも　　　　　3　大変でも　　　　　4　忙しくても

지금 회사는 일은 힘들어도 월급은 많이 받을 수 있다.

> **어휘** きつい 힘들다, 고되다 ┃ 給料(きゅうりょう) 급료, 월급 ┃ つまらない 재미없다, 지루하다 ┃ 下品(げひん)だ 품위가 없다

---

27 申し訳ございませんが、こちらの商品は売り切れになっております。

　　1　全部失いました　　　　　　　　　　2　全部無くなりました
　　3　全部売れました　　　　　　　　　　4　全部切れました

죄송합니다만, 이 상품은 품절되었습니다.

> **어휘** 申(もう)し訳(わけ)ございません 죄송합니다 ┃ 商品(しょうひん) 상품 ┃ 売(う)り切(き)れ 품절 ┃ おる 「いる」의 겸양어 ┃ 全部(ぜんぶ) 전부 ┃ 売(う)れる 팔리다 ┃ 失(うしな)う 잃다 ┃ 無(な)くなる 없어지다 ┃ 切(き)れる 끊기다, 잘리다

---

28 どういうわけか、彼は私にすごく怒っていた。

　　1　理由　　　　　　2　返事　　　　　　3　環境　　　　　　4　文句

무슨 이유인지, 그는 나에게 몹시 화내고 있었다.

> **어휘** どういう 어떤, 무슨 ┃ わけ 까닭, 이유 ┃ 怒(おこ)る 화내다 ┃ 理由(りゆう) 이유 ┃ 返事(へんじ) 답장 ┃ 環境(かんきょう) 환경 ┃ 文句(もんく) 불평, 불만

[29] 山村さんは学生時代から、女に<u>もてる</u>男だった。

1 きらわれる　　　2 同情される　　　3 さけられる　　　4 人気のある

야마무라 씨는 학창 시절부터 여자에게 <u>인기 있는</u> 남자였다.

어휘　もてる 인기가 있다 ▶ もてもてだ 아주 인기가 많다 예 女^{おんな}にもてもてだ 여자에게 아주 인기가 많다 |
きらう 싫어하다 | 同情^{どうじょう} 동정 | 避^さける 피하다

문제 5 다음 단어의 사용법으로 가장 적당한 것을 1·2·3·4에서 하나 고르세요.

[30] さっそく 곧, 즉시

1 コンビニに新しい商品が出ていたので、<u>さっそく</u>買ってみた。

2 コンタクトレンズをつけると、<u>さっそく</u>見えます。

3 耳が悪いので、もう一度<u>さっそく</u>言ってもらえますか。

4 定年したら、田舎に帰って<u>さっそく</u>暮らしたい。

1 편의점에 새로운 상품이 나왔으므로 <u>바로</u> 사 봤다.

2 콘택트렌즈를 끼면 <u>바로</u> 보입니다.

3 귀가 안 좋으니, 다시 한 번 <u>즉시</u> 말씀해 주실 수 있나요?

4 정년이 되면, 시골에 가서 <u>바로</u> 살고 싶다.

해설　2번은 '콘택트렌즈를 끼면 사물이 확실히 또는 또렷이 보이는 것'이므로 「はっきり見^みえる」라고 고쳐야 하며,
3번은 「さっそく」 자체가 필요 없다. 4번은 「田舎^{いなか}に帰^{かえ}ってのんびり(ゆっくり)暮^くらしたい。시골에 돌아가
서 느긋하게 지내고 싶다.」라고 수정하면 좋다.

어휘　商品^{しょうひん} 상품 | コンタクトレンズをつける 콘택트렌즈를 끼다 | 見^みえる 보이다 | 耳^{みみ}が悪^{わる}い 귀가 안 좋다(잘 안
들린다) | 定年^{ていねん} 정년 | 田舎^{いなか} 시골 | 暮^くらす 지내다

[31] めったに 좀처럼, 여간해서는 (~없다, ~하지 않다)

1 うちの母は、<u>めったに</u>デパートへ買い物に行きます。

2 私は高校時代の同級生たちと<u>めったに</u>会います。

3 真理さんの彼氏は、近所に住んでいるので<u>めったに</u>会うそうです。

4 ベテラン講師から指導を受けられることは<u>めったにない</u>チャンスだ。

1 우리 엄마는 <u>좀처럼</u> 백화점에 쇼핑하러 갑니다.

2 저는 고교 시절 동급생들과 <u>좀처럼</u> 만납니다.

3 마리 씨의 남자 친구는 집 근처에 살고 있어서 <u>좀처럼</u> 만난다고 합니다.

4 베테랑 강사로부터 지도를 받을 수 있는 것은 <u>좀처럼 없는</u> 기회다.

해설 1번, 2번, 3번 모두「よく 자주, 잘, 빈번히」가 와야 한다.「めったに」는 뒤에 부정형을 수반하여「めったに〜ない」의 형태로 '좀처럼 〜하지 않는다'의 뜻이므로, 뒷문장은 반드시 부정형이 와야 한다.

어휘 同級生 동급생 | 近所 가까운 곳 | 講師 강사 | 指導 지도

---

32 そなえる ① 대비하다 ② 구비하다, 갖추다

1　日頃から災害にそなえて、対策を立てておくことが大切だ。

2　毎日同じものばかり食べていたら、そなえてしまった。

3　すみません、この席そなえていますか。

4　彼は子供のころから、東京にそなえていた。

1 평소부터 재해에 대비하여 대책을 세워 놓는 것이 중요하다.

2 매일 똑같은 것만 먹었더니 대비하고 말았다.

3 실례합니다, 이 자리 대비하고 있습니까?

4 그는 어렸을 때부터 도쿄에 대비하고 있었다.

해설 2번은「あきる 질리다, 싫증나다」, 3번은「空く 비다」, 4번은「住む 살다」를 사용하여 수정해야 한다.

어휘 日頃 평소 | 災害 재해 | 対策を立てる 대책을 세우다

---

33 たいして 그다지, 별로

1　たいしていいから、また遊びに来てください。

2　たいして意味のない話なので、深く考えなかった。

3　ここでもうたいしてお待ちいただけませんか。

4　社長はたいして大声で怒鳴り始めました。

1 그다지 좋으니까 또 놀러 와 주세요.

2 그다지 의미 없는 이야기라서 깊이 생각하지 않았다.

3 여기에서 더 그다지 기다려 주시지 않겠습니까?

4 사장님은 그다지 큰 소리로 화를 내기 시작했습니다.

해설 1번은「いつでも 언제든지」, 3번은「しばらく 잠시」, 4번은「すごい 엄청나다, 굉장하다」가 와야 한다.「たいして」는 뒤에 부정형을 수반하여「たいして〜ない」의 형태로 '그다지(별로) 〜하지 않는다'의 뜻이므로, 뒷문장은 반드시 부정형이 와야 한다.

어휘 大声 큰 소리 | 怒鳴る (소리 지르며)화내다, 호통치다

にぎる ① (손바닥 안에)쥐다, ② (남의 손을)잡다

1 夏休みに友達と海に行って魚を<u>にぎった</u>ことがある。

2 虫歯ができて、歯を<u>にぎる</u>ことになってしまった。

3 離れないように、子供の手を強く<u>にぎった</u>。

4 部屋の中に虫がいて、兄に<u>にぎって</u>もらった。

1 여름 방학에 친구들과 바다에 가서 물고기를 <u>쥔</u> 적이 있다.

2 충치가 생겨서 이를 <u>쥐게</u> 되어 버렸다.

3 떨어지지 않도록 아이의 손을 세게 잡았<u>다</u>.

4 방 안에 벌레가 있어서 형이 <u>쥐어</u> 주었다.

해설 1번은 '바다에 가서 물고기를 잡은 적이 있다.'라는 의미이므로 '물고기를 잡다' 또는 '낚시를 하다'인 「魚を釣る」를 써야 하며, 2번은 '충치가 생겨서 발치를 하다'라는 의미이므로 「歯を抜く 이를 뽑다」로 바꿔야 한다. 4번은 '형이 벌레를 잡아 주었다'이므로 「兄にとってもらった」로 수정해야 한다.

어휘 虫歯ができる 충치가 생기다 | 歯 이, 치아 | 離れる 떨어지다, 멀어지다 | ～ように ~하도록 | 強く 강하게 | 虫 벌레

1교시 언어지식(문법)

문제 1 다음 문장의 (   ) 에 들어갈 가장 적당한 것을 1·2·3·4에서 하나 고르세요.

1 空港行きのバスは20分（   ）出ます。

1 あいだ   2 あいだに   3 おきで   4 おきに

공항행 버스는 20분 간격으로 떠납니다.

문법포인트! ⊘ ～おきに : ~걸러, 간격으로   ⊘ あいだ : 사이, 동안

어휘 空港 공항 | ～行き ~행, (목적지로)향함

2 クラスメートと喧嘩をした（   ）、先生に叱られた。

1 わけに   2 ことで   3 ものに   4 はずで

반 친구와 싸워서 선생님께 꾸지람을 들었다.

문법포인트! ⊘ ～ことで : ① ~에 관한 것으로 ② ~해서, ~로 인해

어휘 クラスメート 클래스메이트, 반 친구 | 喧嘩をする 싸움을 하다 | 叱る 꾸짖다

3 私は日本料理（　　　　）、まず、すしやみそしるが思い浮かびますね。
1　ときたら　　　　　2　というと　　　　　3　にしては　　　4　によって
저는 일본 요리라 하면 우선 초밥과 미소시루가 떠오르는군요.

문법포인트!　⊘ ～というと(～といえば、～といったら)：~라 하면 (연상)
　　　　　　⊘ ～ときたら：~는 (비난, 불만을 품고 말할 때)
　　　　　　⊘ ～にしては：~치고는
　　　　　　⊘ ～によって：~에 의해

어휘　みそしる 미소시루, 된장국 | 思い浮かぶ 생각나다, 떠오르다

4 燃えないゴミは火・木・金に出す（　　　　）。
1　ものになっている　　　　　　　　2　ものでなっている
3　ことでなっている　　　　　　　　4　ことになっている
타지 않는 쓰레기는 화, 목, 금에 내놓기로 되어 있다.

문법포인트!　⊘ ～ことになっている：(규칙, 예정, 관습 등) ~하기로 되어 있다
어휘　燃える 불타다

5 薬を飲んでもよくなる（　　　　）、病状はだんだん悪くなっていく。
1　としたら　　　　　2　どころか　　　　　3　につれ　　　　4　にしたがい
약을 먹어도 좋아지기는 커녕, 병세는 점점 나빠져 간다.

문법포인트!　⊘ ～どころか：① ~은 커녕 ② ~뿐만 아니라　⊘ ～としたら：~라 하면
　　　　　　⊘ ～につれ：~에 따라　　　　　　　　　　⊘ ～にしたがい：~에 따라
어휘　病状 병의 상태, 병세 | だんだん 점점

6 この本は、読む（　　　　）元気がもらえます。
1　だけあって　　　　　2　たびに　　　　　3　とおり　　　　4　うちに
이 책은 읽을 때마다 힘을 얻을 수 있습니다.

문법포인트!　⊘ ～たびに：~할 때마다 예 会うたびに 만날 때마다　見るたびに 볼 때마다
　　　　　　⊘ ～だけあって：~인 만큼
　　　　　　⊘ ～とおり：~대로
　　　　　　⊘ ～うちに：~사이에, ~동안에
어휘　元気だ 건강하다

7 A 「新しいプロジェクトは誰に任せましょうか。」
　　B 「木村君（　　　　）どう？」
　　1　ほど　　　　　　　2　として　　　　　　3　なんて　　　　　4　なんか
　　A 「새 프로젝트는 누구한테 맡길까요?」
　　B 「기무라 군 정도(같은 사람) 어때?」

문법포인트!　⊘ 명사+なんか : 꼭 그 [명사]가 아니라도 좋으니 그런 부류, 그 정도 레벨, 그 정도 능력을 지닌 명사를 예
　　　　　　　　로 들 때 사용한다.

　　　　　　⊘ ほど : 정도　⊘ として : ~로서　⊘ ~なんて : ① ~같은 것, 따위 ② ~라니

어휘　任^{まか}せる 맡기다

8 約束の時間までまだ３時間もあるから、そんなに急ぐ（　　　　）。
　　1　ことにする　　　　2　ことになる　　　　3　ことはない　　　4　ものはない
　　약속 시간까지 아직 3시간이나 있으니 그렇게 서두를 필요는 없어.

문법포인트!　⊘ ~ことはない : ~할 필요는 없다 (동사사전형에 접속)
　　　　　　예 何^{なに}も心配^{しんぱい}することはない。아무것도 걱정할 필요는 없다.
어휘　約束^{やくそく} 약속 | 急^{いそ}ぐ 서두르다

9 小説家としての私の夢は、世界中の（　　　　）愛される名作を書くことです。
　　1　誰からも　　　　　2　誰も　　　　　　　3　誰かも　　　　　4　誰とも
　　소설가로서의 나의 꿈은 전 세계의 누구에게나 사랑받는 명작을 쓰는 것입니다.

문법포인트!　⊘ 誰^{だれ}からも : 누구로부터도, 누구에게나
어휘　小説家^{しょうせつか} 소설가 | 夢^{ゆめ} 꿈 | 世界中^{せかいじゅう} 전 세계 | 愛^{あい}する 사랑하다 | 名作^{めいさく} 명작

10 人々の考え方は時代の流れ（　　　　）変わっていきます。
　　1　とともに　　　　　2　ということに　　　3　にあたって　　　4　にかわって
　　사람들의 사고방식은 시대의 흐름과 함께 변해갑니다.

문법포인트!　⊘ ~とともに : ~와 함께　　　　⊘ ~ということに : ~라는 것에
　　　　　　⊘ ~にあたって : ~할 때, ~을 맞이하여　⊘ ~にかわって : ~을 대신하여
어휘　考^{かんが}え方^{かた} 사고방식 | 時代^{じだい} 시대 | 流^{なが}れ 흐름

11　私は一社員（　　　　　）ので、それを決める権利はありません。
　　1　にしかない　　　　2　にそういない　　　3　にすぎない　　　　4　にしたがい

나는 일개 사원에 지나지 않으므로, 그것을 결정할 권리는 없습니다.

문법포인트!　⊘ ~にすぎない : ~에 지나지 않다　　　⊘ ~に相違ない : ~임에 틀림없다
　　　　　　⊘ ~にしたがい : ~에 따라

어휘　一社員 보통의 사원, 한 사람의 사원 | 決める 결정하다 | 権利 권리

12　入社してからすぐ昇進した田中さんがうらやましくて（　　　　　）。
　　1　だけでない　　　　2　ばかりでない　　　3　しかたがない　　　4　ようがない

입사하고 나서 바로 승진한 다나카 씨가 너무나도 부럽다.

문법포인트!　⊘ ~てしかたがない : ~해서 어쩔 수 없다, 너무 ~하다
어휘　入社 입사 | 昇進 승진 | うらやましい 부럽다

13　社長、お客様2名が（　　　　　）。
　　1　ごらんになりました　　　　　　　　2　ごらんにしました
　　3　お見えになりました　　　　　　　　4　お見せになりました

사장님, 손님 두 분이 오셨습니다.

문법포인트!　⊘ お見えになりました : 「見える」 자체가 '오시다'란 존경어이므로, 「見えました」로 써도 된다.
　　　　　　⊘ お＋동사ます형＋になる : ~하시다

어휘　ごらんになる 보시다(「見る」의 존경어)

문제 2 다음 문장의 ＿＿＿＿★＿＿＿＿에 들어갈 가장 적당한 것을 1·2·3·4에서 하나 고르세요.

14　私が富士山の写真を ＿＿＿＿ ＿＿＿＿ ＿＿★＿＿ ＿＿＿＿、バッグからさいふをすら
　　れてしまいました。
　　1　間　　　　　　　2　いる　　　　　　　3　に　　　　　　　4　とって

제가 후지산 사진을 찍고 있는 사이에 가방에서 지갑을 소매치기당하고 말았습니다.

정답문장　私が富士山の写真をとっている間に、バッグからさいふをすられてしまいました。

문법포인트!　⊘ ~ている間に : ~하고 있는 사이에(동안에)
　　　　　　예 寝ている間に泥棒に入られた。자고 있는 사이에 도둑이 들어왔다.

어휘　する 소매치기하다

15 ただいま、Webサイトに ＿＿＿＿ ＿＿＿＿ ＿★＿ ＿＿＿＿ が発生しております。

1 づらい　　　　　2 障害　　　　　3 アクセス　　　4 し

지금 웹 사이트에 접속하기 힘든 장해가 발생하였습니다.

정답문장 ただいま、Webサイトにアクセスしづらい障害が発生しております。

문법포인트! ⊘ 동사ます형＋づらい : ~하기 어렵다(힘들다, 불편하다, 거북하다)

예 A社のキーボードは、使いづらい。A사의 키보드는 사용하기 불편하다.

어휘 ただいま 지금 | Webサイト 웹 사이트 | アクセス (컴퓨터 등의)접속 | 障害 장해 | 発生 발생

16 もし、タイムマシンに乗って過去に戻れる ＿＿＿＿ ＿★＿ ＿＿＿＿ ＿＿＿＿、
戻りたいですか。

1 に　　　　　　2 と　　　　　　3 いつ　　　　　4 したら

만약 타임머신을 타고 과거로 돌아간다면 언제로 돌아가고 싶습니까?

정답분상 もし、タイムマシンに乗って過去に戻れるとしたらいつに戻りたいですか。

문법포인트! ⊘ ~としたら : ~라고 가정하면

어휘 過去 과거 | 戻る 돌아가다

17 このデータの分析結果 ＿＿＿＿ ＿＿＿＿ ＿★＿ ＿＿＿＿ 新しい商品を開発する。

1 もと　　　　　2 して　　　　　3 を　　　　　　4 に

이 데이터의 분석 결과를 바탕으로 해서 새로운 상품을 개발하다.

정답문장 このデータの分析結果をもとにして新しい商品を開発する。

문법포인트! ⊘ ~をもとにして : ~을 기초(토대)로 해서

어휘 分析結果 분석 결과 | 商品 상품 | 開発 개발

18 父は ＿＿＿＿ ＿＿＿＿ ＿★＿ ＿＿＿＿、家族への愛は人一倍深い。

1 短い　　　　　2 反面　　　　　3 が　　　　　　4 気

아버지는 성질이 급한 반면 가족에 대한 사랑은 남달리 깊다.

정답문장 父は気が短い反面、家族への愛は人一倍深い。

문법포인트! ⊘ ~反面 : ~한 반면

어휘 気が短い 성격이 급하다 | 愛 사랑 | 人一倍 남의 두 배 | 深い 깊다

문제 3 다음 글을 읽고, 글 전체의 내용을 생각해서, 19 ~ 22 안에 들어갈 가장 적당한 것을 1·2·3·4 에서 하나 고르세요.

내 주변에는 매일같이 아이의 배웅과 마중을 하는 친구가 있다. 학교는 물론 무언가를 배우거나, 학원의 배웅과 마중까지 하고 있기 때문에, 주중에도 주말에도 □19□ 만날 수 없다. 자녀의 안전이나 장래를 생각하는 부모의 마음도 잘 알겠지만, 매일의 배웅과 마중은 필요 이상으로 자녀를 응석 부리게 하여 과보호가 되고 있는 것은 아닐까 생각한다.

그러나 그 친구는 자신의 아이는 학교까지 멀고 학원에서 집으로 돌아오는 시간도 늦기 때문에 어쩔 수 없다고 말하고 있다. 물론 자신도 주변으로부터 '과보호네'라고 생각되는 것은 알고 있지만, 사고방식은 사람마다 다르고, 무엇보다 안심감을 얻을 수 있다면 □20□ 주위의 시선은 신경 쓰고 싶지 않다고 말한다. 오히려 통학 시간 □21□ 이 줄어서 그만큼 공부에 집중할 수 있고 차 안에서 쉬거나 잠을 잘 수 있으므로 학습 효율이 오른다는 것이다.

게다가 아이와 함께 보내는 시간이 늘어났기 때문에 학교에서의 생활이나 고민 같은 것도 들을 수 있어 친구에게 있어서 배웅과 마중하는 시간은 매우 행복하게 느낀다고 한다.

그러나 아이를 키운다는 것은 연령이나 발달 상태에 맞게 적절한 대응이 필요하다. 사람은 자신의 힘으로 곤란을 극복하는 것으로 정신적으로 성장할 수 있는 기회를 얻을 수 있다. 부모가 너무 자식에게 밀착하는 것은 자녀가 자립심을 키우는 것이나 깊은 교우관계를 쌓는 것에 영향을 미칠지 모른다.

스스로 통학하면서 아이들끼리 상의하거나 다녀보지 못한 길을 걷거나 하는 것도 꽤 소중한 경험이 아닐까. □22□

어휘 周り 주변 | 送り迎え 배웅과 마중 | 友人 친구 | 習い事 배우는 일 | 塾 학원 | 平日 평일, 주중 | 週末 주말 | 安全 안전 | 将来 장래 | 親 부모 | 気持ち 마음 | 送迎 배웅과 마중 | 甘やかす 응석 부리게 하다 | 過保護 과보호 | 仕方がない 어쩔 수 없다 | 考え方 사고방식 | 人それぞれ 사람마다 | 気にする 신경 쓰다 | 通学時間 통학 시간 | 減る 줄다 | 集中 집중 | 睡眠 수면 | 学習効率 학습 효율 | 上がる 오르다 | 過ごす 보내다 | 増える 늘다 | 悩み 고민 | 幸せ 행복 | 感じる 느끼다 | 子育て 육아, 아이 키우기 | 年齢 연령 | 発達 발달 | 状態 상태 | 合わせる 맞추다 | 適切 적절 | 対応 대응 | 困難 곤란 | 乗り越える 극복하다 | 精神的 정신적 | 成長 성장 | 機会 기회 | 得る 얻다 | 密着 밀착 | 自立心 자립심 | 育てる 키우다 | 友人関係 교우관계 | 築く 쌓다, 구축하다 | 影響 영향 | 与える 미치다 | 通学する 통학하다 | 同士 끼리 | 相談 상담 | 通う 다니다 | なかなか 상당히, 꽤

19	1 まっすぐ	2 たまに	3 はっきり	4 ろくに

해설 필자의 친구가 매일같이 아이의 배웅과 마중을 하고 있어서 주중에도 주말에도 제대로 만날 수 없다는 내용이므로, 정답은 4번이다.

어휘 ろくに 제대로, 충분히 | まっすぐ 곧장, 똑바로 | たまに 가끔 | はっきり 분명히

20	1 安心感が得られるのであれば	2 自己満足を得られるためには
	3 それで遠いところまで行けるなら	4 子供に満足感を感じさせたいので

문법포인트! ⊘ 自己満足を得られるためには : 자기만족을 얻기 위해서는
⊘ それで遠いところまで行けるなら : 그것으로 먼 곳까지 갈 수 있다면
⊘ 子供に満足感を感じさせたいので : 아이에게 만족감을 느끼게 하고 싶어서

매일같이 아이의 배웅과 마중을 하는 것을 주변에서는 과보호를 한다고 생각할 수 있지만, 그로 인해 아이에 대한 안심감을 얻을 수 있다면 주변의 시선은 의식하고 싶지 않다는 흐름이므로, 1번이 정답이다.

어휘 安心感^{あんしんかん} 안심감 | 得^える 얻다 | 自己満足^{じこまんぞく} 자기만족 | 遠^{とお}い 멀다 | 満足感^{まんぞくかん} 만족감

21　　1　かなり　　　　　2　いつか　　　　　　3　まったく　　　　4　むしろ

해설 주변에서는 아이에 대한 과보호라고 생각할 수 있지만, 오히려 통학 시간이 줄어서 그만큼 공부에 집중하거나 쉴 수 있어 아이의 학습 효율이 오른다고 했으므로, 4번이 정답이다.

어휘 むしろ 오히려, 차라리 | かなり 꽤, 상당히 | いつか 언젠가 | まったく 전혀, 완전히

22　　1　やりがいのないことだと思う
　　　　2　人らしく生きるために必要なことのようだ
　　　　3　大切な経験ではないだろうか
　　　　4　貴重な時間の過ごし方である

문법포인트!
　⊘ やりがいのないことだと思^{おも}う : 하는 보람이 없는 일이라고 생각한다
　⊘ 人^{ひと}らしく生^いきるために必要^{ひつよう}なことのようだ : 사람답게 살기 위해 필요한 것 같다
　⊘ 貴重^{きちょう}な時間^{じかん}の過^すごし方^{かた}である : 귀중한 시간을 보내는 법이다

해설 아이 스스로 통학함으로써 친구들끼리 여러 이야기를 나누고, 가 보지 못한 곳을 걸어 보는 것도 소중한 경험이 아닐까 하는 흐름이 가장 자연스러우므로, 정답은 3번이다.

어휘 経験^{けいけん} 경험 | やりがい 무언가를 하는 보람 | 人^{ひと}らしく生^いきる 사람답게 살다 | 必要^{ひつよう}だ 필요하다 | 貴重^{きちょう}だ 귀중하다 | 過^すごす 지내다

1교시 독해

문제 4 다음 (1)~(4)의 글을 읽고, 질문에 답하세요. 답은 1 · 2 · 3 · 4에서 가장 적당한 것을 하나 고르세요.

(1)

　채소 주스라고 하면 건강에 좋은 이미지가 있다. TV나 인터넷, 잡지 등의 광고에 영향을 받아 그렇게 생각하는 사람도 적지 않고, 건강을 위해서라며 매일 한 병 마시는 사람도 있을 것이다. 물론 채소를 싫어하는 사람도 주스라면 마시기 쉽다든가, 일부러 만들 필요가 없어 편하다는 장점은 있다. 하지만 정말 건강에 좋은 것일까? 결론부터 말하자면, 실은 건강에는 좋지 않은 음료인 것이다.

　이유로는, 시판되는 채소 주스는 채소에 열을 가해 만들기 때문에 영양소가 없어져 버린 것을 들 수 있다. 그래서 우리가 생각하는 것보다 상당히 영양소가 적은 음료인 것이다. 게다가 마시기 쉽게 많은 설탕을 넣어 만들어졌기 때문에, 많이 마시면 비만의 원인이 되고 만다. 또 100% 채소만으로 만들어지는 채소 주스는 거의 없다. 정말 건강에 좋은 채소 주스를 마시고 싶다면, 집에서 믹서기를 이용해 직접 만들어 마시기를 추천한다.

23 내용과 <u>맞지 않는</u> 것은 무엇인가?

　　1 채소 주스에 관한 정보는 미디어로부터 얻고 있는 것 같다.

　　2 채소 주스는 채소를 싫어하는 사람이라도 마시기 쉽다.

　　3 채소 주스는 다른 것은 들어 있지 않고 채소만으로 만들어진다.

　　4 채소 주스가 건강에 좋다고 생각하는 사람이 많은 것 같다.

어휘 野菜 채소 | 健康 건강 | イメージ 이미지 | 広告 광고 | 影響される 영향을 받다 | 1本 한 병 | 苦手だ 싫어하다 | わざわざ 일부러 | 楽だ 편하다 | メリット 장점, 이점 | 結論 결론 | 実は 실은 | 市販 시판 | 熱を加える 열을 가하다 | 栄養素 영양소 | 挙げる (예, 보기 등을)들다 | しかも 게다가 | 砂糖 설탕 | 肥満 비만 | 原因 원인 | ほとんど 거의 | ジューサー 믹서기 | 直接 직접 | おすすめする 추천하다, 권유하다 | ～に関する ~에 관한 | 情報 정보 | メディア 미디어 | 得る 얻다

해설 본문 두 번째 단락에서 마시기 쉽게 하기 위해 많은 설탕이 들어간다고 했고, 바로 다음 문장에서 「また、100%野菜だけで作られている野菜ジュースはほとんどない」라고 했다. 즉 '100% 채소만으로 만들어지는 채소 주스는 거의 없다'고 했으니, 내용과 맞지 않는 선택지는 3번이 된다.

(2)

　　유능한 비즈니스맨이 되기 위해서는 프레젠테이션이나 영업 스킬, 리더십, 인맥과 같은 요소가 중요하다고 생각되고 있지만, 실은 유능한 비즈니스맨일수록 시간이 얼마나 중요한지 알고 있으며, 시간 관리를 철저히 하면서 생활을 하고 있다.

　　이런 비즈니스맨은 시간을 제대로 지키며 행동한다. 의미 있는 시간을 사용하는 것이 일의 질을 높이는 것을 알고 있기 때문에 약속 시간은 반드시 지키며, 자신의 시간도 상대의 시간도 결코 낭비하지 않는다. 아무리 훌륭한 아이디어나 설득력 있는 제안이 있어도 프레젠테이션에 지각해 버리면 <u>사람들로부터 신뢰받지 못하게 되며</u>, 지금까지의 일이 모두 물거품이 된다는 것을 알고 있는 것이다. 시간은 귀중하며 소중한 것이다. 유능한 비즈니스맨이 되고 싶은 사람은 지금까지의 자신의 시간 사용법을 다시 한번 재검토하기 바란다.

24 사람들로부터 신뢰받지 못하게 되며라고 했는데, 그 이유로 생각되는 것은 무엇인가?

　　1 시간의 소중함을 모르고 있기 때문에　　　　2 훌륭한 아이디어가 아니기 때문에

　　3 프레젠테이션을 잘 못했기 때문에　　　　　4 영업 기술이 없기 때문에

어휘 有能だ 유능하다 | プレゼン 프레젠테이션 | セールス 영업 | スキル 기술 | リーダーシップ 리더십 | 人脈 인맥 | ～といった ~와 같은 | 要素 요소 | 重要だ 중요하다 | 実は 실은 | ～ほど ~일수록 | どんなに～か 얼마나 ~인가 | 管理 관리 | しっかり 철저히, 제대로 | 生活 생활 | 時間を守る 시간을 지키다 | 行動する 행동하다 | 有意義だ 의미 있다 | 使い方 사용법 | 質を上げる 질을 올리다 | 決して 결코 | 無駄にする 낭비하다 | いくら～ても 아무리 ~라도(일지라도) | 説得力 설득력 | 提案 제안 | 遅刻 지각 | 信頼 신뢰 | 水の泡 물거품 | 貴重だ 귀중하다 | 大切だ 소중하다 | 見直す 다시 보다, 재검토하다 | ～てほしい ~하기 바란다

해설 유능한 비즈니스맨이 되기 위한 몇 가지 조건을 나열하면서, 가장 중요한 것은 바로 '시간 관리'라고 하였다. '유능한 비즈니스맨일수록 시간이 얼마나 중요한지 알고 있으며, 시간 관리를 철저히 하면서 생활을 하고 있다'고 했는데, 아무리 훌륭한 아이디어와 설득력 있는 제안을 갖고 있어도 지각하면, 즉 시간을 제대로 지키지 못하는 사람은 사람들로부터 신뢰받을 수 없다고 했으니, 정답은 1번이 된다.

(3)

> 아케미, 입학 축하해.
>
> 초등학교 들어가면 공부가 힘들어지겠지만, 열심히 해.
>
> 그리고 음식 가리지 말고 많이 먹고, 건강하고 즐겁게 보내렴.
>
> 선생님하고 아빠, 엄마 말씀도 잘 들어야 해.
>
> 그리고 새 친구를 많이 만들고, 친구들과 사이 좋게 놀아.
>
> 할아버지, 할머니로부터.

25 이 편지에서 어떤 것을 알 수 있나?

　1 손주가 초등학교 1학년이 되었다.

　2 손주가 유치원에 들어가게 되었다.

　3 손주에게 친구가 많이 생겼다.

　4 손주가 선생님 말씀을 듣지 않는다.

어휘 入学 입학 | おめでとう 축하해 | 小学校 초등학교 | 勉強 공부 | 大変だ 힘들다 | 好き嫌いする (음식 등을) 가리다 | 元気に 건강하게 | 楽しい 즐겁다 | 過ごす (시간을)보내다 | 言うことを聞く 말을 듣다 | それから 그리고 | いっぱい 많이 | 作る 만들다 | 仲良く 사이좋게 | おじいちゃん 할아버지 | おばあちゃん 할머니 | ~より ~로부터 | 孫 손주, 손자, 손녀 | 幼稚園 유치원

해설 본문 두 번째 줄에 「小学校に入ったら 초등학교에 들어가면」라고 했으니 2번은 오답이고, 정답은 1번이다. 이제 막 입학한 상황이니 3번도 오답이며, 4번은 본문에 없는 내용이다.

(4)

> 　우리집에서는 고양이를 한 마리 키우고 있습니다. 이름은 타마라고 합니다. 상자 안에 들어가, 공원에 버려져 있던 타마를 제가 주워 왔습니다. 타마는 태어난 지 얼마 안 된 정말 작은 새끼 고양이였습니다.
>
> 　타마가 집에 막 왔을 때는 전혀 기운이 없었고, 항상 부들부들 떨며 무서워했습니다. 저는 그런 타마가 항상 걱정이었습니다. 타마라는 이름은 엄마가 붙인 이름인데, 처음에는 '타마~'라고 불러도 반응하지 않았습니다만, 자기 이름이란 것을 알게 되자, 저를 보면서 다가오게 되었습니다. 타마에게는 새끼 고양이용 우유를 사다 주었습니다. 새끼 고양이용 우유는 조금 비싸기 때문에, 제 용돈만으로는 무리였습니다만, 아빠와 엄마가 우윳값의 절반을 내주어서 살 수 있었습니다. 타마가 집에 온 지 한 달 정도 됩니다만, 완전히 건강해져서 지금은 저와 잘 놀게 되었습니다.

26 내용과 맞는 것은 어느 것인가?

　1 공원에 버려져 있던 타마를 내가 주워 왔다.

　2 내 돈만으로 타마의 우유를 사고 있었다.

　3 타마는 밖보다 집 안에서 노는 것을 좋아한다.

　4 타마가 어디서 태어났는지 나는 알고 있다.

어휘 猫 고양이 | 一匹 한 마리 | 飼う 키우다, 기르다 | ～と言う ~라고 하다 | 箱 상자 | 公園 공원 | 捨てる 버리다 | 拾う 줍다 | 生まれる 태어나다 | ～たばかりだ 막 ~했다 | 子猫 새끼 고양이 | ぜんぜん 전혀 | 元気がない 기운이 없다 | いつも 언제나, 항상 | ぶるぶる 부들부들 | 震える 떨리다 | 怖がる 무서워한다 | つける (이름을)붙이다 | 最初は 처음에는 | 呼ぶ 부르다 | 反応 반응 | 自分 자기, 자신 | 近づく 다가가다 | 子猫用 새끼 고양이용 | おこづかい 용돈 | ～だけでは ~만으로는 | 無理 무리 | ミルク代 우윳값 | 半分 절반 | すっかり 완전히

해설 본문 첫째 줄에서「箱の中に入って、公園に捨てられていたタマを私が拾ってきました」라고 했다. 즉 상자 안에 담겨 공원에 버려져 있던 타마를 내가 주워 왔다는 말이므로, 정답은 1번이 된다. 새끼 고양이용 우유를 사기에 자신의 용돈만으로 부족하여 부모님 도움을 받았으니 2번은 오답이고, 3번과 4번은 본문에 없는 내용이므로 오답이다.

문제 5 다음의 (1)과 (2)의 글을 읽고 질문에 답하세요. 답은 1·2·3·4에서 가장 적당한 것을 하나 고르세요.

(1)

초등학생 때, 여름방학에 매일 그림일기를 쓰는 숙제가 있었다. 나는 ①이 숙제가 정말로 싫었다. 그림도 못 그렸고 매일 무엇을 어떻게 써야 좋을지 몰랐기 때문이다. 그러나 그것보다도 매일 계속한다는 것이 나에게 있어서는 가장 힘든 일이었다. 일기의 내용이라고 해도 대개는 '오늘은 먼저 무엇을 하고, 다음에 무엇을 하고, 누구를 만나고, 무엇무엇을 했다. 너무 즐거웠다, 좋은 하루였다'라는 식으로, 느낀 점이나 어떤 기분이었는지는 쓰지 않고 그날의 스케줄을 쓸 뿐이었다.

그러나 이상하게도 서른이 넘어서면서 그렇게 싫었던 ②일기를 쓰게 되었다. 역시 그림까지는 그릴 수 없지만, 그날 있었던 일을 짧은 일기로 쓰는 것으로 하루 반성을 할 수 있고, 자신을 객관적으로 볼 수 있다는 것을 알았기 때문이다. 이것이 일기를 쓰게 된 가장 큰 계기였다. 그때까지는 계속 성가신 것으로 생각하고 있었는데, 조금씩 일기에 대한 이미지는 바뀌었고 사고방식도 달라지기 시작한 것이다.

지금도 매일 일기를 쓰고 있지만, 일기를 쓰고 있으면 왠지 마음이 차분해진다. 그날의 반성과 함께 기분 좋게 잘 수 있는 것이다.

27 ①이 숙제가 정말로 싫었다라고 했는데, 왜 싫었던 것인가?

1 매일 계속해서 일기를 쓰는 것이 힘들었기 때문에

2 일기에 쓸 내용이 없었기 때문에

3 방학 숙제가 너무 많았기 때문에

4 일기를 써도 의미가 없다고 생각했기 때문에

해설 그림일기 숙제가 싫었던 이유에 대해 우선, 그림도 못 그렸고, 매일 무엇을 어떻게 써야 좋을지 몰랐기 때문이라고 했는데, 「しかしそれよりも毎日続けるということが私にとっては一番大変なことだった」라고 했으므로, 그림일기 숙제가 싫었던 가장 큰 이유는 1번이 된다.

28 ②일기를 쓰게 되었다라고 했는데, 그 이유로 생각되는 것은 무엇인가?

　1 어른이 되고 나서 일기에 쓸 수 있을 만한 일이 많기 때문에

　2 일기를 쓰는 것으로 자신을 객관적으로 볼 수 있기 때문에

　3 자신의 기분을 일기에 기록해 두고 싶었기 때문에

　4 그날 있었던 일을 일기로 쓰는 것이 습관이 되어 있었기 때문에

해설 　결정적 힌트는 다음 문장에 있다. 「その日の出来事を短い日記として書くことで、１日の反省ができて、自分を客観的に見ることができるということがわかったからだ。これが日記を書くようになった一番のきっかけであった」에서 '일기를 쓰면 그날 하루 반성을 할 수 있고, 자신을 객관적으로 볼 수 있다는 것을 알았고, 이것이 일기를 쓰게 된 가장 큰 계기'라고 했으니, 정답은 2번이다.

29 　본문의 내용과 맞는 것은 어느 것인가?

　1 이 사람은 초등학교 때 여름방학 숙제를 전혀 하지 않았다.

　2 이 사람은 어렸을 때 그림 그리는 것을 좋아했다.

　3 이 사람은 현재 매일 거르지 않고 일기를 쓰고 있다.

　4 이 사람은 현재 일기가 성가신 것이라고 생각하고 있다.

해설 　마지막 단락에서 「今も毎日日記を書いている」라고 했으니 가장 본문과 맞는 내용은 3번이다. 초등학교 때 그림일기 숙제가 싫었다고 했지 여름방학 숙제를 전혀 하지 않은 것은 아니므로 1번은 오답이고, 그림을 못 그렸다고 했기 때문에 그림 그리는 것을 좋아했다고 생각할 수 없으니 2번도 오답이다. 매일 일기를 쓰게 되기 전까지는 일기를 성가신 것으로 생각하고 있었지만 현재는 바뀌었다고 했으니 4번도 오답이다.

어휘 　夏休み 여름방학 | 絵日記 그림일기 | 宿題 숙제 | いやだ 싫다 | 絵 그림 | 苦手だ 서툴다 | それよりも 그것보다도 | 続ける 계속하다 | ～にとっては ~에게 있어서는 | 大変だ 힘들다, 큰일이다 | 内容 내용 | ～といっても ~(이)라고 해도 | たいてい 대개 | まず 먼저, 우선 | 次に 다음에 | 感じる 느끼다 | スケジュール 스케줄 | ところが 그러나 | 不思議だ 이상하다, 신기하다 | ～ことに ~하게도 | 過ぎる 지나다, 경과하다 | ～てから ~하고 나서 | さすがに 역시 | 描く 그리다 | 出来事 사건, 일 | 反省 반성 | 客観的 객관적 | きっかけ 계기 | それまでは 그때까지는 | 面倒くさい 성가시다, 귀찮다 | 少しずつ 조금씩 | イメージ 이미지 | 変わる 바뀌다, 변하다 | 考え方 사고방식 | なんだか 왠지, 어쩐지 | 落ち着く 차분해지다, 침착하다, 안정되다 | ～とともに ~과 함께 | 記録 기록 | 習慣 습관 | 現在 현재 | 欠かす 빠뜨리다, 빼먹다

(2)

> 나카무라 씨, 잘 지내시지요?
>
> 저는 지금 오키나와에 와 있습니다. 도쿄는 더웠습니다만, 여기는 생각보다 덥지 않아서 지내기 좋습니다. 기온은 31도 정도로 무더운 날도 있으면, 바다에서 불어오는 바람이 기분 좋은 날도 있습니다. 날씨가 좋은 날은 좋지만, 태풍이 자주 오는 탓에 호텔에서 나갈 수 없는 날도 있습니다. 이런 날씨 속에서도 오키나와 사람들은 밝고 즐겁게 생활하고 있습니다. 저는 오키나와에 오고 나서 몸 상태가 별로 좋지 않았는데, 갑자기 감기에 걸려 그제와 어제는 아무 데도 나가지 않고 계속 호텔에 있었습니다. 어젯밤, 아는 사람이 감기약을 사다 주어서, 그것을 먹고 푹 잤더니 몸 상태도 상당히 좋아졌습니다.
>
> 감기 탓에 이틀 동안 잠만 자고 있었는데, 내일부터는 다시 논문 자료를 찾으러 나가려고 합니다. 해양대학에 가면 오키나와 해양 문제에 관한 자료가 많이 있다고 들어서 내일 가 보려고 합니다.
>
> 원래는 1개월 예정이었습니다만, 태풍과 몸 상태가 좋지 않았던 탓에 자료 찾기를 충분히 못 했기 때문에 기간을 연장해서 좀 더 있으려고 합니다. 여러 가지로 힘들었기 때문에 추석에는 본가에 돌아가 푹 쉴 생각입니다. 추석 연휴가 끝나면 바로 도쿄로 돌아가려고 하니, 그때는 다시 연락하겠습니다. 그럼, 도쿄에서 만날 수 있는 것을 기대하고 있겠습니다.

---

[30] 그제와 어제는 아무 데도 나가지 않고 계속 호텔에 있었습니다라고 했는데, 왜인가?

1 태풍이 와 있었기 때문에

2 몸 상태가 좋지 않았기 때문에

3 너무 더웠기 때문에

4 약이 없었기 때문에

해설 바로 앞에서 「沖縄に来てから体調があまりよくなく、急にかぜをひいてしまって」라고 했다. 즉 오키나와에 와서 몸 상태가 좋지 않았는데, 여기에 감기까지 걸려 아무 데도 가지 못한 것이므로, 정답은 2번이 된다.

---

[31] 이 사람이 오키나와에 온 가장 큰 이유는 무엇인가?

1 오키나와에 있는 지인을 방문하기 위해

2 피곤해서 푹 쉬기 위해

3 논문용 자료를 찾기 위해

4 해양 문제 연구를 하기 위해

해설 본문 초반에는 오키나와에 와 있다는 내용과 함께 날씨, 몸 상태 등에 관해 말하고 있지만, 마지막 두 단락에서는 논문에 관한 이야기를 주로 하고 있다. 특히 마지막 단락에서 태풍과 몸 상태 때문에 논문에 쓸 자료를 제대로 찾지 못했다고 하면서 체류 기간을 연장하겠다는 말까지 했다. 이것으로 이 사람이 오키나와에 온 가장 큰 이유는 논문 자료 찾기란 것을 알 수 있으므로, 정답은 3번이 된다.

32　본문의 내용과 맞는 것은 어느 것인가?

　　1 이 사람은 조금 있으면 자료 찾기가 끝난다.

　　2 이 사람은 오키나와 출신으로 도쿄의 대학에 다니고 있다.

　　3 이 사람은 도쿄에 갔다가 본가에 갈 예정이다.

　　4 이 사람은 오키나와에 한 달 이상 있을 예정이다.

해설 마지막 단락에서 「もともとは 1 か月の予定でしたが、台風や体調が悪かったせいで資料探しが十分にできなかったので、期間を延ばしてもう少しいようと思っています」라고 했으니, 이 사람은 한 달 이상 오키나와에 있을 예정이란 것을 알 수 있으므로, 정답은 4번이 된다. 자료 찾기에 시간이 더 걸릴 것 같다고 했으니 1번은 오답이고, 마지막 단락에서 이 사람은 본가에 갔다가 도쿄에 간다고 했으니 2번과 3번도 오답이다.

어휘 お元気ですか 잘 지내시지요?, 안녕하세요? | 沖縄 오키나와(지명) | 過ごす 지내다 | 気温 기온 | 蒸し暑い 무덥다 | 台風 태풍 | ～せいで ~탓에 | 天候 날씨 | 体調 몸 상태 | ゆうべ 어젯밤 | 知り合い 지인, 아는 사람 | かぜ薬 감기약 | ぐっすり寝る 푹 자다 | だいぶ 꽤 | 二日間 이틀 동안 | ～てばかりいる ~만 하고 있다 | 論文の資料探し 논문 자료 찾기 | 海洋問題 해양 문제 | ～に関する ~에 관한 | もともと 원래 | 予定 예정 | 十分に 충분히 | 期間 기간 | 延ばす 연장하다 | お盆 추석 | 実家 본가, 친정 | ゆっくり 천천히, 푹 | 戻る 되돌아가다(오다) | 連絡 연락 | 楽しみにしている 기대하고 있다 | 研究 연구 | 出身 출신

문제 6 다음 글을 읽고 질문에 답하세요. 답은 1·2·3·4에서 가장 적당한 것을 하나 고르세요.

지난해 건강검진에서 결과가 좋지 않았던 나는, 지난 1년 동안 건강한 몸을 만들기 위해 상당한 노력을 했다. 처음에는 약이나 비타민 등을 섭취하기 위한 영양제를 먹거나, 다이어트에 효과가 있다고 하는 음료를 만들어 식사 대용으로 마시는 등 ①여러 가지 궁리를 했는데, 이보다 기본적인 몸 만들기를 하는 것이 가장 효과가 있다는 것을 알게 되었다. 그래서 오늘은 건강한 몸 만들기 비법 4가지를 소개하려고 한다.

우선 첫 번째는 ②운동이다. 일부러 체육관에 가서 운동한다는 건 힘드니까 할 수 있는 것부터 시작하면 될 것 같다. 예를 들면 항상 내리는 역보다 한 역 앞에서 내려 그만큼 걷는다든가, 엘리베이터나 에스컬레이터를 사용하지 않고 계단을 이용한다든가, 생활 속에서 할 수 있는 일은 많이 있다. 다양한 운동 중에서, 특히 추천하는 것은 근육 트레이닝이다. 집에서 간단히 할 수 있는 근육 트레이닝이 있으므로, 꼭 해 보길 바란다.

두 번째는 규칙적인(규칙 바른) 생활이다. 학교나 직장이 있으면 아침 일찍 일어나고 밤에 일찍 자는 이상적인 생활을 하는 것은 어렵지만, 의식하는 것으로 생활은 바뀌고 건강한 몸 만들기가 가능하다. 또 밤늦게까지 깨어 스마트폰을 보지 말고 충분히 잠을 자기 바란다.

세 번째는 균형 잡힌 식사다. 평소부터 ③균형 잡힌 식사를 제대로 하는 것은 매우 중요하다. 좋아한다고 해서 고기만 먹거나, 바쁘다고 해서 밥이나 국수와 같은 탄수화물만 먹는 것은 결코 좋지 않다. 밥과 고기, 생선과 함께 조금이라도 좋으니까, 채소를 먹기 바란다. 가리지 않고 다양한 채소를 먹으면 필요한 영양소를 섭취할 수 있어 건강한 몸이 될 것이다.

마지막으로 목욕하는 것을 권하고 싶다. 요즘 젊은 사람들 중에는 목욕을 하지 않고 샤워만으로 끝내는 사람이 많은 것 같은데, 천천히 목욕을 하면 신진대사가 좋아지며 몸속에 있는 불필요한 것들이 밖으로 나가기 쉬워진다. 땀도 잘 흘리게 되기 때문에 건강을 위해서는 효과적이다. 또, 목욕하는 것으로 몸이 따뜻해져, 몸이 차가워지기 어렵게 된다. 몸이 차가워지면 몸의 기능이 떨어지고 감기에 걸리기 쉽고, 몸 상태가 나빠지

기 쉽다.

　평소부터 위에 나온 방법으로 몸 만들기를 해 두면, 질병 예방에도 도움이 되므로 여러분도 꼭 시험해 보기 바란다.

---

[33] ①여러 가지 궁리라고 했는데, 어떤 궁리를 한 것인가?

　　1 채소를 제대로 챙겨 먹는 것

　　2 다이어트를 하는 것

　　3 목욕을 하는 것

　　4 비타민 등의 영양제를 먹는 것

해설 필자가 말한 '여러 가지 궁리'란 결국 건강한 몸을 만들기 위한 방법이다. 앞에 그 방법이 나오는데, '약, 영양제, 다이어트에 효과적인 음료'를 언급하였으므로, 가장 정확한 선택지는 4번이다.

---

[34] ②운동이라 했는데, 필자가 특히 강조하고 있는 것은 무엇인가?

　　1 체육관에 가서 운동한다

　　2 계단 오르내리기를 한다

　　3 걷기 운동을 한다

　　4 근육 트레이닝을 한다

해설 필자는 운동을 하라고 권유하며, 걷기나 계단 오르기 등을 언급했지만, 결정적 힌트는 「さまざまな運動があるなかで、特におすすめなのは筋肉トレーニング」라고 했으니, 필자가 특히 강조하고 있는 운동은 근육 트레이닝이므로, 정답은 4번이 된다.

---

[35] ③균형 잡힌 식사라고 했는데, 여기에서는 주로 어떻게 하기를 권하고 있는가?

　　1 탄수화물과 고기를 많이 먹을 것

　　2 고기가 아닌 생선을 먹을 것

　　3 고기나 밥뿐만 아니라 채소도 먹을 것

　　4 채소만을 많이 먹을 것

해설 '균형 잡힌 식사'를 하는 것이 중요하다고 하면서, '고기, 밥, 면'만을 먹는 식습관은 좋지 않다고 했다. 그러면서 「ご飯や肉、魚と一緒に少しでもいいから野菜を食べてほしい」라고 했으니, 정답은 3번이다.

---

[36] 이 글에서 필자가 가장 하고 싶은 말은 무엇인가?

　　1 건강한 몸을 만드는 방법

　　2 균형 잡힌 식사의 중요성

　　3 근육 트레이닝과 질병 예방

　　4 효과적인 목욕법

해설 본문을 전체적으로 보면, 필자가 자신의 경험을 통해 건강한 몸 만들기 비법을 알려주고 있는 내용이란 것을 알수 있다. 운동을 비롯하여 규칙적인 생활, 균형 잡힌 식사, 마지막으로 목욕까지 언급하였는데, 이 모든 것이 바로 건강한 몸 만들기와 관련된 내용이므로, 정답은 1번이다.

어휘 去年 작년 | 健康診断 건강진단, 건강검진 | 結果 결과 | この1年間で 지난 1년 동안에 | 健康的な体を作る 건강한 몸을 만들다 | かなりの 상당한 | 努力 노력 | 最初は 처음에는 | ビタミン 비타민 | とる 섭취하다 | 栄養剤 영양제 | 効果 효과 | ドリンク 음료 | 食事 식사 | ~の代わりに ~대신에 | 工夫 궁리 | 基本的 기본적 | 体作り 몸만들기 | そこで 그래서 | コツ 비결 | 紹介 소개 | 運動 운동 | わざわざ 일부러 | ジム 체육관 | 大変だ 힘들다 | 降りる 내리다 | 一駅前 한 역 앞 | その分 그만큼 | エレベーター 엘리베이터 | エスカレーター 에스컬레이터 | 階段 계단 | さまざまな 다양한, 여러 가지 | おすすめ 추천 | 筋肉トレーニング 근육 트레이닝 | ぜひ~てほしい 꼭 ~하기 바라다 | 規則正しい 규칙적이다 | 生活 생활 | 理想的 이상적 | 意識 의식 | 変わる 바뀌다 | 睡眠をとる 수면을 취하다 | バランスがとれる 균형 잡히다 | 日ごろから 평소부터 | 食事をしっかりする 식사를 제대로 하다 | ~からといって ~라고 해서 | 麺 면 | ~といった ~와 같은 | 炭水化物 탄수화물 | 決して 결코 | 好き嫌いをする (음식 등) 가리다 | 栄養素 영양소 | お風呂に入る 목욕하다 | 勧める 추천하다 | すませる 끝내다 | ゆっくり 천천히, 여유 있게 | 代謝 (신진)대사 | 汗をかく 땀을 흘리다 | 温まる 따뜻해지다 | 冷える 차가워지다, 식다 | 機能 기능 | 落ちる 떨어지다 | 体調 몸 상태 | ~がちだ ~하기 십상이다 | 日ごろ 평소 | 上記 상기 | 予防 예방 | 役立つ 유용하다, 도움이 되다 | 試す 시험하다, 테스트하다 | 筆者 필자 | 強調 강조 | 上る 오르다 | 下りる 내려가다 | ウォーキング 워킹, 걷기 운동 | 主に 주로

문제 7 오른쪽 페이지는 어느 영어회화 교실 수강생 모집 안내이다. 이를 읽고 아래 질문에 답하세요. 답은 1 · 2 · 3 · 4에서 가장 적당한 것을 하나 고르세요.

[37] 고등학교 2학년인 야마다 씨는 이 영어회화 교실에 참가하려고 한다. 개강일까지 해 두어야 할 일은 무엇인가?

1 교재를 보고 예습을 해 둔다.

2 42,000엔을 지불해 둔다.

3 홈페이지에서 신청서를 만든다.

4 담당 선생님이 누구인지 봐 둔다.

해설 안내문 내용 중에서 수강생이 해야 할 일에 대한 내용이 나오는 것은 3번 요금과 6번 신청 방법이다. 개강일 이틀 전까지 수강료와 교재비를 지불하라고 했고, 홈페이지에서 개강 일주일 전까지 신청하라고 했는데, 선택지에서 이에 해당하는 내용은 2번이다. 3번은 신청서를 만드는 게 아니므로 오답이다.

[38] 이 안내문 내용과 맞는 것은 어느 것인가?

1 반 레벨은 2개밖에 없다.

2 수업은 일주일에 3번이며 오전뿐이다.

3 중학생은 이 영어회화 교실에 참가할 수 없다.

4 각 반 정원은 다섯 명 이상이다.

반은 초급, 중급, 상급이 있다고 했으니 1번은 오답이고, 수업은 매주 월수금 19시부터 21시라고 했으니 2번도 오답이다. 각 반의 정원은 '다섯 명까지'라고 했으니 4번도 오답이다. 참가할 수 있는 사람은 '고등학생 이상'이라고 했으니, 정답은 3번이다.

스마일 영어회화 교실 학생 대모집 !

* 스마일 영어회화 교실에서는 2024학년도 가을반 개강에 즈음하여 학생을 모집합니다.

스마일 영어회화 교실에서는 이런 분을 모집하고 있습니다.
● 영어회화를 잘하게 되고 싶은 분
● 영어를 기초부터 공부하고 싶은 분
● 영어권에 갈 예정이 있는 분 (여행이나 출장 등)
● 외국인과 영어로 대화할 수 있게 되고 싶은 분
여러분, 꼭 응모해 주세요.

1. **기간** : 2024년 10월 2일(월)~11월 30일(목)
2. **수업 시간** : 매주 월수금 19시~21시 (1회 2시간 수업)
3. **요금** : 수강료 40,000엔 (*입회비 없음)

   교재비 2,000엔 (2권분)

   합계 42,000엔 (세금 포함)

   * 개강일 이틀 전까지 지불해 주시기 바랍니다.
4. **정원** : 각 반 다섯 명까지

   * 반은 초급, 중급, 상급 각각 3반씩 개강할 예정입니다.
5. **참가할 수 있는 분** : 고등학생 이상
6. **신청 방법** : 홈페이지 전용 양식에서 일주일 전까지 신청해 주세요.

   홈페이지 :smile@english.com
7. **장소** : 〒678-2345

   사쿠라시 미도리구 2가 5번지

   사쿠라빌딩 2층

   스마일 영어회화 교실

어휘 英会話 영어회화 | 教室 교실 | 生徒 학생 | 大募集 대모집 | 開講 개강 | ~にあたり ~에 즈음하여 | 基礎 기초 | 英語圏 영어권 | 予定 예정 | 出張 출장 | ぜひ 꼭, 부디 | 応募 응모 | 期間 기간 | 授業 수업 | 受講料 수강료 | 入会費 입회비 | 不要 불필요 | テキスト代 교재비 | 2冊分 2권분 | 合計 합계 | 税込み 세금 포함 | 開講日 개강일 | 支払う 지불하다 | 定員 정원 | 各クラス 각반 | 5名 다섯 명 | 初級 초급 | 中級 중급 | 上級 상급 | それぞれ 각각 | ~ずつ ~씩 | 参加 참가 | 高校生 고등학생 | 以上 이상 | 申し込み方法 신청 방법 | 専用フォーム 전용 양식 | 申し込む 신청하다 | 予習 예습 | 払う 지불하다 | 申込書 신청서 | 担当 담당 | 案内文 안내문 | 内容 내용 | 週に 1주일에 | 午前中 오전 중 | ~のみだ ~뿐이다

문제 1 문제 1에서는 먼저 질문을 들으세요. 그리고 이야기를 듣고 문제지의 1~4 중에서 가장 적당한 것을 하나 고르세요.

れい 🎧 Track 2-1

<ruby>女<rt>おんな</rt></ruby>の<ruby>人<rt>ひと</rt></ruby>と<ruby>男<rt>おとこ</rt></ruby>の<ruby>人<rt>ひと</rt></ruby>が<ruby>話<rt>はな</rt></ruby>しています。<ruby>男<rt>おとこ</rt></ruby>の<ruby>人<rt>ひと</rt></ruby>はこの<ruby>後<rt>あと</rt></ruby>、どこに<ruby>行<rt>い</rt></ruby>けばいいですか。

女：え、それでは、この<ruby>施設<rt>しせつ</rt></ruby>の<ruby>利用<rt>りよう</rt></ruby>がはじめての<ruby>方<rt>かた</rt></ruby>のために、<ruby>注意<rt>ちゅうい</rt></ruby>していただきたいことがありますので、よく<ruby>聞<rt>き</rt></ruby>いてください。まず<ruby>決<rt>き</rt></ruby>められた<ruby>場所以外<rt>ばしょいがい</rt></ruby>ではケータイは<ruby>使<rt>つか</rt></ruby>えません。

男：え？ 10<ruby>分後<rt>ふんご</rt></ruby>に、<ruby>友達<rt>ともだち</rt></ruby>とここで<ruby>待<rt>ま</rt></ruby>ち<ruby>合<rt>あ</rt></ruby>わせしているのに、どうしよう。じゃ、どこで<ruby>使<rt>つか</rt></ruby>えばいいですか。

女：3<ruby>階<rt>かい</rt></ruby>と5<ruby>階<rt>かい</rt></ruby>に、<ruby>決<rt>き</rt></ruby>められた<ruby>場所<rt>ばしょ</rt></ruby>があります。

男：はい、わかりました。<ruby>友達<rt>ともだち</rt></ruby>とお<ruby>茶<rt>ちゃ</rt></ruby>を<ruby>飲<rt>の</rt></ruby>んだり、<ruby>話<rt>はな</rt></ruby>したりする<ruby>時<rt>とき</rt></ruby>はどこに<ruby>行<rt>い</rt></ruby>ったらいいですか。

女：4<ruby>階<rt>かい</rt></ruby>にカフェテリアがありますので、そちらをご<ruby>利用<rt>りよう</rt></ruby>ください。

男：はい、わかりました。さあ、<ruby>奈々<rt>なな</rt></ruby>ちゃん、どこまで<ruby>来<rt>き</rt></ruby>たのか<ruby>電話<rt>でんわ</rt></ruby>かけてみるか。

<ruby>男<rt>おとこ</rt></ruby>の<ruby>人<rt>ひと</rt></ruby>はこの<ruby>後<rt>あと</rt></ruby>、どこに<ruby>行<rt>い</rt></ruby>けばいいですか。

1　1<ruby>階<rt>かい</rt></ruby>

2　2<ruby>階<rt>かい</rt></ruby>

3　3<ruby>階<rt>かい</rt></ruby>

4　4<ruby>階<rt>かい</rt></ruby>

예

여자와 남자가 이야기하고 있습니다. 남자는 이후, 어디로 가면 됩니까?

여 : 에, 그럼, 이 시설의 이용이 처음이신 분을 위해 주의해 주셨으면 하는 것이 있으므로, 잘 들어 주세요. 먼저 정해진 장소 이외에서는 휴대전화는 사용할 수 없습니다.

남 : 네? 10분 후에 친구와 여기서 만나기로 했는데, 어쩌지? 그럼, 어디에서 사용하면 됩니까?

여 : 3층과 5층에 정해진 장소가 있습니다.

남 : 네, 알겠습니다. 친구와 차를 마시거나 이야기하거나 할 때는 어디로 가면 됩니까?

여 : 4층에 카페테리아가 있으므로, 그곳을 이용해 주십시오.

남 : 네, 알겠습니다. 자, 나나는 어디까지 왔는지 전화 걸어 볼까?

남자는 이후, 어디로 가면 됩니까?

1 1층

2 2층

3 3층

4 4층

해설 남자는 마지막 대화에서 친구에게 '전화 걸어 볼까?'라고 했으므로, 통화가 가능한 3층이나 5층으로 가면 되니 정답은 3번이 된다.

어휘 <ruby>施設<rt>しせつ</rt></ruby> 시설 | <ruby>利用<rt>りよう</rt></ruby> 이용 | <ruby>注意<rt>ちゅうい</rt></ruby> 주의 | <ruby>以外<rt>いがい</rt></ruby> 의외 | <ruby>待<rt>ま</rt></ruby>ち<ruby>合<rt>あ</rt></ruby>わせ (시간과 장소를 정하여)만나기로 함

カフェで女の人と男の人が話しています。男の人は何を注文しますか。

女：えーと、私はサンドイッチとフライドポテトのセットと、今日のケーキ、それからアイスコーヒーにするわ。

男：え？そんなに食べるの？ダイエットは？

女：せっかく人気のカフェに来たんだから、たくさん食べないと。田中君は？

男：うーん、僕はあんまりお腹が空いてないからサラダと牛乳にするよ。

女：え？それだけで大丈夫？スパゲッティとかデザートとか食べないの？

男：僕、甘いものが苦手だし、それに最近ちょっと太り気味だから…。

女：午後も仕事だし、サラダだけじゃ力が出ないわ。少しでも食べておいた方がいいって。

男：うーん…。どうしよう。

女：これは？このお店で人気のハンバーガーだって。しかもカロリーが低いからちょうどいいじゃない。

男：お、いいね。サラダと一緒に食べるよ。

男の人は何を注文しますか。

4

1번

카페에서 여자와 남자가 이야기하고 있습니다. 남자는 무엇을 주문합니까?

여 : 음, 나는 샌드위치와 감자튀김 세트와 오늘의 케이크, 그리고 아이스커피로 할게.

남 : 어? 그렇게 먹어? 다이어트는?

여 : 모처럼 인기 있는 카페에 왔으니 많이 먹어야지. 다나카 군은?

남 : 음~, 나는 별로 배가 고프지 않으니, 샐러드와 우유로 할게.

여 : 응? 그것만으로 괜찮아? 스파게티나 디저트 같은 거 안 먹어?

남 : 난 단것은 잘 못 먹고, 게다가 요즘 살이 좀 찐 것 같아서….

여 : 오후에도 일해야 하는데, 샐러드만으로는 힘이 안 나지. 조금이라도 먹어 두는 게 좋다니까.

남 : 음…. 어떡할까.

여 : 이건? 이 가게에서 인기 있는 햄버거래. 게다가 칼로리가 낮으니까 딱 좋잖아.

남 : 오, 괜찮네. 샐러드랑 같이 먹을게.

남자는 무엇을 주문합니까?

해설 남자는 처음에 샐러드와 우유만 먹겠다고 했지만, 오후 업무를 보기 위해서 제대로 먹어 두라는 여자의 말에 잠시 고민을 하다 여자가 권유한 햄버거도 같이 먹기로 했으므로, 4번이 정답이다.

어휘 サンドイッチ 샌드위치 | フライドポテト 감자튀김 | ケーキ 케이크 | アイスコーヒー 아이스커피 | お腹が空く 배가 고프다 | サラダ 샐러드 | 牛乳 우유 | それだけで 그것만으로 | スパゲッティ 스파게티 | デザート 디저트 | 甘いもの 단것 | 太る 살찌다 | ～ぎみだ 그런 느낌이 들다 예 かぜぎみ 감기 기운, 疲れぎみ 피곤한 기미(느낌) | 力が出る 힘이 나다 | 少しでも 조금이라도 | ～だって ~래 | しかも 게다가 | カロリーが低い 칼로리가 낮다 | ちょうどいい 딱 좋다

会社で男の人と女の人が話しています。女の人はどうするつもりですか。

男：竹下さん、話聞いたよ！ 来月結婚するんだって？ おめでとう。

女：あ、ありがとう。

男：結婚したら仕事はどうするの？

女：それが実は、今月いっぱいでやめることになったの。

男：え？ やめるの？ それはもったいないな。竹下さん、この仕事のために資格まで取って頑張ってたのに…。

女：私も本当はやめたくなかったんだけど、ちょっと事情があって。

男：事情？ 彼氏が仕事やめろって言ってるの？

女：ううん、そんなことは言われてないんだけど…。

男：じゃあ、どうして？

女：実は、彼が海外に転勤することになったの。これから準備とかで忙しくなりそうだし、英語の勉強もしなきゃと思って。

男：あ、そういうことか。それなら仕方ないね。

女：海外で新婚生活って心配も多いけど、何とか頑張ってみるよ。

女の人はどうするつもりですか。

1 結婚をやめて、一人で海外に行く
2 結婚したら、彼氏と一緒に海外に行く
3 結婚したら、彼氏と一緒に会社を作る
4 結婚しても、今の仕事を続ける

2번

회사에서 남자와 여자가 이야기하고 있습니다. 여자는 어떻게 할 생각입니까?

남 : 다케시타 씨, 이야기 들었어! 다음 달에 결혼한다고? 축하해.

여 : 아, 고마워.

남 : 결혼하면 일은 어떻게 할 거야?

여 : 그게 실은 이번 달을 끝으로 그만두게 되었어.

남 : 엣? 그만두는 거야? 그거 아깝다. 다케시타 씨, 이 일을 위해서 자격증까지 따고 열심히 했는데.

여 : 나도 사실은 그만두고 싶지 않았는데, 사정이 좀 있어서.

남 : 사정? 남자친구가 일 그만두라고 했어?

여 : 아니, 그런 말은 하지 않았는데….

남 : 그럼, 왜?

여 : 실은, 남자친구가 해외로 전근 가게 되었거든. 앞으로 준비라든가로 바빠질 것 같고, 영어 공부도 해야 할 것 같아서.

남 : 아, 그런 거야? 그렇다면 어쩔 수 없지.

여 : 해외에서 신혼생활이라 걱정도 많지만, 어떻게든 열심히 해 봐야지.

여자는 어떻게 할 생각입니까?

1 결혼을 관두고 혼자 해외에 간다
2 결혼하면 남자친구와 함께 해외에 간다
3 결혼하면 남자친구와 함께 회사를 차린다
4 결혼해도 지금의 일을 계속한다

해설 여자는 결혼하면 직장을 그만둔다고 했는데, 그 이유에 관해서는 남자친구가 해외로 전근 가게 되었기 때문이라고 했다. 여자의 마지막 대화에서 「海外で新婚生活って心配も多い」라고 했으니, 이 여자는 결혼하면 남편을 따라 해외로 간다는 것을 알 수 있으므로, 정답은 2번이다.

어휘 今月いっぱいで 이번 달을 끝으로 ▶ 今年いっぱいで 올해를 끝으로 | やめる 그만두다 | もったいない 아깝다 | 資格を取る 자격증을 따다 | 事情 사정 | 彼氏 남자친구 | どうして 왜, 어째서 | 海外 해외 | 転勤 전근 | 準備 준비 | 仕方(が)ない 어쩔 수 없다 | 新婚生活 신혼생활 | 続ける 계속하다

3ばん 🎧 Track 2-1-03

不動産屋で男の人と女の人が話しています。男
の人はどうしますか。

男：すみません、あの、部屋を探しているんで
　　すが…。

女：どんなお部屋ですか。

男：一人暮らしなので、ワンルームでなるべく
　　家賃が安いところがいいんですが。

女：そうですね。駅から遠いところは家賃が安
　　いところがありますが、いかがですか。

男：そうですか。だいたいいくらぐらいですか。

女：えーと、ちょっと待ってくださいね。駅か
　　らバスで20分かかるところが、一番安くて
　　3万円ですね。

男：バスで20分ですか！ それはちょっと遠す
　　ぎますね。もう少し駅に近いところはあり
　　ませんか。

女：そうですね。駅から歩いて10分のところは
　　どうですか。

男：そこは家賃いくらぐらいですか？

女：こちらですと、6万円ですね。ちょっと高
　　いですが、近くに大型スーパーもあります
　　し、便利なところですよ。

男：いいですね。本当はもうちょっと安い方が
　　いいですけど、予算内だし、自転車に乗れ
　　ばいいかな。じゃ、この部屋にします。

男の人はどうしますか。

1　駅から自転車で行ける安い部屋にする
2　駅から歩いて行ける高い部屋にする
3　駅からバスに乗って行く安い部屋にする
4　駅とスーパーが近くにある安い部屋にする

3번

부동산에서 남자와 여자가 이야기하고 있습니다. 남
자는 어떻게 합니까?

남 : 실례합니다, 저기, 방을 찾고 있는데요.

여 : 어떤 방을 찾으세요?

남 : 혼자 사니까, 원룸으로 가급적 집세가 싼 곳이 좋
　　습니다만.

여 : 그렇군요. 역에서 먼 곳은 집세가 싼 곳이 있는
　　데, 어떠실지요?

남 : 그래요? 대략 어느 정도 걸리나요?

여 : 음, 잠깐만요. 역에서 버스로 20분 걸리는 곳이
　　가장 저렴하고 3만 엔이네요.

남 : 버스로 20분이요! 그건 좀 너무 먼데요. 조금 더
　　역에 가까운 곳은 없나요?

여 : 그렇군요. 역에서 걸어서 10분 걸리는 곳은 어때
　　요?

남 : 거기는 집세가 얼마 정도예요?

여 : 여기라면 6만 엔이군요. 좀 비싸지만 근처에 대형
　　슈퍼도 있고 편리한 곳이에요.

남 : 괜찮네요. 사실은 좀 더 싼 편이 좋지만, 예산을
　　넘지 않았고 자전거 타면 되겠지. 그럼, 이 방으
　　로 할게요.

남자는 어떻게 합니까?

1 역에서 자전거로 갈 수 있는 싼 방으로 한다
2 역에서 걸어갈 수 있는 비싼 방으로 한다
3 역에서 버스를 타고 가는 싼 방으로 한다
4 역과 슈퍼가 근처에 있는 싼 방으로 한다

해설 처음에 제시받은 방은 저렴하지만, 역에서 버스로 20분 걸리는 곳이라 거절하였다. 두 번째 방은 집세가 6만 엔
이라 망설였지만, 예산을 넘지 않았고 걸어가도 10분인데 자전거를 타고 역까지 가면 된다고 하였으니, 정답은
2번이다.

어휘 不動産屋 부동산 | 部屋 방 | 探す 찾다 | 一人暮らし 혼자 살기 | ワンルーム 원룸 | なるべく 될 수 있으면 |
家賃 집세 | いかがですか 「どうですか」의 정중한 표현 | だいたい 대략 | 近く 근처 | 大型スーパー 대형
슈퍼 | 予算 예산 | 自転車 자전거

男の人と女の人が電話で話しています。男の人はこれからどうしますか。

남자와 여자가 전화로 이야기하고 있습니다. 남자는 앞으로 어떻게 합니까?

（電話の着信音）

女：はい、山下工業でございます。

男：いつもお世話になっております。福岡電機の森下と申しますが。

女：申し訳ございませんが、もう一度おっしゃっていただけませんか。

男：はい、福岡電機の森下と申しますが、今羽田空港に到着したところです。これから…。

女：大変申し訳ございません。少々お電話が遠いようです。恐れ入りますが、もう一度お伺いしてもよろしいでしょうか。

男：あっ、申し訳ございません。…… 今はいかがでしょうか。

女：少しよくなりましたが、まだお電話が遠いようです。

男：そうですか。電波が悪いようですので、少し移動してこちらからまたおかけ直ししてもよろしいでしょうか。

女：かしこまりました。よろしくお願いいたします。

（전화 착신음）

여：네, 야마시타 공업입니다.

남：항상 신세지고 있습니다. 후쿠오카 전기의 모리시타라고 합니다만.

여：죄송합니다만, 다시 한 번 말씀해 주실 수 없을까요?

남：네, 후쿠오카 전기의 모리시타라고 합니다만, 지금 하네다 공항에 막 도착했습니다. 이제부터….

여：대단히 죄송합니다. 전화가 좀 먼 것 같습니다. 죄송합니다만, 다시 한 번 여쭤봐도 될까요?

남：아, 죄송합니다. …… 지금은 어떠신지요?

여：조금 좋아졌습니다만, 아직 전화가 먼 것 같습니다.

남：그렇습니까? 전파가 안 좋은 것 같으니 소금 이동해서 제가 다시 걸어도 될까요?

여：알겠습니다. 잘 부탁드립니다.

男の人はこれからどうしますか。

1 少し移動してから山下工業にもう一度電話をかける

2 いったん電話を切って、山下工業の近くまで行く

3 このまま聞こえるまで電話を続ける

4 電話を切らないで電波のいいところまで移動する

남자는 앞으로 어떻게 합니까?

1 조금 이동하고 나서 야마시타 공업에 다시 한번 전화를 건다

2 일단 전화를 끊고 야마시타 공업 근처까지 간다

3 이대로 들릴 때까지 전화를 계속한다

4 전화를 끊지 않고 전파가 좋은 곳까지 이동한다

해설 결정적 힌트는「電波が悪いようですので、少し移動してこちらからまたおかけ直ししてもよろしいでしょうか」이다. 이 말에 여자도 동의했으므로, 정답은 1번이 된다.

어휘 工業 공업 | ～でございます「～です」의 정중어 | 電機 전기 | おっしゃる「言う」의 존경어, 말씀하시다 | ～ていただけませんか ~해 주실 수 없겠습니까? | 到着 도착 | ～たところだ 막 ~했다 | これから 이제부터 | 電話が遠い 전화가 멀다(전화가 잘 안 들릴 때) | 恐れ入りますが 죄송합니다만 | 伺う 여쭙다(「聞く」의

겸양어) | 電波 전파 | 移動 이동 | かけ直す 다시 걸다 | いったん 일단 | 電話を切る 전화를 끊다 | 近く 근처 | 続ける 계속하다

男の人と女の人が話しています。女の人はこれからどうしますか。

男：このごろ、風邪が流行ってるみたいで、体調悪い人が多いですね。

女：そうですね。急に寒くなりましたし、気を付けなければなりませんね。

男：僕は健康のために、毎朝ジョギングしてるんですよ。そのおかげか、今年はまだ風邪をひいてないですね。

女：へ～！毎朝ですか。すごいですね。それで、そんなに元気なんですね。

男：渡辺さんは健康のために何かしていますか。

女：いいえ、全然。運動もあまり好きじゃないですし。

男：でも体のためにも、何かした方がいいですよ。

女：体を動かす代わりに、ビタミンでも飲んで栄養を摂ろうかしら。

男：うーん…。栄養剤もいいですけど、一番いいのはやっぱり適度な運動とバランスのとれた食事ですよ。

女：わかってはいるんですけど…。それがなかなか難しいんですよね。

男：ま、慣れるまでは大変でしょうが、始めることが大事です！まずはウォーキングとか軽い運動から始めてみたらどうですか。

女：うーん。でも運動は毎日続けられる自信がないので、簡単に栄養を摂ることから始めてみます。

男：そうですか。

女の人はこれからどうしますか。

1 男の人といっしょにジョギングを始める
2 一人でウォーキングを始める
3 ビタミンや栄養剤を飲み始める
4 バランスのいい食事をする

5번

남자와 여자가 이야기하고 있습니다. 여자는 앞으로 어떻게 합니까?

남 : 요즘 감기가 유행하고 있는 것 같아서, 몸 상태가 나쁜 사람이 많네요.

여 : 그러게요. 갑자기 추워졌고, 조심해야겠어요.

남 : 저는 건강을 위해서 매일 아침 조깅하고 있거든요. 그 덕분인지 올해는 아직 감기에 걸리지 않았어요.

여 : 와~! 매일 아침이요? 대단하네요. 그래서 그렇게 건강하군요.

남 : 와타나베 씨는 건강을 위해 뭔가 하고 있어요?

여 : 아니요, 전혀. 운동도 별로 좋아하지 않고요.

남 : 하지만 몸을 위해서라도 뭔가 하는 편이 좋아요.

여 : 몸을 움직이는 대신에, 비타민이라도 먹고 영양을 섭취할까?

남 : 음…. 영양제도 좋지만, 가장 좋은 것은 역시 적당한 운동과 균형 잡힌 식사예요.

여 : 알고는 있습니다만…. 그게 꽤 어렵더라고요.

남 : 뭐, 익숙해질 때까지는 힘들겠지만, 시작하는 것이 중요해요! 우선은 걷기나 가벼운 운동부터 시작해 보는 게 어때요?

여 : 음~. 하지만 운동은 매일 계속할 자신이 없으니까, 간단하게 영양을 섭취하는 것부터 시작해 볼게요.

남 : 그래요?

여자는 앞으로 어떻게 합니까?

1 남자와 함께 조깅을 시작한다
2 혼자서 걷기를 시작한다
3 비타민이나 영양제를 먹기 시작한다
4 균형 잡힌 식사를 한다

해설 남자는 건강을 위해서 운동을 하라고 여자에게 계속 권하지만, 여자는 운동을 좋아하지 않는다고 하면서, 운동 대신 영양제를 섭취하겠다고 했다. 그러자 남자는 영양제도 좋지만 역시 운동과 균형 잡힌 식사가 가장 좋다고 권하지만, 여자는 매일 운동을 계속할 자신이 없다면서 「簡単に栄養を摂ることから始めてみます」라고 했으니, 정답은 3번이다.

어휘 | このごろ 요즘 | 流行る 유행하다 | 体調 몸 상태 | 急に 갑자기 | 気を付ける 조심하다 | 健康 건강 | おかげか 덕분인지 | すごい 대단하다 | 動かす 움직이다 | ～代わりに ～대신에 | 栄養 영양 | 摂る 섭취하다 | 栄養剤 영양제 | 適度 적당한 정도 | バランスがとれる 균형이 잡히다 | なかなか 좀처럼 | 慣れる 익숙해지다 | 大事だ 중요하다 | 続ける 계속하다 | 自信 자신

6ばん 🎧 Track 2-1-06

服売り場で男の人と女の人が話しています。男の人はこれからどうしますか。

女：いらっしゃいませ。

男：すみません、このグレーのネクタイいくらですか。

女：15,000円ですが、ただいまセール中で、30％割引となっております。

男：あ、そうなんですね。ちょっとしてみてもいいですか。

女：はい、どうぞ。

男：うーん、デザインはいいんですけど、なんだか似合わない気が…。他の色はありますか。

女：申し訳ございません。黒と紺があったんですが、売り切れてしまって。

男：そう、じゃあ、しょうがないな。

女：デザインは違いますが、こちらの赤のネクタイはいかがでしょうか。そんなに派手じゃないのでお仕事で付けても大丈夫だと思います。こちらの商品もセール中ですよ。

男：赤か…。今まで買ったことがない色だから、どうかな。

女：あ、こちらもお似合いですね。

男：思ったよりも派手じゃなくて、意外といいですね。じゃ、これにします。

6번

옷 매장에서 남자와 여자가 이야기하고 있습니다. 남자는 앞으로 어떻게 합니까?

여 : 어서 오세요.

남 : 저기요, 이 회색 넥타이 얼마예요?

여 : 15,000엔입니다만, 지금 세일 중이라 30% 할인되고 있습니다.

남 : 아, 그렇군요. 잠깐 매 봐도 될까요?

여 : 네, 그러세요.

남 : 음, 디자인은 좋은데, 왠지 어울리지 않는 것 같은 느낌이…. 다른 색상은 있나요?

여 : 죄송합니다. 검정색과 남색이 있었는데, 다 팔렸습니다.

남 : 그래, 그럼, 어쩔 수 없지.

여 : 디자인은 다릅니다만, 이쪽 빨간색 넥타이는 어떠실지요? 그렇게 화려하지 않아 직장에서 매도 괜찮을 것 같아요. 이 상품도 세일 중이에요.

남 : 빨간색이라…. 지금까지 사 본 적이 없는 색이라 어떠려나.

여 : 아, 이쪽도 잘 어울리시네요.

남 : 생각보다 화려하지 않고 의외로 좋네요. 그럼, 이걸로 할게요.

男の人はこれからどうしますか。	남자는 앞으로 어떻게 합니까?
1 今日は何も買わずに帰る	1 오늘은 아무것도 사지 않고 돌아간다
2 グレーと紺のネクタイを買う	2 회색과 남색 넥타이를 산다
3 黒のネクタイを注文する	3 검정 넥타이를 주문한다
4 赤のネクタイを買う	4 빨간 넥타이를 산다

해설 처음에 회색 넥타이를 매 본 남자는 디자인은 괜찮은데 색상이 마음에 안 든다며 다른 색상을 요구하지만, 다른 색상은 품절이라 여자는 디자인이 다른 빨간색 넥타이를 권한다. 남자는 한 번도 빨간색 넥타이를 사 본 적이 없다며 망설였지만, 착용해 보고 마음에 들어 하며 빨간색 넥타이를 구입하기로 하였으니, 정답은 4번이다.

어휘 服売り場 옷 매장 | グレー 회색 | ネクタイ 넥타이 | ただいま 지금 | セール中 세일 중 | 割引 할인 | 似合う 어울리다 | 黒 검정 | 紺 남색, 네이비 | 売り切れる 품절되다 | 派手だ 화려하다 | 意外と 이외로 | 注文 주문

문제 2 문제 2에서는 먼저 질문을 들으세요. 그 후 문제지를 보세요. 읽을 시간이 있습니다. 그리고 이야기를 듣고 문제지의 1~4 중에서 가장 적당한 것을 하나 고르세요.

れい 🎧 Track 2-2

女の人と男の人が映画のアプリについて話しています。女の人がこのアプリをダウンロードした一番の理由は何ですか。

女：田中君もよく映画見るよね。このアプリ使ってる？

男：いや、使ってないけど…。

女：ダウンロードしてみたら。映画が見たいときにすぐ予約もできるし、混雑状況も分かるよ。

男：へえ、便利だね。

女：映画の情報はもちろん、レビューまで載っているから、すごく参考になるよ。

男：ゆりちゃん、もうはまっちゃってるね。

女：でも、何よりいいことは、キャンペーンでチケットや限定グッズがもらえることだよ。私は、とにかくたくさん映画が見たいから、よく応募してるよ。

男：そうか。いろいろいいね。

女の人がこのアプリをダウンロードした一番の理由は何ですか。

1 早く映画の情報が知りたいから
2 キャンペーンに応募してチケットをもらいたいから
3 限定グッズをもらって人に見せたいから
4 レビューを読んで、話題の映画が見たいから

예

여자와 남자가 영화 앱에 대해 이야기하고 있습니다. 여자가 이 앱을 다운로드한 가장 큰 이유는 무엇입니까?

여 : 다나카 군도 자주 영화 보지? 이 앱 쓰고 있어?

남 : 아니, 사용하지 않는데….

여 : 다운로드해 보지 그래? 영화가 보고 싶을 때 바로 예약도 할 수 있고, 혼잡 상황도 알 수 있어.

남 : 에~, 편리하네.

여 : 영화 정보는 물론, 리뷰까지 실려 있기 때문에 굉장히 참고가 돼.

남 : 유리, 이미 빠져 있구나.

여 : 하지만 무엇보다 좋은 것은 캠페인으로 티켓이나 한정 상품을 받을 수 있는 거야. 난 어쨌든 많은 영화를 보고 싶으니까 자주 응모하고 있어.

남 : 그렇구나. 여러모로 좋네.

여자가 이 앱을 다운로드한 가장 큰 이유는 무엇입니까?

1 빨리 영화 정보를 알고 싶으니까
2 캠페인에 응모하여 티켓을 받고 싶으니까
3 한정 상품을 받아서 남에게 보여주고 싶으니까
4 리뷰를 읽고 화제의 영화를 보고 싶으니까

해설 「何よりいいことは 무엇보다 좋은 것은」와 같은 표현이 나오면 뒤에 나오는 말에 집중해야 한다. 여자는 어쨌든 많은 영화를 보고 싶다고 했으니 티켓을 받고 싶은 마음이 드러나 있다는 것을 알 수 있다. 그러므로 캠페인에 응모하여 티켓을 받고 싶다고 한 2번이 정답이 된다.

어휘 アプリ 앱 | 混雑 혼잡 | 状況 상황 | レビュー 리뷰 | 情報 정보 | 載る 실리다 | 参考 참고 | はまる 빠지다, 열중하다 | 限定 한정 | グッズ 상품 | とにかく 어쨌든 | 応募 응모 | 見せる 보여주다 | 話題 화제

男の人と女の人が話しています。男の人はどうして板橋君の家に泊まることにしましたか。

女：ひろし君、どうしたの？ 顔色よくないよ。

男：ゆうべ、全然眠れなかったんだ。

女：え？ どうしたの？ 何かあったの？

男：それがさ、昨日隣の家で飲み会をしてたみたいで、一晩中、話し声ですごくうるさかったんだよ。

女：ええ？ それ文句言いに行った？

男：ううん、昨日だけだし我慢したら大丈夫だと思ってたんだけど、今度は今日の深夜から家の前で道路工事が始まるらしいんだよ。

女：ええ？ 工事の期間はどれくらい？

男：三日間だって。それで、工事が終わるまでは板橋君の家に泊まらせてもらうことにしたんだ。

女：よかったわね！ ちょうど試験もあるし、一緒に勉強できるじゃない。

男：うん、いい点数とれるように頑張るよ。

男の人はどうして板橋君の家に泊まることにしましたか。

1 板橋君と試験勉強をすることにしたから
2 工事のせいで眠れなくなりそうだから
3 隣の家がうるさくて眠れないから
4 板橋君の家に招待されたから

1번

남자와 여자가 이야기하고 있습니다. 남자는 왜 이타바시 군의 집에 묵기로 했습니까?

여：히로시 군, 왜 그래? 안색이 좋지 않아.

남：어젯밤에 잠을 전혀 못 잤어.

여：엣? 왜 그러는데? 무슨 일 있었어?

남：그게 말이야, 어제 옆집에서 술자리가 있었던 것 같았는데, 밤새 이야기 소리 때문에 엄청 시끄러웠어.

여：뭐? 그거 불평하러 갔어?

남：아니, 어제 하루뿐이니 참으면 괜찮을 거라고 생각했는데, 이번에는 오늘 심야부터 집 앞에서 도로 공사가 시작되는 것 같아.

여：엣? 공사 기간은 어느 정도야?

남：3일간이래. 그래서 공사가 끝날 때까지는 이타바시 군 집에서 묵기로 했어.

여：잘됐네! 마침 시험도 있고, 같이 공부할 수 있잖아.

남：응, 좋은 점수 받을 수 있도록 노력할게.

남자는 왜 이타바시 군의 집에 묵기로 했습니까?

1 이타바시 군과 시험공부를 하기로 해서
2 공사 때문에 잠을 못 자게 될 것 같아서
3 옆집이 시끄러워서 잠을 못 자서
4 이타바시 군의 집에 초대받아서

해설 남자가 어제는 옆집이 시끄러워서 잠을 못 잤는데, 오늘밤에는 도로 공사가 시작되어 잠을 못 잘 것 같다며, 공사 기간 중인 3일간은 이타바시 군의 집에 가 묵기로 했다고 했으니, 정답은 2번이다.

어휘 顔色 안색 | ゆうべ 어젯밤 | 眠る 자다 | 飲み会 술자리, 회식 | 一晩中 밤새 | 話し声 말소리 | すごく 몹시 | うるさい 시끄럽다 | 文句 불평 | 我慢する 참다 | 深夜 심야 | 道路工事 도로 공사 | 始まる 시작되다 | 泊まる 묵다 | 点数をとる 점수를 받다 | 招待 초대

男の人と女の人が会社で話しています。男の人が韓国語の勉強を始めたきっかけは何ですか。

男：矢田さんは何か外国語を勉強したことがありますか。

女：外国語ですか。大学の専攻がフランス文学だったのでフランス語を勉強したくらいでしょうかね。

男：フランス語ですか。すごいですね。

女：いやいや、そんなことはないですよ。石田さんは何かやっていますか。

男：最近、韓国語を勉強し始めたんですよ。

女：韓国語？　いつからですか。

男：まだ3か月くらいですね。

女：あ、そういえばうちの会社、来年韓国支社を開設しますよね。それで始めたんですか。

男：いや、実は、韓国人の彼女がいるんです。それで…。

女：あ〜それがきっかけだったんですね。

男の人が韓国語の勉強を始めたきっかけは何ですか。

1　大学の専攻だったから
2　韓国支社に行くことになったから
3　韓国人の女性と付き合っているから
4　韓国へ旅行に行くことになったから

2번

남자와 여자가 회사에서 이야기하고 있습니다. 남자가 한국어 공부를 시작한 계기는 무엇입니까?

남 : 야다 씨는 뭔가 외국어를 공부한 적이 있어요?

여 : 외국어요? 대학 전공이 프랑스 문학이었기 때문에 프랑스어를 공부한 정도일까요?

남 : 프랑스어요? 대단하네요.

여 : 아니에요, 그렇지도 않아요. 이시다 씨는 뭔가 하고 있어요?

남 : 최근에 한국어를 공부하기 시작했어요.

여 : 한국어? 언제부터예요?

남 : 아직 3개월 정도예요.

여 : 아, 그러고 보니 우리 회사, 내년에 한국 지사를 개설하지요? 그래서 시작한 거예요?

남 : 아니요, 실은 한국인 여자친구가 있어요. 그래서….

여 : 아~, 그게 계기였군요.

남자가 한국어 공부를 시작한 계기는 무엇입니까?

1 대학 전공이었기 때문에
2 한국 지사에 가게 되었기 때문에
3 한국인 여성과 사귀고 있기 때문에
4 한국에 여행 가게 되었기 때문에

해설 남자가 한국어 공부를 시작했다는 말에 여자는 내년에 한국 지사를 개설하기로 한 회사 방침에 맞추어 시작했다고 생각했다. 하지만 남자의 마지막 대화에서 「実は、韓国人の彼女がいるんです」라고 했고 그래서 시작했다고 했으니, 정답은 3번이다.

어휘 外国語 외국어 | 専攻 전공 | そういえば 그러고 보니 | うちの〜 우리~ | 支社 지사 | 開設 개설 | 実は 실은 | 彼女 여자친구 | きっかけ 계기 | 付き合う 사귀다

3ばん 🎧 Track 2-2-03

会社で男の人と女の人が話しています。男の人はどうして資料を修正するように指示しましたか。

女：課長、お忙しいところすみません。今、お時間よろしいでしょうか。

男：うん、どうした？

女：昨日頼まれていた資料の作成が終わったので、確認していただきたいと思いまして…。

男：早かったね。じゃあ、見せてもらうよ。

（しばらくたって）

男：なかなかよくできているね。ただね。

女：はい。なにか…。

男：この３ページ目のところなんだけど、この商品の紹介は入れないでくれ。

女：え？この商品はもうすぐ発売ですよね？資料に入れておかなければならないと思うのですが…。

男：それが、先日の会議でこの商品は発売を延期することにしたんだよ。だからこのページは要らないから書き直してくれるかな。

女：そうだったんですね。わかりました。

男の人はどうして資料を修正するように指示しましたか。

1 売れていない商品の紹介が入っていたから
2 発売が延期になった商品の紹介が入っていたから
3 商品の説明が間違いだらけだったから
4 もうこの資料は使わなくなったから

3번

회사에서 남자와 여자가 이야기하고 있습니다. 남자는 왜 자료를 수정하라고 지시했습니까?

여：과장님, 바쁘신 데 죄송합니다. 지금 시간 괜찮으실까요?

남：응, 무슨 일이야?

여：어제 부탁하셨던 자료 작성이 끝나서 확인해 주셨으면 해서요.

남：빨리 했네. 그럼, 볼게.

（잠시 후）

남：꽤 잘 만들어졌네. 다만 말이야.

여：네. 뭔가….

남：이 3페이지째 말인데, 이 상품 소개는 넣지 말아줘.

여：네? 이 상품은 곧 발매되는 거지요? 자료에 넣어 두어야 할 것 같습니다만….

남：그게 말이지, 며칠 전 회의에서 이 상품은 발매를 연기하기로 했거든. 그래서 이 페이지는 필요없으니 다시 써 주겠어?

여：그랬군요. 알겠습니다.

남자는 왜 자료를 수정하라고 지시했습니까?

1 팔리지 않는 상품의 소개가 들어 있었기 때문에
2 발매가 연기된 상품의 소개가 들어 있었기 때문에
3 상품 설명이 틀린 것투성이였기 때문에
4 이제 이 자료는 사용하지 않게 되었기 때문에

해설 여자는 곧 발매될 상품이라 상품에 대한 내용을 자료에 넣었는데, 과장은 「先日の会議でこの商品は発売を延期することにしたんだ」라며 자료를 수정하라고 지시한 것이므로, 정답은 2번이다.

어휘 資料 자료 | 修正 수정 | お忙しいところ 바쁘신 데 | 頼む 부탁하다 | 作成 작성 | 確認 확인 | よくできている 잘 했다, 잘 만들었다 | ただ 다만 | 商品 상품 | 発売 발매 | 延期 연기 | 要る 필요하다 | 書き直す 다시 쓰다 | 間違い 틀림, 잘못 | ～だらけ ~투성이 | もう 이제

제2회 실전모의고사 해설 – 청해　93

4ばん 🎧 Track 2-2-04

男の人と女の人が話しています。男の人がお酒をやめた一番の理由は何ですか。

男：山本さん、実は僕、お酒やめたんですよ。

女：え～！あんなに好きだったのに。上田さんすごいですね。

男：ええ、ありがとうございます。

女：やっぱり健康のことを考えてやめたんですか。

男：まあ、それもありますが、それよりも来月からお酒の値段が上がるそうなんですよ。

女：あ、私もこの前ニュースで見ましたよ。10年ぶりだそうですね。

男：ええ、毎日飲んでいた私にとってはそれが大きな負担になりそうで。

女：でもそれでやめられたからよかったじゃないですか。

男の人がお酒をやめた一番の理由は何ですか。

1 金銭的な負担が大きくなったから
2 健康が一番だと考えたから
3 医者にやめるように言われたから
4 10年ぶりにお酒の値段が安くなるから

4번

남자와 여자가 이야기하고 있습니다. 남자가 술을 끊은 가장 큰 이유는 무엇입니까?

남 : 야마모토 씨, 실은 나, 술 끊었어요.

여 : 아~! 그렇게 좋아했는데. 우에다 씨 대단하시네요.

남 : 네, 감사합니다.

여 : 역시 건강을 생각해서 끊은 건가요?

남 : 음, 그것도 있습니다만, 그것보다 다음 달부터 술값이 오른다고 합니다.

여 : 아, 저도 얼마 전에 뉴스에서 봤어요. 10년 만이라고 하네요.

남 : 네, 매일 마시던 저에게 있어서는 그게 큰 부담이될 것 같아서요.

여 : 그래도 그걸로 끊을 수 있어서 다행이잖아요.

남자가 술을 끊은 가장 큰 이유는 무엇입니까?

1 금전적 부담이 커졌기 때문에
2 건강이 최고라고 생각했기 때문에
3 의사가 끊으라고 했기 때문에
4 10년 만에 술값이 싸지기 때문에

해설 남자가 술을 끊었다는 말에 여자는 건강을 위해서라고 생각했지만, 남자는 건강보다도 다음 달부터 술값이 오른다고 하며, 술값이 오르면 「それが大きな負担」이 될 것 같다고 하였으니, 정답은 1번이다.

어휘 お酒をやめる 술을 끊다 | あんなに 저렇게, 그렇게 | 健康 건강 | 値段が上がる 가격이 오르다 | ～ぶり ～만에 | ～にとっては ～에 있어서는 | 負担 부담 | 金銭的 금전적

男の人と女の人がスーパーで話しています。二人はどうしてトイレットペーパーを買わないことにしましたか。

男：このトイレットペーパー安いな。

女：あ、ほんとだ。今日だけこの値段みたいよ。

男：だったら２パック買って帰ろうか。トイレットペーパーってすぐなくなるし。

女：でも、家まで歩いて３０分もかかるのよ。持って帰れる？

男：あ、そうだった、今日は車じゃなかったんだ。

女：そうよ。散歩がてらに来ただけだし、こんな重いもの買うつもりなんてなかったでしょ。

男：そうだった。買うとしてもお菓子とかパンくらいで、トイレットペーパーは考えてなかったな。

女：そうよ。だからこんなの持って３０分も歩くのは無理だわ。

男：じゃ、タクシーに乗る？

女：それじゃ意味ないじゃない。タクシー代の方がもっと高いわよ！

男：あ、そうだね。今日はあきらめるしかないか。

二人はどうしてトイレットペーパーを買わないことにしましたか。

1　お金が足りなかったから

2　歩いて持って帰れないから

3　セールが終わっていたから

4　タクシーで帰ることにしたから

5번

남자와 여자가 슈퍼에서 이야기하고 있습니다. 두 사람은 왜 휴지를 사지 않기로 했습니까?

남 : 이 휴지 싸네.

여 : 아, 진짜. 오늘만 이 가격인 것 같아.

남 : 그럼 2팩 사 갈까? 휴지는 금방 떨어지니까.

여 : 하지만 집까지 걸어서 30분이나 걸려. 들고 갈 수 있겠어?

남 : 아, 그렇지, 오늘은 차 안 가져왔지.

여 : 그래. 산책 겸 왔을 뿐이지, 이렇게 무거운 거 살 생각 같은 건 없었잖아.

남 : 그랬지. 산다고 해도 과자나 빵 정도로, 휴지는 생각하지 않았지.

여 : 맞아. 그러니까 이런 거 들고 30분이나 걷는 건 무리야.

남 : 그럼 택시 탈래?

여 : 그럼 의미가 없잖아. 택시비가 더 비싸!

남 : 아, 그러네. 오늘은 포기하는 수밖에 없네.

두 사람은 왜 휴지를 사지 않기로 했습니까?

1 돈이 부족했기 때문에

2 걸어서 들고 갈 수 없기 때문에

3 세일이 끝났기 때문에

4 택시 타고 돌아가기로 했기 때문에

해설 휴지가 세일 중이라 사고 싶었지만, 무거운 휴지를 들고 30분이나 걸어서 집에 가기는 힘들다고 생각하여, 휴지 사기를 포기하였으므로, 정답은 2번이다.

어휘 トイレットペーパー 화장실용 휴지 | 値段 가격 | だったら 그럼, 그렇다면 | ２パック 두 묶음, 두 팩 | 散歩 산책 | ～がてら ~겸 | お菓子 과자 | 無理 무리 | タクシー代 택시비 | あきらめる 포기하다 | ～しかない ~할 수밖에 없다 | 足りない 부족하다, 모자라다

6번

男の学生と女の学生が話しています。男の学生は新しい定食屋の何が不満ですか。

남학생과 여학생이 이야기하고 있습니다. 남학생은 새로운 정식 가게의 무엇이 불만입니까?

男：学校の前に新しくできた食堂、行ってみた？

女：あ、カフェの隣にできた定食屋？ いや、まだだけど、田中君は行ったの？

男：うん、昨日の昼、小田先輩と一緒に行ったんだ。

女：そう、どうだった？

男：うーん、新しいところだったから楽しみにして行ったんだけど、まあまあかな。

女：え？ あんまりおいしくなかったの？

男：味はおいしかったよ。値段も高くはなかったしね。

女：じゃ、サービスが悪かったの？ 店員さんが不親切だったとか？

男：いや、そうじゃないんだけど、量がね。

女：量？

男：そう、僕も小田先輩も運動した後だったから、ボリュームたっぷりの定食が食べたかったんだけど、思ったより少なくてさ。お腹がいっぱいにならなかったんだよ。

女：そうだったのね。

남 : 학교 앞에 새로 생긴 식당 가 봤어?

여 : 아, 카페 옆에 생긴 정식 가게? 아니, 아직인데 다나카 군은 갔어?

남 : 응, 어제 낮에 오다 선배랑 같이 갔었어.

여 : 그래, 어땠어?

남 : 음, 새로운 곳이었기 때문에 기대하고 갔는데, 그저 그랬어.

여 : 엣? 별로 맛이 없었어?

남 : 맛은 있었어. 가격도 비싸지는 않았고.

여 : 그럼, 서비스가 나빴어? 점원이 불친절했다던가?

남 : 아니, 그건 아닌데, 양이 말이야.

여 : 양?

남 : 그래, 나노 오나 선배노 운동한 후였기 때문에, 양이 푸짐한 정식이 먹고 싶었는데, 생각보다 적어서. 배가 부르지 않았단 말이야.

여 : 그랬구나.

男の学生は新しい定食屋の何が不満ですか。

1 料理がおいしくなかったこと
2 値段が思ったより高かったこと
3 店員のサービスがよくなかったこと
4 定食の量が少なかったこと

남학생은 새로운 정식 가게의 무엇이 불만입니까?

1 요리가 맛이 없었던 점
2 가격이 생각보다 비쌌던 점
3 점원의 서비스가 좋지 않았던 점
4 정식의 양이 적었던 점

해설 남학생은 새로 생긴 정식 가게에 대한 불만을 말하고 있다. 대개 식당에 대한 불만은 맛에 관한 내용이 많지만, 이 문제에서 남학생은 양이 적어서 불만이었다. 「ボリュームたっぷりの定食が食べたかったんだけど、思ったより少なくてさ。お腹がいっぱいにならなかったんだよ」란 내용이 힌트가 된다. 따라서 정답은 4번이다.

어휘 定食屋 정식 가게 | 不満 불만 | 食堂 식당 | 隣 옆 | 楽しみにする 기대하다 | まあまあだ 그저 그렇다 | 店員 점원 | 不親切だ 불친절하다 | 量 양 | ボリュームたっぷり 음식 등의 양이 많은 상태

문제 3 문제 3에서는 문제지에 아무것도 인쇄되어 있지 않습니다. 이 문제는 전체로써 어떤 내용인가를 묻는 문제입니다. 이야기 앞에 질문은 없습니다. 먼저 이야기를 들어 주세요. 그리고 질문과 선택지를 듣고, 1~4 중에서 가장 적당한 것을 하나 고르세요.

れい 🎧 Track 2-3

男の人と女の人が映画を見て話しています。

男：映画、どうだった？

女：まあまあだった。

男：そう？ ぼくは、けっこうよかったと思うけど。主人公の演技もよかったし。

女：うん、確かに。でも、ストーリーがちょっとね…。

男：ストーリー？

女：うん、どこかで聞いたようなストーリーっていうか…。主人公の演技は確かにすばらしかったと思うわ。

男：そう？ ぼくはストーリーもおもしろかったと思うけどね。

女の人は映画についてどう思っていますか。

1 ストーリーも主人公の演技もよかった

2 ストーリーも主人公の演技もよくなかった

3 ストーリーはよかったが、主人公の演技はよくなかった

4 ストーリーはよくなかったが、主人公の演技はよかった

예

남자와 여자가 영화를 보고 이야기하고 있습니다.

남 : 영화, 어땠어?

여 : 그냥 그랬어.

남 : 그래? 난 꽤 좋았다고 생각하는데. 주인공의 연기도 좋았고.

여 : 응, 확실히(그건 그래). 근데 스토리가 좀….

남 : 스토리?

여 : 응, 어디선가 들어본 것 같은 스토리라고 할까…. 주인공의 연기는 확실히 훌륭했다고 생각해.

남 : 그래? 나는 스토리도 재미있었다고 생각하는데.

여자는 영화에 대해 어떻게 생각하고 있습니까?

1 스토리도 주인공의 연기도 좋았다

2 스토리도 주인공의 연기도 좋지 않았다

3 스토리는 좋았지만, 주인공의 연기는 좋지 않았다

4 스토리는 좋지 않았지만, 주인공의 연기는 좋았다

해설 여자는 주인공의 연기는 좋았다고 인정했지만, 스토리가 별로였다고 하였으므로, 정답은 4번이 된다.

어휘 まあまあだ 그저 그렇다 ▶ まあまあ 그럭저럭 | 主人公 주인공 | 演技 연기 | 確かに 확실히 | すばらしい 훌륭하다

1ばん 🎧 Track 2-3-01

アナウンスを聞いてください。

女：本日も青島百貨店にお越しいただき、誠に
　　ありがとうございます。ご来店中のお客様
　　のお呼び出しを申し上げます。先ほど、本
　　館1階にて傘とハンカチをお求めになられ
　　ました、山下様。お忘れ物がございます。
　　本館2階サービスカウンターまでお越しく
　　ださいませ。本日もご来店いただきまして、
　　誠にありがとうございます。

このアナウンスを聞いた「山下さん」はどうす
べきですか。
1 青島百貨店へ傘を買いに行く
2 青島百貨店へお客様を迎えに行く
3 本館1階の売り場に戻る
4 本館2階のサービスカウンターに行く

1번

안내방송을 들어 주세요.

여 : 오늘도 아오시마 백화점을 방문해 주셔서 대단
　　히 감사합니다. 방문 중인 고객님의 호출을 말씀
　　드리겠습니다. 조금 전 본관 1층에서 우산과 손
　　수건을 구입하신, 야마시타 님. 분실물이 있습니
　　다. 본관 2층 서비스 카운터로 와 주시기를 바랍
　　니다. 오늘도 방문해 주셔서 정말 감사합니다.

이 안내방송을 들은 '야마시타 씨'는 어떻게 해야 합
니까?

1 아오시마 백화점에 우산을 사러 간다

2 아오시마 백화점에 손님을 데리러 간다

3 본관 1층 매장으로 돌아간다

4 본관 2층 서비스 카운터에 간다

> **해설** 이 안내방송에서 가장 중요한 내용은 야마시타란 사람이 물건을 두고 갔으니 그 물건을 찾으러 본관 2층 서비
> 스 카운터로 와 달라는 것이므로, 정답은 4번이다.

> **어휘** 本日 오늘 | 百貨店 백화점 | お越しいただく 와 주시다 | 誠に 진심으로, 정말로 | ご来店中 '손님의 업소 방
> 문 중'을 존경의 뜻으로 쓰는 표현 | 呼び出し 호출 | 申し上げる 「言う」의 겸손어 | 先ほど 조금 전 | 本館 본
> 관 | ～にて ~에서 | 傘 우산 | お求めになる 구입하시다 | 忘れ物 분실물 | ございます 「あります」의 정중
> 어 | お越しください 와 주세요

2ばん 🎧 Track 2-3-02

男の人が海洋汚染について話しています。

男：みなさんは、海洋汚染についてどの程度関
　　心をお持ちですか。今日はきれいな海を維
　　持するために私たちができることについて
　　話したいと思います。
　　海洋汚染の原因の一つは、正しく処理され
　　なかったプラスチックごみが海に流れて、
　　海洋ゴミになってしまうことが挙げられま
　　す。まずはそのようなプラスチックゴミを
　　きちんとゴミ箱に捨てるという当たり前の
　　ことを行うことが大切です。

2번

남자가 해양 오염에 대해 이야기하고 있습니다.

남 : 여러분은 해양 오염에 대해 어느 정도 관심을 가
　　지고 있습니까? 오늘은 깨끗한 바다를 유지하기
　　위해 우리가 할 수 있는 일에 대해 이야기하겠습
　　니다.
　　해양 오염의 원인 중 하나는 올바르게 처리되지
　　않은 플라스틱 쓰레기가 바다로 흘러가 해양 쓰
　　레기가 되어 버리는 것을 들 수 있습니다. 우선은
　　그러한 플라스틱 쓰레기를 제대로 휴지통에 버린
　　다고 하는 당연한 일을 실시하는 것이 중요합니
　　다.

その上で、紙ストローや自分のボトルを利用すれば、プラスチックごみを減らすことができるでしょう。また、プラスチック製品をリサイクルする際には、分別し、きれいに洗ってから出すようにしましょう。きちんと分別されていなかったり、汚れていたりすると、リサイクルできないことがあるからです。

二つ目の原因はキッチンやお風呂、トイレなど私たちの生活から出る排水です。このような排水は最終的に海に流されます。大量の洗剤や食べ残し、調理に使った油などをそのまま流さないようにしましょう。

このほかにも私たちにできることはたくさんあります。きれいな海を維持するためにもできることから行動してみませんか。

그런 다음, 종이 빨대나 자신의 병을 이용하면 플라스틱 쓰레기를 줄일 수 있을 것입니다. 또한 플라스틱 제품을 재활용할 때는 분리하고, 깨끗이 씻고 나서 배출하도록 합시다. 제대로 분리되지 않았거나 더러워져 있거나 하면, 재활용할 수 없는 경우가 있기 때문입니다.

두 번째 원인은 주방이나 욕실, 화장실 등 우리 생활에서 나오는 배수입니다. 이러한 배수는 최종적으로 바다로 흘러갑니다. 대량의 세제나 먹다 남은 음식, 조리에 사용한 기름 등을 그대로 흘리지 않도록 합시다.

이 밖에도 우리에게 할 수 있는 일은 많이 있습니다. 깨끗한 바다를 유지하기 위해서도 할 수 있는 일부터 행동해 보지 않겠습니까?

男の人は、きれいな海を維持するためにどうするべきだと話していますか。

1 プラスチック容器やストローをたくさん使う
2 リサイクル製品を使うようにする
3 ゴミを出すときはしっかり分別する
4 洗剤や油はトイレに流すようにする

남자는 깨끗한 바다를 유지하기 위해 어떻게 해야 한다고 말하고 있습니까?

1 플라스틱 용기나 빨대를 많이 사용한다
2 재활용 제품을 사용하도록 한다
3 쓰레기를 버릴 때는 확실히 분리한다
4 세제나 기름은 화장실에 흘려보내도록 한다

해설 해양 오염의 원인에 대해 이야기하면서, 깨끗한 바다를 유지하기 위해서는 쓰레기를 제대로 분리하고, 깨끗이 씻은 후 배출하도록 하자고 했으므로, 정답은 3번이다.

어휘 海洋汚染 해양 오염 | どの程度 어느 정도 | 関心 관심 | お持ちですか 갖고 계십니까? | 維持する 유지하다 | 原因 원인 | 処理 처리 | プラスチックごみ 플라스틱 쓰레기 | 流れる 흐르다 | 挙げる (예 등을)들다 | きちんと 제대로 | ゴミ箱 쓰레기통 | 捨てる 버리다 | 当たり前だ 당연하다 | 行う 행하다, 실시하다 | その上で 그런 다음 | 紙ストロー 종이빨대 | ボトル 병 | 利用 이용 | 減らす 줄이다 | 製品 제품 | 際 때 | 分別 분별, 분리 | 汚れる 더러워지다 | 排水 배수 | 最終的に 최종적으로 | 流す 흘리다 | 洗剤 세제 | 食べ残し 남은 음식 | 調理 조리 | 油 기름 | そのまま 그대로 | 行動 행동

男の学生と女の学生が話しています。

男：さなちゃん、悪いんだけど、昨日の授業の
　　ノート貸してくれない？
女：昨日の授業って、何の授業？
男：統計学の授業。
女：その授業なら、はやと君も出席したんじゃ
　　ないの？
男：それが、昨日の授業は朝寝坊しちゃって、
　　出られなかったんだ…。
女：そうだったの。はい、これ。
男：ごめん、その代わり、今日のお昼ごちそう
　　するよ。
女：ま、いいわよ。これくらい。
男：それにしても、さなちゃんのノートすごい
　　ね。わかりやすいよ。
女：そう？ありがとう。
男：僕は、授業だけじゃわからないところばか
　　りで、大変だよ。家に帰ってノートを見て
　　も、全然理解できないし。
女：確かに、難しいところもあるわよね。
男：そう、それでときどき授業中、どうしても
　　居眠りしちゃうんだよね。
女：そうなのね。私もときどき眠い時があるけ
　　ど、できるだけ集中して聞くようにしてる
　　よ。はやと君もがんばって！

男の学生は統計学の授業をどう思っていますか。

1　とてもいい授業だと思っている
2　つまらないと思っている
3　内容が難しいと思っている
4　先生の説明がわかりやすいと思っている

3번

남학생과 여학생이 이야기하고 있습니다.

남 : 사나, 미안한데, 어제 수업 노트 빌려주지 않을
　　래?
여 : 어제 수업이라니, 무슨 수업?
남 : 통계학 수업.
여 : 그 수업이라면, 하야토 너도 출석하지 않았어?
남 : 그게 말이야, 어제 수업은 늦잠을 자서 출석 못
　　했거든….
여 : 그랬어? 자, 이거.
남 : 미안, 그 대신 오늘 점심 살게.
여 : 뭐 됐어, 이 정도 갖고.
남 : 그건 그렇고 사나 노트 굉장하네. 이해하기 쉬워.
여 : 그래? 고마워.
남 : 나는 수업만으로는 모르는 부분이 많아서, 힘들
　　어. 집에 가서 노트를 봐도 전혀 이해가 안 되고.
여 : 확실히 어려운 점도 있지.
남 : 그러게, 그래서 가끔 수업 중에 아무래도 졸고 말아.
여 : 그렇구나. 나도 가끔 졸릴 때가 있지만, 될 수 있
　　는 한 집중해서 듣도록 하고 있어. 하야토 너도
　　열심히 해!

남학생은 통계학 수업을 어떻게 생각하고 있습니까?

1 매우 좋은 수업이라고 생각하고 있다
2 지루하다고 생각하고 있다
3 내용이 어렵다고 생각하고 있다
4 선생님의 설명이 이해하기 쉽다고 생각하고 있다

해설 대화에서 남학생은 「授業だけじゃわからないところばかりで、大変だよ。家に帰ってノートを見ても、全然理解できない」라고 했다. 즉 남학생은 수업만으로는 모르는 부분만 많아서 힘들다고 했으니, 정답은 3번이다.

어휘 悪いんだけど 미안한데 | 統計学 통계학 | 朝寝坊 늦잠 | その代わり 그 대신 | ごちそうする (밥, 술 등을) 사다 | それにしても 그건 그렇고 | 大変だ 힘들다 | 理解 이해 | 授業中 수업 중 | どうしても 꼭, 무슨 일이 있어도 | 居眠りする (앉아서)졸다 | 集中 집중 | つまらない 지루하다 | 説明 설명

문제 4 문제 4에서는 그림을 보면서 질문을 들어 주세요. 화살표(→)가 가리키는 사람은 뭐라고
말합니까? 1~3 중에서 가장 적당한 것을 하나 고르세요.

れい 🎧 Track 2-4

朝、友だちに会いました。何と言いますか。

男：1　おはよう。

　　2　こんにちは。

　　3　こんばんは。

| **예** |
| 아침에 친구를 만났습니다. 뭐라고 말합니까? |
| 남 : 1 안녕.(아침 인사) |
| 　　2 안녕.(점심 인사) |
| 　　3 안녕.(저녁 인사) |

해설 아침에 친구를 만나 인사하는 장면이다. 「おはようございます」를 친구나 가족에게 말할 때는 줄여서 「おはよう」라고 한다.

어휘 朝 아침 | 友だち 친구 | 会う 만나다

1ばん 🎧 Track 2-4-01

年末になり、もうすぐ新年です。周りの人に何と言いますか。

女：1　明けましておめでとうございます。

　　2　よいお年をお迎えください。

　　3　心よりお祝い申し上げます。

| **1번** |
| 연말이 되었고, 곧 새해입니다. 주위 사람들에게 뭐라고 말합니까? |
| 여 : 1 새해 복 많이 받으세요. |
| 　　2 좋은 내년을 맞이해 주세요. |
| 　　3 진심으로 축하드립니다. |

해설 연말연시 인사말은 그대로 외우자. 2번 인사말은 연말에 사용하며, 1번은 새해가 되었을 때 하는 인사말이다. 3번은 결혼식, 승진 등을 축하할 때 사용하는 인사말이다.

어휘 年末 연말 | 新年 새해 | 周り 주위, 주변 | 明ける 새해가 되다 | よいお年 좋은 내년 | 迎える 맞이하다 | 心より 진심으로 | 祝う 축하하다 | 申し上げる 말씀드리다 | お+동사ます형+申し上げる ~하다(겸양어)

2ばん 🎧 Track 2-4-02

友達の体調が悪くなりました。何と言いますか。

女：1　家でゆっくり休んだ方がいいんじゃない？

　　2　病院に行かない方がいいんじゃない？

　　3　薬を飲みすぎた方がいいんじゃない？

| **2번** |
| 친구의 몸 상태가 나빠졌습니다. 뭐라고 말합니까? |
| 여 : 1 집에서 푹 쉬는게 좋지 않을까? |
| 　　2 병원에 가지 않는 게 좋지 않을까? |
| 　　3 약을 너무 많이 먹는 게 좋지 않을까? |

해설 친구의 몸 상태가 나빠 보여서 집에 가서 쉬는 게 좋지 않겠냐고 하는 장면이므로, 정답은 1번이다.

어휘 体調が悪い 몸 상태가 나쁘다 | ゆっくり休む 푹 쉬다 | ~た方がいい ~하는 게 좋다 | ~ない方がいい ~하지 않는 게 좋다 | 薬を飲む 약을 먹다

3 ばん 🎧 Track 2-4-03

会議で使う資料が完成しました。先輩社員に何と言いますか。

女：1 資料ができたのですが、見てあげましょうか。

2 資料ができたのですが、見ていただけませんか。

3 資料ができたのですが、見せていただけませんか。

3번

회의에서 사용할 자료가 완성되었습니다. 선배 사원에게 뭐라고 말합니까?

여 : 1 자료가 완성되었는데, 봐 드릴까요?

2 자료가 완성되었는데, 봐 주실 수 없겠습니까?

3 자료가 완성되었는데, 보여주실 수 없겠습니까?

해설 자료가 완성되어 선배에게 체크를 부탁하는 상황인데, 상대에게 부탁할 때의 표현을 알아야 한다. 「～ていただけませんか」는 상대에게 '~해 주실 수 없겠습니까?'라며 정중하게 부탁하는 표현이다. 참고로 「～ていただけますか ~해 주실 수 있겠습니까?」와 함께, 상대에게 부탁할 때는 반드시 가능형(いただける)으로 해야 한다는 점도 꼭 기억하자. 3번은 「見せる 보여주다」에 이어지므로 상대에게 '보여주실 수 없겠습니까?'란 의미가 된다.

어휘 会議 회의ㅣ資料 자료ㅣ完成 완성ㅣ先輩 선배ㅣ社員 사원ㅣ～ていただけませんか ~해 주실 수 없겠습니까?

4 ばん 🎧 Track 2-4-04

友達に、今週末映画に誘われましたが、その日は他の予定があります。友達に何と言いますか。

女：1 ごめん、今週末はちょっと都合が悪くて…。

2 その映画、あんまりおもしろくないって聞いたけど…。

3 週末、予定がなかったら一緒に映画見ようよ。

4번

친구가 이번 주말에 영화를 보러 가자고 했습니다만, 그날은 다른 예정이 있습니다. 친구에게 뭐라고 말합니까?

여 : 1 미안, 이번 주말은 좀 사정이 안 좋아서….

2 그 영화 별로 재미없다고 들었는데….

3 주말에 예정이 없으면 같이 영화 보자.

해설 「都合が悪くて」는 직역하면 '형편(사정)이 나빠서'이지만, 이 표현은 '일정이나 스케줄이 곤란하다'는 의미로 일본인들이 완곡하게 거절할 때 쓰는 말이다.

어휘 今週末 이번 주말ㅣ誘う 권유하다ㅣ予定 예정ㅣ都合が悪い 사정(형편)이 좋지 않다ㅣあんまり 별로ㅣ一緒 함께, 같이

102

문제 5 문제 5에서는 문제지에 아무것도 인쇄되어 있지 않습니다. 먼저 문장을 들어 주세요. 그리고 그 대답을 듣고 1~3 중에서 가장 적당한 것을 하나 고르세요.

れい 🎧 Track 2-5

男 : では、お先に失礼します。

女 : 1 本当に失礼ですね。

2 おつかれさまでした。

3 さっきからうるさいですね。

예

남 : 그럼, 먼저 실례하겠습니다.

여 : 1 정말로 무례하군요.

2 수고하셨습니다.

3 아까부터 시끄럽네요.

해설 남자는 일 등이 끝나 '먼저 실례한다' 즉, '먼저 돌아가겠다'고 하였으므로, '수고하셨습니다'라고 답하는 것이 가장 적당하다.

어휘 先に 먼저 | 失礼 ① 실례 ② 무례 | さっき 조금 전, 아까 | うるさい 시끄럽다

1ばん 🎧 Track 2-5-01

女 : 空港行きのバスはどこで乗りますか。

男 : 1 はい、今乗ればいいですよ。

2 あ、7番乗り場ですよ。

3 15分ごとにバスがありますよ。

1번

여 : 공항행 버스는 어디서 탑니까?

남 : 1 네, 지금 타시면 돼요.

2 아, 7번 승강장이에요.

3 15분마다 버스가 있어요.

해설 질문의 포인트는 버스를 「どこで」 타는지 물어보는 것으로, 대답도 버스 타는 장소가 나와야 하므로 가장 적절한 대답은 2번이다. 1번은 '언제 타냐'고 물었을 때, 3번은 버스 배차 간격을 물었을 때 나오는 대답이다.

어휘 空港行き 공항행 | 乗り場 승강장 | ～ごとに ~마다

2ばん 🎧 Track 2-5-02

女 : 田村さん、遅いわね。何かあったのかな。

男 : 1 道が混んでるのかもしれないね。

2 道に迷ったことがあるそうだよ。

3 こんな遅い時間にすみません。

2번

여 : 다무라 씨, 늦네. 무슨 일이 있었나?

남 : 1 길이 막히고 있는 건지도 모르겠네.

2 길을 잃은 적이 있다.

3 이런 늦은 시간에 죄송합니다.

해설 여자는 다무라 씨가 오지 않아서 걱정하고 있고, 그에 대한 가장 적절한 반응은 길이 막혀서 늦는지도 모른다고 한 1번이다. 2번의 「道に迷う 길을 잃다(헤매다)」도 기억해 두자.

어휘 遅い 늦다 | 道が混む 길이 막히다 | 道に迷う 길을 잃다(헤매다)

3 ばん 🎧 Track 2-5-03

男：田中さん、運転はどう。

女：1　まだそんなにうまくはできないよ。

　　2　すべてがうまくいけばいいけどね。

　　3　これからうまくいくみたいだよ。

3번

남：다나카 씨, 운전은 어때?

여：1 아직 그렇게 잘하지는 못해.

　　2 모든 일이 잘 되면 좋겠는데.

　　3 앞으로 잘 될 것 같아.

해설 　남자가 여자에게 '운전은 어때?'라고 물었고, 이 물음에 가장 적절한 대답은 1번이다.「うまい」에는 '음식이 맛있다'는 뜻과 '잘한다'는 뜻이 있다. 2번과 3번에 나온「うまくいく 잘 되다」는 관용구로 자주 쓰이는 표현이니 기억해 두자.

어휘 　運転 운전 | うまくできない 잘하지 못하다 | うまくいく 잘 되다

4 ばん 🎧 Track 2-5-04

男：今度の週末、どうする？

女：1　疲れ気味だから家でゆっくりしたいわ。

　　2　風邪気味だから病院行った方がいいかもね。

　　3　太り気味だから、運動した方がいいよ。

4번

남：이번 주말, 어떡할래?

여：1 피곤한 것 같으니 집에서 푹 쉬고 싶어.

　　2 감기 기운이 있으니까 병원에 가는 편이 좋을지도 몰라.

　　3 살이 좀 찐 것 같으니 운동하는 게 좋아.

해설 　남자는 여자의 주말 일정을 물었고, 그에 대한 가장 적절한 대답은 1번이다. 2번은 상대의 건강을 염려하며 병원에 가라고 권하는 말이고, 3번은 살을 빼라고 조언하는 말이다.

어휘 　週末 주말 |〜気味だ 〜기미(기색, 낌새)가 있다 | 疲れ気味だ 피곤한 것 같다, 피곤한 기색이 있다 | ゆっくりする 푹 쉬다 | 風邪気味だ 감기 기운이 있다 | 太り気味だ 살이 좀 찐 것 같다

5 ばん 🎧 Track 2-5-05

女：この服、もう少し大きいサイズはありますか。

男：1　すみません。締め切りには間に合わせます。

　　2　すみません。もう売り切れてしまいました。

　　3　そうですね。一度きりのチャンスです。

5번

여：이 옷, 좀 더 큰 사이즈는 있습니까?

남：1 죄송합니다. 마감 시간에는 맞출게요.

　　2 죄송합니다. 이미 다 팔렸어요.

　　3 그렇습니다. 한 번뿐인 기회입니다.

해설 　여자가 큰 사이즈가 있냐고 물었으니 답변은 '있다, 없다'가 나와야 하며, 가장 적절한 대답은 2번이다.「売り切れる」는 '다 팔리다'라는 의미이므로 큰 사이즈는 '없다'는 뜻이 된다. 1번은 회사 등에서 사용할 수 있는 표현이고, 3번은 질문 내용과 전혀 맞지 않는 표현이다.

어휘 締め切り 마감 | 間に合う 시간에 (늦지 않게)맞추다 | 売り切れる 다 팔리다 | 一度きり 한 번뿐 | チャンス 기회

6ばん Track 2-5-06

男 : 最近、エアコンの調子がよくないね。

女 : 1 その調子でいけばいいと思います。
　　2 修理業者に連絡してみましょうか。
　　3 私も朝から調子がよくないです。

6번

남 : 요즘 에어컨 상태가 좋지 않네.

여 : 1 그 상태로 하면 될 것 같습니다.
　　2 수리 업자에게 연락해 볼까요?
　　3 저도 아침부터 몸 상태가 좋지 않습니다.

해설 에어컨 상태가 나쁘다고 하면 수리 업자에게 연락하는 것이 보통일 것이므로 가장 적절한 반응은 2번이다. 1번은 어떤 일을 지금 하는 대로 계속 하라는 뜻이고, 3번은 자신의 건강 상태를 말하는 표현이다.

어휘 調子がよくない (기계, 건강 등의)상태가 좋지 않다 | 修理業者 수리 업자 | 連絡 연락

7ばん Track 2-5-07

男 : あれ、雨が降りそうだな。

女 : 1 どうしよう。傘持ってきてないのに。
　　2 早く洗濯物を干さなきゃ。
　　3 じゃ、遊びにでも行く?

7번

남 : 어라, 비가 올 것 같은데.

여 : 1 어떡하지? 우산 안 가져왔는데.
　　2 빨리 빨래를 널어야지.
　　3 그럼, 놀러라도 갈래?

해설 비가 올 것 같다는 말에 가장 적절한 반응은 1번이다. 비가 올 것 같은데 빨래를 널 사람이나 놀러 가는 사람은 없을 테니 2번과 3번은 오답이다.

어휘 洗濯物を干す 빨래를 널다

8ばん Track 2-5-08

女 : このスカート、ちょっとまけてくださいよ。

男 : 1 いや、これでも安い方ですよ。
　　2 お客さんには勝てないですね。
　　3 私だって負けたくありません。

8번

여 : 이 치마, 좀 깎아 주세요.

남 : 1 아니요, 이래도 싼 편이에요.
　　2 손님에게는 이길 수가 없네요.
　　3 저도 지고 싶지 않습니다.

해설 「まける」는 '지다(負ける)'란 의미와 '깎다'란 의미가 있다. 여기서는 여자가 '치마'를 말했으니 값을 깎아 달라는 의미임을 알 수 있고, 가장 적절한 반응은 1번이다. 2번과 3번은 '지다'란 뜻으로 사용되었을 때 나올 수 있는 반응이다.

어휘 勝つ 이기다 | ~だって ~도 | 負ける 지다

9ばん 🎧 Track 2-5-09

女：あら、まこと君、こんな朝早くからどこか
　　行くの？

男：1　ええ、昨日残業だったんです。

　　2　ええ、朝ご飯を食べすぎてしまったんで
　　　　す。

　　3　ええ、健康のために運動です。

9번

여 : 어머, 마코토 군, 이런 아침 일찍부터 어디 가는
　　거야?

남 : 1 네, 어제 야근이었어요.

　　2 네, 아침을 너무 많이 먹었어요.

　　3 네, 건강을 위해서 운동이에요.

해설 아침 일찍 만난 상대에게 이렇게 일찍 어디 가냐고 물었고, 이에 대한 가장 적절한 대답은 3번이다. 1번은 어제 늦게 온 이유를 물었을 때 하는 대답이고, 2번은 질문과 전혀 맞지 않는 대답이다.

어휘 朝早くから 아침 일찍부터 | 残業 잔업, 야근 | 健康 건강 | 運動 운동

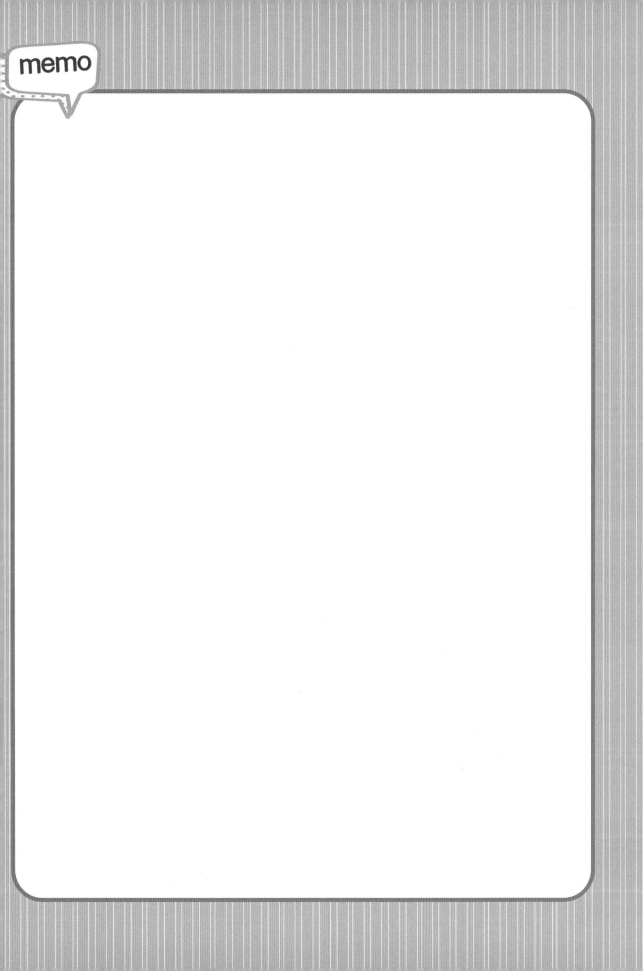
memo

나의 점수는?

총 〔　　〕 문제 정답

혹시 부족한 점수라도 실망하지 말고 해설을 보며 다시 확인하고 틀린 문제를
다시 풀어보세요. 실력이 점점 쌓여갈 것입니다.

JLPT N3 제3회 실전모의고사 정답

1교시 언어지식(문자·어휘)

문제 1	1	2	2	1	3	2	4	4	5	3	6	2	7	2

문제 2	8	2	9	3	10	3	11	1	12	1	13	1

문제 3	14	1	15	3	16	4	17	1	18	3	19	1	20	3	21	4	22	1
	23	4	24	4

문제 4	25	2	26	2	27	4	28	4	29	2

문제 5	30	2	31	4	32	1	33	4	34	3

1교시 언어지식(문법)

문제 1	1	1	2	2	3	3	4	1	5	4	6	3	7	2	8	1	9	1
	10	1	11	4	12	3	13	1

문제 2	14	1	15	2	16	3	17	3	18	1

문제 3	19	3	20	3	21	2	22	2

1교시 독해

문제 4	23	3	24	3	25	2	26	2

문제 5	27	2	28	4	29	3	30	1	31	1	32	3

문제 6	33	2	34	2	35	3	36	3

문제 7	37	4	38	1

2교시 청해

문제 1	1	2	2	3	3	2	4	3	5	2	6	1

문제 2	1	4	2	4	3	3	4	4	5	1	6	3

문제 3	1	3	2	2	3	2

문제 4	1	2	2	3	3	3	4	3

문제 5	1	3	2	2	3	3	4	1	5	2	6	3	7	1	8	3	9	1

1교시 언어지식(문자·어휘)

문제 1 _____의 단어의 읽는 법으로 가장 적당한 것을 1·2·3·4에서 하나 고르세요.

1　子供の人口が<u>減って</u>いくのはこれから大きな問題になる。

　　1　けって　　　　　2　へって　　　　　3　まもって　　　　4　たもって

어린이의 인구가 <u>줄어</u> 가는 것은 앞으로 커다란 문제가 된다.

어휘　人口が減る 인구가 줄다 ✚ 増える 늘다 | 問題 문제 | 守る 지키다

2　朝早く山に登ると、<u>涼しい</u>風が吹いて気持ちがよかった。

　　1　すずしい　　　　2　うれしい　　　　3　くるしい　　　　4　あやしい

아침 일찍 산에 올랐더니, <u>시원한</u> 바람이 불어서 기분이 좋았다.

어휘　朝早く 아침 일찍 | 山に登る 산에 오르다 | ～と ~하자, ~했더니 | 涼しい 시원하다 | 風が吹く 바람이 불다 |
気持ち 기분, 마음, 심정 | 嬉しい 기쁘다 | 苦しい 괴롭다 | 怪しい 수상하다

3　私はダイエットのために、夜７時<u>以降</u>は何も食べないようにしています。

　　1　いこ　　　　　　2　いこう　　　　　3　いご　　　　　　4　いごう

저는 다이어트를 위해, 밤 7시 <u>이후</u>는 아무것도 먹지 않도록 하고 있습니다.

어휘　～のために ~을 위해 | 以降 이후 ✚ 以来 이래, 以内 이내, 以外 이외, 以上 이상, 以下 이하 | ～ようにし
ている ~하도록 하고 있다 | 以後 이후

4　さっき子供がジュースをこぼして服が<u>汚れて</u>います。

　　1　たおれて　　　　2　おぼれて　　　　3　かくれて　　　　4　よごれて

아까 아이가 주스를 쏟아 옷이 <u>더러워져</u> 있습니다.

어휘　こぼす 엎지르다 | 汚れる 더러워지다 | 倒れる 쓰러지다, 넘어지다 | 溺れる 물에 빠지다 | 隠れる 숨다

5　ここは<u>外科</u>病院です。

　　1　がか　　　　　　2　がいか　　　　　3　げか　　　　　　4　げいか

이곳은 <u>외과</u> 병원입니다.

어휘 外科 외과
　　➕ 「外」은 「がい」로 읽어야 하나, 「外科」는 예외로 반드시 「げ」로 읽어야 한다.
　　海外 해외, 意外 의외, 案外 뜻밖, 屋外 옥외, 실외 | 科学 과학, 科目 과목

6　彼女のあたたかい心が伝わってきた。
　　1　もうかって　　　　2　つたわって　　　　3　たすかって　　　4　あやまって
　　그녀의 따뜻한 마음이 <u>전해져</u> 왔다.

어휘 あたたかい 따뜻하다 | 心 마음 | 伝わる 전달되다 | 儲かる 벌다 | 助かる 도움이 되다, 구조되다 | 謝る 사과
하다

7　女性のほうが男性よりも甘いものを好むと言う。
　　1　かこむ　　　　　2　このむ　　　　　3　たたむ　　　　　4　しずむ
　　여성 쪽이 남성보다도 단것을 <u>좋아한다</u>고 하다.

어휘 女性 여성 | 男性 남성 | ～よりも ~보다도 | 甘い 달다 | 好む 좋아하다, 선호하다 ➕ 好調 호조 | 囲む 둘러싸
다 | 畳む 개다 | 沈む 가라앉다

문제 2 _____의 단어를 한자로 쓸 때, 가장 적당한 것을 1·2·3·4에서 하나 고르세요.

8　谷藤さんはびっくりするほど、お父さんににていますね。
　　1　以て　　　　　　2　似て　　　　　　3　攸て　　　　　4　此て
　　다니후지 씨는 놀랄 만큼 아버지를 <u>닮았</u>군요.

어휘 びっくりする 깜짝 놀라다 | ～に似る ~을(를) 닮다
　　➕ 「以」는 「以上 이상」, 「以下 이하」 등에 사용한다.

9　娘は勉強してもせいせきが上がらなくて落ち込んでいる。
　　1　性積　　　　　2　性績　　　　　3　成積　　　　　4　成績
　　딸은 공부해도 <u>성적</u>이 오르지 않아서 낙심해 하고 있다.

어휘 娘 딸 | 成績 성적 | 上がる 오르다 | 落ち込む 의기소침해서 우울해지다
　　➕ 「成績」는 [積 쌓을 적]이 아닌 [績 길쌈할 적]을 사용하는 것에 주의하자.

10 9時になったら、この問題用紙を<u>くばって</u>ください。

1 渡って   2 映って   3 配って   4 絞って

9시가 되면 이 문제 용지를 <u>나눠</u> 주세요.

어휘 用紙_{ようし} 용지 | 配_{くば}る 나눠주다, 배부하다 | 渡_{わた}る 건너다 | 映_{うつ}る 비치다 | 絞_{しぼ}る (물기, 기름 등을)짜다

---

11 新しい職場に<u>なれる</u>まで時間がかかるだろう。

1 慣れる   2 貫れる   3 連れる   4 慥れる

새 직장에 <u>익숙해질</u> 때까지 시간이 걸릴 것이다.

어휘 職場_{しょくば} 직장 | 慣_なれる 익숙해지다 | 連_つれる 데리고 가(오)다, 동반하다
✚ 「習慣_{しゅうかん} 습관」이라는 단어를 통해 「慣_なれる」를 외울 것!

---

12 <u>しゅうい</u>に反対されても、私は彼女と結婚するつもりだ。

1 周囲   2 週井   3 集意   4 趣以

<u>주위</u>가 반대해도 나는 그녀와 결혼할 것이다.

어휘 周囲_{しゅうい} 주위 | 反対_{はんたい} 반대 | される 「する」의 수동형 | 結婚_{けっこん}する 결혼하다 | つもり 예정, 의도, 작정

---

13 彼は海外で有名な<u>けんちく</u>デザイナーとして活躍している。

1 建築   2 健築   3 建蘂   4 健蘂

그는 해외에서 유명한 <u>건축</u> 디자이너로 활약하고 있다.

어휘 海外_{かいがい} 해외 | 建築_{けんちく} 건축 | 活躍_{かつやく} 활약
✚ 건물과 관련된 「建築_{けんちく} 건축」, 「建設_{けんせつ} 건설」에는 '세울 건' 「建」, 건강과 관련된 「健康_{けんこう} 건강」에는 '튼튼할 건'
「健」을 사용한다.

문제 3 (   ) 안에 들어갈 가장 적당한 것을 1·2·3·4에서 하나 고르세요.

3회

14　虫を（　　　）するのが好きです。

　　1　観察　　　　　　2　見物　　　　　　3　工夫　　　　　　4　見学

벌레를 관찰하는 것을 좋아합니다.

어휘　虫 벌레 | 観察 관찰 | 見物 구경 | 工夫 궁리 | 見学 견학

15　赤ちゃんの歯は生まれて、3〜9ヶ月ごろ（　　　）そうです。

　　1　出す　　　　　　2　生きる　　　　　3　生える　　　　　4　育つ

아기의 이는 태어나서 3~9개월 경 난다고 합니다.

어휘　歯 이, 치아 | 生まれる 태어나다 | 生える (싹, 가지, 뿔, 치아, 털 등이)나다 ✚ 歯が生える 이가 나다 | 生きる 살다 | 育つ 자라다, 성장하다

16　封筒に（　　　）を書いて、切手を貼ってください。

　　1　合図　　　　　　2　しめきり　　　　3　希望　　　　　　4　あて先

봉투에 <u>수취인 주소</u>를 쓰고, 우표를 붙여 주세요.

어휘　封筒 봉투 | あて先 수취인 주소(편지, 택배 등을 보낼 때, 수취하는 사람의 이름과 그 주소를 말함) | 貼る 붙이다 | 合図 신호 | しめきり 마감 | 希望 희망

17　腕を少し（　　　）だけでも、とても痛い。

　　1　動かす　　　　　2　落とす　　　　　3　離す　　　　　　4　渡す

팔을 조금 움직이는 것만으로도 매우 아프다.

어휘　腕 팔 | 動かす 움직이다 | 落とす 떨어뜨리다 | 離す 떼다 | 渡す 건네다

18　子供は自然に親の（　　　）を受けるものです。

　　1　機会　　　　　　2　意志　　　　　　3　影響　　　　　　4　希望

아이는 자연스럽게 부모의 영향을 받는 법입니다.

어휘　自然に 자연스럽게 | 親 부모 | 影響を受ける 영향을 받다 | 〜ものだ ~인 법이다 | 機会 기회 | 意志 의지 | 希望 희망

19 このラーメンは濃いスープに（　　　）めんが特徴だ。

1　ほそい　　　　　　2　ふるい　　　　　　3　しつこい　　　　4　おかしい

이 라면은 진한 국물에 가는 면이 특징이다.

濃い 진하다 | 細い 가늘다 | めん 면 | 特徴 특징 | 古い 낡다 | しつこい 집요하다, 끈질기다 | おかしい 이상하다

---

20 父は最近、夜中によく目が（　　　）と言っている。

1　気づく　　　　　　2　感じる　　　　　　3　覚める　　　　　4　握る

아버지는 요즘, 한밤중에 자주 잠이 깬다고 한다.

最近 요즘, 최근 | 夜中 한밤중 | よく 자주 | 目が覚める 잠이 깨다 | 気づく 깨닫다 | 感じる 느끼다 | 握る 잡다, 쥐다
＋「目が覚める 잠이 깨다」를 관용표현으로 기억해 두자.

---

21 子供の将来や進学のためにお金を（　　　）います。

1　あげて　　　　　　2　さげて　　　　　　3　さめて　　　　　4　ためて

아이의 장래나 진학을 위해서 돈을 모으고 있습니다.

将来 장래 | 進学 진학 | ために 위해서, 때문에 | お金を貯める 돈을 모으다 | 上げる 올리다 | 下げる 내리다 | 覚める (잠 등이)깨다, 제정신이 들다

---

22 真夏に３時間も歩いたら、のどが（　　　）になってしまった。

1　からから　　　　　2　ぺこぺこ　　　　　3　ばらばら　　　　4　ぺらぺら

한여름에 3시간이나 걸었더니, 목이 바싹 말라 버렸다.

真夏 한여름 | のど 목 | からから 바싹 마른 모양 | ぺこぺこ 배고픈 모양 | ばらばら 뿔뿔이 흩어져 있는 모양 | ぺらぺら 외국어 등을 유창하게 구사하는 모양
＋「からから」는 수분 없이 바싹 마른 모양을 의미한다.

---

23 目を（　　　）想像してごらん。

1　覚まして　　　　　2　閉めて　　　　　　3　通して　　　　　4　閉じて

눈을 감고 상상해 보렴.

目を閉じる 눈을 감다 | 想像 상상 | ～てごらん ~해 보렴 | 覚ます 깨우다 | 閉める 닫다 | 通す 통하게 하다, 통과시키다

114

24 この風邪薬は（　　　）のか、咳が止まらない。

1　無駄な　　　　　　2　優れない　　　　　3　無用な　　　　　4　効かない

이 감기약은 듣지 않는지 기침이 멈추지 않는다.

어휘　風邪薬_{かぜぐすり} 감기약 | 効_きく 듣다 | 咳_{せき}が止_とまる 기침이 멎다 | 無駄_{むだ}だ 헛되다, 소용없다 | 優_{すぐ}れる 뛰어나다 | 無用_{むよう}だ 쓸모없다

✚ 「効_きく」는 '효과나 작용 등이 나타나다'라는 뜻으로, '약이 듣다'라고 할 때는 「薬_{くすり}が効_きく」로 외워 버리자.

문제 4 _____의 의미에 가장 가까운 것을 1・2・3・4에서 하나 고르세요.

25 いきなり名前を呼ばれてびっくりした。

1　おそらく　　　　　2　突然　　　　　　3　そっくり　　　　4　案外

갑자기 이름이 불려서 깜짝 놀랐다.

어휘　いきなり 갑자기 | びっくりする 깜짝 놀라다 | 突然_{とつぜん} 돌연, 갑자기 | おそらく 아마 | そっくり 매우 닮은 모양 | 案外_{あんがい} 의외로, 뜻밖에

26 インターネットやカタログで注文すると家まで配達してくれる。

1　アルカリして　　　　　　　　　2　デリバリーして
3　イコールして　　　　　　　　　4　リフレッシュして

인터넷이나 카탈로그로 주문하면 집까지 배달해 준다.

어휘　注文_{ちゅうもん} 주문 | 配達_{はいたつ} 배달 | デリバリー 배달 | アルカリ 알칼리 | イコール 이퀄, 동일함 | リフレッシュ 리프레시, 원기를 회복함

27 今日は本当にくたびれた。

1　忙しかった　　　　　2　楽しかった　　　　3　恥ずかしかった　　　4　疲れた

오늘은 정말로 지쳤다.

어휘　くたびれる 지치다, 피곤하다 | 疲_{つか}れる 피곤하다 | 忙_{いそが}しい 바쁘다 | 楽_{たの}しい 즐겁다 | 恥_はずかしい 창피하다

28 彼は世界の歴史や地理にとても詳しい。

1　よく調べている　　　2　よく通じている　　　3　よく比べている　　　4　よく知っている

그는 세계 역사나 지리에 매우 상세하다.

어휘 世界 세계 | 歴史 역사 | 地理 지리 | 詳しい 상세하다, 잘 알고 있다 | 調べる 조사하다 | 通じる 통하다 | 比べる 비교하다

---

29 彼は目的地までの<u>のろのろ</u>歩いていきました。

  1 はやく   2 ゆっくり   3 忙しそうに   4 楽しそうに

그는 목적지까지 <u>느릿느릿</u> 걸어갔습니다.

어휘 目的地 목적지 | のろのろ 느릿느릿, 꾸물꾸물 | ゆっくり 천천히 | はやく 빨리 | 忙しそうに 바쁜 듯이 | 楽しそうに 즐거운 듯이

문제 5 다음 단어의 사용법으로 가장 적당한 것을 1 · 2 · 3 · 4에서 하나 고르세요.

---

30 次第に 점점, 점차, 순차적으로

  1 他人の言葉に<u>次第に</u>することはないと思う。

  2 この薬を飲んだら、病気は<u>次第に</u>よくなるだろう。

  3 小学生のときは背の低い<u>次第に</u>並ぶことが多かった。

  4 冷めないうちに<u>次第に</u>食べてください。

1 남의 말에 <u>점차</u> 할 것은 없다고 생각한다.

2 이 약을 먹으면 병은 <u>점점</u> 나아질 것이다.

3 초등학생 때는 키가 작은 <u>점차</u> 줄을 서는 일이 많았다.

4 식기 전에 <u>점차</u> 드세요.

해설 1번은 「他人の言葉に気にすることはないと思う。남의 말에 신경 쓸 것은 없다고 생각한다.」로 수정하면 되고, 3번은 「背の低い順番に並ぶことが多かった。키가 작은 순서대로 줄을 서는 일이 많았다.」라고 하면 좋으며, 4번은 보통 '식기 전에 드세요'라는 표현을 「冷めないうちに食べてください。」라고 하므로 「次第に」 자체가 필요 없다.

어휘 他人 타인, 남 | 言葉 말 | 薬を飲む 약을 먹다 | 病気 병 | 小学生 초등학생 | 背が低い 키가 작다 | 並ぶ 줄서다 | 冷める 식다, 차가워지다

[31] 短気 성격이 급함

1 この作業はみんなのおかげで短気間で完成できた。

2 この夏は思い切って髪を短気で切ってみたい。

3 彼女は何ごとに対してもくよくよ悩まない短気な人だ。

4 彼は小さなことでもすぐ怒ってしまう短気な性格だ。

1 이 작업은 모두의 덕분에 성급함동안 완성할 수 있었다.

2 이번 여름은 과감히 머리를 성급하게 잘라 보고 싶다.

3 그녀는 어떤 일에 대해서도 끙끙 고민하지 않는 성급한 사람이다.

4 그는 작은 일에도 금방 화를 내는 성급한 성격이다.

해설 1번은 「短期間で完成できた。단기간에 완성할 수 있었다.」로 수정하면 되고, 2번은 「思い切って髪を短く切ってみたい。과감히 머리를 짧게 잘라 보고 싶다.」로 수정하면 좋고, 3번은 「呑気だ 느긋하다, 무사태평하다」를 사용하여 「くよくよ悩まない呑気な人だ。끙끙 고민하지 않는 느긋한 사람이다.」라고 고치면 자연스럽다.

어휘 作業 작업 | おかげで 덕분에 | 完成 완성 | 思い切って 과감히 | 髪を切る 머리를 자르다 | 何ごと 무슨 일, 어떤 일 | ～に対しても ~에 대해서도 | くよくよ 사소한 일에 늘 걱정하는 모양, 끙끙 | 悩む 고민하다 | 怒る 화내다 | 性格 성격

---

[32] 空く 비다

1 隣の人が引っ越したばかりなので、まだ部屋は空いていると思います。

2 朝から何も食べていなくて、いますごくお腹が空いています。

3 彼は部屋を飛び出して、夜が空くまで帰ってこなかった。

4 コンビニは24時間空いているので、とても便利です。

1 옆 사람이 이사한 지 얼마 되지 않아 아직 방은 비어 있다고 생각합니다.

2 아침부터 아무것도 먹지 않아서 지금 너무 배가 비어 있습니다.

3 그는 방을 뛰쳐나가 밤이 빌 때까지 돌아오지 않았다.

4 편의점은 24시간 비어 있기 때문에 매우 편리합니다.

해설 2번은 「お腹が空く 배가 고프다」로, 3번은 「夜が明ける 날이 밝다」로, 4번은 「24時間開いている 24시간 열려 있다」 또는 「24時間営業なので 24시간 영업이므로」로 수정하는 것이 적당하다.

어휘 隣 옆, 이웃 | 引っ越す 이사하다 | ～たばかりだ ~한 지 얼마 안 되다 | 飛び出す 뛰쳐나가다

33 改札 개찰(구)

1 新年を迎え、条約を改札する必要があります。

2 悪い生活習慣を改札すると、健康な体が作れます。

3 ベランダをカフェ風に改札してみたいです。

4 スイカカードで改札が通れないときは、ピーという音が出ます。

1 새해를 맞아 조약을 개찰할 필요가 있습니다.

2 나쁜 생활 습관을 개찰하면 건강한 몸을 만들 수 있습니다.

3 베란다를 카페 풍으로 개찰해 보고 싶습니다.

4 스이카 카드로 개찰구를 통과할 수 없는 때에는 삐- 소리가 납니다.

해설 1번은 「改定 개정」으로, 2번은 「改善 개선」으로, 3번은 「改造 개조」로 수정하는 것이 적당하다.

어휘 新年を迎える 신년을 맞이하다 | 条約 조약 | 必要 필요 | 生活習慣 생활 습관 | 健康 건강 | カフェ風 카페 풍 | スイカカード 철도나 버스 이용, 물건 구매 등을 할 수 있는 JR동일본의 IC 카드 | 通る 지나가다, 통과하다 | 音が出る 소리가 나다

34 応募 응모

1 このセンターは、ボランティアグループなどの市民活動を応募しています。

2 サクラ市では、スクール・サポート・スタッフを応募します。

3 ゲームでポイントをためて、プレゼントキャンペーンに応募しよう。

4 日本で発生する地震は、大きく次の３タイプに応募される。

1 이 센터는 자원봉사 그룹 등의 시민 활동을 응모하고 있습니다.

2 사쿠라시에서는 스쿨 서포트 스태프를 응모합니다.

3 게임에서 포인트를 모아, 선물 캠페인에 응모해야지.

4 일본에서 발생하는 지진은 크게 다음 3가지 타입으로 응모된다.

해설 1번은 「支援 지원」, 2번은 「募集 모집」, 4번은 「分類 분류」가 들어가야 자연스러운 문장이 된다.

어휘 センター 센터 | ボランティア 자원봉사 | グループ 그룹 | 市民活動 시민 활동 | スクール 스쿨, 학교 | サポート 서포트 | スタッフ 스태프 | ゲーム 게임 | ポイント 포인트 | 貯める 모으다 | プレゼント 선물 | キャンペーン 캠페인 | 発生 발생 | 地震 지진 | タイプ 타입

문제 1 다음 문장의 (　　　) 에 들어갈 가장 적당한 것을 1·2·3·4에서 하나 고르세요.

☐1 休日も休む (　　　) 働いてきたので、最近体調が悪い。
　　1　ことなく　　　　2　ものなく　　　　3　ことないで　　　4　ものないで

휴일도 쉬지 않고 일해 왔기 때문에 요즘 몸이 안 좋다.

> **문법포인트!** ⊘ 동사사전형+ことなく : ~하지 않고
>
> **어휘** 休日 휴일 | 働く 일하다 | 体調が悪い 몸(컨디션)이 안 좋다

☐2 妹 (　　　) ボランティア活動に参加してみました。
　　1　のかわりで　　　2　のかわりに　　　3　かわりで　　　　4　かわりに

여동생 대신에 자원봉사 활동에 참여해 봤습니다.

> **문법포인트!** ⊘ 명사+のかわりに : ~대신에
>
> **어휘** ボランティア活動 자원봉사 활동 | 参加 참가

☐3 こんなに残業が続くと、体調を崩し (　　　)。
　　1　にくい　　　　　2　かねる　　　　　3　かねない　　　　4　がたい

이렇게 야근이 계속되면 몸살이 날 수 있다.

> **문법포인트!** ⊘ 동사 ます형+かねない : ~할지도 모른다 (어떤 이유로 나쁜 결과가 일어날 가능성이 있다)
>
> ⊘ 동사 ます형+にくい : ~하기 힘들다
>
> ⊘ 동사 ます형+かねる : (어떤 상황이나 입장상) ~할 수 없다
>
> ⊘ 동사 ます형+がたい : ~하기 힘들다
>
> **어휘** こんなに 이렇게 | 残業 잔업, 야근 | 続く 계속되다 | 体調 몸 상태 | 崩す 무너뜨리다, 바른 것을 나쁘게 하다

☐4 二日間の徹夜の (　　　) 何もやる気が起きない。
　　1　せいで　　　　　2　くせで　　　　　3　わりに　　　　　4　わけに

이틀간 밤샘 탓으로 아무것도 의욕이 일어나지 않는다.

> **문법포인트!** ⊘ せいで : ~한 탓으로　⊘ くせに : ~한 주제에, ~이면서　⊘ わりに : (비교적)~에 비해
>
> **어휘** 徹夜 밤샘 | やる気 의욕

5 　課長によると、会議の時間は9時から10時に変更になった（　　　　）。
1　というべきだ　　　　2　というはずだ　　　2　というだけだ　　　4　ということだ

과장님에 따르면 회의 시간은 9시에서 10시로 변경되었다고 한다.

6 　お客様、お飲み物は何に（　　　　）か。
1　いたします　　　　2　いらっしゃいます　3　なさいます　　　　4　飲みます

손님, 음료수는 무엇으로 하시겠습니까?

7 　息子 「お母さん、宿題終わったら遊びに行ってもいい？」
　　母　 「行ってもいいけど、暗く（　　　　）帰ってきなさい。」
1　ならないように　　2　ならないうちに　　3　なったあとで　　4　なってから

아들「엄마, 숙제 끝나면 놀러가도 돼?」
엄마「가도 되는데, 어두워지기 전에 돌아와라.」

8 　医学が進歩するに（　　　　）、人間の平均寿命ものびている。
1　したがい　　　　　2　比べ　　　　　　　3　関わり　　　　　　4　こたえ

의학이 진보함에 따라 인간의 평균 수명도 늘어나고 있다.

9 ゆき 「金さん、日本の食べ物はもう慣れましたか。」
金 「はい、最初は納豆が（　　　　）けど、今は大好きになりました。」
1 食べられませんでした　　　　　　2 食べなくてはなりませんでした
3 食べたかったんです　　　　　　　4 食べたがっていました

유키「김 씨, 일본 음식은 이제 익숙해졌나요?」
김 「네, 처음에는 낫토를 못 먹었습니다만, 지금은 아주 좋아하게 되었습니다.」

문법포인트! 뒤에서「今は大好きになりました 지금은 아주 좋아하게 되었습니다」라고 했는데, 역접조사「けど」가 있으니, 앞에는 낫토에 관한 부정적인 표현이 와야 하므로, 1번이 정답이 된다.

어휘 食べ物 음식 | 慣れる 익숙해지다 | 最初 처음 | 納豆 낫토 | 大好きだ 아주 좋아하다

---

10 考えれば考える（　　　　）、ますます分からなくなった。
1 ほど　　　　　2 はず　　　　　3 わけ　　　　　4 もと

생각하면 생각할수록 점점 더 알 수 없게 되었다.

문법포인트! ✓ ～ば～ほど : ～하면 ～할수록 예 行けば行くほど 가면 갈수록

어휘 ますます 점점 더

---

11 これからは間違えない（　　　　）、しっかり覚えてください。
1 ことに　　　　2 ほどに　　　　3 すえに　　　　4 ように

앞으로는 틀리지 않도록 제대로 외워 주세요.

문법포인트! ✓ ～ないように : ～하지 않도록 예 これからは遅れないように 앞으로는 늦지 않도록

어휘 間違える 틀리다, 착각하다 | しっかり 똑똑히, 제대로 | 覚える 외우다, 기억하다

---

12 お金のことにうるさい彼があんなに高いものを買う（　　　　）。
1 ほかがない　　　2 ことがない　　　3 はずがない　　　4 ようがない

금전에 관하여 까다로운 그가 그렇게 비싼 것을 살 리가 없다.

문법포인트! ✓ ～はずがない : ～할 리가 없다 예 彼はそんなことを言うはずがない。 그는 그런 말을 할 리가 없다.

어휘 うるさい ① 시끄럽다, 잔소리가 심하다 ② 까다롭다

---

13 留守の（　　　　）どろぼうに入られてしまった。
1 あいだに　　　2 あいだ　　　3 おりに　　　4 おりには

집을 비운 사이에 도둑이 들어 버렸다.

문법포인트!　⊘ 명사＋の間に : ~한 사이에(어떤 범위 중 한 시점에) ▶ 명사＋の間 : ~하는 동안(계속, 쭉)

어휘　留守 부재, 집에 없음 | 泥棒 도둑

문제 2 다음 문장의 ___ ★ ___ 에 들어갈 가장 적당한 것을 1·2·3·4에서 하나 고르세요.

14　海外旅行から ___ ___ ___★___ ___ この申告書を提出して
いただいています。

1　際　　　　　　2　の　　　　　　3　には　　　　　4　帰国

해외 여행에서 귀국 시에는 이 신고서를 제출받고 있습니다.

정답문장　海外旅行から帰国の際にはこの申告書を提出していただいています。

문법포인트!　⊘ 명사＋の際 : ~할 때 예 帰りの際 돌아갈 때

어휘　帰国 귀국 | 申告書 신고서 | 提出 제출

15　私は、ギャンブルは ___ ___ ___★___ ___ だと考えて
います。

1　十分　　　　　　2　で　　　　　　3　だけ　　　　　4　人生

저는 도박은 인생만으로 충분하다고 생각하고 있습니다.

정답문장　私は、ギャンブルは人生だけで十分だと考えています。

문법포인트!　⊘ 우선「~だけ ~만, ~뿐」가 접속할 수 있는 선택지는 4번「人生」뿐이니, 우선 4+3 '인생만, 인생뿐'을
만들 수 있다. 2번「~で」를 1번에 접속하면 '충분하고'란 뜻이 되고, 이러면 4+3이 이 뒤로 가야 해서
'충분하고 인생만'이란 어색한 문장이 된다. 따라서 4+3 다음에 2+1이 와야 '인생만으로 충분'하다는 뜻
이 되어 문맥이 맞게 된다.

어휘　ギャンブル 도박 | 人生 인생 | ~だけで ~만으로 | 十分だ 충분하다

16　その事件について ___ ___ ___★___ 、 ___ ふりをした。

1　知らない　　　2　詳しく　　　3　ながら　　　4　知ってい

그 사건에 대해서 자세히 알고 있지만 모르는 척했다.

정답문장　その事件について詳しく知っていながら、知らないふりをした。

문법포인트!　⊘ ~ながら : ~하지만, ~이지만 예 残念ながら 안타깝지만　失礼ながら 실례지만

어휘　事件 사건 | ~について ~에 대하여 | 詳しい 상세하다 | ~ふりをする ~(인)척을 하다

17 学生時代は国語が _____ _____ 、_____ ★ _____ 、本を読んでも内容
が頭に入ってこない。

1 今は　　　　　　　　2 のに　　　　　　　　3 大人になった　　　4 得意だった

학창 시절에는 국어를 잘했는데, 어른이 된 지금은 책을 읽어도 내용이 머리에 들어오지 않는다.

정답문장　学生時代は国語が得意だったのに、大人になった今は、本を読んでも内容が頭に入ってこない。

문법포인트!　✓ ~になる：~이 되다

어휘　学生時代 학창 시절 | 国語 국어 | 得意だ 잘한다, 자신 있다 | 大人 어른 | 内容 내용

18 人は外見で判断 _____ _____ ★ _____ ない。

1 で　　　　　　　　　2 する　　　　　　　　3 べき　　　　　　　　4 は

사람은 외모로 판단해서는 안 된다.

정답문장　人は外見で判断するへきではない。

문법포인트!　✓ ~へきではない：~해서는 안 된다

어휘　外見 외모 | 判断 판단

문제 3 다음 글을 읽고, 글 전체의 내용을 생각해서, 19 ~ 22 안에 들어갈 가장 적당한 것을 1·2·3·4
에서 하나 고르세요.

　　나는 올해 4월이면 직장인 3년차가 된다. 회사에서는 인사부에 있는데 어느 날 대학 후배가 취업활동 때문
에 상담에 응해달라고 했다. 후배는 지금까지 필사적으로 취업 활동을 해왔지만, 내정이 하나도 안 됐다고 한
다. 취업이 무리일지도 모른다고 생각하고 있었는데, 부모님이 아는 사람 회사에서 일하지 않겠냐고 해서 어
떻게 할지 고민하고 있다고 한다.
　　친구에게도 이 말을 했더니 '자기 실력으로 회사에 들어갈 수 있는데, 부모님 힘을 빌리는 이유를 모르겠
다', '회사에 들어가 실적을 올려도 모두가 "저 사람은 연줄 입사니까"라며 인정할 수 없다'는 등의 말을 하며
반대당했다고 한다.
　　확실히 그 친구의 걱정도 알 것 같은 느낌이 든다. 우리 회사에도 그런 직원이 있는데 똑같은 말을 듣고 있
다. 부모의 연줄로 입사했다는 것만으로 주위로부터 정당한 평가를 받지 못하고 실력이 쌓였다고 해도 그 이
미지가 사라지는 일은 없는 것이다. 그리고 결국 앞으로도 부모에게 계속 의지하게 되어 버릴 것이다. 그러나
최종적으로 어떻게 할지를 결정하는 것은 자기자신이다. 연줄이 전혀 없어 취업준비가 힘들었던 내 입장에서
는 오히려 후배는 그런 부모가 있어 혜택받았다고 생각한다. 애당초 '연줄'이란 인간관계에서 시작된다. 그 후
배 부모가 인간관계를 잘 만들어 온 사람이기 때문에, 주변에 자신의 아들을 소개할 수 있는 것은 아닐까?
　　부모의 연줄이 있었다고 해도, 자신의 실력을 인정받고 싶다면 주변의 의견은 신경 쓰지 말고 성실하게 근
무할 수밖에 없다. 어떤 형태로 입사했다고 해도, 노력해서 자신의 실력을 증명할 수밖에 없는 것이다.

어휘 社会人 사회인 | 人事部 인사부 | 後輩 후배 | 就職活動 취업 활동 | 相談 상담 | 内定 내정 | 無理 무리 | 知り合い 지인, 아는 사람 | 悩む 고민하다 | 実力 실력 | 力を借りる 힘을 빌리다 | 実績をあげる 실적을 올리다 | コネ入社 연줄 입사 | 認める 인정하다 | 確かに 확실히 | 気がする 느낌이 든다 | 社員 사원 | 周り 주위, 주위 사람 | 正当 정당 | 評価 평가 | 得る 얻다 | 実力がつく 실력이 쌓이다 | 結局 결국 | この先も 앞으로도 | 頼る 의시하다 | 最終的に 최종적으로 | 自分自身 자기자신 | 全くない 전혀 없다 | 私からすれば 내 입장에서 보자면 | 恵む 은혜를 베풀다 | そもそも 애당초 | 人間関係 인간관계 | ~からこそ ~때문에, ~이기에 (이유강조) | 息子 아들 | まじめに 성실하게 | 勤める 근무하나 | ~しかない ~할 수밖에 없나 | 形 형태, 모양 | 努力する 노력하다 | 証明 증명

19	1 乗ったほうがいい	2 乗ってあげたい
	3 乗ってほしい	4 乗るはずだ

문법포인트! ⊘ ～たほうがいい : ~하는 것이 좋다   ⊘ ～てあげたい : ~해 주고 싶다

⊘ ～てほしい : ~해 주길 바라다, ~해 달라고 하다   ⊘ ～はずだ : : ~할 것이다

해설 필자는 후배의 고민을 들어주는 입장이다. 따라서 후배는 이 선배에게 자신의 고민을 들어 달라고 부탁해야 하므로, 가장 적당한 표현은 3번이 된다. 「～てほしい」는 상대가 '~하기 바란다'는 뜻의 표현이다.

어휘 相談に乗る 상담에 응하다

20	1 消えてしまうのだ	2 消えたくてたまらないのだ
	3 消えることはないのだ	4 消えるしかないのだ

문법포인트! ⊘ 消えてしまうのだ : 사라져 버리는 것이다

⊘ 消えたくてたまらないのだ : 사라지고 싶어 참을 수 없는 것이다

⊘ 消えるしかないのだ : 사라질 수밖에 없는 것이다

해설 앞에서 「実力がついたとしてもそのイメージが～」라고 했으니, 뒤에는 그 이미지는 '사라지지 않는다'가 나와야 문맥이 자연스러워지므로, 정답은 3번이 된다.

어휘 消える 사라지다

21	1 むしろ	2 やはり	3 それで	4 どうしても

해설 연줄이 없어 취업이 힘들었던 필자 입장에서 보자면 배부른 소리로 들릴 수도 있을 것이다. 즉 이런 고민을 하는 후배가 '오히려' 부모 덕에 혜택을 받고 있는 게 아닌가 생각하고 있으니, 1번이 들어가야 문맥이 맞게 된다.

어휘 むしろ 오히려 | やはり 역시 | それで 그래서 | どうしても 아무래도

22	1 周りの意見は気になって	2 周りの意見は気にせず
	3 周りの意見なんか無視して	4 周りの意見に気を付けて

⊘ 周りの意見は気になって : 주위의 의견은 마음에 걸려
⊘ 周りの意見なんか無視して : 주위의 의견 따위 무시하고
⊘ 周りの意見に気を付けて : 주위의 의견에 주의해서

해설 부모의 연줄이 있었더라도 자신의 실력을 인정받고 싶다면 주위의 의견은 개의치 않고 성실하게 근무할 수밖에 없다는 흐름이 자연스럽기 때문에 정답은 2번이다.

어휘 周り 주위, 주변 | 意見 의견 | 気にする 신경 쓰다 | なんか 따위, ~같은 것 | 無視 무시 | 気を付ける 주의하다

1교시 독해

문제 4 다음 (1)~(4)의 글을 읽고, 질문에 답하세요. 답은 1·2·3·4에서 가장 적당한 것을 하나 고르세요.

(1)

이것은 고령자 대상의 컴퓨터 교실을 소개하는 글이다.

컴퓨터에 관심은 있지만 어려울 것 같아 좀처럼 시작할 수 없었던 고령자분들이 많지는 않을까요? 그런 분들에게 딱 맞는 실버 컴퓨터 교실을 소개해 드리겠습니다. 본 교실에서는 배우고 싶은 것이나 흥미 있는 내용에 맞추어 매월 다양한 강좌를 개설하고 있습니다. 컴퓨터 조작방법부터 인터넷 사용법, 온라인 미팅의 기본적인 방법, 사진이나 동영상 편집 등 자신이 배우고 싶은 강좌를 선택하실 수 있습니다. 또, 알기 쉽고 정중하게 지도하므로 기술을 높이고 싶은 분이나 자격 취득을 목표로 하는 분은 물론, 초보자인 분이라도 안심하고 수강할 수 있습니다. 우선 체험 교실을 무료로 시도해 보십시오.

23 이 소개문의 올바른 설명은 어느 것인가?
1 '실버 컴퓨터 교실'은 컴퓨터를 배우고 싶은 사람이라면 누구나 수강할 수 있다.
2 '실버 컴퓨터 교실'에서는 초보자를 위한 강좌만 개설할 예정이다.
3 '실버 컴퓨터 교실'에서는 컴퓨터를 더 잘하고 싶은 사람도 배울 수 있다.
4 '실버 컴퓨터 교실'에서는 기본적인 PC 조작은 예습해 둬야 한다.

어휘 高齢者 고령자 | 向け (다른 말에 붙어서)행선지, 목적지, 대상을 나타냄 | 教室 교실 | 興味 흥미 | なかなか 좀처럼 | ぴったり 빈틈없이 밀착해 있는 모양, 적중한 모양, 잘 어울리는 모양 | さまざまな 다양한 | 講座 강좌 | 開設 개설 | 操作 조작 | 方法 방법 | オンラインミーティング 온라인 미팅 | 動画 동영상 | 編集 편집 | 選ぶ 고르다 | 丁寧 세심함, 정중함 | 指導 지도 | スキルアップ 기술 업 | 資格 자격 | 取得 취득 | 目指す 목표로 하다 | 初心者 초보자 | 受講 수강 | 体験 체험 | 試す 시도하다, 시험하다 | 紹介文 소개문 | 正しい 올바르다 | 学ぶ 배우다 | 予定 예정

해설 이 글은 고령자를 위한 컴퓨터 교실 소개로 1번은 정답이 될 수 없다. 초보자부터 자격증 취득을 목표로 하는 사람까지 수강이 가능하다고 했으므로 2번 역시 오답이고, 4번은 본문에 없는 내용이다. '스킬 업=더 잘하고 싶은' 사람도 수강할 수 있다고 했으므로, 정답은 3번이다.

(2)

이것은 어느 회사로부터의 사과의 글이다.

이번에 주문해 주셔서 진심으로 감사합니다. 프랑보워즈 신주쿠점입니다. 이번에 저희 회사 제품인 과일 케이크에 이물질이 검출된 것에 대하여 매우 불편을 끼쳐드려 정말 죄송합니다. 진심으로 사과드립니다. 즉시 조사한 결과 제조 과정에서 문제가 생긴 것으로 나타났습니다. 당사에서는 세심한 주의를 기울여 제품을 제조하고 있습니다만, 앞으로는 이런 일이 없도록 충분히 주의하겠습니다. 과일 케이크 대체품은 별도로 보내드렸습니다. 또한 문제의 상품에 대해서는 번거롭게 해드려 정말 죄송합니다만, 요금 착불로 당사에 반송해 주시기를 부탁드립니다. 앞으로도 아무쪼록 잘 부탁드립니다.

24 내용에서 알 수 없는 것은 무엇인가?

1 문제가 있던 상품을 판 가게
2 상품에서 이물질이 검출된 원인
3 보내오는 대체품의 내용물
4 문제 상품의 반송 방법

어휘 詫び 사죄 | この度 이번 | 注文 주문 | 誠に 진심으로 | 当社製 우리 회사 제품 | 異物 이물질 | 検出 검출 | 大変 매우, 몹시 (부사) | 迷惑 폐 | 心よりお詫び申し上げます 진심으로 사과드립니다 | 早速 즉시 | 調査 조사 | ~たところ ~더니, ~한 결과 | 製造 제조 | 過程 과정 | 生じる 발생하다 | 当社 당사 | 細心 세심 | 注意を払う 주의를 기울다 | 今後 향후 | 代替品 대체품 | 別便 별편, 별도로 보냄 | にて ~로, ~에 (때, 장소, 수단, 이유, 자격 등을 나타내는 조사) | なお 덧붙여 | ~につきましては ~에 대해서는 | 手数をかける 수고를 끼치다 | 着払い 착불 | 返送 반송 | なにとぞ 아무쪼록 | 原因 원인 | 中身 내용물

해설 문제가 발생한 가게는 프랑보워즈 신주쿠점이며, 이물질이 발생한 원인은 제조 과정에 있었다고 했다. 반송 방법은 착불로 회사로 보내달라고 했으나, 대체품 내용물은 본문에 없으므로, 정답은 3번이다.

(3)

이것은 결혼 예정 커플을 위한 이벤트 글이다.

브라이덜 페어

신사에서의 결혼식을 희망하시는 분들에게 예식과 피로연 장소를 하루 만에 견학할 수 있는 페어입니다. 희망자는 원하시는 시간에 예약해 주십시오.

＊참가자 전원에게 철판구이 고급 와규 풀코스와 와인 한 잔씩 선물

＊선착순 열 분에게 최대 10만 엔 상당의 선물을 드립니다. (인터넷 예약자에 한함)

〈일시〉 2024년 7월 9일 (일) 9:00~18:00

〈장소〉 타이쇼 기념 회관

〈정원〉 100커플

〈참가비〉 무료

〈예약 접수〉 인터넷에서는 전날 18시까지, 전화 예약은 2일 전 18시까지 (당일은 불가)

25 이 페어의 올바른 설명은 어느 것인가?

1 이 페어를 전화로 예약한 사람 중 선착순 열 분에게 10만 엔의 선물을 드린다.

2 이 페어에 참가한 사람은 고급 와규 풀코스를 먹을 수 있다.

3 이 페어에는 남성 50명, 여성 50명이 최대로 참가할 수 있다.

4 예약은 인터넷으로는 전날까지만, 전화로는 당일도 가능하다.

어휘 ブライダル 브라이덜, 혼례, 결혼식｜神社 신사｜希望 희망｜挙式 예식, 식을 올림｜披露宴 피로연｜会場 회장, 집회 장소｜見学 견학｜参加者 참가자｜全員 전원｜鉄板焼き 철판구이｜高級和牛 고급 와규｜フルコース 풀코스｜一杯 한 잔｜先着 선착순｜最大 최대｜差し上げる 드리다｜日時 일시｜場所 장소｜記念 기념｜会館 회관｜定員 정원｜ペア 페어, 쌍｜組 조, 쌍｜参加費 참가비｜無料 무료｜受付 접수｜前日 전날｜当日 당일｜不可 불가

해설 이 페어에 참가한 전원에게 고급 와규 풀코스와 와인을 한 잔씩 선물이라고 했으므로, 정답은 2번이다. 인터넷 예약자 중 선착순 10명에게 최대 10만 엔 상당의 선물을 증정한다고 했으니 1번은 오답이고, 정원은 페어 100쌍이므로 3번도 오답이고, 당일 예약은 불가하므로 4번도 틀린 내용이다.

(4)

이것은 어느 제품의 주의 사항을 알리는 글이다.

사용상의 주의

＊보관 방법에 따라 액체의 색상이나 냄새가 변화할 경우가 있으므로 주의해 주십시오.

＊영유아의 손에 닿지 않는 장소에 보관하십시오.

＊상품이 피부에 맞지 않을 때는 즉시 사용을 중지하십시오.

＊세척 시에는 눈 주위를 피해 사용하십시오.

＊눈에 들어갔을 경우는 물이나 미지근한 물로 충분히 씻어내 주십시오.

26 이것은 어떤 제품에 대한 주의점인가?

1 립 크림

2 샴푸

3 향수

4 세제

어휘 製品 제품｜注意事項 주의 사항｜知らせる 알리다｜使用上 사용상｜保管 보관｜液体 액체｜におい 냄새｜変化 변화｜乳幼児 영유아｜手が届く 손이 닿다｜商品 상품｜肌 피부｜合う 맞다｜中止 중지｜洗う 씻다｜～際 ~때｜周囲 주위｜避ける 피하다｜ぬるま湯 미지근한 물｜十分に 충분히｜洗い流す 씻어 내다｜香水 향수｜洗剤 세제

해설 보관 방법에 따라 액체의 색깔이나 냄새가 변할 수도 있다고 했으므로, '샴푸'나 '세제' 중에 하나인데, 피부에 맞지 않을 때는 사용을 중지하라고 했고, 눈 주위는 피하라는 등의 주의 사항이 있으므로, 정답은 2번 샴푸다.

문제 5 다음의 (1)과 (2)의 글을 읽고 질문에 답하세요. 답은 1·2·3·4에서 가장 적당한 것을 하나 고르세요.

(1)

스마트폰은 우리 생활에 없어서는 안 되는 존재입니다. 국내뿐만 아니라 세계의 뉴스를 보거나, 친구나 거래처 사람과 연락을 하는 등 현대 사회에서 살기 위해 필요한 것이 스마트폰 하나로 가능하게 됩니다. 그런 스마트폰에 의존하는 생활을 하고 있는 우리이기 때문에 더욱 주의하고 싶은 것이 '스마트폰 중독'입니다.

스마트폰 중독자는 밥을 먹을 때도, 화장실에 갈 때도, 목욕할 때도 이떤 때에도 스마트폰으로부터 떨어질 수 없습니다. 또한 스마트폰을 못 찾으면 불안해져 다른 것에 집중할 수 없게 됩니다.

스마트폰 중독이 되지 않기 위해서라도 먼저 자신이 하루에 어느 정도의 시간 동안 스마트폰을 사용하는지를 확인합시다. 그렇게 함으로써 자신의 생활을 객관적으로 재검토하는 계기가 되고, 스마트폰의 과도한 사용을 예방할 수 있습니다. 또한 스마트폰으로부터의 알림을 끄고 다른 것에 집중하는 시간을 만듭시다. 불필요하게 정신이 뺏기지 않게 됨으로써 스마트폰을 의식하는 시간이 줄어듭니다. 하지만 이것보다도 중요한 것은 스마트폰을 자신의 가까이에 두지 않는다는 것입니다. 평소부터 가능한 한 스마트폰을 손이 닿지 않는 곳에 두거나 잘 때만이라도 다른 방에 스마트폰을 놓아 두면 스마트폰을 사용하는 시간이 줄어들어 점점 스마트폰에 의존하지 않게 될 것입니다.

아무리 편리한 것이라도 사용법에 따라 좋은 면도 나쁜 면도 있습니다. 스마트폰의 편리한 부분이나 행복을 느끼게 해 주는 부분만 잘 활용하고, 지나친 사용으로 인해 자신에게 좋지 않은 도구가 되지 않도록 주의합시다.

---

27 '스마트폰 중독'이란 어떤 현상인가?

　1 스마트폰만으로 친구끼리 연락을 주고 받는 것

　2 스마트폰이 없으면 불안해지는 것

　3 스마트폰을 사용한 시간을 모르는 것

　4 스마트폰이 없으면 친구를 사귈 수 없는 것

해설 '스마트폰 중독'이란 스마트폰에서 벗어날 수 없고 스마트폰을 찾지 못하면 정신적으로 불안해져 집중이 안 되는 것이라고 했으므로, 정답은 2번이다.

---

28 스마트폰 중독에 걸리지 않으려면 어떻게 해야 할까?

　1 스마트폰을 1주일에 몇 시간 사용했는가 확인한다.

　2 스마트폰을 사용하는 시간을 줄이기 위해 잘 때는 반드시 알림을 끈다.

　3 스마트폰 전원을 끄고 다른 것에 집중하는 시간을 만든다.

　4 스마트폰을 자신에게서 멀리 두고 사용하는 시간을 줄인다.

해설 스마트폰 중독에 걸리지 않으려면 하루 사용시간을 확인하고, 알림을 꺼서 다른 것에 집중하는 시간을 만들고, 스마트폰을 자신과 가까이 두지 않도록 하여 사용하는 시간을 줄여야 한다고 했으므로, 정답은 4번이다. 잘 때는 다른 방에 스마트폰을 두자고 했지 알림을 끄라고 하지는 않았다.

저자가 가장 말하고 싶은 것은 무엇인가?

1 스마트폰은 현대를 살아가는 우리의 생활에는 필요한 소중한 것이다.

2 스마트폰에 의해서, 커뮤니케이션 능력을 높이는 것이 중요하다.

3 스마트폰은 사용법에 따라 좋은 부분도 나쁜 부분도 있으니 조심하는 것이 좋다.

4 스마트폰을 너무 많이 사용하면 여러가지 병이 나기 쉬우므로 주의해야 한다.

해설 전체적으로 스마트폰 중독에 대해 이야기하고 있는데, 마지막 단락에서 아무리 편리한 것이라도 사용법에 따라서는 좋은 면도 나쁜 면도 있다고 했다. 스마트폰의 좋은 부분을 활용해 과다 사용으로 인해 좋지 않은 도구가 되지 않도록 조심하자고 했으므로, 정답은 3번이다.

어휘 なくてはならない 없어서는 안 된다 | 国内 국내 | 世界 세계 | 取引先 거래처 | 現代社会 현대 사회 | 依存 의존 | 依存症 의존증 | お風呂 목욕 | 離れる 떠나다, 벗어나다 | 見つかる 찾게 되다 | 不安 불안 | 集中 집중 | 確認 확인 | 客観的 객관적 | 見直す 다시 보다 | きっかけ 계기 | 使いすぎ 과다 사용 | 予防 예방 | 知らせ 알림 | オフにする 끄다 | 余計 불필요함, 쓸데 없음 | 気を取られる 정신을 빼앗기다 | 意識 의식 | 減る 줄다 | 普段 평소 | 手が届く 손에 닿다 | ~たまま ~한 채로 | だんだん 점점 | どんなに~でも 아무리 ~이라도 | 面 면 | 活用 활용 | 道具 도구 | 同士 끼리 | やり取り (서로 연락이나 물건을)주고받음 | 電源 전원 | 気を付ける 주의하다

(2)

여러분은 하루 중 얼마나 TV를 볼까? 내가 어렸을 때는 TV는 가정에 있어서 필수 불가결한 것이었고, 항상 가족이 TV를 둘러싸고 웃거나 울거나 하고 있었던 것 같다. 또 혼자 살기 시작할 때는 아침에 일어나면 일단 TV를 켜고, 퇴근하고 돌아오면 일단 TV를 켜고, 특별히 보고 싶은 프로그램이 없어도 TV를 켜는 것이 습관이 되어 있었다. 그러나 최근에는 일부러 TV를 본다고 하는 사람은 적고, 특히 젊은이를 중심으로 ①TV 이탈이 진행되고 있는 것 같다. 왜 이렇게 변화했을까.

우선 미디어가 다양해진 것이 이유로 꼽힌다. 그 때문에 인터넷상에서 정보를 얻거나 동영상을 보는 사람들이 늘었고, 또 시간만 나면 SNS를 이용해 사람들과 쉽게 연결되는 것을 즐길 수 있게 됐다. 이에 따라 틈이 나면 지금까지는 'TV나 볼까?'였으나 이제는 'SNS나 할까?' 하는 ②시대의 흐름이 됐다고 말할 수 있다. 또 동영상 사이트의 존재가 커진 것도 이유 중 하나다. 사이트에는 다양한 동영상이 매일 올라와 있어 자신에게 시간이 생겼을 때 원하는 타이밍에 좋아하는 동영상을 볼 수 있다는 게 큰 장점이다. 이에 따라 젊은이들은 점점 더 텔레비전으로부터 멀어지게 될 것이다.

하지만 이상하게도 TV 이탈이 진행되고 있어도 화제가 되고 있는 드라마의 최종회는 TV로 봤다거나 올림픽이나 월드컵은 반드시 TV로 본다는 사람은 있다. 현대인들이 TV에서 요구하는 것은 정보나 엔터테인먼트의 재미가 아니라 '감동'이라면, 텔레비전 방송국은 이 '감동'을 도입한 프로그램을 만들어 갈 궁리가 필요할지도 모른다.

①TV 이탈이 진행되고 있는 이유로 생각할 수 없는 것은 무엇인가?

1 텔레비전을 집에 가지고 있는 사람이 적어졌기 때문에

2 인터넷으로 정보나 동영상을 얻게 되었기 때문에

3 시간만 있으면 SNS를 즐기게 되었기 때문에

4 동영상 사이트에서 언제든지 자신이 좋아하는 동영상을 볼 수 있기 때문에

해설 TV 이탈의 이유로 미디어의 다양화를 언급하며, 인터넷에서 정보나 동영상을 얻고, 시간이 나면 SNS를 즐기고, 동영상 사이트의 존재가 커진 것이 꼽히고 있다. 집에 텔레비전을 가지고 있는 사람이 적다는 내용은 본문에 없으므로, 정답은 1번이다.

31 ② 시대의 흐름이란 어떤 흐름인가?

1 틈이 나면 TV보다도 인터넷을 하게 되었다.

2 가족이 텔레비전을 둘러싸는 일이 적어졌다.

3 아침부터 저녁까지 하루 종일 TV를 켜 두는 것이 습관이 됐다.

4 혼자 사는 젊은이가 줄어들었다.

해설 틈이 나면 지금까지는 'TV나 볼까?'였는데 이제는 'SNS나 할까?' 하는 흐름이 됐다고 했으므로, 정답은 1번이다.

32 이 글의 내용과 일치하는 것은 어느 것인가?

1 TV 이탈로 인해 올림픽이나 월드컵도 TV로는 보지 않게 됐다.

2 시대의 흐름에 따라 감동적인 동영상을 인터넷상에서 보는 것은 불가능하다.

3 미디어의 다양화로 인해 인터넷에서 동영상을 보는 사람이 늘어났다.

4 방송국은 인터넷 동영상보다 더 재미있는 프로그램을 만드는 노력을 기울여야 한다.

해설 젊은이들의 TV 이탈은 미디어가 다양해진 것이 이유로 꼽혔고, 그로 인해 인터넷상에서 정보를 얻거나 동영상을 보는 사람이 늘었다고 했으므로, 정답은 3번이다. TV 이탈이 진행되고 있어도 올림픽이나 월드컵은 반드시 TV로 본다는 사람은 있고, 방송국은 '감동'을 도입한 프로그램을 만들어 갈 궁리가 필요하다고 했다.

어휘 家庭 가정 | 必要不可欠 필요 불가결, 필수 불가결 | 囲む 둘러싸다 | 一人暮らし 1인 가구 | とりあえず 우선 | 番組 프로그램 | 習慣 습관 | わざわざ 일부러 | 特に 특히 | 若者 젊은이 | 中心 중심 | ～離れ ~로부터 멀어져 가는 것 | 進む 진행되다, 나아가다 | 変化 변화 | メディア 미디어 | 多様化 다양화 | 理由 이유 | 挙げる 들다 | 情報 정보 | 得る 얻다 | 動画 동영상 | 増える 늘다 | ～さえあれば ~만 있으면 | 気軽に 부담 없이 | つながる 연결되다 | 暇 한가함 | 時代 시대 | 流れ 흐름 | 存在 존재 | さまざまな 다양한 | アップロード 업로드 | タイミング 타이밍 | メリット 메리트, 장점 | ますます 점점 | 不思議だ 이상하다, 희한하다 | 話題 화제 | 最終回 최종회 | 現代 현대 | 求める 요구하다 | エンタメ 엔터테인먼트 | 感動 감동 | テレビ局 방송국 | 取り入れる 도입하다 | 工夫 궁리 | 不可能 불가능

문제 6 다음 글을 읽고 질문에 답하세요. 답은 1 · 2 · 3 · 4에서 가장 적당한 것을 하나 고르세요.

사람은 누구나 타인으로부터 좋은 사람으로 보이고 싶다고 생각하고 있습니다. 타인으로부터 호감을 받고, 인정받기 위해서 '좋은 사람'이 되려고 노력하는 사람도 많을 것입니다. 이런 사람들을 ①'좋은 사람 증후군'이라고 하는데, '좋은 사람 증후군'은 내가 다른 사람들에게 어떻게 보이는지가 신경 쓰인다, 즉 타인의 평가가 신경에 쓰이는 심리가 특징입니다.

그런데 그것이 지나치면 스트레스를 느끼고 마음이 병들어 버리는 사람도 있습니다. 평소에는 다른 사람에게 인정받기 위해 '좋은 사람'으로 있으려고 웃는 얼굴로 싱글벙글하고 있지만, 아무도 인정해 주지 않았던 경우나 조금 비판을 받았을 경우에는 인격이 바뀐 것처럼 화를 내 버릴 가능성이 있다고 합니다. 또 한 연구에 따르면 자신이 하고 싶은 말을 마음대로 할 수 있는 사람보다 '좋은 사람'이 건강 상태를 나쁘게 하는 사람이 많다는 것도 알고 있습니다.

그럼 ②'좋은 사람 증후군'이 되지 않기 위해서는 어떻게 하면 좋을까요? 먼저 '좋은 사람'이라고 해도 남들이 꼭 인정해 주는 것은 아니라는 것을 인식해 둡시다. 타인의 평가가 아니라 스스로 자신을 인정해 줄 수 있게 되는 것, 즉 좋은 의미에서 자기중심적이 되는 것이 중요합니다.

또 다른 사람과 대화할 때는 상대방에게 실례가 되지 않을 정도로 자신의 속마음을 이야기해 봅시다. 상대방에게 이야기를 맞추지 않으면 내 이미지가 나빠질까 봐 걱정이 되는데, 이미지만 신경 쓰고 '좋은 사람'으로 있으면 당신이 사실은 무슨 생각을 하는지 (상대방이)알 수 없게 되는 거죠.

그리고 ③무엇보다 중요한 것이 주변에 휩쓸리지 않는 강한 의지를 갖는다는 것입니다. '좋은 사람'으로 있기 위해서 내가 하고 싶은 것을 참고 상대방을 위해 너무 배려해도 피곤할 뿐입니다. 상대방에게 너무 배려할 것 없이 무리하지 말고 있는 그대로 자신의 인생을 즐깁시다.

(주) 증후군 : 동시에 일어나는 무리의 증상을 말함.

33　①'좋은 사람 증후군'의 가능성이 없는 사람은 누구인가?

　　1 친구에게 미움을 받는 것이 무서워서 자신의 의견을 말하지 못하는 사람
　　2 상대방과 의견이 다른 경우라도 자신의 의견을 분명히 말하는 사람
　　3 동료에게 잘 보이기 위해 동료에게 이야기를 맞추는 사람
　　4 상사에게 인정받기 위해 항상 웃는 얼굴로 있는 사람

> **해설**　'좋은 사람 증후군'은 타인의 평가가 마음에 걸리기 때문에 다른 사람에게 의견을 맞추거나 항상 웃는 것이 특징이다. 보기에서 가능성이 없는 사람은 2번이다.

34　②'좋은 사람 증후군'이 되지 않기 위해서는 어떻게 해야 좋은가?

　　1 다른 사람은 항상 자신을 인정해 준다는 것을 알아두는 것이 좋다.
　　2 다른 사람과 대화할 때는 상대방을 배려하면서 자신의 속마음을 이야기하는 것이 좋다.
　　3 타인의 평가를 신경 쓰면서 스스로 자신을 인정해 주는 것이 좋다.
　　4 다른 사람에게 말을 맞추고 자신의 이미지를 좋게 만들어 두는 것이 좋다.

> **해설**　'좋은 사람 증후군'에 걸리지 않으려면 상대방에게 실례가 되지 않을 정도로 자신의 속마음을 털어놓자는 것이므로, 정답은 2번이다. 타인의 평가를 신경 쓰거나, 타인에게 이야기를 맞추려고 하는 것은 '좋은 사람 증후군'의 특징이므로 오답이 된다.

35 ③무엇보다 중요한 것은 무엇인가?

1 자신이 하고 싶은 일을 참는 것

2 상대를 위해 배려하고 행동하는 것

3 다른 사람에게 휩쓸리지 않을 의지를 가질 것

4 좋은 사람이 되려는 노력을 멈추는 것

해설 무엇보다 중요한 것은 주변에 휩쓸리지 않는 강한 의지를 갖는 것이라고 하니, 정답은 3번이다.

36 이 글의 내용과 일치하지 않는 것은 어떤 것인가?

1 사람은 타인에게 호감을 받기 위해 '좋은 사람'이 되려고 한다.

2 '좋은 사람'으로 있으려고 너무 열심히 노력하면 마음의 병이 날 가능성이 있다.

3 무리해서 '좋은 사람'으로 있는 사람이 건강상태가 좋다.

4 자신이 하고 싶은 것을 참고 '좋은 사람'으로 있어도 피곤할 뿐이다.

해설 「ある研究によると、～「いい人」の方が健康状態を悪くする人が多いということもわかってます」에서 어느 연구 결과에 의하면 '좋은 사람'이 더 건강 상태를 나쁘게 만들 수 있다고 했으므로, 정답은 3번이다.

어휘 他人 타인 | 好く 좋아하다 | 認める 인정하다 | 努力 노력 | 症候群 증후군 | つまり 즉 | 評価 평가 | 気になる 신경 쓰이다, 마음에 걸리다 | 心理 심리 | 特徴 특징 | ところが 그런데 | 行き過ぎる 지나가다, 도를 넘다 | 心 마음 | 笑顔 웃는 얼굴 | ニコニコ 싱글벙글 | 批判 비판 | 人格が変わる 인격이 바뀌다 | 可能性 가능성 | ある 어떤, 어느 | 研究 연구 | 気ままに 생각하는 대로 | 健康状態 건강 상태 | ～であっても ~일지라도 | 必ずしも (뒤에 부정의 말을 수반하여) 반드시 ~이라고는(할 수 없다) | ～わけではない ~은 아니다 | 認識 인식 | 自己中心的 자기중심적 | 大事 중요 | 相手 상대 | 失礼 실례 | 本音 속마음, 진심 | イメージ 이미지 | 気にする 신경 쓰다 | 周り 주변 | 流す 흘리다 | 意志 의지 | 我慢 참음 | 気を使う 배려하다 | ～ことなく ~없이 | 無理 무리 | ありのまま 그대로 | 人生 인생 | 嫌う 싫어하다 | 怖い 무섭다 | はっきり 분명히, 확실히 | 同僚 동료 | 上司 상사 | 配慮 배려 | 止める 그만두다, 중지하다

문제 7 오른쪽 페이지는 마사지 숍 이전 오픈 알림이다. 이를 읽고 아래 질문에 답하세요. 답은 1·2·3·4에서 가장 적당한 것을 하나 고르세요.

37 이 알림을 보고 요금을 할인받기 위해서는 어떻게 하면 좋은가?

1 이 엽서를 가지고 9월 20일에 간다.

2 이 엽서를 가지고 화요일 오전 11시에 간다.

3 이 엽서를 가지고 아쿠아 빌딩에 간다.

4 이 엽서를 가지고 친구와 함께 간다.

해설 엽서를 가지고 가면 할인을 받을 수 있는데, 친구와 함께 가면 여기에 10%를 더 할인받을 수 있다고 했으므로, 정답은 4번이다. 아쿠아 빌딩은 이전하기 전 빌딩이고, 9월 20일은 아직 이전 전이라 할인이 안 되고, 화요일은 휴무일이라 문을 열지 않는다.

[38] 이 엽서를 가지고 10월 20일 A 씨는 전신 아로마 마사지, A 씨의 친구 B 씨는 작은 얼굴 마사지와 상반신 마사지를 받으러 간다. 두 사람의 합계 금액은 전부 해서 얼마인가?

　1 26,460엔

　2 29,400엔

　3 37,800엔

　4 42,000엔

해설 A 씨는 14,000엔이고, B 씨는 10,500엔과 4,900엔으로 전체 합계는 29,400엔이다. 오픈한 지 한 달 안에 친구와 함께 간 경우이기 때문에, 여기서 다시 10% 할인을 하면 26,460엔이므로, 정답은 1번이다.

이전 리뉴얼 OPEN 알림

평소 릴리안을 이용해 주셔서 진심으로 감사드립니다.

이번에 릴리언은 2024년 10월 1일부터 아쿠아 빌딩과의 계약 만료 때문에 2025년 9월 25일에 아래 신 점포로 이전하여 리뉴얼 오픈하게 되었습니다. 이전 장소는 기타야마 거리를 사이에 두고 맞은편에는 안경 비전 기타야마 점이 있습니다.

(지도를 참조해 주십시오.)

이 엽서를 지참하신 고객님께는 리뉴얼 오픈 기념으로 30% 할인해 드립니다. (유효 기간은 없습니다.)

앞으로도 고객님께 보다 나은 서비스를 제공할 수 있도록 노력하겠습니다. 여러분의 방문을 기다리고 있겠습니다.

할인 요금 : 전신 아로마 마사지 (60분) 20,000엔 → 14,000엔 (세금 포함)

　　　　　　 작은 얼굴 마사지 (60분) 15,000엔 → 10,500엔 (세금 포함)

　　　　　　 상반신 마사지 (40분) 7,000엔 → 4,900엔 (세금 포함)

　　　　　　 발 마사지 (40분) 5,000엔 → 3,500엔 (세금 포함)

　　　　　　 ※ 친구와 내점하실 경우 상기 금액에서 10% 더 할인해 드립니다.

　　　　　　　　 (단, 오픈 후 1개월간)

이전 장소 : 교토시 기타구 모토마치 4초메 7번지 야마가미빌딩 3층(기타야마역에서 도보 5분)

영업 시간 : 10:00~20:00

휴무일 : 화요일

어휘 移転 이전 | 知らせ 알림 | 平素 평소 | 利用 이용 | 誠に 진심으로 | この度 이번 | ～より ~부터 | 契約満了 계약 만료 | 下記 하기, 아래에 적은 것(글) | 新店舗 신 점포 | リニューアル 리뉴얼 | はさむ 사이에 두다 | 向かい側 맞은편 | 地図 지도 | 参照 참조 | 葉書 엽서 | 持参 지참 | 記念 기념 | 割引 할인 | 有効期限 유효 기간 | 今後 앞으로 | よりいっそう 보다 한층 | 提供 제공 | 努力 노력 | 来店 내점 | 全身 전신 | 税込み 세금 포함 | 小顔 작은 얼굴 | 上半身 상체 | 上記 상기, 앞(위)에 적은 것(글) | 金額 금액 | さらに 그 위에, 또 | ただし 단, 다만 | 徒歩 도보 | 営業 영업 | 定休日 정규 휴일

문제 1 문제 1에서는 먼저 질문을 들으세요. 그리고 이야기를 듣고 문제지의 1~4 중에서 가장 적당한 것을 하나 고르세요.

れい 🎧Track 3-1

女の人と男の人が話しています。男の人はこの後、どこに行けばいいですか。

女：え、それでは、この施設の利用がはじめての方のために、注意していただきたいことがありますので、よく聞いてください。まず決められた場所以外ではケータイは使えません。

男：え？10分後に、友達とここで待ち合わせしているのに、どうしよう。じゃ、どこで使えばいいですか。

女：3階と5階に、決められた場所があります。

男：はい、わかりました。友達とお茶を飲んだり、話したりする時はどこに行ったらいいですか。

女：4階にカフェテリアがありますので、そちらをご利用ください。

男：はい、わかりました。さあ、奈々ちゃん、どこまで来たのか電話かけてみるか。

男の人はこの後、どこに行けばいいですか。

1 1階
2 2階
3 3階
4 4階

예

여자와 남자가 이야기하고 있습니다. 남자는 이후, 어디로 가면 됩니까?

여：에, 그럼, 이 시설의 이용이 처음이신 분을 위해 주의해 주셨으면 하는 것이 있으므로, 잘 들어 주세요. 먼저 정해진 장소 이외에서는 휴대전화는 사용할 수 없습니다.

남：네? 10분 후에 친구와 여기서 만나기로 했는데, 어쩌지? 그럼, 어디에서 사용하면 됩니까?

여：3층과 5층에 정해진 장소가 있습니다.

남：네, 알겠습니다. 친구와 차를 마시거나 이야기하거나 할 때는 어디로 가면 됩니까?

여：4층에 카페테리아가 있으므로, 그곳을 이용해 주십시오.

남：네, 알겠습니다. 자, 나나는 어디까지 왔는지 전화 걸어 볼까?

남자는 이후, 어디로 가면 됩니까?

1 1층
2 2층
3 3층
4 4층

해설 남자는 마지막 대화에서 친구에게 '전화 걸어 볼까?'라고 했으므로, 통화가 가능한 3층이나 5층으로 가면 되니 정답은 3번이 된다.

어휘 施設 시설 | 利用 이용 | 注意 주의 | 以外 의외 | 待ち合わせ (시간과 장소를 정하여)만나기로 함

男の人と女の人が部屋の乾燥について話していま
す。男の人は乾燥を防ぐためにどうしますか。

男：最近、空気が乾燥して、大変だね。僕、コン
　　タクトつけているから、目が痛くなったり
　　するんだよね。
女：私も乾燥とかに敏感な方だから、ストーブ
　　の上にやかんを置いてるよ。部屋も暖かく
　　なるし、すぐコーヒーも飲めるし。
男：うん、そうしたらいいんだけど、僕はストー
　　ブがないから。
女：冬だから買ったらいいんじゃない。
男：もっと簡単な方法はないかな。
女：そうね。タオルを濡らして部屋に干すのは？
男：あ、それいいね。え、でもわざわざタオル
　　を濡らすより、洗濯物を使えばいいんじゃ
　　ない。
女：あ、それもいいね。

男の人は乾燥を防ぐためにどうしますか。

2

1번

남자와 여자는 방의 건조함에 대해 이야기하고 있습
니다. 남자는 건조함을 방지하기 위해 어떻게 합니까?

남 : 최근 공기가 건조해서 힘드네. 난 콘택트렌즈를
　　끼니까 눈이 아프기도 해.
여 : 나도 건조한 거에는 민감한 편이라, 난로 위에 주
　　전자를 두고 있어. 방도 따뜻해지고, 바로 커피도
　　마실 수 있고.
남 : 그래, 그렇게 하면 좋겠는데, 나는 난로가 없으니까.
여 : 겨울이니까 사면 되지 않을까?
남 : 더 쉬운 방법은 없을까?
여 : 글쎄. 수건을 적셔 방에 말리는 것은?
남 : 아, 그거 좋네. 엣, 하지만 일부러 수건을 적시는
　　것보다 빨래를 이용하면 되지 않겠어?
여 : 아, 그것도 좋네.

남자는 건조함을 방지하기 위해 어떻게 합니까?

해설 남자의 마지막 대화를 보면 수건을 일부러 적셔서 너는 것보다 빨래를 이용하면 된다고 했으니 빨래 너는 장면
인 2번이 정답이다. 수건을 일부러 적셔서 너는 것이 아님에 주의한다.

어휘 乾燥 건조 | 防ぐ 막다, 방지하다 | 空気 공기 | 敏感 민감 | 干す 말리다, 널다 | わざわざ 일부러 | 濡らす 적
시다

女の留学生と男の人が話しています。女の留学生はこれから何を決めますか。

女：ねえねえ、田中君、今時間ある？

男：うん、どうしたの？

女：日本語でレポートを書いたんだけど、初めてだからちょっと不安で。申し訳ないんだけど、ちょっと見てくれない？

男：うんうん。もちろんだよ。どれどれ…。

女：どう？大丈夫かしら？

男：うん、内容はいいと思うよ。それより、レポートの表紙は？これだけだと提出できないよ。

女：えっ！レポートって表紙も必要なの？

男：もちろん。真ん中にタイトルを入れて、右下には学籍番号と名前、授業名の順番で書けばいいと思うよ。

女：順番まで決まってるんだね。知らなかった。そしたらこれからタイトル考えなくちゃ。

男：レポートの内容を具体的に表す言葉でいいと思うよ。頑張ってね。

女の留学生はこれから何を決めますか。

1 授業名を書く位置
2 タイトルの位置
3 レポートの題名
4 表紙に書くもの

2번

여자 유학생과 남자가 이야기하고 있습니다. 여자 유학생은 앞으로 무엇을 결정합니까?

여 : 저기, 다나카 군, 지금 시간 있어?

남 : 응, 무슨 일이야?

여 : 일본어로 리포트를 썼는데, 처음이라 좀 불안해서. 미안한데 좀 봐 주지 않을래?

남 : 응, 물론이지. 어디 보자….

여 : 어때? 괜찮을까?

남 : 응, 내용은 좋다고 생각해. 그것보다 리포트 표지는? 이것만으로는 제출할 수 없어.

여 : 어! 리포트란 게 표지도 필요해?

남 : 물론이지. 가운데에 제목을 넣고, 오른쪽 아래에는 학번과 이름, 수업명의 순서로 쓰면 된다고 생각해.

여 : 순서까지 정해져 있구나. 몰랐어. 그러면 이제 제목 생각해야겠네.

남 : 리포트의 내용을 구체적으로 나타내는 말이면 된다고 생각해. 힘내.

여자 유학생은 앞으로 무엇을 결정합니까?

1 수업명을 쓸 위치
2 타이틀의 위치
3 리포트의 제목
4 표지에 쓸 것

해설 표지에 들어가는 내용은 남자가 모두 알려주었으므로, 앞으로 여자가 할 일은 여자의 마지막 대화 「これからタイトル考えなくちゃ」에서 알 수 있다. 여자는 앞으로 리포트의 제목을 생각해야 하므로, 정답은 3번이다.

어휘 初めて (경험상의)처음 | 不安だ 불안하다 | どれどれ 어디 봐봐(동작을 시작하거나 재촉할 때 쓰는 말) | 内容 내용 | 表紙 표지 | 提出 제출 | 真ん中 한가운데 | 右下 오른쪽 아래 | 学籍番号 학번 | 授業名 수업명 | 順番 순서 | 具体的 구체적 | 表す 나타내다 | 位置 위치 | 題名 제목

女の人と男の人が利用案内について話していま
す。女の人の友達はこれからどうしますか。

女：もしもし、そちらの図書館では、目の不自
　　由な人のためのサービスがありますか。私
　　の友達が利用したいと言っているのですが。
男：はい、本を録音したオーディオブックや点字
　　の本もありますし、郵送による貸し出しサー
　　ビスもございます。
女：あ、そうですか。いいですね。
男：お友達のお住まいは東京ですか。
女：いえ、神奈川県です。
男：あ〜、そうですか。お住まいがこちらでは
　　ない方は、事前に予約をしなければなりま
　　せん。予約は必ずお電話でお願いします。
　　代理人ではできませんので、ご注意ください。
女：そうですか。わかりました。ありがとうご
　　ざいます。

女の人の友達はこれからどうしますか。
1 代理人が図書館に行って予約する
2 本人が図書館に電話して予約する
3 本人が借りたい資料を郵便で予約する
4 図書館を利用するために東京に引っ越す

3번

여자와 남자가 이용 안내에 대해 이야기하고 있습니
다. 여자의 친구는 앞으로 어떻게 합니까?

여 : 여보세요, 그쪽 도서관에서는 시각장애인을 위한
　　서비스가 있습니까? 제 친구가 이용하고 싶다고
　　하는데요.
남 : 네, 책을 녹음한 오디오북이나 점자책도 있고, 우
　　편에 의한 대출 서비스도 있습니다.
여 : 아, 그렇습니까? 좋네요.
남 : 친구분 사는 곳은 도쿄입니까?
여 : 아니요, 가나가와현입니다.
남 : 아~, 그렇습니까? 거주지가 이곳이 아닌 분은 미
　　리 예약을 하셔야 합니다. 예약은 반드시 전화로
　　부탁드립니다. 대리인이 할 수 없으니 주의해 주
　　십시오.
여 : 그렇습니까? 알겠습니다. 감사합니다.

여자의 친구는 앞으로 어떻게 합니까?

1 대리인이 도서관에 가서 예약한다
2 본인이 도서관에 전화하여 예약한다
3 본인이 빌리고 싶은 자료를 우편으로 예약한다
4 도서관을 이용하기 위해 도쿄로 이사한다

해설 여자의 친구가 도서관을 이용하기 위해서는 직접 도서관에 전화를 걸어 예약해야 하므로, 정답은 2번이다.

어휘 目の不自由な人 시각장애인｜不自由 부자유｜利用 이용｜録音 녹음｜点字 점자｜郵送 우송｜貸し出し 대
출｜住まい 거주｜事前に 사전에, 미리｜必ず 꼭, 반드시｜代理人 대리인｜注意 주의｜資料 자료

4ばん 🎧 Track 3-1-04

男の人と女の人がポイントカードについて話しています。男の人はこれからどうしますか。

男：アヤナちゃん、A社のポイントカードって持ってる？

女：うん、買い物するたびにけっこうポイントが貯まるからいいのよね。

男：僕もかなり貯まったんだけど、カード２枚も作っちゃってさ。１枚にまとめることってできるのかな。

女：確かできたはずよ。お店に行ったときに聞いてみたら？

男：そうだね。でも今週は忙しいから、来週にしようかな。

女：それだったら、まずはA社のホームページを見てみたら？もしかしたらできるかもしれないわよ。

男：そうなんだ！後で見てみるよ。

男の人はこれからどうしますか。

1 今日、お店に電話してポイント移動の手続きをする
2 来週、お店に行ってポイント移動の手続きをする
3 ホームページでポイント移動ができるかどうか見てみる
4 ポイントの移動は面倒くさいから、諦める

4번

남자와 여자가 포인트 카드에 대해 이야기하고 있습니다. 남자는 앞으로 어떻게 합니까?

남 : 아야나, A사 포인트 카드 가지고 있어?

여 : 응, 쇼핑할 때마다 꽤 포인트가 쌓이니까 좋지.

남 : 나도 꽤 쌓였는데, 카드 두 장이나 만들어 버려서. 한 장으로 모을 수 있을까?

여 : 아마 할 수 있을 거야. 가게에 갔을 때 물어보는 게 어때?

남 : 그러게. 근데 이번 주는 바쁘니까, 다음 주에 할까?

여 : 그렇다면 우선은 A사 홈페이지를 보면 어떨까? 어쩌면 할 수 있을지도 몰라.

남 : 그렇구나! 이따가 봐 볼게.

남자는 앞으로 어떻게 합니까?

1 오늘 가게에 전화해서 포인트 이동 절차를 밟는다
2 다음 주에 가게에 가서 포인트 이동 절차를 밟는다
3 홈페이지에서 포인트 이동이 가능한지 알아본다
4 포인트 이동은 귀찮아서 포기한다

해설 여자는 포인트 이동 절차를 가게에 문의해 보라고 했는데, 남자는 이번 주에는 갈 수 없어서 다음 주에 가서 물어본다고 했다. 그러자 여자가 홈페이지에서도 가능할지도 모른다고 했고, 남자가 이따가 들어가서 보겠다고 했으므로, 정답은 3번이다.

어휘 ～たびに ~때마다 | けっこう 꽤 | 貯まる 쌓이다, 모이다 | かなり 꽤, 상당히 | まとめる 하나로 모으다, 정리하다 | 確か 아마, 틀림없이 (부사) | まず 우선 | もしかしたら 혹시, 어쩌면 | 移動 이동 | 手続き 절차 | 面倒くさい 귀찮다 | 諦める 포기하다

5 ばん 🎧 Track 3-1-05

男の人と女の人が新幹線の予約のことで話しています。男の人はどれを予約しますか。

男：吉田さん、今度の出張で、名古屋まで行くんだけど、新幹線のチケットの予約、頼んでもいいかな？

女：はい、東京発、名古屋行きですね。

男：そうそう。朝出発で、指定席がいいんだけど、空いてる？

女：そうですね。朝7時の新幹線ですが、指定席はすでに満席で、グリーン席ならまだ余裕がありますが、どうしましょうか。

男：グリーン席は高いからなぁ。自由席だと座れなかった時が困るし…。8時くらいだと、指定席はある？

女：あいにく8時も満席です。9時出発なら、ありますが、この時間だとちょっと遅いですよね。

男：そうだね。そしたら高いけど、一番早い出発の新幹線で行くことにするよ。

男の人はどれを予約しますか。
1　7時出発の指定席
2　7時出発のグリーン席
3　8時出発の自由席
4　9時出発の指定席

5번

남자와 여자가 신칸센 예약에 대해 이야기하고 있습니다. 남자는 어느 것을 예약합니까?

남：요시다 씨, 이번 출장으로 나고야까지 가는데, 신칸센 티켓의 예약 부탁해도 될까?

여：네, 도쿄발 나고야행이죠?

남：그래그래. 아침 출발로, 지정석이 좋은데 비어 있어?

여：글쎄요. 아침 7시 신칸센입니다만, 지정석은 이미 만석이고, 그린석이라면 아직 여유가 있습니다만, 어떻게 할까요?

남：그린석은 비싸니까. 자유석이면 못 앉았을 때가 곤란하고…. 8시 정도면 지정석은 있어?

여：공교롭게도 8시도 만석입니다. 9시 출발이면 있는데, 이 시간이면 좀 늦겠죠?

남：그래. 그러면 비싸지만, 가장 빠른 출발 신칸센으로 가는 걸로 할게.

남자는 어느 것을 예약합니까?
1 7시 출발 지정석
2 7시 출발 그린석
3 8시 출발 자유석
4 9시 출발 지정석

해설 남자는 마지막 대화에서 비싸지만 가장 빨리 출발하는 신칸센으로 간다고 했다. 가장 빠른 출발은 7시이고 가격이 비싼 것은 그린석이므로, 정답은 2번이다.

어휘 出張 출장 | 新幹線 신칸센 | 頼む 부탁하다 | ~発 ~발 | ~行き ~행 | 指定席 지정석 | 空く 비다 | すでに 이미 | 満席 만석 | グリーン席 그린석(보통 좌석보다 넓으며, 설비가 잘 되어 있다) | 余裕 여유 | 自由席 자유석 | 困る 곤란하다 | あいにく 공교롭게도

6ばん 🎧 Track 3-1-06

店員とお客さんが髪のケアについて話しています。お客さんは髪のケアのためにどうしたらいいですか。

女1：最近、髪の毛がすごく傷んでて困ってるんです。どうすればつやつやになるんでしょうか。

女2：いろいろなやり方がありますが、一番効果がある方法をお教えしますね。

女1：お願いします。

女2：シャンプーをした後に、タオルで髪の毛をしっかりふいて、水分をとってからトリートメントをつけてください。

女1：えっ？濡れたままつけたらだめなんですか。

女2：はい、そこがポイントなんです。そのまま5分ぐらい置いてからお湯で流します。あとはドライヤーでしっかり乾かすだけです。

女1：簡単でいいですね。今日からやってみます。

お客さんは髪のケアのためにどうしたらいいですか。

1 タオルで髪の毛をふいてからトリートメントをつける
2 シャンプーしたらすぐトリートメントをつける
3 お風呂の間、ずっとトリートメントをつけておく
4 トリートメントをしたらそのまま流さないでおく

6번

점원과 손님이 모발 관리에 대해 이야기하고 있습니다. 손님은 모발 관리를 위해 어떻게 하면 됩니까?

여1 : 요즘 머리카락이 많이 상해서 곤란해요. 어떻게 하면 윤기가 나게 될까요?

여2 : 여러 가지 방법이 있습니다만, 가장 효과가 있는 방법을 가르쳐 드릴게요.

여1 : 부탁합니다.

여2 : 샴푸를 한 후에, 수건으로 머리카락을 단단히 말려, 물기를 없앤 후에 트리트먼트를 발라 주세요.

여1 : 어? 젖은 채로 바르면 안 되나요?

여2 : 네, 거기가 포인트예요. 그대로 5분 정도 두었다가 따뜻한 물로 헹궈냅니다. 나머지는 드라이기로 확실히 말리기만 하면 됩니다.

여1 : 간난해서 솔네요. 오늘부터 해 볼게요.

손님은 모발 관리를 위해 어떻게 하면 됩니까?

1 수건으로 머리카락을 말린 후에 트리트먼트를 바른다
2 샴푸하면 바로 트리트먼트를 바른다
3 목욕하는 동안 계속 트리트먼트를 발라 둔다
4 트리트먼트를 하면 그대로 헹구지 않고 둔다

해설 점원은 샴푸를 한 후에 수건으로 머리카락을 단단히 말려 물기를 없앤 후에, 트리트먼트를 바르라고 했으므로, 정답은 1번이다.

어휘 髪の毛 모발, 머리(카락) | 傷む 상하다, 손상되다 | 困る 곤란하다 | つやつや 반들반들(윤기 나는 모양) | やり方 (하는)방법 | 効果 효과 | 方法 방법 | しっかり 제대로, 확실히 | ふく 닦다 | 水分をとる 수분을 제거하다 | 濡れる 젖다 | ~たまま ~한 채로 | お湯で流す 따뜻한 물로 헹구다 | 乾かす 말리다 | お風呂 목욕 | ずっと 계속, 쭉, 훨씬 | そのまま 그대로

문제 2 문제 2에서는 먼저 질문을 들으세요. 그 후 문제지를 보세요. 읽을 시간이 있습니다. 그리고 이야기를 들고 문제지의 1~4 중에서 가장 적당한 것을 하나 고르세요.

れい 🎧 Track 3-2

女の人と男の人が映画のアプリについて話しています。女の人がこのアプリをダウンロードした一番の理由は何ですか。

女：田中君もよく映画見るよね。このアプリ使ってる？

男：いや、使ってないけど…。

女：ダウンロードしてみたら。映画が見たいときにすぐ予約もできるし、混雑状況も分かるよ。

男：へえ、便利だね。

女：映画の情報はもちろん、レビューまで載っているから、すごく参考になるよ。

男：ゆりちゃん、もうはまっちゃってるね。

女：でも、何よりいいことは、キャンペーンでチケットや限定グッズがもらえることだよ。私は、とにかくたくさん映画が見たいから、よく応募してるよ。

男：そうか。いろいろいいね。

女の人がこのアプリをダウンロードした一番の理由は何ですか。

1 早く映画の情報が知りたいから

2 キャンペーンに応募してチケットをもらいたいから

3 限定グッズをもらって人に見せたいから

4 レビューを読んで、話題の映画が見たいから

예

여자와 남자가 영화 앱에 대해 이야기하고 있습니다. 여자가 이 앱을 다운로드한 가장 큰 이유는 무엇입니까?

여 : 다나카 군도 자주 영화 보지? 이 앱 쓰고 있어?

남 : 아니, 사용하지 않는데….

여 : 다운로드해 보지 그래? 영화가 보고 싶을 때 바로 예약도 할 수 있고, 혼잡 상황도 알 수 있어.

남 : 에~, 편리하네.

여 : 영화 정보는 물론, 리뷰까지 실려 있기 때문에 굉장히 참고가 돼.

남 : 유리, 이미 빠져 있구나.

여 : 하지만 무엇보다 좋은 것은 캠페인으로 티켓이나 한정 상품을 받을 수 있는 거야. 난 어쨌든 많은 영화를 보고 싶으니까 자주 응모하고 있어.

남 : 그렇구나. 여러모로 좋네.

여자가 이 앱을 다운로드한 가장 큰 이유는 무엇입니까?

1 빨리 영화 정보를 알고 싶으니까

2 캠페인에 응모하여 티켓을 받고 싶으니까

3 한정 상품을 받아서 남에게 보여주고 싶으니까

4 리뷰를 읽고 화제의 영화를 보고 싶으니까

해설 「何よりいいことは 무엇보다 좋은 것은」와 같은 표현이 나오면 뒤에 나오는 말에 집중해야 한다. 여자는 어쨌든 많은 영화를 보고 싶다고 했으니 티켓을 받고 싶은 마음이 드러나 있다는 것을 알 수 있다. 그러므로 캠페인에 응모하여 티켓을 받고 싶다고 한 2번이 정답이 된다.

어휘 アプリ 앱 | 混雑 혼잡 | 状況 상황 | レビュー 리뷰 | 情報 정보 | 載る 실리다 | 参考 참고 | はまる 빠지다, 열중하다 | 限定 한정 | グッズ 상품 | とにかく 어쨌든 | 応募 응모 | 見せる 보여주다 | 話題 화제

女の人と男の人が部長について話しています。男の人は部長が機嫌がいい理由は何だと言っていますか。

女：部長、今日はずいぶん機嫌よさそうね。何かいいことでもあったのかしら。いつもは無表情であんなに笑ったりしないのに。

男：僕も出勤して聞いたんだけど、娘さんが大学に合格したんだって。

女：え？でも2年前息子さんが大学に入ったときはあんなに喜んでなかったわよね。

男：いや、それが部長と同じ大学で、しかも医学部に合格したらしいんだよ。

女：医学部!?それはすごいわね。でも息子さんはアメリカの大学じゃなかった？それもすごいのに…。

男：それもそうだけど、やっぱり自分と同じ大学に合格したっていうのが一番嬉しいみたいだよ。

女：そうね。なんか、その気持ちもわかるわね。

男の人は部長が機嫌がいい理由は何だと言っていますか。
1 自分の子供がいい大学の学生だから
2 息子がアメリカの大学に行っているから
3 娘が有名な大学に合格したから
4 娘が自分と同じ大学に合格したから

1번

여자와 남자가 부장에 대해 이야기하고 있습니다. 남자는 부장이 기분이 좋은 이유는 무엇이라고 말하고 있습니까?

여 : 부장님, 오늘은 꽤 기분이 좋아 보이네. 무슨 좋은 일이라도 있었나? 평소에는 무표정하게 저렇게 웃지도 않는데.

남 : 나도 출근해서 들었는데, 딸이 대학에 합격했대.

여 : 어? 하지만 2년 전 아들이 대학에 들어갔을 때는 저렇게 기뻐하지 않았었잖아.

남 : 아니, 그게 부장님과 같은 대학이고, 게다가 의학부에 합격했다는 거 같아.

여 : 의학부!? 그거 굉장하네. 하지만 아들은 미국 대학이 아니었어? 그것도 대단한데….

남 : 그것도 그렇지만, 역시 자신과 같은 대학에 합격했다는 것이 가장 기쁜 것 같아.

여 : 그러네. 왠지 그 기분도 알 것 같네.

남자는 부장이 기분이 좋은 이유는 무엇이라고 말하고 있습니까?

1 자신의 아이가 좋은 대학의 학생이니까
2 아들이 미국 대학에 갔기 때문에
3 딸이 유명한 대학에 합격했기 때문에
4 딸이 자신과 같은 대학에 합격했기 때문에

해설 남자는 부장이 기쁜 것은 자신의 딸이 본인이 원하는 대학이나 의대에 들어가서가 아니라, 자신의 대학 후배가 되었기 때문인 것 같다고 했으므로, 정답은 4번이다.

어휘 機嫌がいい 기분이 좋다 | 無表情 무표정 | 出勤 출근 | 合格 합격 | 喜ぶ 기뻐하다 | 医学部 의학부 | 嬉しい 기쁘다

2ばん 🎧 Track 3-2-02

女の人と男の人が話しています。女の人の頭痛の原因は何ですか。

女：最近、頭痛がひどくて…。

男：大丈夫？仕事も忙しそうだし、疲れがたまってるんじゃない？無理はしない方がいいよ。

女：仕事はそんなに忙しくないのよ。最近は残業もなくて、定時には終わってるし。

男：もしかして寝る時間が足りないんじゃない？深夜までテレビ見たりスマホしたりしてるんじゃない？

女：ううん、夜は早く寝るようにしてるし、毎日7時間ぐらいは寝てるわよ。

男：あっ、そうだ。ネットで見たけど、栄養バランスが崩れても、頭痛の原因になるんだって。脂っこいもの食べたり、甘いものを食べすぎてない？

女：そう言われれば、最近ご飯の代わりにお菓子ばっかり食べてたかも。栄養あるもの食べなくちゃね。

女の人の頭痛の原因は何ですか。

1 仕事が忙しくて疲れがたまってるから
2 深夜までテレビを見て寝る時間が足りないから
3 脂っこいものを食べすぎているから
4 栄養あるものを食べていなかったから

2번

여자와 남자가 이야기하고 있습니다. 여자의 두통의 원인은 무엇입니까?

여 : 요즘 두통이 심해서….

남 : 괜찮아? 일도 바쁜 것 같고, 피로가 쌓여 있는 것은 아닐까? 무리는 하지 않는 게 좋아.

여 : 일은 그렇게 바쁘지 않아. 요즘은 야근도 없어서 정시에는 끝나고.

남 : 혹시 자는 시간이 부족한 건 아니야? 심야까지 TV 보거나 스마트폰 하는 거 아니야?

여 : 아니, 밤에는 일찍 자도록 하고 있고, 매일 7시간 정도는 자고 있어.

남 : 아, 맞다. 인터넷에서 봤는데 영양 밸런스가 깨져도 두통의 원인이 된대. 기름진 것을 먹거나 단 거 너무 많이 먹는 거 아니야?

여 : 그러고 보니 요즘 밥 대신 과자만 먹었던 것 같아. 영양가 있는 거 먹어야겠네.

여자의 두통의 원인은 무엇입니까?

1 일이 바빠서 피로가 쌓여 있기 때문에
2 심야까지 TV를 봐서 자는 시간이 부족하기 때문에
3 기름진 것을 너무 많이 먹고 있기 때문에
4 영양가 있는 것을 먹지 않았기 때문에

해설 남자가 영양 균형이 깨져도 두통의 원인이 된다고 했고, 그 말에 여자는 요즘 밥 대신 과자만 먹어서 영양가 있는 것을 먹어야겠다고 했으므로, 정답은 4번이다.

어휘 頭痛 두통 | 疲れがたまる 피로가 쌓인다 | 無理 무리 | 残業 야근 | 定時 정시 | 深夜 심야 | 栄養 영양 | 崩れる 무너지다 | 原因 원인 | 脂っこい 느끼하다, 기름지다 | 甘い 달다 | 〜の代わりに ~대신에 | お菓子 과자

3ばん 🎧 Track 3-2-03

女の人と男の人が話しています。女の人はどうして恋愛をするのが面倒くさくなったと言っていますか。

女：私、最近恋愛するの面倒くさくなっちゃった。

男：どうしたの？ つい最近まで恋人がほしいって言ってたのに。

女：うん、そうだったけど…。

男：仕事が忙しくて余裕がないからとか、お金がかかるからっていう現実的な問題？

女：ううん、彼氏ができると、自由に飲み会とか行けなくなるし、女同士で遊んだほうが今は楽しいかなって思ってね。

男：一番大切にしたいのが自分の時間や友達との時間ってこと？

女：まあ、今はね。

女の人はどうして恋愛をするのが面倒くさくなったと言っていますか。

1 仕事が忙しくて時間がないから
2 お金が必要以上にかかるから
3 自分や友達との時間が大切だから
4 女同士で遊んだほうが効率がいいから

3번

여자와 남자가 이야기하고 있습니다. 여자는 왜 연애하는 것이 귀찮아졌다고 말하고 있습니까?

여 : 나 요즘 연애하는 거 귀찮아졌어.

남 : 무슨 일이야? 얼마 전까지만 해도 애인을 갖고 싶다고 말했으면서.

여 : 응, 그랬지만….

남 : 일이 바빠서 여유가 없어서라든지, 돈이 들기 때문이라는 현실적인 문제?

여 : 아니, 남자친구가 생기면, 자유롭게 술자리 같은 데 갈 수 없게 되고, 여자들끼리 노는 편이 지금은 재밌다는 생각이 들어서.

남 : 가장 소중히 하고 싶은 것이 자신의 시간이나 친구와의 시간이라는 거야?

여 : 뭐, 지금은.

여자는 왜 연애하는 것이 귀찮아졌다고 말하고 있습니까?

1 일이 바빠서 시간이 없기 때문에
2 돈이 필요 이상으로 들기 때문에
3 자신이나 친구와의 시간이 소중하기 때문에
4 여자들끼리 노는 것이 효율이 좋기 때문에

해설 여자는 애인이 생기면 자유롭게 술자리에 참석할 수 없고, 여자들끼리 노는 게 지금은 즐겁다고 했다. 자기 시간이나 친구들과의 시간이 소중하기 때문에 연애가 귀찮아졌다고 한 것이므로, 정답은 3번이다.

어휘 恋愛する 연애하다 | 面倒くさい 귀찮다 | 恋人 애인 | 余裕 여유 | 現実的 현실적 | 彼氏 남자친구 | 自由に 자유롭게 | ～同士 ~끼리 | 大切だ 소중하다 | 効率 효율

4ばん 🎧 Track 3-2-04

男の人と女の人がラーメン屋について話しています。男の人はどうしてラーメン屋のルールに納得していますか。

男：ゆみちゃん、話をしないで静かに食べなきゃいけないラーメン屋があるの知ってる？

女：え？ 何それ。変なルール。そんな店、誰が行くのかな。

男：ケータイ使うのもできないんだけど、僕はある程度納得できるんだよね。

女：え？ どういうこと？ ラーメン食べながらでも友達と話したいし、ちょっとケータイ見たりしたいじゃない。

男：そういうものがすべてラーメンを邪魔するものなんだよ。ラーメン好きの人は味だけに集中したいから理解できると思うよ。しかもそのラーメン屋は10人ぐらいしか座れない小さい店だから、早く食べて出ないと次のお客さんにも迷惑になるしね。

女：へえ、そういう人もいるのね。

男の人はどうしてラーメン屋のルールに納得していますか。

1 食事中に会話をするのは失礼なことだから
2 狭い店でケータイを使うと、他の客に悪いから
3 食べながらケータイをするのは店の人に失礼だから
4 集中して思いっきりラーメンの味を楽しみたいから

4번

남자와 여자가 라면집에 대해 이야기하고 있습니다. 남자는 왜 라면집의 규칙에 납득하고 있습니까?

남 : 유미야, 이야기를 안 하고 조용히 먹어야 하는 라면집이 있는 거 알아?

여 : 어? 뭐야 그게. 이상한 규칙. 그런 가게 누가 갈까?

남 : 휴대폰 사용도 안 되지만, 나는 어느 정도 납득할 수 있어.

여 : 어? 무슨 말이야? 라면 먹으면서라도 친구랑 얘기하고 싶고 핸드폰 좀 보고 싶잖아.

남 : 그런 게 다 라면을 방해하는 거야. 라면 좋아하는 사람은 맛에만 집중하고 싶으니까, 이해할 수 있을 거야. 게다가 그 라면집은 10명 정도밖에 못 앉는 작은 가게이기 때문에 빨리 먹고 나오지 않으면 다음 손님에게도 폐가 되고.

여 : 아, 그런 사람도 있구나.

남자는 왜 라면집의 규칙에 납득하고 있습니까?

1 식사 중에 대화를 하는 것은 실례되는 일이기 때문에
2 좁은 가게에서 핸드폰을 사용하면 다른 손님에게 미안하기 때문에
3 먹으면서 핸드폰을 하는 것은 점원에게 실례이기 때문에
4 집중해서 마음껏 라면의 맛을 즐기고 싶기 때문에

해설 남자는 친구들과 이야기하거나 휴대폰을 보는 것이 라면을 방해하는 것이라고 했다. 라면을 좋아하는 사람은 맛에만 집중하고 싶기 때문에 가게의 규칙에는 납득할 수 있다고 했으므로, 정답은 4번이다.

어휘 納得 납득 | ある程度 어느 정도 | 邪魔 방해 | 味 맛 | 集中する 집중하다 | 理解 이해 | 迷惑になる 폐가 되다 | 失礼 실례 | 思いっきり 실컷, 마음껏 | 楽しむ 즐기다

女の人と男の人が話しています。男の人は女の人が音に敏感になった理由は何だと言っていますか。

女：ここ1か月くらい、音にすごく敏感になったような気がする。

男：どんな音？

女：雨とか風の音は大丈夫なんだけど、隣の人の話し声とか、子供が騒ぐ声、ドアを閉める音、テレビの音とかもだめなの。

男：大きい音とか騒いでる声はうるさいから、誰でも気になると思うけど…。

女：うん。でも前はこれほどじゃなかったのよ。寝てても音ですぐ起きちゃうし、やっぱり病院に行って相談した方がいいのかな。

男：専門家に相談するのもいいけど、前は違ったってことは、最近のことが原因じゃない？ほら、会社でプロジェクトのリーダーになってからストレスもひどくなったって言ってたし、そのせいで気が休まらないんじゃないかな。心身ともに休みが必要かもよ。

女：それもそうね。

男の人は女の人が音に敏感になった理由は何だと言っていますか。

1　仕事のせいでストレスをひどく感じているから
2　部下との関係があまりよくないから
3　残業が多くて寝る時間がないから
4　全然休みがなくて疲れがとれないから

5번

여자와 남자가 이야기하고 있습니다. 남자는 여자가 소리에 민감해진 이유는 무엇이라고 말하고 있습니까?

여 : 요 한 달 정도 소리에 굉장히 민감해진 것 같은 생각이 들어.

남 : 무슨 소리?

여 : 비나 바람 소리는 괜찮은데, 옆 사람의 말소리나 아이들이 떠드는 소리, 문 닫는 소리, 텔레비전 소리 같은 것도 안 돼.

남 : 큰 소리라든가 떠드는 소리는 시끄러우니까, 누구라도 신경이 쓰인다고 생각하는데….

여 : 응. 하지만 전에는 이 정도는 아니었어. 자다가도 소리 때문에 금방 깨 버리고, 역시 병원에 가서 상담하는 것이 좋을까?

남 : 전문가에 상담하는 것도 좋지만, 전에는 달랐다는 건 요즘 일이 원인 아닐까? 봐봐, 회사에서 프로젝트의 리더가 되고 나서 스트레스도 심해졌다고 했고, 그 탓으로 마음이 편안해지지 못하는 건 아냐? 심신 모두 휴식이 필요할지도.

여 : 그것도 그렇네.

남자는 여자가 소리에 민감해진 이유는 무엇이라고 말하고 있습니까?

1 일 탓으로 스트레스를 심하게 느끼고 있기 때문에
2 부하 직원과의 관계가 그다지 좋지 않기 때문에
3 야근이 많아서 잘 시간이 없기 때문에
4 전혀 휴일이 없어서 피로가 풀리지 않기 때문에

해설 남자는 여자가 소리에 민감해진 것은 최근 회사에서 프로젝트를 맡으면서 스트레스가 심해졌고, 그것 때문에 마음이 편안해지지 않는 것이 원인이라고 말하고 있으므로, 정답은 1번이다.

어휘 敏感 민감 | 気がする 생각(기분)이 들다 | 隣 옆집 | 騒ぐ 떠들다, 시끄러워지다 | 気になる 신경(에) 쓰이다 | 相談 상담 | 専門家 전문가 | 原因 원인 | 気が休まる 마음이 편안해지다 | 心身 심신 | ともに 함께 | せい 탓 | 関係 관계 | 残業 야근 | 疲れがとれる 피로가 풀리다

女の人と男の人が家事代行サービスについて話しています。男の人が反対する理由は何ですか。

女：ねえねえ、週に1回だけ家事代行サービスを利用したいんだけど、いいかな？

男：うーん、僕はちょっと…。

女：え？どうして？友達がこのサービスを利用してて、料金はちょっと高いけど、家事のストレスも減るし、自分の時間もできて余裕ができるから、いいって言ってるんだけど。

男：それはわかるんだけど、僕は他の人が家に入るのはあんまり好きじゃないんだよ。皿とか服とか、いくら家事代行サービスの人とはいっても知らない人に触られるのは嫌だな。

女：それじゃ私はいつ休むのよ。毎日、洗濯して掃除して、料理作って自分の時間が全然ないのよ。あなたが私の代わりにやってくれるの？あなたがしてくれれば、私だって助かるのよ。

男：わかったわかった。サービスを頼む代わりに僕がしっかり家事をするよ。

男の人が反対する理由は何ですか。

1　思ったよりも料金が高いから
2　家事のストレスがあまり減らないから
3　他の人が自分のものに触るのが嫌だから
4　自分が家事をする時間があるから

6번

여자와 남자가 가사 대행 서비스에 대해 이야기하고 있습니다. 남자가 반대하는 이유는 무엇입니까?

여 : 있잖아, 일주일에 한 번만 가사 대행 서비스를 이용하고 싶은데, 괜찮을까?

남 : 음, 나는 좀….

여 : 어? 왜? 친구들이 이 서비스를 이용하는데, 요금은 좀 비싸지만, 집안일 스트레스도 줄고 자기 시간도 생기고, 여유가 생겨서 좋다고 하는데.

남 : 그건 알지만, 나는 다른 사람이 집에 들어오는 것을 별로 좋아하지 않아. 접시라든가 옷이라든가, 아무리 가사 대행 서비스의 사람이라고 해도 모르는 사람이 만지는 것은 싫어.

여 : 그럼, 나는 언제 쉬어? 매일 빨래하고 청소하고 요리하고, 내 시간이 전혀 없어. 당신이 나 대신해 줄 거야? 당신이 해 주면 나도 도움이 될 거야.

남 : 알았어 알았어. 서비스를 부탁하는 대신 내가 제대로 집안일을 할게.

남자가 반대하는 이유는 무엇입니까?

1 생각보다 요금이 비싸니까
2 가사 스트레스가 그다지 줄지 않으니까
3 다른 사람이 자기 물건을 만지는 것이 싫으니까
4 자기가 집안일을 할 시간이 있으니까

해설　남자는 접시라든가 옷이라든가 아무리 가사 대행 서비스를 하는 사람이라고 해도 모르는 사람이 만지는 것은 싫다고 했기 때문에, 정답은 3번이다.

어휘　家事 가사｜代行 대행｜利用 이용｜余裕 여유｜皿 접시｜いくら～といっても 아무리 ~라고 해도｜触る 만지다｜嫌だ 싫다｜～の代わりに ~대신에｜助かる 도움이 되다｜頼む 부탁하다, 의뢰하다｜しっかり 제대로, 확실히｜反対 반대｜思ったより 생각보다｜減る 줄다

문제 3 문제 3에서는 문제지에 아무것도 인쇄되어 있지 않습니다. 이 문제는 전체로써 어떤 내용인가를
묻는 문제입니다. 이야기 앞에 질문은 없습니다. 먼저 이야기를 들어 주세요. 그리고 질문과 선택
지를 듣고, 1~4 중에서 가장 적당한 것을 하나 고르세요.

れい 🎧 Track 3-3

男の人と女の人が映画を見て話しています。

男：映画、どうだった？

女：まあまあだった。

男：そう？ ぼくは、けっこうよかったと思うけ
ど。主人公の演技もよかったし。

女：うん、確かに。でも、ストーリーがちょっ
とね…。

男：ストーリー？

女：うん、どこかで聞いたようなストーリーっ
ていうか…。主人公の演技は確かにすばら
しかったと思うわ。

男：そう？ ぼくはストーリーもおもしろかった
と思うけどね。

女の人は映画についてどう思っていますか。

1 ストーリーも主人公の演技もよかった

2 ストーリーも主人公の演技もよくなかった

3 ストーリーはよかったが、主人公の演技はよ
くなかった

4 ストーリーはよくなかったが、主人公の演技
はよかった

예

남자와 여자가 영화를 보고 이야기하고 있습니다.

남 : 영화, 어땠어?

여 : 그냥 그랬어.

남 : 그래? 난 꽤 좋았다고 생각하는데. 주인공의 연
기도 좋았고.

여 : 응, 확실히(그건 그래). 근데 스토리가 좀….

남 : 스토리?

여 : 응, 어디선가 들어본 것 같은 스토리라고 할까….
주인공의 연기는 확실히 훌륭했다고 생각해.

남 : 그래? 나는 스토리도 재미있었다고 생각하는데.

여자는 영화에 대해 어떻게 생각하고 있습니까?

1 스토리도 주인공의 연기도 좋았다

2 스토리도 주인공의 연기도 좋지 않았다

3 스토리는 좋았지만, 주인공의 연기는 좋지 않았다

4 스토리는 좋지 않았지만, 주인공의 연기는 좋았다

해설 여자는 주인공의 연기는 좋았다고 인정했지만, 스토리가 별로였다고 하였으므로, 정답은 4번이 된다.

어휘 まあまあだ 그저 그렇다 ▶ まあまあ 그럭저럭 | 主人公 주인공 | 演技 연기 | 確かに 확실히 | すばらしい
훌륭하다

148

1ばん 🎧 Track 3-3-01

知り合いのカップルについて女の人と男の人が話しています。

女：私の知り合いで最近付き合い始めたカップルがいるんだけど、来月結婚するみたいなの。

男：え？ そんなに早く結婚するの？

女：そうなのよ。びっくりしたわよ。まだ３か月だし早すぎるんじゃない？って私も言ったんだけど、二人はそんなことないって。

男：そうなんだ。まあでも、カップルによってタイミングがあるから、その人たちは今が結婚するタイミングだったんじゃない？

女：でもさ、３か月で相手の何がわかるの？ 今はわからないけど結婚したあとに本当の性格が見えるかもしれないし、その時になって後悔しても遅いじゃない。

男：ずいぶん悲観的だね。

女：そもそも、生きてきた環境も違うんだし、そんな二人が急に一緒に暮らし始めたらケンカが多くなって大変だと思うのよね。

男：でも、うまくいっているカップルも多いからさ、心配しすぎかもよ。

女：そうかな。

女の人は知り合いのカップルについてどう考えていますか。

1 今結婚しても、二人がよければ特に問題はない
2 心配することがないから幸せになると思う
3 付き合った時間が短いのに結婚するのは早すぎる
4 本当の性格がわかっていても結婚生活は大変だ

1번

아는 커플에 대해서 여자와 남자가 이야기하고 있습니다.

여 : 내가 아는 사람 중에 최근에 사귀기 시작한 커플이 있는데, 다음 달에 결혼하는 것 같아.

남 : 엣? 그렇게 빨리 결혼해?

여 : 그래. 깜짝 놀랐어. 아직 3개월인데 너무 빠른 거 아니야? 라고 나도 말했는데, 둘은 그렇지 않다고.

남 : 그렇구나. 뭐 그래도 커플마다 타이밍이 있으니까, 그 사람들은 지금이 결혼할 타이밍이었던 거 아니야?

여 : 하지만 말이야, 3개월에 상대방의 무엇을 알 수 있어? 지금은 모르겠지만 결혼한 후에 진짜 성격이 보일 수도 있고, 그때 가서 후회해도 늦잖아.

남 : 상당히 비관적이네.

여 : 원래 살아온 환경도 다르고, 그런 두 사람이 갑자기 같이 살기 시작하면 싸움이 많아져서 힘들 것 같아.

남 : 하지만 잘 지내고 있는 커플도 많으니까, 너무 걱정하는 것 같아.

여 : 그럴까?

여자는 아는 커플에 대해 어떻게 생각하고 있습니까?

1 지금 결혼해도 두 사람이 좋다면 별 문제는 없다
2 걱정할 일이 없으니까 행복해질 거라고 생각한다
3 사귄 시간이 짧은데 결혼하는 것은 너무 이르다
4 진짜 성격을 알고 있어도 결혼생활은 힘들다

해설 여자는 이 커플이 사귄 지 3개월 만에 결혼하는 것은 너무 빠르다고 말하고 있으므로, 정답은 3번이다.

어휘 知り合い 아는 사람 | 付き合う 사귀다 | びっくりする 놀라다 | 相手 상대(방) | 性格 성격 | 後悔 후회 | 悲観的 비관적 | そもそも 원래, 애당초 | 環境 환경 | 違う 다르다 | 急に 갑자기 | うまくいく 잘 되다, 잘 풀리다 | 特に 별로 | 幸せになる 행복해지다

제3회 실전모의고사 해설 – 청해 149

2ばん 🎧 Track 3-3-02

<u>おとこ</u> <u>ひと</u> <u>おんな</u> <u>ひと</u> <u>しょるい</u>
男の人と女の人が書類について話しています。

女：課長、すみません。明日取引先へ送る書類を作ったんですが、ちょっと見ていただけませんか。

男：どれどれ。これ、ちょっと簡単すぎるんじゃない？こういう書類はまず「拝啓」から始まって、季節を表す言葉、それから内容を書いて「敬具」で終わらせた方がいいね。

女：あっ、そうですか。他に書かなければならないことはありませんか。

男：この取引先へはパンフレット10部送るんだよね。そのことを「敬具」のあとに書いておいて。

女：わかりました。あとは大丈夫でしょうか。

男：うん、いいと思うよ。最後にもう一度漢字の間違いがないか確認してから送るようにね。

女：はい、わかりました。ありがとうございます。

女の人はどのような書類を作りますか。

1 拝啓 – 敬具 – 季節の言葉と内容 – パンフレットの部数

2 拝啓 – 季節の言葉と内容 – 敬具 – パンフレットの部数

3 拝啓 – 季節の言葉と内容 – パンフレットの部数 – 敬具

4 拝啓 – パンフレットの部数 – 季節の言葉と内容 – 敬具

2번

남자와 여자가 서류에 대해서 이야기하고 있습니다.

여 : 과장님 죄송합니다. 내일 거래처에 보낼 서류를 만들었는데, 좀 봐 주시겠습니까?

남 : 어디 보자. 이거 너무 간단한 거 아니야? 이런 서류는 먼저 '첫머리 인사말'로 시작해서 계절을 나타내는 말, 그리고 내용을 쓰고, '맺는 인사말'로 끝내는 게 좋아.

여 : 아, 그렇습니까? 또 써야 할 게 있나요?

남 : 이 거래처에는 팸플릿 10부 보내는 거 맞지? 그걸 '맺는 인사말' 뒤에 적어 놔.

여 : 알겠습니다. 나머지는 괜찮을까요?

남 : 응, 좋은 것 같아. 마지막으로 한 번 더 한자의 오류가 없는지 확인하고 보내도록 해.

여 : 네, 알겠습니다. 감사합니다.

여자는 어떤 서류를 만듭니까?

1 첫머리 인사말 – 맺는 인사말 – 계절을 나타내는 말과 내용 – 팸플릿 부수

2 첫머리 인사말 – 계절을 나타내는 말과 내용 – 맺는 인사말 – 팸플릿 부수

3 첫머리 인사말 – 계절을 나타내는 말과 내용 – 팸플릿 부수 – 맺는 인사말

4 첫머리 인사말 – 팸플릿 부수 – 계절을 나타내는 말과 내용 – 맺는 인사말

해설 남자는 거래처에 보내는 서류를 '첫머리 인사말'로 시작해서, '계절을 나타내는 말', '내용', '맺는 인사말' 순으로 작성하고, 마지막에 팸플릿 부수를 적으라고 했으므로, 정답은 2번이다.

어휘 書類 서류 | 取引先 거래처 | 拝啓 '삼가 아룁니다'라는 뜻으로 서간문 첫머리에 쓰는 인사말 | 季節 계절 | 表す 나타내다 | 言葉 말 | 敬具 '삼가 말씀드리다'라는 뜻으로 서간문 마지막에 사용하는 말 | ~部 ~부 | 間違い 틀림, 잘못

3ばん 🎧 Track 3-3-03

店員さんとお客さんがキャンペーンについて話しています。

男：あの、ちょっと聞きたいことがあるんですが、「ヤング割引」ってどんなキャンペーンですか。

女：あ、これは12月31日まで実施するキャンペーンで、25歳以下のお客様が対象になります。

男：じゃあ、僕は23歳なので大丈夫ですね。

女：はい、当社の旅行プランの中で、新幹線を利用するとホテルが半額になるAプラン、飛行機を利用するとホテルとレンタカーが半額になるBプランがあります。

男：そうですか。今度友達と沖縄に行こうと思ってるんですが、このプランがいいですよね。

女：そうですね。沖縄までは新幹線がないので、こちらのプランがいいですね。お友達3人まではこのプランで行けますので、お得だと思います。

男：車で自由に観光もできるしいいですね。じゃ、このプランにします。

女：はい、かしこまりました。

男の人はどんな旅行プランにしましたか。

1　12月31日から始まる「A」プラン
2　25歳以下のお客様対象の「B」プラン
3　新幹線とレンタカーが半額になる「A」プラン
4　飛行機とホテルだけが半額になる「B」プラン

3번

점원과 손님이 캠페인에 대해 이야기하고 있습니다.

남 : 저기, 좀 물어보고 싶은 것이 있습니다만, '영 할인'은 어떤 캠페인입니까?

여 : 아, 이건 12월 31일까지 실시하는 캠페인으로 25세 이하 고객이 대상이 됩니다.

남 : 그럼, 저는 23살이니까 괜찮겠네요.

여 : 네, 당사의 여행 플랜 중에 신칸센을 이용하면 호텔이 반값이 되는 A플랜, 비행기를 이용하면 호텔과 렌트카가 반값이 되는 B플랜이 있습니다.

남 : 그렇습니까? 이번에 친구들과 오키나와에 가려고 합니다만, 이 플랜이 좋네요.

여 : 그렇습니다. 오키나와까지는 신칸센이 없기 때문에 이쪽 플랜이 좋아요. 친구 3명까지는 이 플랜으로 갈 수 있기 때문에 이득이라고 생각합니다.

남 : 차로 자유롭게 관광도 할 수 있고 좋네요. 그럼 이 플랜으로 할게요.

여 : 네, 알겠습니다.

남자는 어떤 여행 플랜으로 했습니까?

1 12월 31일부터 시작되는 'A'플랜
2 25세 이하 고객 대상의 'B'플랜
3 신칸센과 렌트카가 반값이 되는 'A'플랜
4 비행기와 호텔만이 반값이 되는 'B'플랜

해설 남자는 신칸센으로 갈 수 없는 오키나와에 가기 때문에, 25세 이하 고객 대상으로 비행기를 이용하면 호텔과 렌터카가 반값이 되는 B플랜으로 결정했으므로, 정답은 2번이다.

어휘 割引 할인 | 実施 실시 | 対象 대상 | 当社 당사 | 新幹線 신칸센 | 利用 이용 | 半額 반액 | 飛行機 비행기 | お得だ 이득이다 | 観光 관광 | かしこまりました 알겠습니다(공손한 표현)

문제 4 문제 4에서는 그림을 보면서 질문을 들어 주세요. 화살표(→)가 가리키는 사람은 뭐라고 말합니까? 1~3 중에서 가장 적당한 것을 하나 고르세요.

れい 🎧 Track 3-4

<ruby>朝<rt>あさ</rt></ruby>、<ruby>友<rt>とも</rt></ruby>だちに<ruby>会<rt>あ</rt></ruby>いました。<ruby>何<rt>なん</rt></ruby>と<ruby>言<rt>い</rt></ruby>いますか。

男：1 おはよう。
　　2 こんにちは。
　　3 こんばんは。

예

아침에 친구를 만났습니다. 뭐라고 말합니까?

남：1 안녕.(아침 인사)
　　2 안녕.(점심 인사)
　　3 안녕.(저녁 인사)

해설 아침에 친구를 만나 인사하는 장면이다. 「おはようございます」를 친구나 가족에게 말할 때는 줄여서 「おはよう」라고 한다.

어휘 <ruby>朝<rt>あさ</rt></ruby> 아침 | <ruby>友<rt>とも</rt></ruby>だち 친구 | <ruby>会<rt>あ</rt></ruby>う 만나다

1ばん 🎧 Track 3-4-01

<ruby>部長<rt>ぶちょう</rt></ruby>と<ruby>話<rt>はな</rt></ruby>しています。<ruby>何<rt>なん</rt></ruby>と<ruby>言<rt>い</rt></ruby>いますか。

男：1 <ruby>明日<rt>あした</rt></ruby>、<ruby>早<rt>はや</rt></ruby>く<ruby>帰<rt>かえ</rt></ruby>っていただけますか。
　　2 <ruby>明日<rt>あした</rt></ruby>、<ruby>早<rt>はや</rt></ruby>く<ruby>帰<rt>かえ</rt></ruby>らせていただけませんか。
　　3 <ruby>明日<rt>あした</rt></ruby>、<ruby>早<rt>はや</rt></ruby>く<ruby>帰<rt>かえ</rt></ruby>られていただきます。

1번

부장님과 이야기하고 있습니다. 뭐라고 말합니까?

남：1 내일 일찍 돌아가 주시겠어요?
　　2 내일 일찍 돌아가게 해 주시겠어요?
　　3 내일 일찍 돌아가셔야 합니다.

해설 남자가 부장에게 내일 일찍 퇴근하고 싶다고 허가를 받는 장면이다. 화자가 자신의 의지를 공손하게 피력하는 문장은 「～(さ)せていただく (상대방이 허락하시면)~하겠다」 문형을 사용하므로, 정답은 2번이다.

어휘 <ruby>部長<rt>ぶちょう</rt></ruby> 부장(님) | <ruby>帰<rt>かえ</rt></ruby>る 돌아가다

2ばん 🎧 Track 3-4-02

<ruby>飲<rt>の</rt></ruby>み<ruby>会<rt>かい</rt></ruby>の<ruby>時間<rt>じかん</rt></ruby>を<ruby>変<rt>か</rt></ruby>えてもらいたいです。<ruby>何<rt>なん</rt></ruby>と<ruby>言<rt>い</rt></ruby>いますか。

女：1 ６<ruby>時<rt>じ</rt></ruby>を７<ruby>時<rt>じ</rt></ruby>に<ruby>変更<rt>へんこう</rt></ruby>されたらどうですか。
　　2 ６<ruby>時<rt>じ</rt></ruby>から７<ruby>時<rt>じ</rt></ruby>に<ruby>変<rt>か</rt></ruby>わってもいいみたいです。
　　3 ６<ruby>時<rt>じ</rt></ruby>ではなくて７<ruby>時<rt>じ</rt></ruby>に<ruby>変更<rt>へんこう</rt></ruby>してもらえませんか。

2번

회식 시간을 바꿔 주었으면 합니다. 뭐라고 말합니까?

여：1 6시를 7시로 변경 당하면 어때요?
　　2 6시에서 7시로 바뀌어도 될 것 같아요.
　　3 6시 말고 7시로 변경해 주시면 안 될까요?

해설 부탁할 때는 「～てもらえませんか ~해 주시겠어요?」를 사용하여 표현한다.

어휘 <ruby>飲<rt>の</rt></ruby>み<ruby>会<rt>かい</rt></ruby> 회식 | <ruby>変<rt>か</rt></ruby>える 바꾸다 | <ruby>変更<rt>へんこう</rt></ruby>する 변경하다

3 ばん 🎧 Track 3-4-03

お店で靴を選んでいます。何と言いますか。

女：1 これ試しに履いてみるべきなんですが。

2 これ、履く場所がどこですか。

3 これ、履いてみてもいいですか。

3번

가게에서 신발을 고르고 있습니다. 뭐라고 말합니까?

여：1 이거 시험 삼아 신어 봐야 하는데요.

2 이거 신을 곳이 어디예요?

3 이거 신어 봐도 돼요?

> **해설** 신발을 사기 전에 신어 보고 싶다고 말하는 장면이기 때문에 「〜てみてもいいですか ~해 봐도 됩니까?」를 사용하여 표현한 3번이 정답이다.

> **어휘** 靴 신발, 구두 ｜ 選ぶ 고르다 ｜ 履く 신다

---

4 ばん 🎧 Track 3-4-04

空を見ながら話しています。何と言いますか。

男：1 雪、まだ降るそうだね。

2 雪、もう終わったね。

3 雪、やっと止んだね。

4번

하늘을 보면서 이야기하고 있습니다. 뭐라고 말합니까?

남：1 눈, 아직도 온다고 하네.

2 눈, 벌써 끝났네.

3 눈, 드디어 그쳤네.

> **해설** 비나 눈이 그쳤을 때는 「止む 그치다」 동사를 사용한다.

> **어휘** 空 하늘 ｜ まだ 아직도 ｜ 降るそうだ (눈이나 비가)온다고 한다 ｜ もう 벌써 ｜ やっと 드디어

문제 5 문제 5에서는 문제지에 아무것도 인쇄되어 있지 않습니다. 먼저 문장을 들어 주세요. 그리고 그 대답을 듣고 1〜3 중에서 가장 적당한 것을 하나 고르세요.

れい 🎧 Track 3-5

男：では、お先に失礼します。

女：1 本当に失礼ですね。

2 おつかれさまでした。

3 さっきからうるさいですね。

예

남：그럼, 먼저 실례하겠습니다.

여：1 정말로 무례하군요.

2 수고하셨습니다.

3 아까부터 시끄럽네요.

> **해설** 남자는 일 등이 끝나 '먼저 실례한다' 즉, '먼저 돌아가겠다'고 하였으므로, '수고하셨습니다'라고 답하는 것이 가장 적당하다.

> **어휘** 先に 먼저 ｜ 失礼 ① 실례 ② 무례 ｜ さっき 조금 전, 아까 ｜ うるさい 시끄럽다

1ばん 🎧 Track 3-5-01

女：すみません、お会計お願いします。

男：1 はい、私が計算します。

　　2 はい、お任せください。

　　3 はい、かしこまりました。

1번

여 : 실례합니다. 계산 부탁드립니다.

남 : 1 네, 제가 계산할게요.

　　2 네, 맡겨 주세요.

　　3 네, 알겠습니다.

해설 손님이 '계산해 주세요'라고 했으므로 '네, 알겠습니다'라고 공손하게 대답하는 3번이 정답이다. 일본어로 「計算 계산」은 '돈을 지불한다'는 의미가 없기 때문에 주의해야 한다.

어휘 会計 대금 지불, 계산, 회계 | 計算 계산, 셈 | 任せる 맡기다 | かしこまりました 잘 알겠습니다(공손한 표현)

2ばん 🎧 Track 3-5-02

男：この資料、もらってもいいですか。

女：1 はい、差し上げたいです。

　　2 どうぞ、お持ち帰りください。

　　3 はい、もちろん持ち帰りできます。

2번

남 : 이 자료 받아도 될까요?

여 : 1 네, 드리고 싶습니다.

　　2 네, 가지고 가십시오.

　　3 네, 물론 테이크아웃 가능합니다.

해설 자료를 가져가도 되냐는 물음에 가져가라고 대답한 2번이 정답이다. 「持ち帰り」는 '테이크아웃'의 의미이기 때문에 여기서는 사용하지 않는다.

어휘 資料 자료 | 差し上げる 드리다 | 持ち帰る 가지고 돌아가다 | 持ち帰り 포장, 테이크아웃

3ばん 🎧 Track 3-5-03

女：今日は洗濯物、外に干せそうだね。

男：1 そうだね。ベランダで干したんだね。

　　2 そうだね。濡れないように気を付けないと。

　　3 そうだね。天気がいいみたいだからね。

3번

여 : 오늘은 세탁물 밖에 널 수 있겠네.

남 : 1 그렇지, 베란다에서 널었구나.

　　2 그래, 안 젖게 조심해야지.

　　3 그러게, 날씨가 좋은 것 같으니까.

해설 빨래를 밖에 널 수 있을 것 같다는 것은 날씨가 좋기 때문이므로, 정답은 3번이다.

어휘 洗濯物 세탁물 | 干す 널다, 말리다 | 濡れる 젖다 | 気を付ける 조심(주의)하다 | 天気がいい 날씨가 좋다

4ばん 🎧 Track 3-5-04

男：明日のプレゼンうまくできるといいんだけど。

女：1 大丈夫、うまくいくよ。

　　2 どうしよう。うまくないかもしれない。

　　3 うん、うまいと思うよ。

4번

남 : 내일 프레젠테이션 잘했으면 좋겠는데.

여 : 1 괜찮아, 잘 될 거야.

　　2 어떡해. 잘 못할지도(맛 없을지도) 몰라.

　　3 응, 잘한다고(맛있다고) 생각해.

해설 「うまくいく」는 '일이 순조롭게 풀린다'는 뜻이다. 「うまい」는 '잘한다, 맛있다'는 의미도 있으므로, 주의해야 한다. 남자가 내일 프레젠테이션을 잘할 수 있으면 좋겠다며 걱정하고 있기 때문에, '괜찮아, 잘 될 거야'라고 대답한 1번이 정답이다.

어휘 プレゼン 프레젠테이션

5ばん 🎧 Track 3-5-05

女：今日はなんだか蒸し暑いですね。

男：1 何を蒸してるんですか。

　　2 湿度が高いからですかね。

　　3 気温が下がりそうですね。

5번

여 : 오늘은 왠지 무덥네요.

남 : 1 무엇을 찌고 있습니까?

　　2 습도가 높아서일까요?

　　3 기온이 내려갈 것 같네요.

해설 '날씨가 무덥다'라는 말에 '습도가 높아서'라고 대답한 2번이 정답이다.

어휘 なんだか 왠지, 어쩐지 | 蒸し暑い 무덥다 | 蒸す 찌다 | 湿度 습도 | 気温 기온 | 下がる 내려가다

6ばん 🎧 Track 3-5-06

女：見て、奈々ちゃんの歯が生えてきたよ。

男：1 ほんとう？ さすがだね。

　　2 やっぱり奈々ちゃんだね。

　　3 え？ どれどれ。

6번

여 : 봐봐, 나나 이가 났어.

남 : 1 정말? 대단하네.

　　2 역시 나나네.

　　3 어? 어디 봐봐.

해설 '아이의 이가 났다'는 말에는 '어디 봐봐'라고 말하는 것이 자연스러우므로, 정답은 1번이다.

어휘 歯が生える 이(치아)가 나다 | さすがだ ① 대단하다 (ナ형용사) ② 역시 (부사) | やっぱり 역시

7ばん 🎧 Track 3-5-07

女：財布、落としちゃったみたい。

男：1 そしたら、警察に行かないと。

　　2 そしたら、家に戻らないと。

　　3 そしたら、誰かに聞いてみようか。

7번

여 : 지갑을 잃어버린 것 같아.

남 : 1 그러면 경찰(서)에 가야지.

　　2 그러면 집에 되돌아가야지.

　　3 그러면 누군가에게 물어볼까?

해설 여자가 지갑을 잃어버렸다고 했으니, 그러면 경찰서에 가라고 한 1번이 정답이다.

어휘 財布 지갑 | 落とす 떨어뜨리다, 잃어버리다 | 警察 경찰 | 戻る 되돌아가다

8ばん 🎧 Track 3-5-08

男：部長、今日はなんか表情がかたいね。

女：1 そうだね。特に問題はないね。

　　2 そうだね。かたくて面倒くさいよ。

　　3 そうだね。どうしたんだろうね。

8번

남 : 부장님, 오늘은 뭔가 표정이 딱딱하네.

여 : 1 그러게. 특별히 문제는 없네.

　　2 그러게. 딱딱하고 귀찮아.

　　3 그러게. 어떻게 된 걸까(무슨 일일까)?

해설 「表情がかたい 표정이 딱딱하다」는 긴장으로 표정이 굳어 있거나 화가 나 차가운 얼굴을 하고 있음을 나타낸다. '부장님의 표정이 좋지 않다'는 말에 '왜 그럴까'라고 대답한 3번이 정답이다.

어휘 表情がかたい 표정이 딱딱하다 | 面倒くさい 귀찮다

9ばん 🎧 Track 3-5-09

男：これ二つともプレゼント用でお願いしたいのですが。

女：1 かしこまりました、別々にお包みしますね。

　　2 かしこまりました、包んで差し上げますね。

　　3 かしこまりました、別々にさせてください。

9번

남 : 이거 둘 다 선물용으로 부탁드리고 싶은데요.

여 : 1 알겠습니다, 따로따로 포장해 드릴게요.

　　2 알겠습니다, 포장해 드릴게요.

　　3 알겠습니다, 따로따로 하게 해 주세요.

해설 선물 둘 다 모두 선물용으로 부탁하고 싶다고 했으므로, 따로 포장해 주겠다고 대답한 1번이 정답이다. 해석으로 보면 1번과 2번은 동일한 듯하지만, 겸양어로 '제가 상대방에게 ~해 드리다'라는 표현은 「お＋동사ます형＋する」 문법을 사용하므로, 해석만으로 2번을 고르지 않도록 주의해야 한다.

어휘 ～とも ~다, 모두 (복수를 나타내는 명사에 붙어서 그것이 모두 같은 상태임을 나타냄) | かしこまりました 알겠습니다 | 別々 따로따로 | 包む 싸다, 포장하다 | 差し上げる 드리다(「あげる」의 겸양어)

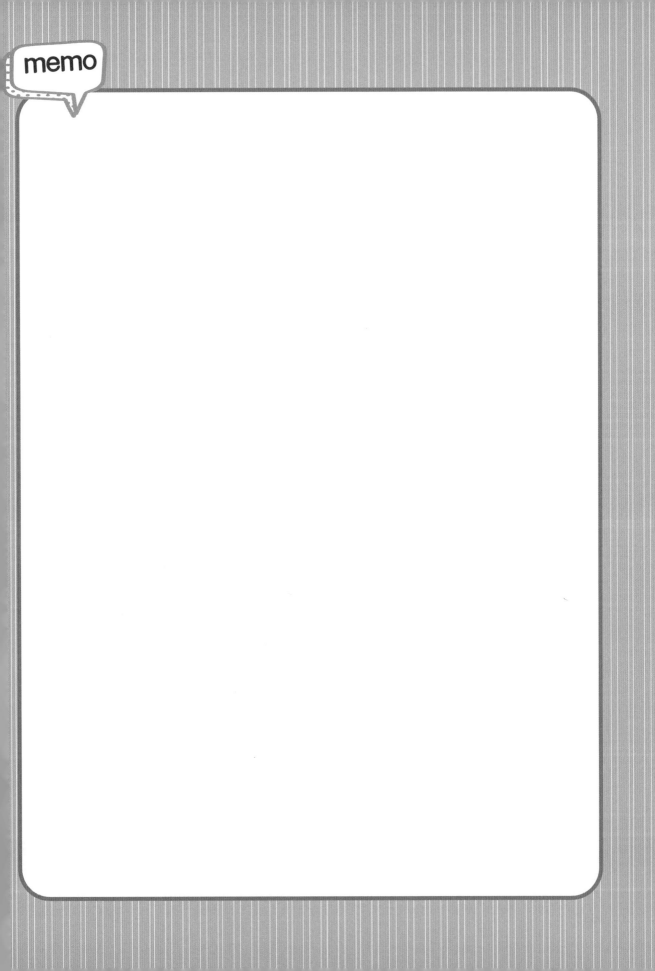
memo

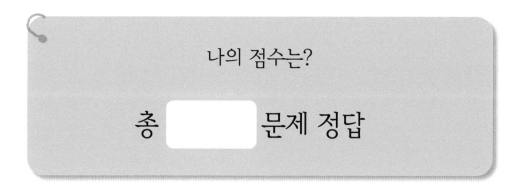

나의 점수는?

총 [ ] 문제 정답

혹시 부족한 점수라도 실망하지 말고 해설을 보며 다시 확인하고 틀린 문제를 다시 풀어보세요. 실력이 점점 쌓여갈 것입니다.

JLPT N3 제4회 실전모의고사 정답

1교시 언어지식(문자·어휘)

문제 1	1	2	2	1	3	4	4	4	5	3	6	3	7	4

문제 2	8	3	9	2	10	1	11	4	12	1	13	3

문제 3	14	3	15	2	16	1	17	2	18	3	19	1	20	4	21	4	22	2
	23	1	24	4

문제 4	25	2	26	2	27	1	28	1	29	2

문제 5	30	3	31	1	32	4	33	4	34	4

1교시 언어지식(문법)

문제 1	1	3	2	1	3	3	4	1	5	2	6	2	7	1	8	4	9	4
	10	2	11	3	12	2	13	3

문제 2	14	1	15	2	16	3	17	2	18	2

문제 3	19	1	20	2	21	2	22	3

1교시 독해

문제 4	23	1	24	3	25	3	26	2

문제 5	27	4	28	1	29	4	30	4	31	4	32	3

문제 6	33	1	34	3	35	2	36	3

문제 7	37	2	38	4

2교시 청해

문제 1	1	3	2	3	3	3	4	4	5	3	6	4

문제 2	1	2	2	2	3	3	4	1	5	1	6	2

문제 3	1	3	2	3	3	2

문제 4	1	3	2	3	3	1	4	3

문제 5	1	2	2	2	3	3	4	1	5	3	6	2	7	1	8	3	9	2

1교시 언어지식(문자·어휘)

문제 1 _____의 단어의 읽는 법으로 가장 적당한 것을 1·2·3·4에서 하나 고르세요.

---

1 ブラジルは、資源の多い国の一つである。

　1　しけん　　　　　2　しげん　　　　　3　じけん　　　　　4　じげん

　브라질은 자원이 많은 나라 중 하나이다.

어휘　資源 자원｜国 나라｜〜である ~이다

　✚ 資料 자료, 資本 자본

---

2 このお菓子は予約しないと買えないそうだ。

　1　よやく　　　　　2　ようやく　　　　3　ゆやく　　　　　4　ゆうやく

　이 과자는 예약하지 않으면 살 수 없다고 한다.

어휘　お菓子 과자｜予約 예약

　✚ 予想 예상, 予定 예정, 予報 예보, 予防 예방｜約束 약속, 契約 계약, 節約 절약

---

3 妹は意志が弱くて他人の意見に左右されやすいから、いつも心配だ。

　1　ざゆ　　　　　　2　ざゆう　　　　　3　さゆ　　　　　　4　さゆう

　여동생은 의지가 약해 다른 사람의 의견에 좌우되기 쉽기 때문에 항상 걱정이다.

어휘　意志が弱い 의지가 약하다｜他人 타인, 다른 사람｜左右 좌우｜心配だ 걱정이다

---

4 田中さんは「遅れてごめんなさい」と謝った。

　1　うたがった　　　2　あつかった　　　3　うしなった　　　4　あやまった

　다나카 씨는 '늦어서 미안해요'라고 사과했다.

어휘　遅れる 늦다｜ごめんなさい 미안해요｜謝る 사과하다 ✚ 感謝 감사｜疑う 의심하다｜扱う 취급하다, 다루다｜失う 잃어버리다

5 私は寒くなると、セーターを２枚も重ねて着たりする。
　　1 まねて　　　　　　2 おもねて　　　　　　3 かさねて　　　　　　4 むねて
　　나는 추워지면 스웨터를 두 장도 겹쳐서 입기도 한다.

어휘　重ねる (타동사) 겹치다, 포개다
　　　　＋ 重なる (자동사) 겹쳐지다

6 私は学生時代、体育の時間がきらいだった。
　　1 ていいく　　　　　2 でいいく　　　　　　3 たいいく　　　　　　4 だいいく
　　나는 학창 시절, 체육 시간이 싫었다.

어휘　学生時代 학창 시절 | 体育 체육
　　　　＋ 全体 전체, 体力 체력 | 育つ 자라다, 育てる 키우다

7 この薬はあまりにも苦くて飲みにくいですね。
　　1 つらくて　　　　　2 くるしくて　　　　　3 うすくて　　　　　　4 にがくて
　　이 약은 너무 써서 넘기기 힘드네요.

어휘　苦い 쓰다 | 辛い 괴롭다 | 苦しい 고통스럽다, 답답하다 | 薄い 얇다, (농도가)연하다

문제 2　_____의 단어를 한자로 쓸 때, 가장 적당한 것을 1·2·3·4에서 하나 고르세요.

8 祖父から庭に木をうえる方法を教えてもらった。
　　1 直える　　　　　　2 埴える　　　　　　　3 植える　　　　　　　4 殖える
　　할아버지가 정원에 나무를 심는 방법을 가르쳐 주셨다.

어휘　祖父 (자신의)할아버지 | 庭 정원 | 木を植える 나무를 심다 | 方法 방법

9 危ないから、さわらないでください。
　　1 守らないで　　　　2 触らないで　　　　　3 移らないで　　　　　4 残らないで
　　위험하니, 만지지 마세요.

危ない 위험하다 | 触る 만지다 | 守る 지키다 | 移る 옮기다 | 残る 남다

---

10 <u>きかい</u>があれば、富士山に登ってみたいです。

  1 機会   2 機械   3 期回   4 器会

<u>기회</u>가 있으면, 후지산에 올라가 보고 싶습니다.

機会 기회 | 富士山 후지산 | 登る 오르다 | 機械 기계

  ✚ 危機 위기, 機関 기관 | 会見 회견, 会談 회담, 会合 회합, 会話 회화, 대화

---

11 「ふしぎの国のアリス」という童話を読んだことがありますか。

  1 付思義   2 付思議   3 不思義   4 不思議

'<u>이상한</u> 나라의 앨리스'라는 동화를 읽은 적이 있습니까?

不思議だ 신기하다, 이상하다 | 国 나라 | 童話 동화

  ✚「不思議」의 한자는「義」자가 아닌「議」자를 쓰는 것에 주의하자.

---

12 日曜日の朝、新幹線で東京をたつ予定です。

  1 発つ   2 出つ   3 経つ   4 立つ

일요일 아침 신칸센으로 도쿄를 <u>출발할</u> 예정입니다.

新幹線 신칸센(일본의 고속 열차) | 発つ 출발하다 | 経つ 시간이 경과하다

---

13 荷物は受付に<u>あずけて</u>ください。

  1 受けて   3 与けて   3 預けて   4 表けて

짐은 접수처에 <u>맡겨</u> 주세요.

荷物 짐 | 受付 접수, 접수처 | 預ける 맡기다 ✚ 預かる 맡다 | 受ける 받다

문제 3 (　　　) 안에 들어갈 가장 적당한 것을 1·2·3·4에서 하나 고르세요.

---

14 私は、モノを買ったら（　　　）は必ずもらうようにしています。

  1 オーダー   2 メッセージ   3 レシート   4 カタログ

저는 물건을 사면 영수증은 반드시 받도록 하고 있습니다.

어휘 レシート 영수증 | 必ず 반드시 | オーダー 오더, 주문 | メッセージ 메시지 | カタログ 카탈로그

➕ 물건을 사는 상황이므로, 3번「レシート 영수증」가 들어가야 문맥이 맞게 된다.

---

15 今まで作成した文章を（　　　）しないで閉じてしまいました。

1 貯保　　　　　2 保存　　　　　3 存蓄　　　　　4 貯蔵

지금까지 작성한 문장을 저장하지 않고 닫아 버렸습니다.

어휘 作成 작성 | 文章を保存する 문서를 저장하다 | 閉じる 닫다 | 貯蔵 저장

➕ '문서를 저장하다'를 일본어로 표현할 때 한국어 그대로「貯蔵 저장」라고 쓰지 않도록 주의한다.

---

16 近年、外国人を（　　　）する会社が増えています。

1 募集　　　　　2 選択　　　　　3 応募　　　　　4 選考

근래, 외국인을 모집하는 회사가 늘어나고 있습니다.

어휘 近年 근년, 근래 | 募集 모집 | 増える 늘어나다, 증가하다 | 選択 선택 | 応募 응모 | 選考 전형

---

17 テーブルの上に、コーヒーを（　　　）しまった。

1 すべって　　　　2 こぼして　　　　3 のこして　　　　4 こぼれて

테이블 위에 커피를 엎지르고 말았다.

어휘 こぼす 엎지르다 | 滑る 미끄러지다 | 残す 남기다 | こぼれる 엎질러지다

➕「こぼす」는 '물 등의 액체를 엎지르다'는 뜻이며, 4번「こぼれる 엎질러지다」는 자동사이므로 답이 될 수 없다.

---

18 夜中に目が（　　　）から、そのまま眠れないときがあります。

1 開けて　　　　2 つぶって　　　　3 覚めて　　　　4 閉じて

한밤중에 잠이 깨고 나서 그대로 잠들 수 없을 때가 있습니다.

어휘 夜中 한밤중 | 目が覚める 잠이 깨다 | ～てから ~하고 나서 | そのまま 그대로 | 眠る 잠들다

➕ 目をつぶる 눈을 감다 | 目を閉じる 눈을 감다

---

19 彼は、１度も約束を（　　　）ことがないそうだ。

1 やぶった　　　　2 つぶした　　　　3 くずした　　　　4 たたいた

그는 한 번도 약속을 어긴 적이 없다고 한다.

어휘 破る 어기다, 깨다, 찢다 | つぶす 으깨다 | 崩す 무너뜨리다 | たたく 두드리다

➕ 「破る」는 '(약속 등을)어기다, (기록 등을)깨다, (종이 등을)찢다'라는 의미가 있다.

---

20 子供の時は思いっきり遊んで、服を（　　　）しまったことも多かった。

　　1　破れて　　　　　2　溺れて　　　　　3　負けて　　　　　4　汚して

어릴 때는 실컷 놀다가 옷을 더럽혀 버린 적도 많았다.

어휘 思いっきり 마음껏, 실컷 | 汚す 더럽히다 | 破れる 찢어지다 | 溺れる 물에 빠지다 | 負ける 패배하다, 지다

---

21 今日は朝から雨が（　　　）降っている。

　　1　だんだん　　　　2　わくわく　　　　3　うろうろ　　　　4　ざあざあ

오늘은 아침부터 비가 주룩주룩 내리고 있다.

어휘 ざあざあ 비가 세차게 내리는 모습, 주룩주룩 | だんだん 점점 | わくわく 두근두근 | うろうろ 어슬렁대는 모습

---

22 壊れやすい商品なので、ていねいに（　　　）ください。

　　1　なくして　　　　2　つつんで　　　　3　つたえて　　　　4　いわって

깨지기 쉬운 상품이니, 꼼꼼히 포장해 주세요.

어휘 壊れる 깨지다 | ～やすい ~하기 쉽다 | 商品 상품 | ていねいに 꼼꼼히 | 包む 포장하다, 싸다 | なくす 없애다, 잃다 | 伝える 전하다 | 祝う 축하하다

➕ 깨지기 쉬운 상품이라면, 꼼꼼히 '포장'해야 하니, 2번이 정답이 된다.

---

23 朝から熱があり、体も（　　　）。

　　1　だるい　　　　　2　あぶない　　　　3　あやしい　　　　4　なつかしい

아침부터 열이 있고, 몸도 나른하다.

어휘 熱 열 | だるい 나른하다, 노곤하다 | 危ない 위험하다 | 怪しい 수상하다 | 懐かしい 그립다

➕ 「体がだるい」는 '(감기, 피로 등으로)몸이 나른한 상태'를 나타내는 표현이다.

---

24 彼を犯人だと（　　　）理由は何ですか。

　　1　怖がる　　　　　2　外れる　　　　　3　あつかう　　　　4　うたがう

그를 범인이라고 의심하는 이유는 무엇입니까?

어휘 犯人 범인 | 疑う 의심하다 | 理由 이유 | 怖がる 무서워하다 | 外れる 빗나가다 | 扱う 취급하다

문제 4 _____의 의미에 가장 가까운 것을 1·2·3·4에서 하나 고르세요.

---

25 短気な性格で得をすることはないと思います。
　　1　気になる　　　　　2　気が早い　　　　　3　気を遣う　　　　　4　気が付く
　　급한 성격으로 이득을 보는 일은 없다고 생각합니다.

해설 「短気だ」는 '성격이 급하다'는 뜻이므로, 정답은 2번 「気が早い」가 되어야 한다.

어휘 短気 성격이 급함 | 性格 성격 | 得をする 이득을 보다 | 気が早い 성격이 급하다 | 気になる 신경이 쓰이다 | 気を遣う 배려하다 | 気が付く 알아차리다, 눈치채다

---

26 彼女はつねに笑顔を見せてくれる。
　　1　たまに　　　　　2　いつも　　　　　3　ときどき　　　　　4　たいてい
　　그녀는 항상 웃는 얼굴을 보여 준다.

해설 「常に」는 '항상, 늘'이란 뜻으로, 바꿔 쓸 수 있는 단어는 2번이다. 다른 선택지 부사도 꼭 암기해 두자.

어휘 常に 항상, 늘 | 笑顔 웃는 얼굴 | いつも 항상 | たまに 가끔 | ときどき 때때로 | たいてい 대개

---

27 兄は、今の仕事がきついと言っている。
　　1　大変だ　　　　　2　楽だ　　　　　3　おもしろい　　　　　4　つまらない
　　형은 지금 일이 고되다고 말하고 있다.

해설 「きつい」는 '일 등이 고되다, 힘들다'는 뜻이므로 정답은 1번「大変だ」가 된다.

어휘 きつい 고되다, 힘들다 | 大変だ 힘들다 | 楽だ 편하다 | おもしろい 재미있다 | つまらない 따분하다, 재미 없다

---

28 この容器のガラスは薄くて割れやすいので、気をつけてください。
　　1　入れ物　　　　　2　小物　　　　　3　見物　　　　　4　産物
　　이 용기의 유리는 얇아서 깨지기 쉬우니 조심하십시오.

해설 「容器」는 '용기'라는 뜻으로, 정답은 1번 「入れ物 용기, 그릇」가 된다.

어휘 容器 용기 | 薄い 얇다 | 割れる 깨지다 | 気をつける 조심하다 | 入れ物 용기, 그릇 | 小物 자질구레한 것 | 見物 구경 | 産物 산물

29 とうとう梅雨が<u>あけました</u>。

　1　はじまりました　　2　おわりました　　　3　きまりました　　　4　発表されました

드디어 장마가 <u>끝났습니다</u>.

> **해설**　「明ける」는 '(어떤 기간이)끝나다'는 뜻이므로, 2번이 정답이다. 추가로 「夜が明ける 밤이 밝다」도 함께 기억하기 바란다.

> **어휘**　とうとう 드디어｜梅雨が明ける 장마가 끝나다｜終わる 끝나다｜始まる 시작되다｜決まる 결정되다｜発表する 발표하다

문제 5　다음 단어의 사용법으로 가장 적당한 것을 1·2·3·4에서 하나 고르세요.

30　物語 이야기

　1　この道路を利用すると、通行料金が<u>物語</u>になる。

　2　<u>物語</u>が不足すると、かぜなどをひきやすくなる。

　3　この<u>物語</u>の登場人物は、みんないい人ばかりだ。

　4　コピー<u>物語</u>がなくなってしまったので買いに行った。

1 이 도로를 이용하면, 통행료가 <u>이야기</u>가 된다.

2 <u>이야기</u>가 부족하면, 감기 등에 쉽게 걸리게 된다.

3 이 <u>이야기</u>의 등장인물은 모두 좋은 사람들뿐이다.

4 복사 <u>이야기</u>가 없어져 버렸기 때문에 사러 갔다.

> **해설**　「物語」는 '이야기'란 뜻으로, 맞게 쓰인 문장은 3번이다. 1번은 「割引 할인」, 2번은 「栄養 영양」, 4번은 「用紙 용지」가 와야 자연스러운 문장이 된다.

> **어휘**　道路 도로｜利用 이용｜通行料金 통행요금, 통행료｜不足する 부족하다｜登場人物 등장인물

31　申し込む 신청하다

　1　市民スポーツ大会に、電子メールで<u>申し込んだ</u>。

　2　グラスをくるくると<u>申し込んで</u>から、ワインを飲んだ。

　3　最近インフルエンザが<u>申し込み</u>はじめています。

　4　自分に<u>申し込む</u>色がわかる人はそんなに多くないと思う。

1 시민 체육대회에 이메일로 <u>신청했다</u>.

2 글라스를 빙글빙글 <u>신청하고</u> 나서, 와인을 마셨다.

3 요즘 독감이 <u>신청하기</u> 시작하고 있습니다.

4 자신에게 <u>신청하는</u> 색을 아는 사람은 그렇게 많지 않다고 생각한다.

해설 「申（もう）し込（こ）む」는 '신청하다'란 뜻으로, 맞게 쓰인 문장은 1번이며, 명사형 「申（もう）し込（こ）み 신청」도 함께 기억하자. 2번은 「回（まわ）す 돌리다」, 3번은 「流行（りゅうこう）する 유행하다」, 4번은 「似合（にあ）う 어울리다」가 와야 자연스러운 문장이 된다.

어휘 市民（しみん） 시민 ｜ 大会（たいかい） 대회 ｜ 電子（でんし）メール 이메일 ｜ くるくると 빙글빙글 ｜ インフルエンザ 독감 ｜ そんなに〜ない 그렇게 ~하지 않다

---

[32] 足（た）りない 부족하다, 모자라다

1 今日はもう足りないので、明日また話しましょう。

2 今年のクリスマスは、家族みんなで足りなく過ごしました。

3 仕事で、夜も眠れないほど足りない思いをしたことがある。

4 試合に負けたのは、自分の実力が足りなかったからだ。

1 오늘은 이미 부족하니까, 내일 다시 이야기합시다.

2 올해 크리스마스는 온 가족이 부족하게 보냈습니다.

3 일 때문에 밤에도 잠 못 잘 정도로 부족한 경험을 한 적이 있다.

4 시합에 진 것은 자신의 실력이 부족했기 때문이다.

해설 「足（た）りない」는 '부족하다, 모자라다'란 뜻으로, 맞게 쓰인 문장은 4번이다. 1번은 「遅（おそ）い 늦다」, 2번은 「楽（たの）しい 즐겁다」, 3번은 「辛（つら）い 괴롭다」가 와야 자연스러운 문장이 된다.

어휘 過（す）ごす 지내다, 보내다 ｜ 仕事（しごと） 일 ｜ 眠（ねむ）る 자다 ｜ 辛（つら）い思（おも）いをする 괴로운 경험을 하다 ｜ 試合（しあい）に負（ま）ける 시합에 지다 ｜ 実力（じつりょく） 실력

---

[33] 明（あき）らかに 분명히, 명백히, 당연히

1 近視とは近くは明らかに見えるが、遠くはぼけて見えることだ。

2 これは血圧を明らかに測るとき使います。

3 その事件が起こったのは明らかに去年の9月だったような気がする。

4 今回の失敗は明らかに彼の責任に違いない。

1 근시라고 하는 것은 가까이는 명백히 보이지만, 멀리는 흐려 보이는 것이다.

2 이것은 혈압을 분명히 측정할 때 사용합니다.

3 그 사건이 일어난 것은 명백히 지난 9월이었던 것 같은 생각이 든다.

4 이번 실패는 분명히 그의 책임임에 틀림없다.

해설 「明（あき）らかに」는 '분명히, 명백히, 당연히'란 뜻으로 가장 정확하게 쓰인 문장은 4번이다. 1번은 「はっきり 확실히」로, 2번은 「正確（せいかく）に 정확히」로, 3번은 「確（たし）か 아마(나는 확실하다고 생각함)」로 수정하는 것이 적당하다.

어휘 近視（きんし） 근시 ｜ ぼける 형체가 흐려지다, 어릿어릿하다 ｜ 血圧（けつあつ） 혈압 ｜ 測（はか）る 측정하다 ｜ 気（き）がする 생각이 들다, 느낌이 들다 ｜ 今回（こんかい） 이번 ｜ 失敗（しっぱい） 실패 ｜ 責任（せきにん） 책임 ｜ 〜に違（ちが）いない ~임에 틀림없다

おとなしい 얌전하다

1 隣がうるさくて、<u>おとなしい</u>部屋に引っ越したいと思う。

2 お風呂の時間はなるべく心を<u>おとなしく</u>して、心身を休ませたい。

3 父は子供のとき貧しかったらしく、お金のことにはとても<u>おとなしい</u>。

4 ロシアンブルーという猫は<u>おとなしく</u>て飼いやすい。

1 옆집이 시끄러워서 얌전한 방으로 이사하고 싶다고 생각한다.

2 목욕 시간은 되도록 마음을 얌전하게 하고, 심신을 쉬게 하고 싶다.

3 아버지는 어렸을 때 가난했던 모양인 듯, 돈에 관해서는 매우 얌전하다.

4 러시안블루라고 하는 고양이는 얌전해서 기르기 쉽다.

해설 「おとなしい」는 '얌전하다, 점잖다'는 뜻으로 가장 맞게 쓰인 문장은 4번이다. 1번은 「静かな 조용한」로, 2번은 「穏やかに 온화하게, 평온하게」로, 3번은 「うるさい 잔소리가 심하다」로 수정하는 것이 적당하다.

어휘 うるさい 시끄럽다 | 引っ越す 이사하다 | お風呂 목욕 | なるべく 가능한 한 | 心身 심신 | 貧しい 가난하다 | 飼う 기르다

1교시 언어지식(문법)

문제 1 다음 문장의 (   ) 에 들어갈 가장 적당한 것을 1·2·3·4에서 하나 고르세요.

1 兄の会社は家からとても遠くて、電車で２時間 (   ) かかる。

　1 を　　　　　　2 は　　　　　　3 も　　　　　　4 が

형의 회사는 집에서 너무 멀어, 전철로 2시간이나 걸린다.

문법포인트! ⊘ 〜も : ~이나 (강조 용법)

예 昨日は、ビールを１０本も飲んでしまった。어제는 맥주를 10병이나 마셔 버렸다.

어휘 かかる (시간, 비용 등이)걸리다, 들다

2 どうして彼は、いつも相手を (   ) ようなことをするのだろう。

　1 怒らせる　　　2 怒る　　　　3 怒られる　　　4 怒っている

왜 그는 언제나 상대를 화나게 하는 짓을 하는 것일까?

문법포인트! ⊘ 怒らせる : 「怒る」의 사역형

「怒る」는 자동사로 '화나다, 열 받다'는 뜻이고, 사역형 「怒らせる」는 '(사람을)화나게 하다, 열받게 하다'는 뜻이 된다. 문장에서는 앞에 「相手 상대」가 목적어로 왔으므로 사역형 「怒らせる」가 와야 정확한 문장이 된다.

참고로 3번 「怒られる」는 '(~에게)혼나다, 야단맞다'는 뜻이 된다.

예 母に怒られました。엄마한테 혼났습니다.

어휘 どうして 왜, 어째서 | 相手 상대 | 怒る 화나다, 열받다

---

3 このお子様ランチは大人（　　　　）食べたくなりますね。

1 だと 　　　2 だの 　　　3 だって 　　　4 だが

이 어린이 런치는 성인이라도 먹고 싶어지네요.

문법포인트! ✅ ～だって：~라도 예 誰だってびっくりするだろう。 누구라도 깜짝 놀랄 것이다.

어휘 お子様 어린이 | 大人 성인, 어른

---

4 どうぞご遠慮（　　　　）、どんどん召し上がってください。

1 なく 　　　2 なくて 　　　3 ないで 　　　4 ない

부디 사양 마시고 자꾸자꾸 드세요.

문법포인트! ✅ ～なく：~하지 마세요, ~하지 말고 예 ご心配なく 걱정하지 마시고

어휘 どうぞ 부디, 아무쪼록 | 遠慮 꺼림, 삼감, 사양 | どんどん 자꾸자꾸, 계속 | 召し上がる 드시다

---

5 今回の発表は待ち（　　　　）待ったチャンスなので、絶対に逃せない。

1 の 　　　2 に 　　　3 で 　　　4 も

이번 발표는 기다리고 기다렸던 기회이므로, 절대로 놓칠 수 없다.

문법포인트! ✅ ます형＋に：~하고(또) 예 考えに考えた。 생각하고 또 생각했다.

어휘 発表 발표 | 絶対に 절대로 | 逃す 놓치다

---

6 京都は、訪れる（　　　　）新しい発見と感動に出会える。

1 まえに 　　　2 たびに 　　　3 までに 　　　4 うちに

교토는 방문할 때마다 새로운 발견과 감동을 만날 수 있다.

문법포인트! ✅ ～たびに：~(할)때마다

접속은 「동사＋たびに」, 「명사＋のたびに」 2가지가 있으니 함께 잘 기억해 두자.
예 夫は出張のたびにお土産を買ってくる。 남편은 출장 때마다 선물을 사온다.

어휘 訪れる 방문하다 | 発見 발견 | 感動 감동 | 出会う (우연히)만나다

---

7 もし宴会に遅れる（　　　　）なら、事前に知らせてください。

1 よう 　　　2 こと 　　　3 もの 　　　4 はず

만약 연회에 늦을 것 같으면 사전에 알려 주세요.

⊘ ~ようなら : ~할 것 같으면

例 間に合わないようなら、明日でもいい。 늦을 거 같으면 내일이라도 좋다.

어휘 宴会 연회 | 事前に 사전에 | 知らせる 알리다

---

8 日本の食堂では、席に着くと無料で飲み水を（   ）。

1 出てあげる   2 出てくれる   3 出してあげる   4 出してくれる

일본의 식당에서는 자리에 앉으면 무료로 마실 물을 내 준다.

문법포인트! ⊘ くれる : (남이 나에게)주다

손님 입장에서는 '식당 측에서 (나에게) 마실 물을 제공해 주는 것'이므로 「くれる」를 써야

정확한 문장이 되므로, 4번이 정답이다. 「あげる」는 '(내가 남에게)주다'라는 뜻이므로 3번은

답이 될 수 없다.

어휘 食堂 식당 | 席に着く 자리에 앉다 | 無料 무료 | 飲み水 마실 물

---

9 ちょっと（   ）ことがありますが、お時間いただけますか。

1 おたずねになりたい   2 ごらんになりたい

3 お借りしたい   4 うかがいたい

좀 여쭙고 싶은 것이 있습니다만, 시간 있으신가요?

문법포인트! 묻는 주체는 화자로, 자신의 행위를 겸손하게 표현해야 하므로, 정답은 4번이 된다.

⊘ お+ます형+になる : ~하시다 (존경 공식)

어휘 伺う '묻다, 방문하다'의 겸양어 | いただく '받다'의 겸양어 | 訪ねる 묻다, 방문하다 | 借りる 빌리다

---

10 A 「女性用のトイレはどちらですか。」

B 「3階（   ）。」

1 いらっしゃいます   2 でございます   3 まいります   4 いたします

A 「여성용 화장실은 어디입니까?」

B 「3층입니다.」

문법포인트! ⊘ ~でございます : 「~です」의 정중어

⊘ いらっしゃる : 「行く/来る/いる」의 존경어, 가시다/오시다/계시다

⊘ まいる : 「行く/来る」의 겸양어

⊘ いたす : 「する」의 겸양어

어휘 女性用 여성용

11　ピアノは、年を（　　　　）始められるすばらしい趣味の一つである。

1　とる前は　　　　　2　とっただけに　　　3　とってからでも　　4　とるかわりに

피아노는 나이를 먹고 나서라도 시작할 수 있는 훌륭한 취미 중 하나이다.

⊘ 동사てからでも : (동사)하고 나서라도

「동사てから」는 '(동사)하고 나서'라는 뜻인데, 여기에 다시 「~でも」가 접속하여

「동사てからでも (동사)하고 나서라도」란 뜻이 된다.

예 社会人になってからでも留学に行けます。

사회인이 되고 나서라도 유학 갈 수 있습니다.

어휘　年をとる 나이를 먹다 | 趣味 취미

12　木村「山田さんは、田中課長に（　　　　）ことがありますか。」

　　山田「いいえ、でも鈴木さんには会ったことがあります。」

1　お会いした　　　　2　お会いになった　　　3　お会いできた　　　4　お会いになれた

기무라 「야마다 씨는 다나카 과장을 만난 적이 있습니까?」

야마다 「아니요, 하지만 스즈키 씨는 만난 적이 있습니다.」

⊘ お+동사ます형+になる : (동사)하시다 (존경 공식)

예 部長はお出かけになりました。부장님은 외출하셨습니다.

이 문제는 상대에게 '만나신 적이 있냐'고 묻는 문장이므로, 존경 공식이 쓰인 2번이 정답이다.

⊘ ご+명사+になる : (명사)하시다　예 ご説明になります。설명하시겠습니다.

⊘ お+동사ます형+する : (동사)하다 (겸손 공식), 본인이 ~한 것을 겸손하게 말하는 표현

예 お会いしました。(제가)만났습니다.

13　部下「部長、ケーキ食べませんか。」

　　部長「あ、実は最近ダイエット中なので、甘いものは一切（　　　　）よ。」

1　食べてはいけなくなった　　　　　　　　2　食べなければならなくなった

3　食べないようにしている　　　　　　　　4　食べなかったつもりでいる

부하 「부장님, 케이크를 먹지 않겠습니까?」

부장 「아, 실은 요즘 다이어트 중이라서, 단것은 일절 먹지 않으려고 해.」

⊘ ~ようにしている : (동사에 접속) (동사)하는 것을 습관으로 하고 있다

예 授業が終わったら、必ず復習をするようにしている。

수업이 끝나면, 반드시 복습을 하도록 하고 있다.

お酒は飲まないようにしている。술은 마시지 않도록 하고 있다.

어휘　実は 실은 | 最近 요즘, 최근 | ダイエット中 다이어트 중 | 甘い 달다 | 一切 일절, 전혀

문제 2 다음 문장의 _____★_____에 들어갈 가장 적당한 것을 1·2·3·4에서 하나 고르세요.

---

14 ピラティスは、韓国の女優やアイドルの _____ ___★___ _____ _____
注目が集まっている。

1 として   2 最近   3 運動法   4 また

필라테스는 한국 여배우와 아이돌의 운동법으로 최근 또 다시 주목받고 있다.

정답문장 ピラティスは、韓国の女優やアイドルの運動法として最近また注目が集まっている。

문법포인트! ⊘ ~として : ~로서 (자격을 뜻함)
「~として」앞에 올 수 있는 단어는 3번뿐이므로 우선 3+1이 완성된다. 그리고 이 표현은 다시 「アイドルの」뒤에 이어져야 문맥이 자연스럽다.

어휘 女優 여배우 | アイドル 아이돌 | 運動法 운동법 | 最近 최근, 요즘 | 注目が集まる 주목이 모이다, 주목받다

---

15 _____ _____ ___★___ _____ 、自分で決めた道を進みたい。

1 出会っても   2 困難に   3 どんな   4 たとえ

설령 어떤 어려움을 만나도 스스로 결정한 길을 가고 싶다.

정답문장 たとえどんな困難に出会っても、自分で決めた道を進みたい。

문법포인트! ⊘ たとえ~ても : 설령 ~라 하더라도 예 たとえ雨でも 설령 비가 와도

어휘 困難 곤란 | 出会う 우연히 만나다 | 進む 나아가다, 진행되다

---

16 田舎 _____ _____ ___★___ _____ 遊びもあるのだ。

1 できる   2 から   3 こそ   4 だ

시골이기에 가능한 놀이도 있다.

정답문장 田舎だからこそできる遊びもあるのだ。

문법포인트! ⊘ ~からこそ ~이기 때문에, ~이기에 (이유 강조)
예 失敗を経験したからこそ、他人の気持ちが分かる。
실패를 경험했기 때문에 타인의 마음을 이해한다.

어휘 田舎 시골

---

17 英語を上手に話すためには、_____ _____ _____ _____ ことをおす
すめします。

1 おく   2 つけて   3 基本表現を   4 身に

영어를 잘 말하기 위해서는 기본 표현을 몸에 익혀 둘 것을 추천합니다.

정답문장 英語を上手に話すためには、基本表現を身につけておくことをおすすめします。

문법포인트! ✓ 身につける : 몸에 익히다 (관용 표현)

「身につける」는 관용 표현이므로, 4+2가 완성되고, 이 표현은 다시 1번 앞에 와서 4+2+1을 만들 수 있으며, 3번은 목적어로 맨 앞에 와야 자연스럽다.

어휘 ～ためには ~위해서는 | 基本表現 기본 표현 | 身につける 몸에 익히다 | おすすめします 추천합니다

---

18 待ち合わせの時間に ＿＿＿＿ ＿＿★＿＿、＿＿＿＿ ＿＿＿＿ 事前に電話などで言ってほしいです。

1 遅れる 　　　　2 なら 　　　　3 と 　　　　4 間に合わない

약속 시간에 맞춰 못 온다면, 늦는다고 사전에 전화 등으로 말해 주기 바랍니다.

정답문장 待ち合わせの時間に間に合わないなら、遅れると事前に電話などで言ってほしいです。

문법포인트! ✓ 우선 조건을 뜻하는 「なら」는 1번과 4번에 접속할 수 있는데, 4+2가 되어 '맞춰 못 온다면'이 되어야 문맥이 자연스럽다. 3번 「と」는 조건이 아니라 '~라고'란 용법으로 쓰였다.

어휘 待ち合わせ (시간, 장소 등을 정해서 만나는)약속 | 間に合う 제시간에 늦지 않게 되다 | 遅れる 늦다 | 事前に 사전에 | ～てほしい ~하기 바란다

문제 3 다음 글을 읽고, 글 전체의 내용을 생각해서 19 ～ 22 안에 들어갈 가장 적당한 것을 1·2·3·4에서 하나 고르세요.

건강한 다이어트 방법

인터넷이나 잡지 등에서 많은 다이어트 방법이 소개되고 있습니다만, 정말 효과가 있고 건강에도 좋은 다이어트란, 식사와 운동 양쪽을 균형 있게 행하여, 건강하게 살을 빼는 다이어트입니다.

격렬한 운동이나 먹지 않는 다이어트는 좀처럼 계속되지 않으며, 다이어트가 성공하지 못하는 이유가 되기 때문에 추천할 수 없습니다. 그러나 식사나 운동을 올바르게 실행하면, 다이어트는 성공하기 쉬워지는 것입니다.
<u>19</u>

우선 식사는 칼로리가 높은 식품의 과다 섭취에 주의하고, 그 대신에 채소를 충분히 먹도록 합시다. 그리고 잘 씹어, 천천히 맛보며 식사를 하고 양도 조금 줄입시다. 또한 될 수 있는 한, 식사는 20시까지 끝내도록 합시다.
<u>20</u>

그리고 건강하게 살을 빼기 위해서는 운동도 빼놓을 수 없습니다. 몸을 움직이는 것으로 칼로리를 소비하
<u>21</u>
고, 건강하게 살을 뺄 수 있습니다. 물론 운동은 시간도 노력도 필요합니다만, 운동을 하는 것으로 근육이 붙기 때문에 살 빠지기 쉬운 몸이 되는 메리트가 있습니다.
<u>22</u>

마지막으로 다이어트의 목표는 한 달에 1~2킬로의 슬로 페이스로 하는 것을 추천합니다. 그 이유는 무리가 없는 다이어트 쪽이 고통을 느끼지 않고, 결과로서 길게 계속할 수 있어, 좋은 효과를 얻을 수 있기 때문입니다.

어휘 雑誌 잡지 | 方法 방법 | 効果 효과 | 健康 건강 | 食事 식사 | 運動 운동 | 両方 양쪽 | バランス 균형, 밸런스 | 行う 행하다 | 健康的に 건강하게 | やせる 살이 빠지다 | 激しい 격렬하다 | 続く 계속되다 | 成功する 성공하다 | 理由 이유 | おすすめ 추천 | 正しい 올바르다 | 食品 식품 | とりすぎ 과다 섭취 | 気をつける 주의하

다 | その代わりに 그 대신에 | 野菜 채소 | たっぷり 충분히 | ~ようにしましょう ~하도록 합시다 | かむ 씹다, 물다 | ゆっくり 천천히 | 味わう 맛보다 | 量 양 | 減らす 줄이다 | できる限り 될 수 있는 한 | 欠かす 빼놓다 | 体を動かす 몸을 움직이다 | カロリー 칼로리 | 消費する 소비하다 | 努力 노력 | 必要 필요 | 筋肉がつく 근육이 붙다 | 目標 목표 | 無理 무리 | 苦しさ 괴로움 | 結果として 결과로서 | 続ける 계속하다 | 得る 얻다

| 19 | 1 なかなか | 2 せっかく | 3 ぐっすり | 4 だんだん |

문법포인트! ⊘ なかなか〜ない : 좀처럼 ~하지 않다 ⑩ なかなかバスが来ない。좀처럼 버스가 오지 않는다.

해설 뒤에 「続かない 계속되지 않다」가 나왔으므로, 1번이 들어가 '좀처럼 계속되지 않다'가 되어야 문맥이 맞게 된다. 「なかなか〜ない」를 기억해 두자.

어휘 せっかく 모처럼 | ぐっすり 푹 (자다) | だんだん 점점

| 20 | 1 すむようにしましょう | 2 すませるようにしましょう |
| | 3 ことわるようにしましょう | 4 ひきうけるようにしましょう |

해설 살을 빼는 방법을 몇 가지 나열하고 있는데, 식사 시간에 대한 조언도 하고 있다. '식사'가 목적어이므로 타동사 「すませる 끝내다」가 와야 정확한 문장이 된다. 1번 「すむ 끝나다」는 자동사이므로 답이 될 수 없다.

어휘 済ませる 끝내다 | ~ようにしましょう ~하도록 합시다 | 済む 완료되다, 끝나다 | 断る 거절하다 | 引き受ける 맡다, 인수하다 |

| 21 | 1 でも | 2 それから | 3 つまり | 4 たとえば |

해설 접속사 문제는 항상 앞뒤 문맥흐름을 파악하고 있어야 한다. 건강하게 살 빼는 방법을 소개하며, 앞에서는 우선 음식에 대한 설명을 하였고, 뒤에서는 운동에 대한 설명을 하고 있으므로, 나열의 의미가 있는 2번이 들어가야 문맥이 맞게 된다.

어휘 それから 그리고 | でも 하지만 | つまり 즉 | たとえば 예를 들면

| 22 | 1 ふとりやすい | 2 ふとりたい | 3 やせやすい | 4 やせたい |

해설 앞에서 '운동을 하는 것으로 근육이 붙기 때문에'라고 하고, 뒤에서는 '~몸이 되는 메리트가 있다'고 했다. 그렇다면 '몸' 앞에는 플러스 이미지의 표현이 와야만 하므로, 3번이 정답이 된다. 1번이 오면 '살찌기 쉬운 몸'이란 뜻이 되므로 결코 플러스 이미지로 볼 수 없다.

어휘 ふとる 살찌다 | やせる 살이 빠지다

문제 4 다음 (1)~(4)의 글을 읽고, 질문에 답하세요. 답은 1·2·3·4에서 가장 적당한 것을 하나 고르세요.

(1)

이것은 파트 타임을 모집하는 글이다.

파트 타임 모집

본 점포는 도쿄도 스기나미구에 있는 슈퍼로 매장 내에서 상품 정리와 접객을 하는 플로어 직원으로 일할 수 있는 파트타이머를 모집하고 있습니다. 초보자나 주부분들도 대환영입니다. 근무시간은 10:00~14:00 또는 16:00~22:00 중 자신의 라이프스타일에 맞춰 선택하실 수 있으니, 부담 없이 상담 부탁드립니다. 시급은 1000엔입니다. 교통비는 전액 지급하고 유니폼도 대여해 드립니다. 6개월 이상 근무하시면 시급도 오르고 정규직으로 채용될 가능성도 있습니다. 관심 있으신 분은 우선 전화로 연락 후, 이력서를 보내 주세요. 많은 응모 기다리고 있겠습니다.

23 어떤 사람이 응모할 수 있는가?

1 육아가 있기 때문에 단시간 일하고 싶은 사람

2 슈퍼 반찬 코너에서 요리를 하고 싶은 사람

3 가능한 한 빨리 정규직이 되고 싶은 사람

4 되도록이면 하루 종일 일해서 돈을 벌고 싶은 사람

어휘 パート「パートタイム(파트 타임)」의 줄임말, 시간제 근무 | 募集 모집 | 当店 본 점포 | スーパー 마트, 슈퍼 | 商品 상품 | 整理 정리 | 接客 접객 | フロアスタッフ 플로어 직원 | 働く 일하다 | 初心者 초심자, 초보자 | 主婦 주부 | 大歓迎 대환영 | 勤務 근무 | または 또는 | ~のうち ~중 | ライフスタイル 라이프 스타일 | 合わせる 맞추다 | 選ぶ 고르다, 선택하다 | 気軽に (마음)가볍게, 편하게 | 相談 상담 | 時給 시급 | 交通費 교통비 | 全額 전액 | 支給 지급 | 制服 제복 | 正社員 정사원 | 採用 채용 | 可能性 가능성 | 興味 흥미 | 連絡 연락 | 履歴書 이력서 | 応募 응모 | 子育て 육아 | おかず 반찬 | できるだけ 가능한 한 | なるべく 될 수 있는 한, 되도록 | 稼ぐ (돈, 시간 등을)벌다

해설 모집하고 있는 직원은 플로어 직원이기 때문에 요리는 할 수 없어 2번은 오답이고, 정규직은 6개월 이상 일한 사람이 될 가능성도 있다고 했으므로, 3번도 오답이다. 하루 종일 일할 수 있는 사람을 구하는 것이 아니라, 단시간 일할 사람을 구하고 있으므로, 정답은 1번이다.

(2)

이것은 어떤 야외 스포츠 시설을 이용할 때의 규칙이다.

사쿠라 스포츠 시설 이용 부탁

＊본인 확인을 위해 신분증이나 학생증을 꼭 지참하시기 바랍니다.

＊스포츠용품(볼이나 라켓)은 대여하지 않으니, 준비해 주십시오.

＊쓰레기는 반드시 가지고 돌아가 주세요.

＊시설을 훼손하거나 낙서나 벽보를 붙이지 마십시오.

＊비 오는 날이나 눈 오는 날 등, 날씨가 나쁠 때는 이용할 수 없습니다.

＊시설 내에서 먹거나 술을 마시거나 담배를 피우거나 하는 행위(물이나 차, 스포츠 음료 등의 음료수는 가능), 그리고 불꽃놀이 등의 불을 사용한 행위는 금지되어 있습니다.

타인에게 폐를 끼치지 않도록 조심하십시오.

---

24 이 스포츠 시설에서 할 수 있는 일은 무엇인가?

1 대학 친구들과 술자리를 갖는 것

2 쓰레기를 시설 내 쓰레기통에 버리는 것

3 공을 가지고 와서 노는 것

4 스포츠 후 도시락을 먹는 것

어휘 ある 어느, 어떤 | 屋外 실외 | 施設 시설 | 利用 이용 | 規則 규칙 | 本人確認 본인 확인 | 身分証 신분증 | 学生証 학생증 | 用品 용품 | 壊す 훼손하다, 부수다 | 落書き 낙서 | 張り紙 벽보 | 行為 행위 | 飲料水 음료수 | 花火 불꽃놀이 | 禁止 금지 | 迷惑 폐 | 気を付ける 주의하다 | ごみ箱 쓰레기통 | お弁当 도시락

해설 공이나 라켓은 빌려주지 않으나 직접 가져와서 노는 것은 가능하니, 정답은 3번이다. 먹거나 음주는 할 수 없다고 했으니 1번과 4번은 오답이고, 쓰레기는 직접 가지고 가라고 했으니 2번도 오답이다.

(3)

이것은 불이 나면 어떻게 하는지 설명하는 글이다.

여러분, 불이 났을 때 가장 먼저 취해야 할 행동은 무엇인지 알고 있습니까? 화재는 언제 어디서 일어날지 모릅니다. 자신의 몸을 안전하게 지키기 위해 평소부터 주의를 해 둡시다. 먼저 불을 발견하면 혼자서 어떻게든 하려고 하지 말고, '불이야!'라고 큰소리로 주위 사람들에게 알리고, 가능한 빨리 도망칩시다. 그 후에 119에 신고합시다. 또 불이 나면 무서워서 패닉 상태가 되기 쉽습니다. 침착하고 냉정하게 행동합시다. 피난할 때는 갇혀서 피난을 할 수 없을 가능성이 있으므로, 엘리베이터를 사용해서는 안 됩니다. 반드시 계단으로 이동합시다. 또한 연기를 절대로 마시지 않도록 주의를 하는 것이 중요합니다. 지면에 가까울수록 신선한 공기와 시야가 확보되므로 젖은 수건 등으로 입과 코를 누르고 낮은 자세로 도망칩니다.

---

25 불이 났을 때에 해서는 안 되는 것은 어느 것인가?

　　1 큰 소리로 불이 났음을 주위에 알린다.

　　2 패닉 상태에 빠지지 않도록 침착하게 행동한다.

　　3 빨리 도망치기 위해 엘리베이터를 이용한다.

　　4 연기를 마시지 않도록 젖은 손수건으로 입과 코를 누른다.

어휘 　火事 화재 | 説明 설명 | 行動 행동 | 身 몸 | 守る 보호하다 | 日ごろ 평소 | 注意 주의 | 発見 발견 | 周り 주위 | 知らせる 알리다 | できるだけ 가능한 한 | 逃げる 도망가다 | 通報 통보, 신고 | 怖い 무섭다 | パニック 패닉, 패닉 상태 | ~がちだ ~경향이 있다 | 落ち着く 침착하다 | 冷静だ 냉정하다 | 避難 피난 | 閉じ込める 가두다 | 可能性 가능성 | 階段 계단 | 移動 이동 | 煙 연기 | 吸う 마시다 | 大切だ 중요하다 | 地面 지면 | ~ほど ~할수록 | 新鮮だ 신선하다 | 空気 공기 | 視界 시야 | 確保 확보 | ぬれる 젖다 | 押さえる 누르다 | 低い 낮다 | 姿勢 자세

해설 　「エレベーターを使ってはいけません。엘리베이터를 사용해서는 안 됩니다.」라고 했으므로, 정답은 3번이다.

(4)

이 글은 교양 강좌의 수강이 결정된 것을 알리는 글이다.

공지 사항

다음달부터 시작하는 교양강좌 수강이 결정되어 연락드립니다.

1 수강명 : 심리학

2 수강일시 : 매주 월요일과 수요일

　　　　　　　15:00 ~ 16:30

3 수강료 : 15,000엔 (1개월분)

4 기타 :

　(1) 이 강좌는 총 16개 강좌, 2개월 코스로 개설되어 있습니다.

　(2) 귀하의 첫 수강일은 10월 2일(월)입니다.

　(3) 월요일이나 수요일이 공휴일인 경우는 휴강입니다.

　(4) 사정에 따라 지각이나 결석할 경우는 사전에 연락주시기 바랍니다.

26 이 글의 내용과 일치하고 있는 것은 어느 것인가?

　　1 이 강좌는 한 달만에 총 16개 강좌가 종료되는 코스다.

　　2 모든 강좌를 들으려면 30,000엔을 내야 한다.

　　3 수강하려면 월요일이나 수요일 중 어느 한쪽으로 가면 된다.

　　4 지각이나 결석을 할 경우는 연락하지 않아도 된다.

문제 5 다음의 (1)과 (2)의 글을 읽고 질문에 답하세요. 답은 1·2·3·4에서 가장 적당한 것을 하나 고르세요.

(1)

①'셰어하우스'에 흥미를 갖고 있는 젊은이들이 늘고 있다. 셰어하우스는 성별에 관계없이 나이나 직업이 다른 사람들이 모여 공동생활하는 집을 말한다. 공동생활이라 다른 사람들과 적당한 교류는 있지만, 자신의 사생활은 지킬 수 있고 또 집세가 그렇게 높지 않아 혼자 사는 것보다는 초기 비용이 저렴해 금전적 부담이 적다. 이러한 이유로 혼자 사는 것보다 셰어하우스에 살고 싶은 젊은이들이 많아지고 있는 것 같다.

하지만 실제로 살다 보면 여러 가지 ②트러블이 벌어지고 있는 것도 사실이다. 예를 들어 셰어하우스에서는 쓰레기 버리는 일이나 주방 등 공유공간 청소를 당번으로 담당하는 경우가 있는데, 이를 지키지 않는 사람도 많다. 자신이 하지 않아도 누군가가 해 줄 거라고 생각하거나 당번이었다는 것을 잊고 있거나 해서, 일부 사람만이 부담하게 되어 문제가 생기는 것 같다. 다음으로 많은 것이 소음 문제다. 셰어하우스에서는 다수의 사람이 같은 집에서 생활하기 때문에, 물건에 따라서는 텔레비전 소리나 전화의 말소리, 발소리가 들리기 쉽다. 평소에는 신경 쓰이지 않아도 자기 전이나 이른 아침에는 민폐를 느끼는 일이 적지 않은 것 같다. 그리고 의외로 큰 문제가 되기 쉬운 것이 냉장고에 넣었던 음식이 없어지는 것이다. 셰어하우스 냉장고에 넣어둔 음식에 이름을 적었다고 해도 누군가가 마음대로 먹거나 사용하는 경우가 있는 것 같다. 식재료를 사용 당한 사람은 돈을 내고 다시 사야 해서 식비도 더 늘어난다. 이로 인해 싸워서 살기 힘들어지는 경우도 많다고 한다.

이처럼 여러 가지 문제가 있지만, 공동생활은 고달픈 것만은 아니다. 장점과 단점을 이해하고 입주하면 공동생활도 즐거워질 것이다.

---

27 ①'셰어하우스'에 흥미를 갖고 있는 젊은이들이 늘고 있다라고 하는데, 왜일까?

1 진학이나 취직에 도움이 되는 사람들을 만날 수 있기 때문에

2 자신이 좋아하는 사람들과 함께 생활할 수 있기 때문에

3 집세를 내지 못해도 좋은 집에 살 수 있기 때문에

4 다른 사람과 적당히 소통할 수 있기 때문에

해설 공동생활이라 다른 사람들과 적당한 교류는 있지만, 자신의 사생활은 지킬 수 있고 금전적 부담이 적다는 장점이 있는 셰어하우스에 관심을 갖는 젊은이들이 늘고 있다는 내용이므로, 정답은 4번이다.

28 ②트러블이 벌어지고 있다라고 하는데, 트러블이 아닌 것은 어느 것인가?

　1 무엇이든 거주자와 이야기해야 하는 것

　2 쓰레기 버리는 일이나 청소를 일부 사람이 부담해 버리는 것

　3 텔레비전 소리나 전화 목소리가 시끄러운 것

　4 자신의 음식을 다른 사람이 먹어 버리는 것

해설 트러블의 내용으로 청소를 일부 사람만 하는 문제, 생활 소음 문제, 냉장고의 음식 문제 등은 거론되었지만, 모든 것을 거주자와 이야기해야 한다는 내용은 없으므로, 정답은 1번이다.

29 이 글의 내용과 일치하는 것은 어느 것인가?

　1 요즘 젊은이들은 혼자 사는 것보다 셰어하우스를 하는 사람이 많은 것 같다.

　2 공동생활은 괴로운 일뿐이므로 가능하면 하지 않는 편이 좋다.

　3 다른 사람과의 교류가 있는 것으로 싸움이 많아져 버린다.

　4 셰어하우스의 장점과 단점을 이해하고 살면 즐거운 생활이 될 것이다.

해설 마지막에「メリットとデメリットを理解して入居すれば、共同生活も楽しいものになるはずだ。장점과 단점을 이해하고 입주하면 공동생활도 즐거워질 것이다.」라고 했기 때문에, 정답은 4번이다. 셰어하우스에 관심을 가지고 있는 젊은이가 증가하고 있다고는 했지만, 실제로 셰어하우스를 하는 젊은이가 많은지 어떤지는 알 수 없기 때문에, 1번은 오답이다.

어휘 興味を持つ 흥미를 갖다 | 若者 젊은이 | 性別 성별 | 年齢 연령 | 職業 직업 | 集まる 모이다 | 共同生活 공동생활 | 適度 적당한 정도 | 交流 교류 | プライベート 사생활 | 守る 지키다 | 家賃 집세 | 一人暮らし 혼자 생활함 | 初期費用 초기 비용 | 金銭的 금전적 | 負担 부담 | 実際 실제 | さまざまな 다양한 | トラブルが起きる 문제(트러블)가 생기다 | 事実 사실 | ごみ捨て 쓰레기 버리기 | 共有 공유 | スペース 공간 | 掃除 청소 | 当番 당번 | 担当 담당 | 騒音 소음 | 複数人 복수인, 다수의 사람 | 冷蔵庫 냉장고 | 勝手に 마음대로 | 食費 식비 | メリット 장점 | デメリット 단점 | 入居 입주 | 〜はずだ 〜것이다 | 進学 진학 | 就職 취직 | 役立つ 도움이 되다 | 何もかも 무엇이든, 모두 | うるさい 시끄럽다 | できれば 가능한 한 | 長所 장점 | 短所 단점

(2)

> '편의점'이라고 하면 24시간 영업으로 언제든지 원할 때 쇼핑할 수 있는 장소이며, 우리들의 생활에 빼놓을 수 없는 존재가 되고 있습니다. 딱히 살 것이 없어도 편의점에 들렀다가 집에 가거나 심야에 뭔가 먹고 싶어져서 편의점에 가는 일은 누구나 있다고 생각합니다. 왜 사람들은 편의점에 갈까요?
>
> 일본 편의점 업계 1위로 알려져 있는 세븐일레븐에서는 1년에 상품의 70%를 교체하고 있습니다. 이는 세상의 변화와 고객의 요구 변화에 대응하여 고객을 싫증나게 하지 않기 위한 것이라고 알려져 있습니다. <u>그 때문인지</u> 편의점에 갈 때마다 '또 신상품이 나왔구나. 이런 것까지 팔고 있구나. 다음에 왔을 때는 이걸 사보자'고 생각하며 다시 편의점에 가는 재미를 느낄 수 있습니다.
>
> 또한 편의점은 단지 쇼핑할 수 있을 뿐만이 아닙니다. 은행 ATM이 있기 때문에 입금이나 송금은 물론 공과금 지불도 가능하고 택배 접수도 가능합니다. 또한 콘서트 등의 티켓 예약 판매나 사진 인쇄도 가능하며, 최근에는 행정 대행 서비스도 실시하고 있습니다. 이렇게 생활에 필요한 다양한 일을 편의점에서 할 수 있게 되면서 편의점의 역할도 많아지고 있는 것입니다. 24시간의 편리함을 살려 편의점이 보다 지역사회와 밀접한 관계를 갖고 지역 커뮤니티의 장이 됨으로써 앞으로 편의점에 가는 사람들은 점점 많아지게 될 것입니다.

30 <u>그 때문</u>이란 어떤 의미인가?

1 특별한 이유가 없어도 편의점에 가고 싶어지기 때문에

2 세븐일레븐이 편의점 업계 1위이기 때문에

3 전국에 있는 모든 편의점이 1년에 70%나 새로운 상품을 만들고 있기 때문에

4 손님이 질리지 않도록 편의점이 궁리하고 있기 때문에

해설 세븐일레븐은 세상의 변화와 고객의 요구 변화에 대응하여 고객을 싫증나게 하지 않기 위해 1년에 70%의 상품을 교체하고 있다고 했으므로, 정답은 4번이다.

31 편의점에서 할 수 없는 일은 무엇인가?

1 가스요금이나 전기요금을 지불한다.

2 친구에게 줄 선물을 택배로 보낸다.

3 여행에서 찍은 사진을 출력한다.

4 잃어버린 은행의 카드를 새로 발급한다.

해설 은행 ATM이 있어서 돈의 입출금이나 송금은 가능하지만, 카드를 새로 발급할 수 있다는 내용은 없으므로, 정답은 4번이다.

32 이 글의 내용과 일치하는 것은 어느 것인가?

1 편의점은 우리가 교류하기 위해 빼놓을 수 없는 장소다.

2 편의점에서는 매월 신상품이 나오기 때문에 그것을 살 수 있는 재미가 있다.

3 편의점의 역할은 24시간 물건을 살 수 있는 편리함만이 아니다.

4 앞으로 점점 고객의 요구에 대응하는 편의점이 많아질 것이다.

편의점의 역할은 24시간 쇼핑이 가능할 뿐만 아니라 은행 ATM의 사용이나 행정 대행 서비스 등의 역할이 늘고 있다고 했으므로, 정답은 3번이다. 편의점은 생활의 필수적인 장소이지 교류하기 위해 필수적인 장소가 아니며, 매달 신상품이 나오는 것도 아니다. 또 고객의 요구에 부응하는 편의점이 늘어난다는 내용은 없다.

어휘   ~といえば ~라고 하면 | 営業 영업 | 生活 생활 | 欠かす 빠뜨리다 | 存在 존재 | 特に 특히 | 寄る 들리다 | 深夜 심야 | 業界 업계 | 商品 상품 | 入れ替える 바꿔 넣다, 갈아 넣다 | 世の中 이 세상 | 変化 변화 | お客様 고객, 손님 | 要求 요구 | 対応 대응 | 飽きる 질리다 | ~たびに ~때마다 | 新商品 신상품 | 楽しみ 기대, 즐거움, 재미 | ただ 그저, 단지 | 銀行 은행 | 入金 입금 | 送金 송금 | 公共料金 공과금 | 支払い 지불 | 宅配便 택배 | 受付 접수 | 販売 판매 | 印刷 인쇄 | 行政 행정 | 代行 대행 | 役割 역할 | 生かす 살리다 | 地域社会 지역사회 | 密接 밀접 | コミュニティー 커뮤니티 | 場 장소 | 工夫 궁리 | プリントアウト 출력 | 発行 발행

문제 6 다음 글을 읽고 질문에 답하세요. 답은 1·2·3·4에서 가장 적당한 것을 하나 고르세요.

요즘 쉽게 화내는 사람이 많다는 소리를 듣는다. 일이 뜻대로 되지 않거나 상대방과 조금이라도 의견이 다르면 자신의 감정을 조절하지 못해 고함을 지르는 사람을 말한다. 그런 사람과는 냉정하게 대화할 수 없으며, 상대방의 고함소리를 듣게 되어 정신적으로 스트레스를 받는 일은 흔한 이야기다. 또 매일같이 야단맞아 필요 이상으로 움츠러들어 일에 집중하지 못해 실수를 반복하는 사람도 있는 것 같다.

금세 화를 내는 원인으로 우선 꼽을 수 있는 것이 스트레스다. 스트레스가 쌓이면 쉽게 피로해지거나 몸 상태가 나빠지거나 해서 평소보다 기분도 나빠지기 쉽다. 또 평소 같으면 눈치채지 못하는 세세한 것들이 신경 쓰여 짜증나는 일도 많아지고, '어? 그런 걸로?'라는 정도의 상황에서도 고함을 지르곤 한다. 두 번째는 성격과 관련된 것이 원인이다. 자신의 생각이 항상 옳다고 생각하는 사람은 시야가 좁아 자신에게 조금이라도 불이익인 것을 용납할 수 없다. '나는 나쁘지 않다, 상대방이 나쁘기 때문에 주의시키는 거다', '다른 사람들의 의견을 내가 대신 대표해서 말하는 거다'라고 자신이 화를 내는 것은 당연하다고 생각하지만, 실제로는 자신이 불편하기 때문에 화낼 뿐이다. 세 번째 원인은 나이가 든 것이다. 얼마 전까지는 '열받는 젊은이'가 뉴스에서도 자주 나왔지만 현재는 '열받는 중장년'도 자주 보게 됐다. 그냥 대화하는 줄 알았는데 갑자기 '왜 갑자기 다른 얘기를 해!'라고 화를 내는 사람이 있다. 그것은 나이가 들면서 이해력이 떨어지고 정보처리 속도가 느려졌기 때문이다. 또 자신의 입장을 지키기 위해 고함을 지르기도 하는 것 같다. 고함을 지르면서 자신은 훌륭한 사람이니 정중하게 대응하라는 것을 주장하고 있을 것이다.

원인이야 어떻든 이런 분노를 피하려면 어떻게 해야 할까. 우선 상대가 감정적이 되더라도 냉정해야 한다. 또 상대하지 말고 화내는 상대와 한번 시간을 두도록 하는 것이다. 이렇게 함으로써 화나는 사람과 잘 어울릴 수 있게 될 것이다.

33 금방 화내는 사람이란 어떤 사람인가?

1 친구가 자신의 의견과 달라서 쉽게 화를 내는 사람

2 어렸을 때 부모로부터 자주 혼났던 사람

3 무엇을 하든 서둘러 끝내려는 사람

4 부하가 일을 잘하기 때문에 짜증나는 사람

해설   쉽게 화를 내는 사람은 일이 뜻대로 되지 않거나 상대방과 조금이라도 의견이 다르면 자신의 감정을 조절하지 못하고 고함을 지르는 사람이라고 했으므로, 정답은 1번이다.

34

매일같이 상사가 고함을 지르면 사람은 어떻게 될까?

　1 이직할 곳을 찾고 나서 일을 그만둔다.

　2 상사가 무서워서 출근할 수 없게 된다.

　3 일에 집중을 못해서 실수가 많아진다.

　4 스트레스가 쌓여 병에 걸리고 만다.

해설 매일같이 상사가 호통을 치면, 필요 이상으로 움츠러들어 일에 집중하지 못해 실수를 반복하는 사람도 있는 것 같다고 했으므로, 정답은 3번이다.

사람이 쉽게 화를 내는 원인은 무엇인가?

　1 스트레스로 병들고 기분까지 나빠지기 때문에

　2 자신의 생각이 항상 옳고 자신에게 불이익한 것을 용납할 수 없기 때문에

　3 젊은이들은 중장년보다 원래 화를 잘 내는 성격이기 때문에

　4 나이가 들면서 높은 위치가 되어 가기 때문에

해설 화를 내는 원인의 두 번째로 자신의 생각이 항상 옳다고 생각하는 사람은 시야가 좁고 자신에게 조금이라도 불이익인 것을 용납할 수 없다는 성격이 원인이라고 했으므로, 정답은 2번이다. 스트레스로 병에 걸린다, 젊은이들이 중장년보다 화를 내기 쉽다는 내용은 없고, 나이가 든다고 높은 위치가 되는 것도 아니다.

36

금방 화를 내는 사람에게 대처하려면 어떻게 하면 좋은가?

　1 되도록이면 상대방을 화나게 하지 않도록 상냥한 말로 말한다.

　2 일에서 실수를 했다면 몇 번이라도 사과하도록 한다.

　3 냉정해지고 상대방과 시간을 조금 두도록 한다.

　4 그 사람이 화난 상태에서도 확실히 이야기를 한다.

해설 화를 내는 사람에게 대처하기 위해서는 상대방이 감정적으로 되어도 냉정해질 것, 상대하지 말 것, 그리고 화를 내는 상대와 한번 시간을 둬야 한다고 했기 때문에 정답은 3번이다.

어휘 近頃 요즘, 최근 | キレる 심하게 흥분하며 화를 내다 | 思い通り 생각대로 | 感情 감정 | 怒鳴る 소리 지르며 화내다 | 冷静だ 냉정하다 | 精神的 정신적 | ビクビクする 움츠러들다 | 集中 집중 | 繰り返す 반복하다, 되풀이하다 | 挙げる (예를)들다 | 体調が悪い 몸 상태가 나쁘다 | ～がちだ ~한 경향이 있다 | 気づく 깨닫다, 알아차리다 | 細かい 세심하다 | 気になる 마음에 걸리다, 신경이 쓰이다 | イライラする 불안해하다 | 関係 관계 | 正しい 올바르다 | 視野が狭い 시야가 좁다 | 不利益 불이익 | 許す 용서하다, 용납하다 | 代わりに 대신에 | 代表 대표 | 当然だ 당연하다 | 都合が悪い 형편이 나쁘다 | 年を取る 나이를 먹다 | 若者 젊은이 | 現在 현재 | 中高年 중장년 | いきなり 갑자기 | ～とともに ~와 함께 | 理解力 이해력 | 低下 저하 | 情報処理 정보처리 | 立場を守る 입장을 지키다 | 偉い 지위(신분)가 높다, 훌륭하다 | 丁寧 정중 | 対応 대응 | 主張 주장 | 避ける 피하다 | 感情的 감정적 | 付き合う 사귀다 | 転職 전직, 이직 | 出勤 출근 | もともと 원래 | なるべく 되도록이면 | 優しい 상냥하다

문제 7 오른쪽 페이지는 인터넷카페 이용 안내문이다. 이를 읽고 아래 질문에 답하세요. 답은 1·2·3·4에서 가장 적당한 것을 하나 고르세요.

---

37 이 인터넷카페를 이용할 수 있는 사람은 누구인가?

　1 발급한 지 1년 이상 회원증을 가지고 영화를 보고 싶은 주부

　2 발급한 지 1년 미만의 회원증을 가지고 게임을 하고 싶은 고등학생

　3 발급한 지 1년 미만의 회원증을 가지고 혼자서 만화를 보고 싶은 초등학생

　4 친구 회원증을 가지고 데스크워크를 하고 싶은 직장인

해설　회원증은 유효기간이 1년으로 본인 외에는 사용할 수 없다. 또 초등학생은 보호자와 함께하지 않으면 들어갈 수 없으므로, 정답은 2번이다.

---

38 A 씨는 컴퓨터로 서류 작성을, B 씨는 친구 4명이서 영화를 보고 싶다. A 씨와 B 씨의 올바른 이용 방법은 무엇인가?

　1 A 씨 : 1시간 동안, 소파룸을 이용하기
　　B 씨 : 3시간 동안, 시어터룸을 이용하기

　2 A 씨 : 1시간 동안, 체어룸을 이용하기
　　B 씨 : 2시간 동안, 소파룸을 이용하기

　3 A 씨 : 2시간 동안, 오픈 공간을 이용하기
　　B 씨 : 3시간 동안, 리빙룸을 이용하기

　4 A 씨 : 3시간 동안, 체어룸을 이용하기
　　B 씨 : 4시간 동안, 시어터룸을 이용하기

해설　A 씨는 서류 작업을 하기 때문에 데스크워크용 체어룸을 이용하는 것이 좋고, B 씨는 친구 4명과 영화를 보고 싶어 하니 시어터룸을 이용하는 것이 적당하므로, 정답은 4번이다.

벚꽃 인터넷카페 이용 안내

이용하시려면 반드시 회원증이 필요합니다. 처음 방문하시는 분은 주소·성명·생년월일을 확인할 수 있는 것을 지참하고, 본인이 접수처에서 회원등록을 해 주십시오. 등록 시 회원증을 발급해 드립니다. 이 카드의 유효기간은 1년이며 본인 이외에는 사용할 수 없습니다. 등록 카드를 도난당하거나 분실한 경우는 즉시 저희 매장으로 연락해 주십시오. 객실에 따라 이용 방법이 다르니 주의하시기 바랍니다.

방의 종류	시간	주의
시어터룸	3시간~	영화 감상용이므로 게임은 할 수 없습니다. (최대 5명까지)
체어룸	2시간~	데스크워크용인데 화상회의는 안 됩니다.
소파룸	1시간~	2인이 입점한 경우에만 이용할 수 있습니다.
리빙룸	1시간~	노래방도 가능하며 최대 8명까지 이용할 수 있습니다.
오픈 공간	30분~	게임용이기 때문에 일을 하거나 만화를 읽을 수 없습니다.

※ 초등학생은 보호자와 함께라면 이용 가능합니다.

음료는 무료이며 콜라나 주스 등 차가운 음료와 커피나 코코아 등의 따뜻한 것까지 있습니다. 또한 전석 금연, 금주입니다. 서류를 인쇄할 경우는 입점 시 점원에게 말해 주십시오. 인쇄 가능한 자리로 안내해 드리겠습니다. 또한 입점 시 휴대폰 충전기를 무료로 대여해 드리고 있습니다. 돌아가실 때에는 카운터로 꼭 가지고 와 주세요. 샤워실 이용은 이용할 때, 카운터에 요금을 지불하셔야 합니다. (30분 100엔) 그 후 샤워실로 안내해 드리지만, 만약 다른 손님이 이용하시고 있을 경우에는 순차적으로 안내해 드립니다.

어휘 利用案内 이용 안내 | 必ず 반드시 | 会員証 회원증 | 来店 내점 | 住所 주소 | 氏名 성함 | 生年月日 생년월일 | 持参 지참 | 受付 접수 | 会員登録 회원등록 | 発行 발행 | 有効期限 유효기간 | 盗む 훔치다 | なくす 잃어버리다 | 当店 당점 | 利用方法 이용 방법 | 映画 영화 | 鑑賞 감상 | ~用 ~용 | 最大 최대 | オンライン会議 온라인 회의, 화상회의 | ~のみ ~만, ~뿐 | 漫画 만화 | 無料 무료 | 禁煙 금연 | 禁酒 금주 | 書類 서류 | 印刷 인쇄 | 店員 점원 | 案内 안내 | 充電器 충전기 | 貸す 빌려주다 | ~際 ~때 | 料金 요금 | 支払う 지불하다 | 順番 순서 | 主婦 주부 | 未満 미만 | 高校生 고등학생 | 会社員 회사원

문제 1 문제 1에서는 먼저 질문을 들으세요. 그리고 이야기를 듣고 문제지의 1~4 중에서 가장 적당한 것을 하나 고르세요.

れい Track 4-1

女の人と男の人が話しています。男の人はこの後、どこに行けばいいですか。

女 : え、それでは、この施設の利用がはじめての方のために、注意していただきたいことがありますので、よく聞いてください。まず決められた場所以外ではケータイは使えません。

男 : え？ 10分後に、友達とここで待ち合わせしているのに、どうしよう。じゃ、どこで使えばいいですか。

女 : 3階と5階に、決められた場所があります。

男 : はい、わかりました。友達とお茶を飲んだり、話したりする時はどこに行ったらいいですか。

女 : 4階にカフェテリアがありますので、そちらをご利用ください。

男 : はい、わかりました。さあ、奈々ちゃん、どこまで来たのか電話かけてみるか。

男の人はこの後、どこに行けばいいですか。

1　1階
2　2階
3　3階
4　4階

예

여자와 남자가 이야기하고 있습니다. 남자는 이후, 어디로 가면 됩니까?

여 : 에, 그럼, 이 시설의 이용이 처음이신 분을 위해 주의해 주셨으면 하는 것이 있으므로, 잘 들어 주세요. 먼저 정해진 장소 이외에서는 휴대전화는 사용할 수 없습니다.

남 : 네? 10분 후에 친구와 여기서 만나기로 했는데, 어쩌지? 그럼, 어디에서 사용하면 됩니까?

여 : 3층과 5층에 정해진 장소가 있습니다.

남 : 네, 알겠습니다. 친구와 차를 마시거나 이야기하거나 할 때는 어디로 가면 됩니까?

여 : 4층에 카페테리아가 있으므로, 그곳을 이용해 주십시오.

남 : 네, 알겠습니다. 자, 나나는 어디까지 왔는지 전화 걸어 볼까?

남자는 이후, 어디로 가면 됩니까?

1 1층
2 2층
3 3층
4 4층

해설 남자는 마지막 대화에서 친구에게 '전화 걸어 볼까?'라고 했으므로, 통화가 가능한 3층이나 5층으로 가면 되니 정답은 3번이 된다.

어휘 施設 시설 | 利用 이용 | 注意 주의 | 以外 의외 | 待ち合わせ (시간과 장소를 정하여)만나기로 함

1ばん 🎧 Track 4-1-01

女の人と男の人が話しています。男の人はこれからどうしますか。

女：どうしたの？

男：パソコンのしすぎなのか、なんだか肩が痛くて…。自分でマッサージしても力が入らなくてあんまり効いてない感じがするよ。

女：私も肩が痛くて困ってたんだけど、肩を直接マッサージするより、首のストレッチの方がいいらしいよ。

男：そうなの？

女：そうそう。頭を左右に10秒ずつ倒すだけなんだけど、その時、手で頭を上から押すともっと効果があるみたいよ。

男：あー、痛い痛い。肩だけ部分的にストレッチすればいいと思ってたけど、首もこんなに痛いんだね。

女：我慢してやってみて。肩と首だけじゃなくて頭の痛みも取れてすっきりするよ。

男：うん、わかった。

男の人はこれからどうしますか。

3

1번

여자와 남자가 이야기하고 있습니다. 남자는 앞으로 어떻게 합니까?

여 : 무슨 일이야?

남 : 컴퓨터를 너무 많이 해서인지, 왠지 어깨가 아파서…. 직접 마사지해도 힘이 들어가지 않아서 별로 안 듣는 느낌이야.

여 : 나도 어깨가 아파서 곤란했는데, 어깨를 직접 마사지하는 것보다 목 스트레칭 쪽이 좋다고 해.

남 : 그래?

여 : 응응. 머리를 좌우로 10초씩 기울이기만 하면 되는데, 그때 손으로 머리를 위에서 누르면 더 효과가 있는 것 같아.

남 : 아~, 아파 아파. 어깨만 부분적으로 스트레칭하면 될 줄 알았는데, 목도 이렇게 아프구나.

여 : 참고 해 봐. 어깨랑 목뿐만 아니라 머리 통증도 풀리고 개운해.

남 : 응, 알겠어.

남자는 앞으로 어떻게 합니까?

해설 어깨를 직접 마사지하는 것보다 목 스트레칭이 더 효과가 있다고 하면서, 목을 좌우로 10초씩 기울이고 손으로 머리를 위에서 누르라고 했으므로, 정답은 3번이다.

어휘 肩 어깨 | 力が入る 힘이 들어가다 | 効く 효과가 있다 | 直接 직접 | マッサージ 마사지 | 首 목 | ストレッチ 스트레칭 | 左右 좌우 | 倒す 쓰러뜨리다 | 押す 누르다 | 効果 효과 | 我慢 참음 | 痛み 통증 | すっきり 개운한 모양

女の人と男の人が電話で話しています。女の人はパスワードを確認するために、まず、何をしますか。

女：ねね、ＡＢＣショッピングにログインしようとしたら、パスワードを５回も間違って入れちゃった。どうすればいいか知ってる？

男：え～と、ホームページの左側の下から２番目に「ログインができない方へ」っていうのがあるから、それをクリックして。

女：うん、クリックした。

男：「お客様情報」に登録番号を入れるところがあるでしょ？ そこに番号を入れて。

女：え？ 登録番号って何？ そんなのあったっけ？

男：ＡＢＣショッピングに会員登録するときに６桁の番号も登録したでしょ？ それがないとパスワードの確認ができないんだよ。

女：そうだっけ…。どうしよう。忘れちゃった。

男：確か登録したら確認メールが届くシステムだから、受信したメールを探したらわかるはずだよ。

女：わかった。探してみる。

女の人はパスワードを確認するために、まず、何をしますか。

1 ホームページの「ログインできない方へ」をクリックする
2 「お客様情報」に登録した番号を入力する
3 ６桁の登録番号が書いてあるメールを探す
4 新しいパスワードを作ってもう一度会員登録する

여자와 남자가 전화로 이야기하고 있습니다. 여자는 패스워드를 확인하기 위해 먼저 무엇을 합니까?

여 : 있잖아, ABC쇼핑에 로그인하려고 했다가, 비밀번호를 5번이나 잘못 넣어 버렸어. 어떻게 하면 되는지 알아?

남 : 음, 홈페이지 왼쪽 하단에서 두 번째로 '로그인이 안 되는 분께'라는 게 있으니까, 그걸 클릭해.

여 : 응, 클릭했어.

남 : '고객정보'에 등록번호를 넣는 곳이 있지? 거기에 번호 넣어.

여 : 어? 등록번호가 뭐야? 그런 게 있었나?

남 : ABC쇼핑에 회원 등록할 때 6자리 번호도 등록했잖아? 그게 없으면 비밀번호 확인이 안 돼.

여 : 그랬던가…. 어떡해. 잊어버렸어.

남 : 아마 등록하면 확인메일이 도착하는 시스템이니까, 받은 메일을 찾으면 알 수 있을 거야.

여 : 알았어. 찾아 볼게.

여자는 패스워드를 확인하기 위해 먼저 무엇을 합니까?

1 홈페이지의 '로그인이 안 되는 분께'를 클릭한다
2 '고객정보'에 등록한 번호를 입력한다
3 6자리 등록번호가 적힌 메일을 찾는다
4 새로운 비밀번호를 만들어 다시 한번 회원 등록한다

해설 패스워드를 확인하기 위해서는 6자리 등록번호가 필요한데, 그걸 잊어버렸다고 하니, 회원 등록을 하면 메일이 오는데, 그 메일에서 확인할 수 있다고 했다. 메일을 찾아 등록번호를 확인해야 하므로, 정답은 3번이다.

어휘 確認 확인 | 間違う 틀리다 | 左側 왼편, 왼쪽 | 情報 정보 | 登録番号 등록번호 | 会員 회원 | 桁 (숫자의)자리 | 届く 도착하다, 오다 | 受信 수신

女の人と男の人が結婚式について話しています。
男の人はこの後、何をしなければなりませんか。

女：ねえ、結婚式の招待状もう送った？ あなた
　　の親戚や友人が何人ぐらい来るか知りたいん
　　だけど。

男：あ、まだだった。仕事が忙しくて、ついうっ
　　かりしてたよ。

女：もう、しっかりしてよ。早く出さないと、
　　誰が出席するかわからないじゃない。全部
　　で何人出席するか、式場に話さないといけ
　　ないのに。

男：ごめんごめん。今週中には送っておくよ。
　　他にすることある？

女：あっ、そうだ。当日の食事について式場に
　　連絡しなきゃいけなかったんだ。今から電
　　話して確認してくれる？

男：わかった。式で出る食事の内容について聞
　　けばいいよね。

女：うん、よろしくね。

男の人はこの後、何をしなければなりませんか。

1　親戚や友人へ招待状を送る
2　結婚式の食事の内容を決める
3　式場に電話して食事の内容を聞く
4　友達に結婚することを知らせる

3번

여자와 남자가 결혼식에 대해서 이야기하고 있습니
다. 남자는 이후에 무엇을 해야 합니까?

여 : 저기, 결혼식 청첩장 벌써 보냈지? 당신네 친척
　　이나 친구가 몇 명이나 올지 알고 싶은데.

남 : 아, 아직이야. 일이 바빠서 나도 모르게 깜빡했네.

여 : 정신 좀 차려. 빨리 보내야 누가 참석할지 알잖
　　아. 전부 몇 명 참석할지 식장에 말해야 하는데.

남 : 미안해 미안해. 이번 주 중에는 보내 놓을게. 더
　　할 일 있어?

여 : 아 맞다. 당일 식사에 대해서 식장에 연락했어야
　　했어. 지금 전화해서 확인해 줄래?

남 : 알았어. 식에서 나오는 식사 내용에 관해 물어보
　　면 되는 거지?

여 : 응, 잘 부탁해.

남자는 이후에 무엇을 해야 합니까?

1 친척이나 친구에게 초대장을 보낸다
2 결혼식 식사 내용을 정한다
3 식장에 전화하여 식사 내용을 묻는다
4 친구에게 결혼하는 것을 알린다

해설　여자가 남자에게 지금 식장에 전화해서 예식 당일 식사 내용에 관해 확인해 달라고 했고, 남자가 알았다고 했으
므로, 정답은 3번이다.

어휘　招待状 초대장 | 親戚 친척 | つい 자신도 모르게 | うっかりする 깜빡하다 | しっかりする 정신 차리다 |
出席 출석 | 式場 식장 | 他に 그 밖에, 이외에, 더 | 食事 식사

女の人と男の人が映画の予約をしています。男の人はこれからどこのどの映画を予約しますか。

女：ねえねえね、土曜日に見る映画ってもう予約してくれた？

男：まだしてないよ。ちょっと待って。アプリで見てみるから。…… 桜シネマと東京シアターがあるけど、家から近い方がいいよね。

女：それなら桜シネマね。時間は何時がある？

男：ええーっと、夜しかなくて、7時半と9時だね。7時半の方はもう満席だって！9時の方は座席に余裕があるみたい。

女：そっか。東京シアターの方は？

男：こっちは朝10時と、夜の8時だね。夜の方は残り15席しかないから、こっちにするなら早く予約しないと。

女：うーん、週末だし、朝早く起きられないから夜がいいわね。

男：そうだね。映画の前にご飯でも食べるなら、一番遅い時間がいいと思うけど。

女：でもその時間だと終わったら11時過ぎるでしょ？電車も人が多そうだし、家に帰るのも遅くなるから、1時間早いけど、こっちはどう？

男：そうだね。そしたら、この時間を予約するよ。

男の人はこれからどこのどの映画を予約しますか。

1 桜シネマ、午後7時半
2 桜シネマ、午後9時
3 東京シアター、午前10時
4 東京シアター、午後8時

여자와 남자가 영화 예매를 하고 있습니다. 남자는 앞으로 어디의 어느 영화를 예매합니까?

여 : 있잖아, 토요일에 볼 영화는 이미 예매했지?

남 : 아직 안 했어. 잠깐만. 앱으로 봐 볼게. …… 벚꽃 시네마랑 도쿄 시어터가 있는데, 집에서 가까운 게 좋겠지?

여 : 그렇다면 벚꽃 시네마네. 시간은 몇 시가 있어?

남 : 음, 저녁밖에 없어서, 7시 반과 9시네. 7시 반은 벌써 만석이래! 9시는 좌석에 여유가 있는 것 같아.

여 : 그렇구나. 도쿄 시어터 쪽은?

남 : 여기는 아침 10시랑 저녁 8시네. 저녁에는 15석밖에 안 남았으니까, 이쪽으로 할 거면 빨리 예매해야 해.

여 : 음, 주말이고, 아침 일찍 일어날 수 없으니까 저녁이 좋겠네.

남 : 맞아. 영화 전에 밥이라도 먹는다면, 제일 늦은 시간이 좋을 것 같은데.

여 : 하지만 그 시간이면 끝나면 11시가 넘잖아? 전철도 사람이 많을 것 같고 집에 돌아가는 것도 늦어지니까, 1시간 빠르지만, 이건 어때?

남 : 그래. 그럼, 이 시간으로 예매할게.

남자는 앞으로 어디의 어느 영화를 예매합니까?

1 벚꽃 시네마, 오후 7시 반

2 벚꽃 시네마, 오후 9시

3 도쿄 시어터, 오전 10시

4 도쿄 시어터, 오후 8시

해설　저녁 시간에서 가장 늦은 시간(벚꽃 시네마, 오후 9시)보다 1시간 빠른 시간(도쿄 시어터, 오후 8시)으로 정했으므로, 정답은 4번이다.

어휘　満席 만석 | 座席 좌석 | 余裕 여유 | 残り 나머지

5번

女の人と男の人が定期券について話しています。男の人はこれからどうしますか。

여자와 남자가 정기권에 대해 이야기하고 있습니다. 남자는 앞으로 어떻게 합니까?

女：そういえば、定期券ってもう買った？私はこの前ネットで予約したよ。

男：僕はまだ買ってないんだけど、ネットで予約って会員登録が必要だっけ？

女：ううん、個人情報を入力するだけだから簡単にできるわよ。

男：それはよかった。じゃ、僕も申し込んでみようかな。

女：申し込み方も簡単だよ。定期券のタイプをSuicaにして、乗る駅と降りる駅を決めるだけ。

男：Suicaって何？

女：電車やバス、買い物などで利用できるICカードなんだけど、乗り換えも楽にできるから1枚は持っておいた方がいいと思うよ。

男：それは便利だね。さっそく、今日予約してみるよ。

女：あ、ネットで予約したら、使い始める1週間前までに駅に受け取りに行かなければならないんだけど、お金はその時に払ってね。

男：うん、わかった。

여 : 그러고 보니 정기권은 벌써 샀어? 나는 저번에 인터넷으로 예약했어.

남 : 나는 아직 사지 않았는데, 인터넷으로 예약이란 건 회원 등록이 필요한가?

여 : 아니, 개인 정보를 입력하기만 하면 되니까, 간단하게 할 수 있어.

남 : 그거 다행이다. 그럼 나도 신청해 볼까?

여 : 신청 방법도 간단해. 정기권 타입을 Suica로 하고, 탈 역과 내릴 역을 결정하기만 하면 돼.

남 : Suica는 뭐야?

여 : 전철이나 버스, 쇼핑 등에서 이용할 수 있는 IC카드인데, 환승도 편하게 할 수 있기 때문에 1장은 가지고 있는 것이 좋다고 생각해.

남 : 그거 편리하네. 바로 오늘 예약해 볼게.

여 : 아, 인터넷으로 예약하면, 사용하기 일주일 전까지 역에 받으러 가야 하는데, 돈은 그때 지불해.

남 : 응, 알았어.

男の人はこれからどうしますか。

1 会員登録して、ネットでSuica定期券を買う

2 会員登録しないで、駅に行って予約する

3 ネットで予約して、使う1週間前までにお金を払う

4 予約しないで定期券を1週間後に駅まで買いに行く

남자는 앞으로 어떻게 합니까?

1 회원 등록하고 인터넷으로 Suica 정기권을 산다

2 회원 등록하지 않고 역에 가서 예약한다

3 인터넷으로 예약하고, 사용하기 일주일 전까지 돈을 지불한다

4 예약하지 않고 정기권을 일주일 후에 역까지 사러 간다

해설 회원 등록은 하지 않고, 인터넷으로 Suica를 예약하고 사용하기 일주일 전까지 역에 가서 받고 돈을 지불하면 되므로, 정답은 3번이다.

어휘 定期券 정기권 | 会員 회원 | 登録 등록 | 個人情報 개인 정보 | 入力 입력 | 申し込む 신청하다 | Suica 전철이나 버스도 탈 수 있고 결제 기능도 있는 카드 | 利用 이용 | 乗り換え 환승 | さっそく 즉시 | 受け取り 수령 | 払う 지불하다

男の人と女の人が洋服を選びながら話しています。女の人はこれからどうしますか。

男：ほら、この前ワンピースがほしいって言ってたじゃない？ ここで買ったら？

女：ここはちょっと…。ネットの方が安いからそっちで買うわ。

男：でもせっかく来たんだし、試着もできるから、見るだけ見てみたら？

女：うーん、そうね。どれがいいと思う？ たくさんあって選べないわ。

男：そうだなー。夏だからブルー系が涼しく見えていいんじゃない？

女：かわいいわね。でも思ったより高いわ。同じ商品をネットで探した方が絶対安いと思う。

男：でもこの値段から割引になるみたいだよ。一応いくらになるか店員さんに聞いてみたら。

女：うん、そうするわ。

女の人はこれからどうしますか。

1　ネットでブルー系のワンピースを購入する
2　この店でブルー系のワンピースを試着する
3　もっと他のデザインのワンピースを探してみる
4　ブルー系のワンピースの値段を店員に聞いてみる

6번

남자와 여자가 옷을 고르면서 이야기하고 있습니다. 여자는 앞으로 어떻게 합니까?

남：저기, 저번에 원피스 사고 싶다고 말하지 않았어? 여기서 사지 그래?

여：여기는 좀…. 인터넷이 저렴하니까 그쪽에서 살게.

남：그래도 모처럼 왔기도 했고, 입어 볼 수도 있으니까, 보기만이라도 보면 어때?

여：음, 그렇네. 어느 것이 좋다고 생각해? 많아서 못 고르겠어.

남：그러게. 여름이니까 블루 계열이 시원해 보여서 좋지 않을까?

여：예쁘네. 하지만 생각보다 비싸다. 같은 상품을 인터넷으로 찾는 게 무조건 저렴할 거야.

남：근데 이 가격에서 할인이 되는 것 같아. 일단 얼마가 될지 점원에게 물어보지 그래?

여：응, 그렇게 할게.

여자는 앞으로 어떻게 합니까?

1 인터넷으로 블루 계열의 원피스를 구입한다
2 이 가게에서 블루 계열의 원피스를 입어 본다
3 더 다른 디자인의 원피스를 찾아본다
4 블루 계열 원피스의 가격을 점원에게 물어본다

해설　남자가 블루 계열 원피스의 가격이 적혀 있는 가격보다 할인이 되니까 점원에게 가격이라도 물어보면 어떻겠냐고 하자, 여자가 알겠다고 했으므로, 정답은 4번이다.

어휘　せっかく 모처럼, 일부로 | 試着 시착(시험 삼아 입어 봄) | ブルー系 블루 계열 | 涼しい 시원하다 | 商品 상품 | 値段 가격 | 割引 할인 | 一応 일단 | 店員 점원 | 購入 구입

문제 2 문제 2에서는 먼저 질문을 들으세요. 그 후 문제지를 보세요. 읽을 시간이 있습니다. 그리고 이야기를 듣고 문제지의 1~4 중에서 가장 적당한 것을 하나 고르세요.

れい 🎧Track 4 2

女の人と男の人が映画のアプリについて話しています。女の人がこのアプリをダウンロードした一番の理由は何ですか。

女 : 田中君もよく映画見るよね。このアプリ使ってる？

男 : いや、使ってないけど…。

女 : ダウンロードしてみたら。映画が見たいときにすぐ予約もできるし、混雑状況も分かるよ。

男 : へえ、便利だね。

女 : 映画の情報はもちろん、レビューまで載っているから、すごく参考になるよ。

男 : ゆりちゃん、もうはまっちゃってるね。

女 : でも、何よりいいことは、キャンペーンでチケットや限定グッズがもらえることだよ。私は、とにかくたくさん映画が見たいから、よく応募してるよ。

男 : そうか。いろいろいいね。

女の人がこのアプリをダウンロードした一番の理由は何ですか。

1 早く映画の情報が知りたいから
2 キャンペーンに応募してチケットをもらいたいから
3 限定グッズをもらって人に見せたいから
4 レビューを読んで、話題の映画が見たいから

예

여자와 남자가 영화 앱에 대해 이야기하고 있습니다. 여자가 이 앱을 다운로드한 가장 큰 이유는 무엇입니까?

여 : 다나카 군도 자주 영화 보지? 이 앱 쓰고 있어?

남 : 아니, 사용하지 않는데….

여 : 다운로드해 보지 그래? 영화가 보고 싶을 때 바로 예약도 할 수 있고, 혼잡 상황도 알 수 있어.

남 : 에~, 편리하네.

여 : 영화 정보는 물론, 리뷰까지 실려 있기 때문에 굉장히 참고가 돼.

남 : 유리, 이미 빠져 있구나.

여 : 하지만 무엇보다 좋은 것은 캠페인으로 티켓이나 한정 상품을 받을 수 있는 거야. 난 어쨌든 많은 영화를 보고 싶으니까 자주 응모하고 있어.

남 : 그렇구나. 여러모로 좋네.

여자가 이 앱을 다운로드한 가장 큰 이유는 무엇입니까?

1 빨리 영화 정보를 알고 싶으니까
2 캠페인에 응모하여 티켓을 받고 싶으니까
3 한정 상품을 받아서 남에게 보여주고 싶으니까
4 리뷰를 읽고 화제의 영화를 보고 싶으니까

해설 「何よりいいことは 무엇보다 좋은 것은」와 같은 표현이 나오면 뒤에 나오는 말에 집중해야 한다. 여자는 어쨌든 많은 영화를 보고 싶다고 했으니 티켓을 받고 싶은 마음이 드러나 있다는 것을 알 수 있다. 그러므로 캠페인에 응모하여 티켓을 받고 싶다고 한 2번이 정답이 된다.

어휘 アプリ 앱 | 混雑 혼잡 | 状況 상황 | レビュー 리뷰 | 情報 정보 | 載る 실리다 | 参考 참고 | はまる 빠지다, 열중하다 | 限定 한정 | グッズ 상품 | とにかく 어쨌든 | 応募 응모 | 見せる 보여주다 | 話題 화제

192

1ばん 🎧 Track 4-2-01

_{おんな ひと おとこ ひと て みやげ はな}
女の人と男の人が手土産について話しています。
_{おんな ひと わ が し い}
女の人はどうして和菓子がいいと言っていますか。

女：ねえねえ、土曜日リサちゃんのところへ行く
　　とき、手土産何持って行ったらいいかな？

男：そうだね。久しぶりに会うし、おいしいもの、持って行きたいよね。

女：ケーキとかはどう？リサちゃん好きだったっけ？

男：いいんじゃない。甘いものって女性は好きだと思うし、喜ぶんじゃないかな。

女：そうよね。確かその日は女の子だけでも4、5人は来るって言ってたし、人数も多くなりそうだから、みんなで食べるにはいいわよね。

男：そうだね。他には来る人いないんだっけ？

女：あっ、そういえば、リサちゃんの外国人の友達も来るんだった！そうすると、洋菓子より和菓子の方が日本らしくていいかな。

男：そうだね。そしたら会社の近くに有名な和菓子屋があるから、仕事が終わったらそこに寄ってみるよ。

_{おんな ひと わ が し い}
女の人はどうして和菓子がいいと言っていますか。

1　女の子がたくさん集まるから
2　外国人も友達の家に来るから
3　有名な和菓子を食べさせたいから
4　友達が洋菓子より和菓子が好きだから

1번

여자와 남자가 방문 선물에 대해 이야기하고 있습니다. 여자는 왜 전통 과자가 좋다고 말하고 있습니까?

여 : 있잖아, 토요일 리사 집에 갈 때 방문 선물 뭐 가지고 가면 좋을까?

남 : 글쎄. 오랜만에 만나니까 맛있는 거 갖고 가고 싶은데.

여 : 케이크 같은 건 어때? 리사 좋아했나?

남 : 괜찮지 않아? 단것은 여성들은 좋아할 것 같고, 좋아하지 않을까?

여 : 맞아. 아마 그날은 여자애들만도 4, 5명은 온다고 했고, 인원수도 많아질 것 같으니까 다 같이 먹기에는 좋지.

남 : 맞아. 그 밖에는 올 사람이 없었나?

여 : 아, 그리고 보니 리사의 외국인 친구도 온다고 했어! 그러면 양과자보다 전통 과자 쪽이 일본답고 좋을까?

남 : 그렇네. 그럼, 회사 근처에 유명한 전통 과자 가게가 있으니까, 일 끝나면 거기 들러 볼게.

여자는 왜 전통 과자가 좋다고 말하고 있습니까?

1 여자애가 많이 모이니까
2 외국인도 친구 집에 오니까
3 유명한 전통 과자를 먹이고 싶으니까
4 친구들이 양과자보다 전통 과자를 좋아하니까

해설 처음에는 케이크를 사 가려고 했으나, 외국인 친구도 리사 집에 올 예정이라 일본다운 전통 과자를 사 가는 것이 좋을 것 같다고 했으므로, 정답은 2번이다.

어휘 手土産 남의 집에 방문할 때 사 가지고 가는 간단한 선물 | 和菓子 일본 전통 과자 | 甘いもの 단것 | 喜ぶ 기뻐하다 | 確か 아마 | 人数 인원수 | 洋菓子 서양과자, 양과자 | 寄る 들르다 | 集まる 모이다

2ばん 🎧 Track 4-2-02

_{おんな} 女の人と男の人が話しています。女の人はどうして部長とお酒を飲みたくないと言っていますか。

女：ああー、今日の会社の飲み会、行きたくないな。

男：うんうん、社内の人間関係をよくするためとは言っても嫌だよね。

女：それに部長ってお酒を飲み始めたら面倒くさいでしょ？ 説教が始まるし、いつも同じ話ばっかりだし、部長とだけは飲みたくないわ。

男：そうだな。しかも自分の世代はこうだったとか今の若い世代はこうだとか比較もされるしね。

女：そうなのよ。昔と今では状況が全然違うのに。こんな話を聞きながらお酒飲みたくないわよ。

男：まあでもさ。部長は部長なりに努力したんだと思うよ。そこは認めてさ、楽しく飲もうよ。

女：それもそうね。

女の人はどうして部長とお酒を飲みたくないと言っていますか。

1 部長との関係があまりよくないから
2 昔と今を比較して説教されるから
3 夜遅くまでお酒を飲むので疲れるから
4 今と昔では状況が全然違うから

2번

여자와 남자가 이야기하고 있습니다. 여자는 왜 부장과 술을 마시고 싶지 않다고 말하고 있습니까?

여 : 아~, 오늘 회사 회식 가기 싫어.

남 : 응응, 사내 인간관계를 좋게 하기 위해서라고는 해도 싫지.

여 : 게다가 부장님은 술을 마시기 시작하면 귀찮지? 설교가 시작되고, 항상 같은 이야기만 하고, 부장님하고만은 마시고 싶지 않아.

남 : 맞아. 게다가 자기 세대는 이랬다느니 지금 젊은 세대는 이렇다느니 비교도 당하고.

여 : 그래. 옛날과 지금은 상황이 전혀 다른데. 이런 얘기를 들으면서 술 마시고 싶지 않아.

남 : 뭐 그래도 말이야. 부장님은 부장님 나름대로 노력했다고 생각해. 그건 인정하고 재미있게 마시자.

여 : 그것도 그렇네.

여자는 왜 부장과 술을 마시고 싶지 않다고 말하고 있습니까?

1 부장과의 관계가 그다지 좋지 않기 때문에
2 옛날과 지금을 비교해서 설교 당하기 때문에
3 밤 늦게까지 술을 마셔서 피곤하기 때문에
4 지금과 옛날은 상황이 전혀 다르기 때문에

해설 여자는 부장이 술을 마시기 시작하면, 옛날과 지금의 상황은 다른데 비교하는 설교가 시작되고, 항상 같은 이야기만 하기 때문에 부장하고만은 마시고 싶지 않다고 했으므로, 정답은 2번이다.

어휘 社内 사내 | 人間関係 인간관계 | 面倒くさい 귀찮다 | 説教 설교 | 世代 세대 | 比較 비교 | 昔 옛날 | 状況 상황 | ～なりに 나름대로 | 努力 노력 | 認める 인정하다

男の人と女の人が景品について話しています。
女の人はどうして喜んでいますか。

男：なんか、嬉しそうだけど、いいことでもあった？

女：この前ね、親友の結婚式の２次会に行ったんだけど、景品が当たったの。

男：へえ、いいな。どんな景品？

女：有名なホテルの宿泊券。テレビとか雑誌でも特集されてて行きたかったのよ。旅行以外でホテルに行く機会ってなかなかないし。

男：へえ！ うらやましい。他にはどんな景品があったの？

女：フレンチレストランの食事券とか、旅行券、あとは家電製品なんかもあったわ。

男：なんだ。そっちの方がもっとよさそうじゃない。

女：そうかな。私は宿泊券が当たってよかったわよ。そろそろ結婚記念日だし、いつもとは違う雰囲気で家事もせずにホテルでのんびりできるしね。

女の人はどうして喜んでいますか。

1 家で使える家電製品をもらったから
2 有名なフランス料理を食べられるから
3 結婚記念日をホテルで祝うことができるから
4 ホテルでのんびりできるのを自慢できるから

3번

남자와 여자가 경품에 대해 이야기하고 있습니다. 여자는 왜 기뻐하고 있습니까?

남 : 왠지 기뻐 보이는데, 좋은 일이라도 있었어?

여 : 요전에 말이야, 친한 친구 결혼식 2부에 갔는데, 경품이 당첨됐어.

남 : 와~, 좋겠다. 어떤 경품?

여 : 유명한 호텔의 숙박권. TV나 잡지에서도 특집으로 다뤄져서 가고 싶었어. 여행 말고는 호텔에 갈 기회가 좀처럼 없고.

남 : 우와! 부럽다. 또 어떤 경품이 있었어?

여 : 프랑스 레스토랑 식사권이나 여행권, 그리고 가전제품 같은 것도 있었어.

남 : 뭐야. 그쪽이 더 좋을 것 같지 않아.

여 : 그런가? 나는 숙박권이 당첨돼서 좋았어. 슬슬 결혼기념일이니까, 평소와는 다른 분위기에서 집안일도 하지 않고 호텔에서 느긋하게 쉴 수 있고.

여자는 왜 기뻐하고 있습니까?

1 집에서 쓸 수 있는 가전제품을 받았으니까
2 유명한 프랑스 음식을 먹을 수 있으니까
3 결혼기념일을 호텔에서 축하할 수 있으니까
4 호텔에서 느긋하게 지낼 수 있다는 것을 자랑할 수 있으니까

해설 결혼기념일을 호텔에서 느긋하게 보낼 수 있어서, 다른 경품보다 숙박권이 당첨돼서 좋다고 했으므로, 정답은 3번이다.

어휘 景品 경품 | 嬉しい 기쁘다 | 親友 친한 친구 | 当たる 맞다, 당첨되다 | 宿泊券 숙박권 | 雑誌 잡지 | 特集 특집 | 機会 기회 | なかなか 좀처럼 | うらやましい 부럽다 | 家電製品 가전제품 | 記念日 기념일 | 雰囲気 분위기 | 家事 집안일 | のんびり 느긋하게 | 祝う 축하하다 | 自慢 자랑

<table>
<tr><td>

4 ばん 🎧 Track 4-2-04

男の人と女の人が話しています。女の人はどうしていい言葉を口にした方がいいと言っていますか。

男：はあ、ついてない。

女：どうしたの？元気ないみたいだけど。

男：この間の試験には落ちるし、就職もうまくいかないし、もう最悪だよ。

女：そうだったんだ。残念だったわね。でもまた頑張ればいいじゃない。

男：いやいや無理だよ。もう何もしたくない。

女：吉田君、こういう時こそ、いい言葉を口にした方がいいわよ。その方が気分もよくなるしね。

男：そうかもしれないけど、僕はこういう性格だから…。ダメな人間だよ。

女：ほら、運をよくしたいなら、ネガティブな言葉が口癖にならないようにしないと。まずはいいことを積極的に口に出す練習した方がいいわね。「やればできる！！」

男：うん、確かにいいアドバイスだね。ありがとう。

女の人はどうしていい言葉を口にした方がいいと言っていますか。

1　いい気分になって運もよくなるから
2　いい会社に就職できるから
3　次の試験は絶対合格するから
4　性格が変わっていい人になるから

</td><td>

4번

남자와 여자가 이야기하고 있습니다. 여자는 왜 좋은 말을 하는 게 좋다고 말하고 있습니까?

남：하아, 운이 없다.

여：왜 그래? 기운이 없는 것 같은데.

남：저번 시험에는 떨어지고, 취직도 잘 안 되고, 아, 최악이야.

여：그랬구나. 아쉬웠겠네. 그래도 다시 열심히 하면 되잖아.

남：아니, 아니 무리야. 이제 아무것도 하고 싶지 않아.

여：요시다 군, 이럴 때일수록 좋은 말을 하는 편이 좋아. 그게 기분도 좋아지고.

남：그럴지도 모르지만, 나는 이런 성격이니까…. 안 되는 사람이야.

여：자, 운을 좋게 하고 싶다면 부정적인 말이 입버릇이 되지 않도록 해야 해. 우선은 좋은 말을 적극적으로 입 밖에 내는 연습을 하는 것이 좋겠다. '하면 된다!!'

남：응, 확실히 좋은 조언이야. 고마워.

여자는 왜 좋은 말을 하는 게 좋다고 말하고 있습니까?

1 기분이 좋아지고 운도 좋아지니까
2 좋은 회사에 취직할 수 있으니까
3 다음 시험은 꼭 합격하니까
4 성격이 변해서 좋은 사람이 될 테니까

</td></tr>
</table>

해설 좋은 말을 하면 기분도 좋아지고, 운을 좋게 하고 싶다면 부정적인 말이 입버릇이 되지 않도록 해야 한다는 여자의 말에 남자가 좋은 조언이라고 했으므로, 정답은 1번이다.

어휘 ついてない 운이 없다 ｜試験に落ちる 시험에 떨어지다 ｜就職 취직 ｜うまくいかない 잘 안 되다 ｜最悪 최악 ｜残念だ 안타깝다, 유감이다 ｜無理 무리 ｜言葉 말 ｜口にする 말하다 ｜性格 성격 ｜ネガティブ 부정적 ｜口癖 입버릇 ｜積極的 적극적 ｜口に出す 말하다, 입 밖에 내다, 말을 꺼내다 ｜確かに 확실히 ｜合格 합격

5ばん 🎧 Track 4-2-05

男の人と女の人が話しています。男の人はどうして昔の方がよかったと言っていますか。

男：最近の子供たちって大変だよね。

女：どうしたの急に。

男：知り合いの娘さんがさ、学校の後は塾に行くし、夏休みもずっと勉強とか習い事で旅行にも行けないんだって。

女：そうなんだ。大変ね。でも今は昔よりいろんなことを学べる機会が多いし、何を学ぶか自分で選べるからいいんじゃない。

男：そう？昔は学校の勉強だけでよかったし、外で遊ぶことが多くて自由だったから、僕は昔の方がいい気がするけど。

女：でも、小さいときから勉強もできるし、音楽とか美術とか学べていろんな経験ができていいじゃない。

男：それはそうだけど…。それでもやっぱり昔の方がよかったな。

男の人はどうして昔の方がよかったと言っていますか。

1　外で遊ぶことが多かったから
2　夏休みに自由に勉強できるから
3　学べるチャンスがたくさんあるから
4　毎日塾に行くことができるから

5번

남자와 여자가 이야기하고 있습니다. 남자는 왜 옛날이 더 좋았다고 말하고 있습니까?

남 : 요즘 애들은 힘들지?

여 : 왜 그래, 갑자기.

남 : 아는 사람네 딸이 학교 끝난 후에는 학원에 가고, 여름방학에도 계속 공부나 배우는 일로 여행도 못 간다.

여 : 그렇구나. 힘들겠네. 근데 지금은 예전보다 많은 걸 배울 수 있는 기회가 많고, 뭘 배울지 스스로 선택할 수 있어서 좋아.

남 : 그래? 옛날에는 학교 공부만으로 좋았고, 밖에서 놀 일이 많아서 자유로웠으니까, 나는 옛날이 더 좋은 것 같은데.

여 : 하지만 어릴 때부터 공부도 잘하고, 음악이나 미술 같은 거 배울 수 있고, 여러 경험을 할 수 있어 좋잖아.

남 : 그건 그렇지만…. 그래도 역시 옛날이 더 좋았지.

남자는 왜 옛날이 더 좋았다고 말하고 있습니까?

1 밖에서 놀 일이 많았으니까
2 여름방학 때 자유롭게 공부할 수 있으니까
3 배울 기회가 많이 있으니까
4 매일 학원에 갈 수 있으니까

해설　남자는 옛날에는 학교 공부만으로 좋았고, 밖에서 놀 일이 많아 자유로웠기 때문에 옛날이 더 좋았다고 하고 있으므로, 정답은 1번이다.

어휘　昔 옛날 | 最近 요즘 | 急に 갑자기 | 知り合い 아는 사람 | 娘 딸 | 塾 학원 | 夏休み 여름방학 | 習い事 (음악, 미술, 체육 등을) 배우는 일 | 学ぶ 배우다, 공부하다 | 機会 기회 | 選ぶ 고르다 | 外で遊ぶ 밖에서 놀다 | 自由 자유 | 音楽 음악 | 美術 미술 | 経験 경험

6ばん 🎧 Track 4-2-06

男の人と女の人がレンタカーの予約サイトについて話しています。男の人がこのサイトに入った本当の理由は何ですか。

男：ねえねえ。このレンタカーの予約サイト使ったことある？

女：ううん、ないよ。

男：今度の旅行のために予約しようと思って入ってみたんだけど、お得なことがたくさんあったんだ。

女：へえ～、例えば？

男：駅から近いホテルの予約もできるし、カフェのクーポンまでついてるんだよ。しかも利用するたびにポイントが貯まって、そのポイントで買い物ができるんだって。

女：えっ！いいね。

男：そうそう。でもそれよりもさ、高級車を予約できることが一番いいんだよ。いつもは乗れないし、自分で好きな車を選べるから今からわくわくしてるよ。

女：なんだ、そのためだったのね。

男の人がこのサイトに入った本当の理由は何ですか。

1 駅から近いホテルを安く予約したいから
2 自分の好きな車を予約できるから
3 カフェのクーポンがほしいから
4 貯まったポイントで買い物がしたいから

6번

남자와 여자가 렌터카 예약 사이트에 대해 이야기하고 있습니다. 남자가 이 사이트에 들어간 진짜 이유는 무엇입니까?

남：있잖아. 이 렌터카 예약 사이트 사용해 봤어?

여：아니, 없어.

남：이번 여행을 위해 예약하려고 들어가 봤는데, 유익한 게 많았어.

여：에~, 예를 들면?

남：역에서 가까운 호텔 예약도 가능하고, 카페 쿠폰까지 포함되어 있어. 게다가 이용할 때마다 포인트가 쌓여서 그 포인트로 쇼핑을 할 수 있대.

여：에! 좋네.

남：맞아. 하지만 그것보다 고급 차를 예약할 수 있는 것이 제일 좋아. 평소에는 탈 수 없는 내가 좋아하는 차를 고를 수 있어서 벌써부터 설렌다.

여：뭐야, 그것 때문이었구나.

남자가 이 사이트에 들어간 진짜 이유는 무엇입니까?

1 역에서 가까운 호텔을 싸게 예약하고 싶으니까
2 자신이 좋아하는 차를 예약할 수 있으니까
3 카페 쿠폰이 필요하니까
4 적립된 포인트로 쇼핑을 하고 싶으니까

해설 남자는 마지막 대화에서 자신이 좋아하는 고급 차를 예약할 수 있는 것이 가장 좋다고 했으므로, 정답은 2번이다.

어휘 お得だ 이득이다 | クーポン 쿠폰 | 利用 이용 | ～たびに ~할 때마다 | 貯まる 쌓이다 | 高級車 고급 차 | 選ぶ 고르다 | わくわく 가슴이 설레는 모양, 울렁울렁, 두근두근

문제 3 문제 3에서는 문제지에 아무것도 인쇄되어 있지 않습니다. 이 문제는 전체로써 어떤 내용인가를 묻는 문제입니다. 이야기 앞에 질문은 없습니다. 먼저 이야기를 들어 주세요. 그리고 질문과 선택지를 듣고, 1~4 중에서 가장 적당한 것을 하나 고르세요.

れい 🎧 Track 4-3

男の人と女の人が映画を見て話しています。

男：映画、どうだった？

女：まあまあだった。

男：そう？ ぼくは、けっこうよかったと思うけど。主人公の演技もよかったし。

女：うん、確かに。でも、ストーリーがちょっとね…。

男：ストーリー？

女：うん、どこかで聞いたようなストーリーっていうか…。主人公の演技は確かにすばらしかったと思うわ。

男：そう？ ぼくはストーリーもおもしろかったと思うけどね。

女の人は映画についてどう思っていますか。

1　ストーリーも主人公の演技もよかった

2　ストーリーも主人公の演技もよくなかった

3　ストーリーはよかったが、主人公の演技はよくなかった

4　ストーリーはよくなかったが、主人公の演技はよかった

예

남자와 여자가 영화를 보고 이야기하고 있습니다.

남 : 영화, 어땠어?

여 : 그냥 그랬어.

남 : 그래? 난 꽤 좋았다고 생각하는데. 주인공의 연기도 좋았고.

여 : 응, 확실히(그건 그래). 근데 스토리가 좀….

남 : 스토리?

여 : 응, 어디선가 들어본 것 같은 스토리라고 할까…. 주인공의 연기는 확실히 훌륭했다고 생각해.

남 : 그래? 나는 스토리도 재미있었다고 생각하는데.

여자는 영화에 대해 어떻게 생각하고 있습니까?

1 스토리도 주인공의 연기도 좋았다

2 스토리도 주인공의 연기도 좋지 않았다

3 스토리는 좋았지만, 주인공의 연기는 좋지 않았다

4 스토리는 좋지 않았지만, 주인공의 연기는 좋았다

해설　여자는 주인공의 연기는 좋았다고 인정했지만, 스토리가 별로였다고 하였으므로, 정답은 4번이 된다.

어휘　まあまあだ 그저 그렇다 ▶ まあまあ 그럭저럭 | 主人公 주인공 | 演技 연기 | 確かに 확실히 | すばらしい 훌륭하다

男の人と女の人が喉の痛みについて話しています。

男：夏なのに、マスクなんてしてどうしたの？

女：昨日から風邪気味で、のども痛いし、調子も悪いの。

男：声も変わってるし、大変そうだね。夏でも風邪には気を付けないと。

女：そうなのよ。多分、クーラーをつけっぱなしにして寝ちゃったからだと思う。

男：薬は飲んだ？飲んでないなら早めに飲んだ方がいいよ。

女：そうね。

男：そういえば母がこの前言ってたんだけど、喉の痛みにはしょうががいいらしいよ。お湯にしょうがとはちみつを入れて飲むともっと効果があるんだって。

女：そうなのね。薬もいいけど、それもよさそうね。さっそく今日やってみるわ。

女の人は喉の痛みを治すためにどうしますか。

1 早めに薬を飲んでゆっくり寝る
2 クーラーを消して寝るようにする
3 しょうがとはちみつが入ったお湯を飲む
4 乾燥しないためにマスクをする

남자와 여자가 목의 통증에 대해 이야기하고 있습니다.

남 : 여름인데, 마스크를 쓰고 왜 그래?

여 : 어제부터 감기 기운이 있어서, 목도 아프고 몸 상태도 안 좋아.

남 : 목소리도 바뀌고, 힘들겠다. 여름에도 감기에는 조심해야지.

여 : 맞아. 아마 에어컨을 켜 놓은 채 잠들어서 그런 것 같아.

남 : 약은 먹었어? 안 먹었으면 빨리 먹는 게 좋아.

여 : 그러네.

남 : 그러고 보니 엄마가 저번에 말했는데, 목의 통증에는 생강이 좋다는 것 같아. 따뜻한 물에 생강이랑 꿀을 넣어서 마시면 더 효과가 있대.

여 : 그렇구나. 약도 좋지만, 그것도 괜찮을 것 같아. 바로 오늘 해 볼게.

여자는 목의 통증을 치료하기 위해 어떻게 합니까?

1 일찍 약을 먹고 푹 잔다

2 에어컨을 끄고 자도록 한다

3 생강과 꿀이 들어간 따뜻한 물을 마신다

4 건조하지 않기 위해 마스크를 쓴다

해설 남자가 따뜻한 물에 생강과 꿀을 넣어 마시는 것이 목에 좋다고 했고, 여자가 오늘 바로 해 본다고 했으므로, 정답은 3번이다.

어휘 喉 목 | 痛み 통증 | 風邪気味 감기 기운 | 調子 몸 상태 | 気を付ける 조심하다 | クーラー 에어컨 | ます형+っぱなし ~채로 방치함 | 早めに 일찍 | しょうが 생강 | お湯 따뜻한 물 | はちみつ 꿀 | 効果 효과 | 乾燥 건조

男の人と女の人が睡眠について話しています。

男：最近、夜ぐっすり眠れなくて困ってるんだ。そのせいで、体はだるいし、仕事には集中できないし。

女：大変よね。私も最近そうだったんだけど、お風呂にゆっくり入ったらよく眠れるようになったわよ。

男：そっか。僕は帰りが遅いからそんな時間なくて。運動するのはどうだろう。

女：運動して体が疲れたらよく眠れるとはいうけど…。それよりもしかして、毎日コーヒー飲んでる？

男：うん、食事の後は必ず飲むよ。おいしいんだよね。

女：それが理由じゃない？ 寝る前にコーヒーを飲むとカフェインのせいで眠れなくなるみたいだからやめてみたら？

男：そうなんだ。今日はもう2杯も飲んじゃったけど、夜は飲まないで、水を飲むようにしてみようかな。

女：うん、それがいいと思う。効果があるから、今日から試してみてね！

男の人はよく眠れるようにどんなことをしますか。
1 運動をして体を疲れさせる
2 ゆっくりお風呂に入って疲れをとる
3 カフェインが入っている飲み物をやめる
4 仕事を早く終わらせて家に帰る

2번

남자와 여자가 수면에 대해 이야기하고 있습니다.

남：요즘 밤에 잠을 푹 못 자서 걱정이야. 그 때문에 몸은 나른하고, 일에는 집중이 안 되고.

여：힘들겠네. 나도 최근에 그랬었는데, 욕조에 느긋하게 들어갔더니, 잠을 잘 자게 되었어.

남：그렇구나. 나는 귀가가 늦기 때문에 그럴 시간이 없어서. 운동하는 건 어떨까?

여：운동하고 몸이 피곤하면 잠을 잘 잔다고는 하지만…. 그것보다 혹시 매일 커피 마셔?

남：응, 식사 후에는 꼭 마셔. 맛있지.

여：그게 이유이지 않을까? 자기 전에 커피를 마시면 카페인 때문에 잠을 못 자는 것 같으니까, 끊는 게 어때?

남：그렇구나. 오늘은 벌써 2잔이나 마셨는데, 밤에는 마시지 말고 물을 마시도록 해 볼까?

여：응, 그게 좋을 것 같아. 효과가 있으니까, 오늘부터 시도해 봐!

남자는 잠을 잘 자도록 어떤 일을 합니까?
1 운동을 해서 몸을 피곤하게 한다
2 느긋하게 욕조에 들어가 피로를 푼다
3 카페인이 들어 있는 음료를 끊는다
4 일을 일찍 끝내고 집에 돌아온다

해설 남자가 잠을 못 자는 이유는 매일 식후에 커피를 마시기 때문이라는 여자의 말에 남자가 오늘 밤에는 커피를 마시지 말고 물을 마시도록 하겠다고 했으므로, 정답은 3번이다.

어휘 睡眠 수면｜ぐっすり眠る 푹 자다｜困る 곤란하다｜だるい 노곤하다, 나른하다｜集中 집중｜ゆっくり 천천히, 느긋하게｜カフェイン 카페인｜効果 효과｜試す 시도하다

3ばん 🎧 Track 4-3-03

お母さんとお父さんが息子について話しています。

女：最近、誠のことで心配なの。

男：どうして？何かあった？

女：ちょっとしたことでもすぐ怒るし、最近は自分の部屋ばかりいて、私とも話そうとしないし。

男：中学2年生だからさ、思春期だし家族より友達といた方が楽しいんだよ。

女：でも、家族のコミュニケーションは大事でしょ？高校に入ってからもこのままだったらだと思うと心配で。親は子供のことをしっかり知っておくべきだし、やっぱり会話は大切よ。

男：そこまで神経質にならなくても時間がたてば自然に話すようになると思うけどな。どうしても話したいなら家族の時間を決めて、公園を散歩したり外食したりするのはどう？

女：そうね。そうしましょう。

お父さんは息子についてどう考えていますか。

1 中学2年生だから勉強が一番大事な時期だ
2 思春期だから家族より友達といる方が楽しい
3 家族とのコミュニケーションを大事にしている
4 散歩や外食をしても話はできないはずだ

3번

엄마와 아빠가 아들에 대해 이야기하고 있습니다.

여 : 요즘 마코토 때문에 걱정이야.

남 : 왜? 무슨 일 있었어?

여 : 사소한 일에도 쉽게 화를 내고, 요즘은 자기 방에만 있고, 나랑도 얘기하려고 하지 않고.

남 : 중학교 2학년이니까, 사춘기라서 가족보다 친구들과 있는 편이 즐거운 거야.

여 : 하지만 가족과의 커뮤니케이션은 중요하잖아. 고등학교 들어가서도 이대로라고 생각하면 걱정이 돼서. 부모는 아이에 대해 확실히 알아야 하고, 역시 대화는 중요해.

남 : 그렇게까지 신경질적이지 않아도 시간이 지나면 자연스럽게 이야기하게 될 것 같은데. 꼭 얘기하고 싶으면 가족과의 시간을 정해서 공원을 산책하거나 외식하거나 하는 건 어때?

여 : 그러네. 그렇게 해요.

아빠는 아들에 대해 어떻게 생각합니까?

1 중학교 2학년이기 때문에 공부가 가장 중요한 시기다
2 사춘기라서 가족보다 친구들과 있는 것이 즐겁다
3 가족과의 커뮤니케이션을 중요시하고 있다
4 산책이나 외식을 해도 이야기는 할 수 없을 것이다

해설　아빠는 아들이 중학교 2학년이라서 사춘기이고, 지금은 가족보다 친구들과 있는 게 즐거울 때라고 했으므로, 정답은 2번이다.

어휘　〜ばかり ~만 │ 思春期 사춘기 │ 大事だ 중요하다 │ しっかり 확실히 │ 会話 회화 │ 大切だ 소중하다, 중요하다 │ 神経質 신경질 │ 自然に 자연스럽게 │ 決める 정하다 │ 公園 공원 │ 散歩 산책 │ 外食 외식

문제 4 문제 4에서는 그림을 보면서 질문을 들어 주세요. 화살표(→)가 가리키는 사람은 뭐라고 말합니까? 1~3 중에서 가장 적당한 것을 하나 고르세요.

れい 🎧 Track 4-4

朝、友だちに会いました。何と言いますか。

男：1 おはよう。

　　 2 こんにちは。

　　 3 こんばんは。

예

아침에 친구를 만났습니다. 뭐라고 말합니까?

남 : 1 안녕.(아침 인사)

　　 2 안녕.(점심 인사)

　　 3 안녕.(저녁 인사)

해설 아침에 친구를 만나 인사하는 장면이다. 「おはようございます」를 친구나 가족에게 말할 때는 줄여서 「おはよう」라고 한다.

어휘 朝 아침 | 友だち 친구 | 会う 만나다

1ばん 🎧 Track 4-4-01

初対面の人に会いました。何と挨拶しますか。

男：1 お世話になっております。

　　 2 こちらこそよろしく。

　　 3 初めまして。

1번

초면인 사람을 만났습니다. 뭐라고 인사합니까?

남 : 1 신세지고 있습니다.

　　 2 나야말로 잘 부탁해.

　　 3 처음 뵙겠습니다.

해설 1번은 거래처 사람에게 쓰는 인사말이고, 2번은 '나도 잘 부탁한다'는 의미의 인사말이다.

어휘 初対面 초면 | お世話 신세

2ばん 🎧 Track 4-4-02

怒っている友達を見ています。何と言いますか。

女：1 気持ち悪そうだけど、どうしたの。

　　 2 調子が悪そうだけど、どうかしたの。

　　 3 機嫌が悪そうだけど、何かあったの。

2번

화내고 있는 친구를 보고 있습니다. 뭐라고 말합니까?

여 : 1 속이 안 좋은 것 같은데, 무슨 일이야?

　　 2 몸 상태가 안 좋은 것 같은데, 무슨 일 있었어?

　　 3 기분이 안 좋은 것 같은데, 무슨 일 있어?

해설 「気持ち悪い」는 왠지 두렵고 불쾌하고 싫은 느낌이 들 때 쓰는 표현으로, 한국어로는 보통 '징그럽다, 불쾌하다, 토할 것 같다, 메스껍다'와 같은 상황에 많이 사용한다. 「調子が悪い」는 몸 상태가 안 좋을 때 쓰는 표현이다.

어휘 調子 몸 상태 | 機嫌 (유쾌하거나 불쾌하거나 하는 사람의)기분

汚れているズボンを見ています。何と言います
か。

男：1　この汚れ、どうやったら落ちるんだろう。
　　　2　この汚れ、どうやって無くすんだろう。
　　　3　この汚れ、どうやって消せるんだろう。

3번

더러워진 바지를 보고 있습니다. 뭐라고 말합니까?

남 : 1 이 얼룩, 어떻게 하면 지워질까?
　　2 이 얼룩, 어떻게 없애지?
　　3 이 얼룩, 어떻게 지울 수 있을까?

해설　'더러움이나 얼룩이 지워지다'라고 할 때는 「落ちる」라는 동사를 사용하므로, 정답은 1번이다.

어휘　汚れ 얼룩 | 落ちる 지워지다 | 無くす 잃다, 없애다 | 消す 지우다

食事が終わってレジに来ています。何と言いま
すか。

男：1　ここは私が払うようになっています。
　　　2　ここは私が払った方がよさそうです。
　　　3　ここは私に払わせていただけませんか。

4번

식사가 끝나고 계산대에 와 있습니다. 뭐라고 말합니까?

남 : 1 여기는 제가 내도록 되어 있습니다.
　　2 여기는 제가 지불하는 것이 좋을 것 같습니다.
　　3 여기는 제가 지불하게 해 주시겠어요?

해설　「〜ていただけませんか」는 상대에게 어떤 행위를 해달라고 정중히 요구하는 표현이다.
　　예 ここで待っていただけませんか。여기에서 기다려 주시겠습니까?
　　그런데 상대에게 자신의 행위에 대한 허락을 받을 때는 사역형을 사용하여 「〜(さ)せていただけませんか」
　　로 표현한다.
　　예 ここで待たせていただけませんか。(제가)여기에서 기다려도 되겠습니까?

어휘　レジ 카운터, 계산대 | 払う 지불하다

문제 5 문제 5에서는 문제지에 아무것도 인쇄되어 있지 않습니다. 먼저 문장을 들어 주세요.
그리고 그 대답을 듣고 1~3 중에서 가장 적당한 것을 하나 고르세요.

れい 🎧 Track 4-5

男：では、お先に失礼します。

女：1 本当に失礼ですね。

　　2 おつかれさまでした。

　　3 さっきからうるさいですね。

예

남 : 그럼, 먼저 실례하겠습니다.

여 : 1 정말로 무례하군요.

　　2 수고하셨습니다.

　　3 아까부터 시끄럽네요.

해설 남자는 일 등이 끝나 '먼저 실례한다' 즉, '먼저 돌아가겠다'고 하였으므로, '수고하셨습니다'라고 답하는 것이 가장 적당하다.

어휘 先に 먼저 | 失礼 ①실례 ②무례 | さっき 조금 전, 아까 | うるさい 시끄럽다

1ばん 🎧 Track 4-5-01

女：どうぞおあがりください。

男：1 失礼しました。

　　2 お邪魔します。

　　3 ごめんください。

1번

여 : 어서 들어오세요.

남 : 1 실례했습니다.

　　2 실례하겠습니다.

　　3 실례합니다.

해설 '어서 들어오세요'라는 말에, 손님이 들어가면서 '실례하겠습니다'라고 말하는 장면이므로, 정답은 2번이다. 1번은 뭔가에 대해서 가볍게 사과할 때, 3번은 남의 집에 방문했을 때 방문객이 방문한 집의 사람을 부를 때 쓰는 표현이다.

어휘 あがる (신을 벗고)집안에 들어가다 | 失礼 실례 | 邪魔 방해

2ばん 🎧 Track 4-5-02

男：くしゅん、くしゃみが止まらないな。

女：1 ゆうべはゆっくり寝られなかったの？

　　2 大丈夫？風邪ひいちゃったの？

　　3 それは残念だったわね。

2번

남 : 에취, 재채기가 멈추지 않네.

여 : 1 어젯밤은 푹 못 잤어?

　　2 괜찮아? 감기 걸렸어?

　　3 그거 유감이네.

해설 「くしゃみ 재채기」라는 단어가 포인트다. 또 종조사 「の」는 질문의 뉘앙스도 있기 때문에, 정답은 2번이다.

어휘 くしゃみ 재채기 | 止まる 멈추다 | ゆっくり寝る 푹 자다

3ばん 🎧 Track 4-5-03

男：この仕事は私にさせてください。

女：1　そうですね。彼にさせましょう。

　　2　いいえ、お役に立ててよかったです。

　　3　わかりました。そうしましょう。

3번

남 : 이 일은 제가 하게 해 주세요.

여 : 1 그러네요. 그에게 시키죠.

　　2 아니에요, 도움이 되었다니 다행입니다.

　　3 알겠습니다. 그렇게 하죠.

> **해설** '이 일이 하고 싶다'고 한 남자의 말에 '알겠다'고 대답한 3번이 정답이다.

> **어휘** ～させてください ~하게 해 주세요 | 役に立つ 도움이 되다

4ばん 🎧 Track 4-5-04

女：この間の同窓会、林君も来ればよかったのに。

男：1　ごめん、急に用事ができちゃって。

　　2　ほんとだね。僕が一番遅かったよね。

　　3　そうだね。僕も行って後悔したよ。

4번

여 : 저번 동창회에 하야시 군도 왔으면 좋았을 텐데.

남 : 1 미안, 갑자기 일이 생겨서.

　　2 진짜네. 내가 제일 늦었지.

　　3 그래. 나도 가서 후회했어.

> **해설** 「～ばよかった」는 '~하면 좋았을 텐데'란 뜻으로, 어떤 행위를 못 해서 아쉬워하는 표현이다. 동창회에 오지 못한 남자에게 여자가 동창회에 왔으면 좋았을 거라며 아쉬워하자, 갑자기 일이 생겨서 못 갔다고 대답한 1번이 정답이다.

> **어휘** 同窓会 동창회 | 用事 일 | 後悔 후회

5ばん 🎧 Track 4-5-05

男：どうしたの？顔色が悪いけど。

女：1　気にしない方がいいかな。

　　2　あったかくした方がいいよ。

　　3　さっきからお腹が痛いの。

5번

남 : 무슨 일 있어? 안색이 안 좋은데.

여 : 1 신경 쓰지 않는 게 좋을까?

　　2 따뜻하게 하는 게 좋아.

　　3 아까부터 배가 아파.

> **해설** 상대의 안색이 좋지 않아 상태를 묻는 질문에 '아까부터 배가 아프다'고 대답하는 장면이므로, 3번이 정답이다.

> **어휘** 顔色 안색 | 気にする 신경 쓰다 | あったかい 「あたたかい(따듯하다)」의 회화체 | さっき 조금 전, 아까 | お腹が痛い 배가 아프다

6ばん 🎧 Track 4-5-06

女：あの二人お似合いだね。

男：1　同じ洋服を着てるんだね。

　　2　もうすぐ結婚するらしいよ。

　　3　センスがよくてうらやましいよ。

6번

여 : 저 두 사람, 잘 어울리네.

남 : 1 같은 옷을 입고 있구나.

　　2 곧 결혼한대.

　　3 센스가 좋아서 부러워.

해설　곧 결혼을 앞두고 있는 두 사람이 잘 어울린다고 말하고 있는 상황이므로, 정답은 2번이다.

어휘　似合う 잘 어울리다 | 洋服 옷 | センス 센스 | うらやましい 부럽다

7ばん 🎧 Track 4-5-07

男：ここのレストラン、ご飯おかわり自由だって。

女：1　それならたくさん食べなきゃ。

　　2　そんなに食べて大丈夫？

　　3　そんなに変わらないけど。

7번

남 : 여기 레스토랑, 밥 리필 자유래.

여 : 1 그렇다면 많이 먹어야지.

　　2 그렇게 먹어도 괜찮아?

　　3 그렇게 다르지 않은데.

해설　음식 등을 먹을 때의 「おかわり 리필」의 의미를 잘 알아둬야 한다. 밥의 리필이 자유라고 하자, 그렇다면 많이 먹겠다고 대답한 1번이 정답이다.

어휘　おかわり 같은 것을 더 먹거나 마심, 리필

8ばん 🎧 Track 4-5-08

女：これ、気に入るかどうかわかりませんが、どうぞ。

男：1　絶対、気に入ると思ってました。

　　2　おかげさまで気に入ってくれました。

　　3　ありがとうございます。うれしいです。

8번

여 : 이거 마음에 드실지 모르겠습니다만, 아무쪼록 받아 주세요.

남 : 1 무조건 마음에 들 거라고 생각했어요.

　　2 덕분에 마음에 들어해 주었습니다.

　　3 감사합니다. 기쁩니다.

해설　여자가 선물을 주면서 마음에 들지 모르겠지만 받아 달라고 하자, 남자가 감사해 하며 받는 상황이므로 3번이 정답이 된다.

어휘　気に入る 마음에 들다 | 絶対 절대, 꼭, 무조건 | おかげさまで 덕분에

9ばん 🎧 Track 4-5-09	9번
男：私にもぜひ手料理を食べさせてください。	남 : 저에게도 꼭 손수 만든 요리를 먹게 해 주세요.
女：1　あんまり食べたくないですね。	여 : 1 별로 먹고 싶지 않네요.
2　いいですよ。いつでもどうぞ。	2 좋아요. 언제든지 말씀하세요.
3　そんな機会はないですよ。	3 그럴 기회는 없어요.

해설 남자가 말하는「食べさせてください」란 '먹게 하라'는 의미가 아니라 '먹을 기회를 달라'는 표현을 사역으로 공손하게 말한 것이므로, 정답은 2번이다.

어휘 ぜひ 꼭, 제발 | 手料理 손수 만든 요리 | あんまり 별로 | 機会 기회

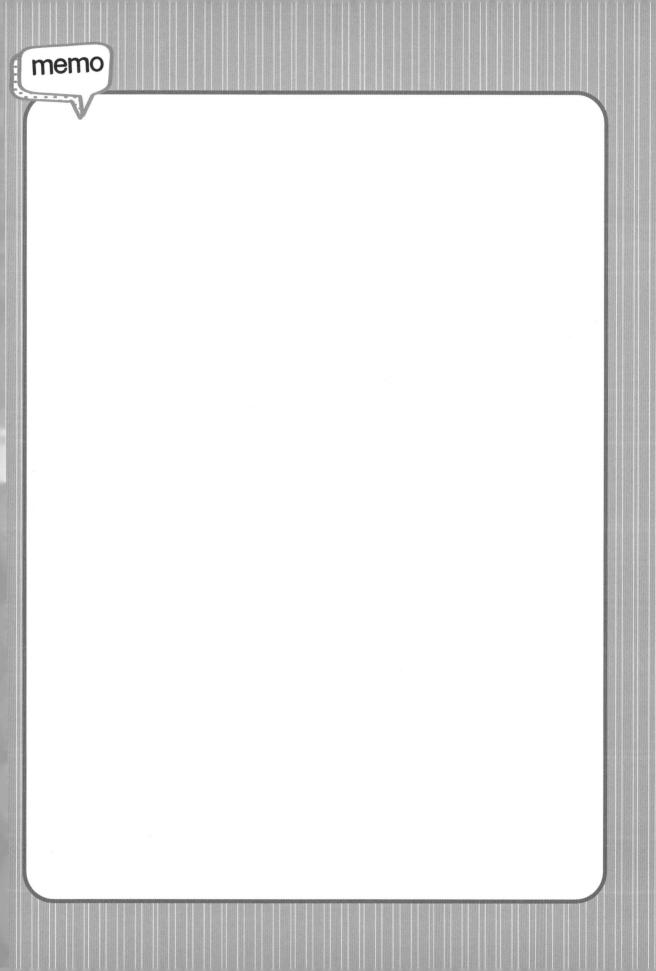

memo

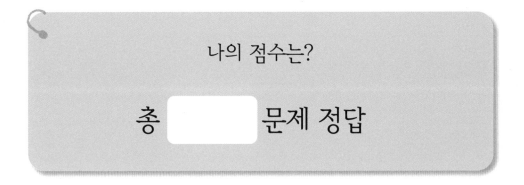

나의 점수는?

총 ⬚ 문제 정답

혹시 부족한 점수라도 실망하지 말고 해설을 보며 다시 확인하고 틀린 문제를
다시 풀어보세요. 실력이 점점 쌓여갈 것입니다.

JLPT N3 제5회 실전모의고사 정답

1교시 언어지식(문자·어휘)

문제 1
1	2	3	4	5	6	7
2	1	1	4	4	3	3

문제 2
8	9	10	11	12	13
2	1	4	4	1	4

문제 3
14	15	16	17	18	19	20	21	22
3	4	2	3	1	4	4	1	3

23	24
3	2

문제 4
25	26	27	28	29
4	2	4	1	4

문제 5
30	31	32	33	34
3	1	1	3	2

1교시 언어지식(문법)

문제 1
1	2	3	4	5	6	7	8	9
3	1	4	2	2	1	2	4	3

10	11	12	13
2	3	1	4

문제 2
14	15	16	17	18
1	4	4	1	1

문제 3
19	20	21	22
2	4	1	2

1교시 독해

문제 4
23	24	25	26
2	4	3	3

문제 5
27	28	29	30	31	32
4	4	4	1	3	1

문제 6
33	34	35	36
1	3	2	4

문제 7
37	38
4	2

2교시 청해

문제 1
1	2	3	4	5	6
1	2	3	3	4	3

문제 2
1	2	3	4	5	6
3	3	3	2	1	1

문제 3
1	2	3
2	3	3

문제 4
1	2	3	4
1	1	2	2

문제 5
1	2	3	4	5	6	7	8	9
3	1	3	1	2	1	3	1	1

문제 1 _____의 단어의 읽는 법으로 가장 적당한 것을 1·2·3·4에서 하나 **고르세요.**

---

1 部長に会議の結果を<u>報告</u>しました。

　1　ほうこう　　　　2　ほうこく　　　　3　ほこう　　　　4　ほくく

　부장님에게 회의 결과를 <u>보고</u>했습니다.

어휘 結果 결과 | 報告 보고
　✚ 情報 정보, 予報 예보 | 広告 광고

---

2 世界には驚くような変わった<u>趣味</u>を持つ人々も多い。

　1　しゅみ　　　　2　しゅうみ　　　　3　しゅあじ　　　　4　しゅうあじ

　세계에는 놀라울 만한 특이한 <u>취미</u>를 가진 사람들도 많다.

어휘 世界 세계 | 驚く 놀라다 | 変わった 특이한, 별난 | 趣味 취미
　✚ 「趣」는 절대 「しゅう」로 읽어서는 안 된다.
　　趣向 취향

---

3 用事があったので、飲み会の誘いを<u>断った</u>。

　1　ことわった　　　　2　くわわった　　　　3　たすかった　　　　4　あつかった

　볼일이 있어서, 회식 권유를 <u>거절했다</u>.

어휘 用事 볼일 | 飲み会 회식 | 誘い 권유 | 断る 거절하다 ✚ 横断 횡단 | 加わる 더해지다 | 助かる 살아나다, 도움이 되다 | 扱う 다루다, 취급하다

---

4 スポーツ用品企業の<u>競争</u>は、さらに激しくなってきた。

　1　けいしょう　　　　2　きょうしょう　　　　3　けいそう　　　　4　きょうそう

　스포츠 용품 기업의 <u>경쟁</u>은 더욱 격렬해지기 시작했다.

어휘 用品 용품 | 企業 기업 | 競争 경쟁 | さらに 더욱 | 激しい 격렬하다
　✚ 「競」은 「きょう」와 「けい」 두 가지 음독을 가지고 있다.
　　競走 경주 | 競馬 경마

5 彼の話を聞いて、複雑な気持ちになった。
　1 ほくさつ　　　　2 ほくざつ　　　　3 ふくさつ　　　　4 ふくざつ
　그의 말을 듣고, 복잡한 기분이 들었다.

어휘 複雑だ 복잡하다 ✚ 雑誌 잡지, 混雑 혼잡 ｜ 気持ちになる 기분이 들다, 기분이 되다

6 私は会社の方針に従って判断しただけです。
　1 たたかって　　　2 あやまって　　　3 したがって　　　4 からかって
　나는 회사의 방침에 따라 판단했을 뿐입니다.

어휘 方針 방침 ｜ 従う 따르다 ｜ 判断 판단 ｜ 戦う 싸우다 ｜ 謝る 사과하다 ｜ からかう 놀리다

7 私は家庭の事情で、大学に行けなくなりました。
　1 ししょう　　　　2 じしょう　　　　3 じじょう　　　　4 しじょう
　저는 가정 사정으로, 대학에 갈 수 없게 되었습니다.

어휘 家庭 가정 ｜ 事情 사정
　✚ 事故 사고, 火事 화재, 行事 행사, 記事 기사, 工事 공사, 返事 대답 ｜ 友情 우정, 感情 감정

문제 2 _____의 단어를 한자로 쓸 때, 가장 적당한 것을 1·2·3·4에서 하나 고르세요.

8 私はいつも親にかんしゃしています。
　1 感射　　　　　　2 感謝　　　　　　3 閑射　　　　　　4 閑謝
　저는 항상 부모님께 감사하고 있습니다.

어휘 いつも 항상, 늘 ｜ 親 부모님 ｜ 感謝 감사
　✚ 感覚 감각, 好感 호감, 感情 감정, 感想 감상 ｜ 謝る 사과하다

9 パソコンがせいじょうかどうかチェックしてみた。
　1 正常　　　　　　2 正相　　　　　　3 正賞　　　　　　4 正状
　컴퓨터가 정상인지 어떤지 체크해 보았다.

어휘 正常 정상 | ～かどうか ~인지 어떤지 | チェック 체크
　　➕ 正式 정식, 正確 정확, 正午 정오, 正月 정월 | 常識 상식, 日常 일상, 非常 に 매우, 몹시, 常 に 늘, 항상

---

10 娘の料理は味が<u>うすい</u>。

1 浅い　　　　　　2 深い　　　　　　3 狭い　　　　　　4 薄い

딸이 요리는 맛이 <u>싱겁다</u>.

어휘 娘 딸 | 料理 요리 | 味 맛 | 薄い (맛, 농도, 두께 등이)연하다, 얇다 | 浅い (깊이, 수심, 지식, 역사, 경험 등이)
얕다 | 深い 깊다 | 狭い 좁다

---

11 この病気は、<u>わかい</u>女性に多いそうです。

1 浅い　　　　　　2 苦い　　　　　　3 固い　　　　　　4 若い

이 병은 <u>젊은</u> 여성에게 많다고 합니다.

어휘 病気 병, 질병 | 若い 젊다 ➕ 若者 젊은이 | 女性 여성 | 浅い 얕다 | 苦い 쓰다 | 固い 단단하다

---

12 今日習ったことを実生活に<u>おうよう</u>してみるのはどうですか。

1 応用　　　　　　2 応要　　　　　　3 追用　　　　　　4 追要

오늘 배운 것을 실생활에 <u>응용</u>해 보는 것은 어떻습니까?

어휘 実生活 실생활 | 応用 응용
　　➕ 応募 응모

---

13 コインを投げて<u>おもて</u>が出たら、僕が行くことにするよ。

1 裏　　　　　　　2 末　　　　　　　3 緒　　　　　　　4 表

동전을 던져 <u>앞면</u>이 나오면, 내가 가기로 할게.

어휘 投げる 던지다 | 表 겉, (건물의)앞, 정면 | 裏 뒤, 안, 안쪽

문제 3 ( ) 안에 들어갈 가장 적당한 것을 1·2·3·4에서 하나 고르세요.

---

14 レポートの提出（　　　）が過ぎてしまった。

1 都合　　　　　　2 規則　　　　　　3 期限　　　　　　4 方向

리포트 제출 기한이 지나고 말았다.

> **어휘** レポート 리포트｜提出[ていしゅつ] 제출｜期限[きげん] 기한｜過[す]ぎる 지나다, 경과하다｜都合[つごう] 형편, 사정｜規則[きそく] 규칙｜方向[ほうこう] 방향
>
> ＋ '리포트'란 반드시 제출해야 하는 마감 시간이 있고, 3번「期限[きげん] 기한」이 '미리 정해진 일정한 시간'이란 뜻이다.

---

15 今日は時間がないので、また（　　　）ゆっくりお話しましょう。

1 今回　　　　　　2 今　　　　　　3 しばらく　　　　　　4 今度

오늘은 시간이 없으니, 또 다음 기회에 천천히 이야기합시다.

> **어휘** ゆっくり 천천히, 느긋하게｜しばらく 오래간만, 당분간, 오랫동안
>
> ＋「また今度[こんど]」는 이번이 아닌 다음 기회로 미룰 때 사용하는 표현이다.「次[つぎ] 다음」의 유사 표현이다.

---

16 早く韓国語が（　　　）話せるようになりたい。

1 ぺこぺこ　　　　　　2 ぺらぺら　　　　　　3 ばらばら　　　　　　4 からから

빨리 한국어를 유창하게 말할 수 있게 되고 싶다.

> **어휘** 韓国語[かんこくご] 한국어｜ぺらぺら 외국어 등을 유창하게 구사하는 모양｜ぺこぺこ 배가 고픈 모양｜ばらばら 뿔뿔이 흩어지는 모양｜からから 물기없이 바짝 마른 모양
>
> ＋ 선택지 중에서 외국어를 구사하는 모습과 어울릴 수 있는 단어는 2번뿐인데,「ぺらぺら」는 외국어를 유창하게 구사하는 모양을 의미한다. 예 田中[たなか]さんは英語[えいご]がぺらぺらですよ。다나카 씨는 영어를 잘해요.

---

17 母は口が（　　　）ので、長年付き合ってる友人が多く、特に女性からの信頼が厚い。

1 かるい　　　　　　2 わるい　　　　　　3 かたい　　　　　　4 はやい

엄마는 입이 무겁기 때문에 오랜 세월 교제하는 친구가 많으며, 특히 여성으로부터의 신뢰가 두텁다.

> **어휘** 口[くち]がかたい 입이 무겁다｜長年[ながねん] 오랜 세월(기간)｜付[つ]き合[あ]う 사귀다, 교제하다｜友人[ゆうじん] 친구｜信頼[しんらい]が厚[あつ]い 신뢰가 두텁다｜口[くち]がかるい 입이 가볍다｜口[くち]がわるい 입이 걸다, 욕을 하다｜口[くち]がはやい 말이 빠르다

---

18 ゴールデンレトリバーの性格は、（　　　）です。

1 おとなしい　　　　　　2 おさない　　　　　　3 やわらかい　　　　　　4 なつかしい

골든리트리버의 성격은 얌전합니다.

어휘 性格^{せいかく} 성격｜大人^{おとな}しい 얌전하다, 점잖다｜幼^{おさ}い 어리다｜柔^{やわ}らかい 부드럽다｜懐^{なつ}かしい 그립다

　✚ 문장에 있는 「性格^{せいかく} 성격」를 나타내는 단어를 찾아야 하므로, 1번이 정답이다. 다른 선택지는 성격을 나타내는 단어는 아니지만, 반드시 암기해야 할 필수단어들이다.

---

[19]　昨日の夜、地震によって（　　　）が起こった。

　1　家具　　　　　　　　2　緊張　　　　　　　　3　整理　　　　　　　　4　停電

　어젯밤, 지진에 의해 정전이 발생했다.

어휘 地震^{じしん} 지진｜停電^{ていでん} 정전｜家具^{かぐ} 가구｜緊張^{きんちょう} 긴장｜整理^{せいり} 정리

　✚ 지진이 원인이 되어 발생할 수 있는 여러 가지 피해가 있는데, 선택지 중에서 발생할 수 있는 피해는 4번뿐이다.

---

[20]　（　　　）ばかり言わないで、もっと努力してみたらどうですか。

　1　ひも　　　　　　　　2　言葉　　　　　　　　3　あわ　　　　　　　　4　文句

　불평만 말하지 말고, 더 노력해 보면 어떻습니까?

어휘 文句^{もんく}を言^いう 불평을 하다｜紐^{ひも} 끈｜言葉^{ことば} 말｜泡^{あわ} 거품

---

[21]　石川さんはお兄さんに（　　　）ですね。双子かと思うくらいです。

　1　そっくり　　　　　　2　ぴったり　　　　　　3　がっかり　　　　　　4　あっさり

　이시카와 씨는 형과 아주 닮았네요. 쌍둥이라고 생각할 정도입니다.

어휘 そっくり ① 그대로, 몽땅 ② (쏙 닮은 모양)쏙｜双子^{ふたご} 쌍둥이｜ぴったり 딱 맞음, 아주 적합함｜がっかり 실망거나 낙담하는 모양｜あっさり 깨끗이, 산뜻하게

---

[22]　植物や動物を（　　　）ことは、子供に責任感を持たせるきっかけになると言われている。

　1　建てる　　　　　　　2　預ける　　　　　　　3　育てる　　　　　　　4　占める

　식물이나 동물을 키우는 것은 아이에게 책임감을 갖게 하는 계기가 된다고 일컬어지고 있다.

어휘 植物^{しょくぶつ} 식물｜動物^{どうぶつ} 동물｜育^{そだ}てる 키우다｜責任感^{せきにんかん}を持^もつ 책임감을 갖다｜きっかけ 계기｜建^たてる 세우다, 짓다｜預^{あず}ける 맡기다｜占^しめる 차지하다

---

[23]　その書類なら、机の引き出しの中に（　　　）ありますよ。

　1　入って　　　　　　　2　おかれて　　　　　　3　しまって　　　　　　4　書いて

　그 서류라면, 책상 서랍 속에 들어 있어요.

어휘 書類 서류 | 引き出し 서랍 | しまう 넣다, 수납하다 | 入る 들어가다 | 置く 놓다, 두다

✚ 서랍 속에 '들어 있다'는 표현을 만들어야 문맥이 맞게 된다. 문장 마지막에 「ある」가 있으니, 타동사 상태 표현을 만들어야 하므로, 3번 「しまう 넣다, 수납하다」가 답이 된다. 1번 「入る」는 자동사이므로 답이 될 수 없는데, 참고로 「入っている 들어 있다」가 되면 답이 될 수 있다.

▶ 타동사 상태는 「타동사てある」… 開けてある 열려 있다
▶ 자동사 상태는 「자동사ている」… 開いている 열려 있다

24 　最近、仕事が忙しくて、（　　　　）時間が夜中になることもある。

　1　集合　　　　　　　　2　帰宅　　　　　　　　3　期待　　　　　　　　4　予定

요즘, 일이 바빠서 귀가 시간이 한밤중이 되는 경우도 있다.

어휘 最近 요즘, 최근 | 帰宅 귀가 | 夜中 한밤중 | 集合 집합 | 期待 기대 | 予定 예정

✚ 일이 바빠서 '~시간'이 한밤중이 되는 경우도 있다고 했다. 퇴근 시간이 늦어지므로 '귀가 시간'도 늦어진다는 문장이 되어야 자연스럽다. 2번 「帰宅」는 '귀가'라는 뜻이다.

문제 4 _____의 의미에 가장 가까운 것을 1·2·3·4에서 하나 고르세요.

25　今のアパートは前のアパートに比べて、家賃がやや安い。

　1　とても　　　　　　　2　けっこう　　　　　　3　だいぶ　　　　　　　4　ちょっと

지금 아파트는 전의 아파트에 비해 집세가 <u>약간</u> 싸다.

어휘 ～に比べて ~에 비해 | 家賃 집세 | やや 조금, 약간 | けっこう 제법, 꽤 | だいぶ 상당히, 어지간히

26　息子は、<u>リビングルーム</u>でテレビを見ている。

　1　台所　　　　　　　　2　居間　　　　　　　　3　廊下　　　　　　　　4　玄関

아들은 <u>거실</u>에서 텔레비전을 보고 있다.

어휘 息子 아들 | リビングルーム 거실 | 居間 거실 | 台所 부엌 | 廊下 복도 | 玄関 현관

27　子供のころ、私の家は<u>まずしかった</u>。

　1　大きかった　　　　　2　小さかった　　　　　3　お金持ちだった　　　4　お金がなかった

어렸을 때, 우리집은 <u>가난했다</u>.

어휘 貧しい 가난하다 | お金がない 돈이 없다 | お金持ち 부자

---

28 みんなでオフィスを<u>整理した</u>。

1 かたづけた　　　2 さがした　　　　3 しらべた　　　4 かりた

다 같이 사무실을 <u>정리했다</u>.

어휘 みんなで 다 같이 | オフィス 사무실 | 整理する 정리하다 | 片付ける 정리하다, 치우다 | 探す 찾다 | 調べる 조사하다 | 借りる 빌리다

29 <u>おそらく</u>、彼は二度と実家に戻ってこないだろう。

1 だいぶ　　　2 まもなく　　　　3 けっして　　　4 たぶん

<u>아마</u> 그는 두 번 다시 본가로 돌아오지 않을 것이다.

어휘 おそらく 아마, 필시 | 実家 본가 | 戻る 돌아오다 | たぶん 아마 | だいぶ 꽤, 상당히 | まもなく 머지않아 | けっして 결코

문제 5 다음 단어의 사용법으로 가장 적당한 것을 1·2·3·4에서 하나 고르세요.

30 夢中 열중함, 몰두함

1 友達の信二君は最近、アイドルに夢中している。
2 勉強に夢中できなくて、成績は落ちるばかりだ。
3 うちの息子は最近、テレビゲームに夢中になっている。
4 彼はゴルフに夢中していて、仕事もさぼっているという。

1 친구인 신지 군은 요즘 아이돌에 <u>열중</u>하고 있다.

2 공부에 열중 못해서 성적은 떨어지기만 한다.

3 우리 아들은 최근 텔레비전 게임에 푹 빠져 있다.

4 그는 골프에 <u>열중</u>하고 있어 일도 농땡이 부리고 있다고 한다.

해설 「夢中」는 반드시 「~に夢中になる ~에 푹 빠지다 / ~に夢中だ ~에 열중하다」의 형태로만 써야 한다. 1번은 「夢中になっている 푹 빠져 있다」, 2번은 「集中 집중」, 4번은 「夢中になっていて 푹 빠져 있어」 또는 「夢中で 푹 빠져서」가 와야 한다.

어휘 成績が落ちる 성적이 떨어지다 | 息子 아들 | さぼる(サボる) 농땡이 부리다, 게으름 피우다

218

31 得意だ 잘한다, 자신 있다

1 学生時代、もっとも<u>得意だった</u>科目は国語でした。

2 <u>得意</u>でうそをつく人の心理が知りたいです。

3 母はいつも、もっと<u>得意に</u>勉強しなさいと言っています。

4 その事件は、現在調査中なので<u>得意な</u>ことは言えません。

1 학창 시절, 가장 잘했던 과목은 국어였습니다.

2 잘하며 거짓말을 하는 사람의 심리를 알고 싶습니다.

3 어머니는 항상, 더 잘하게 공부하라고 말했습니다.

4 그 사건은 현재 조사 중이기 때문에 잘하는 것은 말할 수 없습니다.

> **해설** 「得意だ」는 '잘한다, 자신 있다'란 뜻으로, 정확하게 쓰인 문장은 1번이다. 2번은 「平気で 아무렇지 않게」, 3번은 「熱心に 열심히」, 4번은 「詳しい 자세한」가 와야 자연스러운 문장이 된다.

> **어휘** 学生時代 학창 시절 | もっとも 가장 | 科目 과목 | 国語 국어 | うそをつく 거짓말을 하다 | 心理 심리 | 事件 사건 | 現在 현재 | 調査中 조사 중

32 しっかり 제대로, 확실히

1 揺れるから<u>しっかり</u>つかまっていてください。

2 物事を<u>しっかり</u>言う性格は短所とも長所とも言えない。

3 試験に失敗して、<u>しっかり</u>落ち込んでいると思った。

4 私にとって彼女は<u>しっかり</u>理想的な人だと言えるだろう。

1 흔들리니까 제대로 붙잡고 있으세요.

2 상황을 제대로 말하는 성격은 단점이라고도 장점이라고도 할 수 없다.

3 시험에 실패하여 제대로 낙담해 있을 것이라고 생각했다.

4 나에게 있어서 그녀는 제대로 이상적인 사람이라고 할 수 있을 것이다.

> **해설** 2번은 「はっきり 확실히」로, 3번은 「てっきり 틀림없이, 영락없이(잘못된 추측 표현일 때 사용)」로, 4번은 「まさに 바로, 틀림없이」로 수정하는 것이 적당하다.

> **어휘** しっかり ① 기초나 구성이 견고한 모습 ② 사람의 성질이나 사고 방식이 견실한 모습 ③ 단단히 달라붙어서 떨어지지 않는 모습 예 手にしっかり握る 손에 꼭 쥐다 | 揺れる 흔들리다 | つかまる 매달리다, 붙잡히다 | 物事 사물, 일, 사항 | 性格 성격 | 短所 단점 | 長所 장점 | 失敗 실패 | 落ち込む 낙담하다 | ～にとって ~에게 있어서 | 理想的 이상적

33 あやしい 수상하다, 의심쩍다

1 実は、あやしい時こそ、成長できるチャンスかもしれない。

2 田中さんは、自動車にとてもあやしいそうです。

3 妹は、家の前であやしい男を見たと言いました。

4 インターネットであやしい情報を得る方法を教えてください。

1 실은, 수상할 때야말로, 성장할 수 있는 기회일지도 모른다.

2 다나카 씨는 자동차에 매우 수상하다고 합니다.

3 여동생은 집 앞에서 수상한 남자를 봤다고 말했습니다.

4 인터넷에서 수상한 정보를 얻는 방법을 가르쳐 주세요.

해설 「怪しい 수상하다, 의심쩍다」는 행동이나 상황이 의심스럽다는 뜻으로, 보통 「怪しい人 수상한 사람」로 잘 쓰이며, 3번이 정답이다. 1번은 「苦しい 괴로운」, 2번은 「~に詳しい ~에 관해 잘 알고 있다」, 4번은 「正しい 정확한, 바른」가 와야 자연스러운 문장이 된다.

어휘 実は 실은 | ~こそ ~야말로 | 成長 성장 | 情報 정보 | 得る 얻다 | 方法 방법

---

34 故障する 고장나다

1 私の部屋は南向きなので、日がよく故障して気持ちいい。

2 プリンターが故障した場合、どうすればいいですか。

3 兄は私に何か故障しているに違いない。

4 人の心を故障することは決して簡単なことではありません。

1 내 방은 남향이라서, 햇볕이 잘 고장나서 기분 좋다.

2 프린터가 고장났을 경우, 어떻게 하면 좋을까요?

3 형은 나에게 뭔가 고장내고 있는 게 틀림없어.

4 사람의 마음을 고장내는 것은 결코 간단한 일이 아닙니다.

해설 「故障する」는 '(기계 등이)고장나다'는 뜻으로, 가장 맞게 쓰인 문장은 '프린터'가 나온 2번이 정답이다. 1번은 「日がよく当たる 햇볕이 잘 들다」, 3번은 「隠す 숨기다」, 4번은 「動かす 움직이다」가 와야 자연스러운 문장이 된다.

어휘 南向き 남향 | ~に違いない ~임에 틀림없다 | 心 마음 | 決して 결코 | 簡単だ 간단하다

문제 1 다음 문장의 (   )에 들어갈 가장 적당한 것을 1·2·3·4에서 하나 고르세요.

---

[1]　日本人は玄関（　　　　）くつを脱いで家に入ります。

　　　1　へ　　　　　　　2　と　　　　　　　3　で　　　　　4　を

　일본인은 현관에서 신발을 벗고 집에 들어갑니다.

💬 **문법포인트!**　⊘ (장소의) ～で : ~에서

　　　　　신발을 벗는 행위가 벌어지는 곳을 나타내야 하는데, 장소 '~에서'를 뜻하는 조사는 3번이다.

어휘　玄関(げんかん) 현관 | 脱(ぬ)ぐ 벗다

---

[2]　読書がきらいになる理由は（　　　　）あるが、読書感想文を書くこともその一つだと言う。

　　　1　いくつか　　　　2　いくらか　　　　3　どれか　　　　4　なんだか

　독서를 싫어하게 되는 이유는 몇 가지인가 있는데, 독서 감상문을 쓰는 것도 그중 한 가지라고 한다.

💬 **문법포인트!**　⊘ いくつか : '몇 개인가'라는 뜻의, 불특정, 불분명한 몇 가지를 예시로 들 때 사용하는 표현으로, 그 숫자가 그렇게 많지는 않을 때 사용한다.

어휘　読書(どくしょ) 독서 | 理由(りゆう) 이유 | 感想文(かんそうぶん) 감상문 | いくらか 조금, 다소 | どれか 어느 것인가 | なんだか 어쩐지, 왠지

---

[3]　学生「先生、申し訳ございません。先週、先生に貸して（　　　　）資料を家に忘れて
　　　　きてしまって…。」

　　　先生「その資料なら明日でもいいから。」

　　　1　くださった　　　2　さしあげた　　　3　おっしゃった　　　4　いただいた

　학생 「선생님, 죄송합니다. 지난주 선생님께서 빌려주신 자료를 집에 두고 오고 말아서….」

　선생님「그 자료라면 내일이라도 괜찮으니까.」

💬 **문법포인트!**　⊘「～てくださる」、「～ていただく」 모두 우리말로는 '~해 주시다'로 해석하는데, 어느 쪽이 맞는지는 앞에 나온 조사로 판단한다. 해석은 약간 차이가 나지만, 사실 같은 내용이다.「いただく」를 쓴 문장이 좀 더 정중한 느낌을 준다.

　　　　　⊘ ～が～てくださる : ~가 ~해 주시다　예 先生(せんせい)が貸(か)してくださる。 선생님이 빌려주시다.

　　　　　⊘ ～に～ていただく : ~에게 ~해 받다　예 先生(せんせい)に貸(か)していただく。 선생님께 빌려 받다(=선생님이 빌려주시다).

어휘　申(もう)し訳(わけ)ない 미안하다 ▶ 申(もう)し訳(わけ)ございません 죄송합니다 | 貸(か)す 빌려주다 | 資料(しりょう) 자료

---

4 お金が（　　　　）、ほしいものを買っておこうと思います。

1　残っている前に

2　残っているうちに

3　残っているあとに

4　残っているまでに

돈이 남아 있을 때, 갖고 싶은 것을 사 두려고 합니다.

⊘ ～うちに : ～때, ～동안에 (그 상태가 변하기 전에)

例 日本にいるうちに、富士山に登ってみたい。 일본에 있을 때(있는 동안에) 후지산에 올라 보고 싶다.

温かいうちに、食べてください。 따뜻할 때(따뜻한 동안에) 드세요.

元気なうちに、富士山に登ろう。 건강할 때(건강한 동안에) 후지산에 올라야지.

어휘 残る 남다

---

5 かぜをひいたときは温かくして、ゆっくり（　　　　）。

1　やすむものだ　　　2　やすむことだ　　　3　やすんだものだ　　4　やすんだことだ

감기에 걸렸을 때는 따뜻하게 하고 푹 쉬어야 한다.

⊘ ～ことだ : ～해야 한다 (조언, 충고 등)

例 上手になりたいなら、もっと練習することだ。 잘하고 싶으면 더욱 연습해야 한다.

無理をしないことです。 무리하지 말아야 합니다.

어휘 温かい 따뜻하다 | ゆっくり休む 푹 쉬다

---

6 もし、コンビニへ行くなら、（　　　　）タバコ買ってきてくれない？

1　ついでに　　　　2　といっても　　　3　そのかわり　　　4　おもわず

만약 편의점에 갈 거라면 가는 김에 담배 사다 주지 않을래?

⊘ ～ついでに : ～하는 김에 例 散歩に行ったついでに(散歩のついでに)、コンビニに寄りました。 산책 간 김에 편의점에 들렀습니다.

⊘ ～といっても : ～라고 해도

어휘 コンビニ 편의점(「コンビニエンスストア」의 줄임말) | そのかわり 그 대신 | 思わず 나도 모르게

---

7 商品を（　　　　）もう1ヶ月以上たつけど、まだ届きません。

1　注文するから

2　注文してから

3　注文できるから

4　注文になってから

상품을 주문하고 나서 벌써 한 달 이상 지났는데, 아직 도착하지 않았어요.

⊘ ～てから : ～하고 나서 例 注文してから 주문하고 나서

어휘 商品 상품 | 注文 주문 | たつ (시간이)지나다, 경과하다 | 届く 도착하다, 배달되다

8 昨日の夕方からすごい雪だったが、今はもう（　　　　）。

1 やんでいない　　　2 やまないでいる　　　3 やむ　　　　　　　4 やんでいる

어제 저녁부터 엄청나게 눈이 많이 왔는데, 지금은 이미 그쳤다.

문법포인트! 　✓ ~ている :「~ている」에는 여러 용법이 있는데, 이 문제에서는 '변화한 결과가 남아 있다'는 의미
가 사용되었다. 즉「やむ (눈, 비 등이)그치다」라는 변화를 나타내는 동사를「やんで
いる」로 표현했는데, 절대 '그치고 있다'라고 해석해선 안 된다. '그치다'라는 변화가 일
어났고, 그 변화한 결과가 지금도 남아 있다는 뜻으로 '그쳤다'라고 해석해야 한다.
예 火が消えている。 불이 꺼졌다(꺼져 있다). → (불이 꺼진 상태가 남아 있다.)

어휘 夕方(ゆうがた) 저녁 | すごい 엄청나다, 대단하다 | やむ (눈, 비 등이)그치다

---

9 医者から運動（　　　　）ように言われたのだが、なかなか始められない。

1 しよう　　　　　2 したい　　　　　　3 する　　　　　4 しなさい

의사로부터 운동하라는 말을 들었는데, 좀처럼 시작할 수가 없다.

문법포인트! 　✓ ~ように言(い)われる : (동사에 접속하여) ~하라는(~하지 말라는) 지시, 명령을 받았다
'동사기본형'과 '동사ない'에 접속한다.
예 先生(せんせい)に遅刻(ちこく)しないように言(い)われた。
선생님에게 지각하지 말라는 말을 들었다(지시를 들었다).

어휘 医者(いしゃ) 의사 | 運動(うんどう) 운동 | なかなか 좀처럼 | 始(はじ)める 시작하다

---

10 記者「優勝おめでとうございます。」
選手「ありがとうございます。優勝できたのは、チームのみなさんに助けていただい
た（　　　　）。」

1 はずです　　　　2 おかげです　　　3 つもりです　　　4 せいです

기자「우승 축하드립니다.」
선수「감사합니다. 우승할 수 있던 것은 팀의 모두에게 도움받은 덕분입니다.」

문법포인트! 　✓ おかげです : 덕분입니다
선수는 자신이 우승할 수 있던 것은 팀의 모두가 '도와주었기 때문'이란 말을 하려고 한다. 따라서 감사
를 의미하는 2번「おかげです 덕분입니다」가 들어가야 문맥이 맞게 된다.

어휘 記者(きしゃ) 기자 | 優勝(ゆうしょう) 우승 | 選手(せんしゅ) 선수 | 助(たす)ける 돕다, 살리다 | ~はずです ~일 것입니다 | ~つもりです ~예정
입니다 | ~せいです ~탓입니다

11 子ども一人（　　　　）飛行機に乗ることはできますか。

1 だけなら　　　　2 ほどなら　　　　3 だけでも　　　　4 ほどでも

어린이 한 명만이라도(혼자만이라도, 혼자서라도) 비행기를 탈 수 있습니까?

문법포인트! ✅ ~だけでも : ~만이라도

문맥의 흐름을 보면, 보호자가 없는 어린이 혼자서도 비행기에 탑승할 수 있냐는 질문을 하고 있다. 따라서 3번「~だけでも ~만이라도」가 들어가야 자연스러운 문장이 된다.

어휘 飛行機 비행기

---

12 山村「由美ちゃん、元気ないみたいだけど、大丈夫かな？」

内田「彼氏に別れたい（　　　　）言われたらしいよ。」

1 って　　　　2 だけ　　　　3 とは　　　　4 ばかり

야마무라「유미, 기운 없는 것 같던데, 괜찮을까?」
우치다 「남자친구에게 헤어지고 싶다고 들은 것 같아(남자친구가 헤어지고 싶다고 말한 것 같아).」

문법포인트! ✅ ~って : ~라고 (= ~と ~라고)

㉠ 彼もキャンプに行くって言いましたよ。 그도 캠핑에 간다고 말했어요.

어휘 彼氏 남자친구 | 別れる 헤어지다

---

13 鈴木「田中さん、彼女の誕生日プレゼントはもう選びましたか。」

田中「いいえ、今（　　　　）。」

1 選んだところです　　　　　　　　2 選ぶためです
3 選んだことがあります　　　　　　4 選んでいるところです

스즈키「다나카 씨, 여자친구 생일 선물은 이미 골랐습니까?」
다나카「아니요, 지금 고르고 있는 중입니다.」

문법포인트! ✅ ~ているところだ : (지금, 현재) ~하고 있는 중이다

이 문제에서는 아직 못 골랐고, '(지금) 고르고 있는 중'이란 말이 들어가야 문맥이 연결되므로, 4번이 정답이다. 1번은 '(지금 막) 고른 참입니다' 즉, '고르는 행위가 완료되었다'는 뜻이고, 「選ぶところです」는 '이제부터 고르려고 합니다'는 뜻이 된다.

✅ ~るところだ : (이제부터) ~하려는 참이다 (아직 미실행)

㉠ 食べるところだ。 (이제부터) 먹으려는 참이다.

✅ ~ているところだ : (지금) ~하는 중이다 (현재 진행 중)

㉠ 食べているところだ。 (지금) 먹고 있는 중이다.

✅ ~たところだ : (지금 막) ~한 참이다 (완료)

㉠ 食べたところだ。 (지금 막) 먹은 참이다(다 먹었다).

어휘 誕生日プレゼント 생일 선물 | 選ぶ 고르다, 선택하다 | 選んだところです (지금 막)고른 참입니다 | 選ぶためです 고르기 위해서입니다 | 選んだことがあります 고른 적이 있습니다

문제 2 다음 문장의 ___★___ 에 들어갈 가장 적당한 것을 1·2·3·4에서 하나 고르세요.

---

14 今、世田谷に住んでいるが、都心に _____ _____ ___★___ _____ と思う。

1 住みやすい　　　2 静かで　　　　3 ところだ　　　4 しては

지금 세타가야에 살고 있는데, 도심치고는 조용하고 살기 좋은 곳이라고 생각한다.

정답문장　今、世田谷に住んでいるが、都心にしては静かで住みやすいところだと思う。

문법포인트!　⊘ ～にしては : ~치고는, ~에 비해서는

　　예 このすしは安い値段にしてはおいしい。이 초밥은 싼값치고는 맛있다.

「～にしては」는 '~치고는'이란 뜻인데, '생각 또는 예상과는 다르게'라는 표현이다. 우선 「都心に」에 4번을 접속하고, '조용하고 살기 좋은 곳'이 되어야 문맥이 자연스럽다. 도심이라고 하면 시끄럽고 번잡한 곳을 생각하겠지만, 세타가야란 곳은 그런 '도심치고는 예상과 달리 조용하고 살기 좋다'는 뜻이다.

어휘　世田谷 세타가야(도쿄의 지명) | 都心 도심 | 住みやすい 살기 좋다

---

15 鈴木さんの話によると、青山ビルはこの辺にある _____ _____ ___★___ _____ 、どこだか全然わからなかった。

1 こと　　　　　2 との　　　　　3 が　　　　　4 だ

스즈키 씨의 말에 의하면 아오야마 빌딩은 이 근처에 있다고 하는데 어디인지 전혀 알 수 없었다.

정답문장　鈴木さんの話によると、青山ビルはこの辺にあるとのことだが、どこだか全然わからなかった。

문법포인트!　⊘ （～によると、～の話では) ～とのことだ : (~에 의하면, ~의 이야기로는) ~라고 한다

　　▶ ～ということだ、～そうだ

　　예 この村では、3年に一度祭りが開かれるとのことだ。이 마을에서는 3년에 한 번 축제가 열린다고 한다.

어휘　この辺 이 근처(근방)

---

16 国内旅行は _____ 、_____ ___★___ _____ をご用意しております。

1 プラン　　　　　2 クルーズなど　　　3 もちろん　　　4 様々な

국내 여행은 물론, 크루즈 등 다양한 플랜을 준비하고 있습니다.

정답문장　国内旅行はもちろん、クルーズなど様々なプランをご用意しております。

문법포인트!　⊘ ～はもちろん : ~은 물론

「～はもちろん」은 '~은 당연히 그렇고' 여기에 '다시 추가되는 내용'을 말할 때 사용한다. 우선 3번을 맨 앞에 놓아 '국내 여행은 물론'을 만들고, 추가되는 내용으로 '크루즈 등 + 다양한 플랜'이 나와야 문맥이 자연스럽게 된다.

어휘　国内旅行 국내 여행 | 様々な 다양한 | プラン 플랜, 계획 | 用意 준비 | おる 「いる」의 겸사말

17 初めての海外 ＿＿＿＿ ＿★＿＿ ＿＿＿＿ ＿＿＿＿ 会見が行われる予定だ。

1 に   2 先立ち   3 記者   4 コンサート

첫 해외 콘서트에 앞서 기자 회견이 열릴 예정이다.

정답문장 初めての海外コンサートに先立ち、記者会見が行われる予定だ。

문법포인트! ☑ 〜に先立ち : 〜에 앞서
例 帰国に先立ち、マリーさんの送別会が行われた。 귀국에 앞서, 마리 씨의 송별회가 열렸다.

어휘 初めて 처음 | 記者会見 기자 회견 | 行う 행하다, 거행하다 | 予定 예정

---

18 アクセスしても安全な ＿＿＿＿ ＿＿＿＿ ＿★＿＿ ＿＿＿＿、サイトの安全性
に関する情報を調べる必要がある。

1 確認する   2 どうかを   3 サイトか   4 ためには

접속해도 안전한 사이트인지 어떤지를 확인하기 위해서는, 사이트의 안정성에 관한 정보를 조사할 필요가 있다.

정답문장 アクセスしても安全なサイトかどうかを確認するためには、サイトの安全性に関する情報を調べる必要がある。

문법포인트! ☑ 〜かどうか : 〜인지 어떤지(아닌지)
「〜かどうか」는 '판단을 내리기 어려울 때' 사용하는 표현이다. 따라서 우선 3＋2가 완성되고, 뒤 문장
은 1＋4 '확인하기 위해서는'이 되어야 자연스럽다.

어휘 アクセス 접속 | 安全 안전 | 〜かどうか 〜인지 어떤지 | 確認 확인 | 〜ためには 〜위해서는 | 安全性 안전성 |
〜に関する 〜에 관한 | 情報 정보 | 必要 필요

문제 3 다음 글을 읽고, 글 전체의 내용을 생각해서, 19 ~ 22 안에 들어갈 가장 적당한 것을 1·2·3·4에서 하나 고르세요.

셰어하우스

최근, 라이프스타일의 새로운 형태로서 셰어하우스가 크게 주목받고 있습니다. 이용자는 해마다 증가하고 있습니다만, 아직 알려지지 않은 사실이 많이 있습니다.

셰어하우스란, 한 주거 안에서 자신의 방과는 별도로, 예를 들면 거실, 주방, 욕실, 화장실 등, 모두가 이용할 수 있는 공유 공간이 있는 주거입니다.

보통 아파트에 비해, 합리적인 가격으로 살 수 있다는 점은 셰어하우스의 큰 메리트라고 할 수 있겠지요. 도심이라도, 매달 드는 생활비를 절약할 수 있습니다. 그리고 공유 공간에는 전자레인지나 냉장고, 세탁기와 같은 전기 제품부터, 냄비나 프라이팬 등의 주방용품까지 갖추어져 있는 곳이 많아, 직접 살 필요가 없습니다. 또한 셰어하우스를 통해 인간관계를 만들어, 상담할 수 있는 친구가 생기는 것도 메리트의 한 가지입니다.

한편, 많은 사람이 모이면 문제도 일어나고 맙니다. 생활 습관이나 사고방식은 사람에 따라 제각각 다르기 때문에, 인간관계에서 스트레스를 느끼는 경우도 있을 것입니다. 게다가, 프라이버시를 지키는 것이 어려운 문제도 있습니다. 특히 공용 공간에서는 항상 남의 눈이 있어, 의사소통이 서툰 사람에게 있어서는 고통스럽게 느끼는 경우조차 있다고 합니다.

어휘 近年 근년, 최근 | ライフスタイル 라이프 스타일 | 形 형태 | 利用者 이용자 | 年々 해마다, 매년 | 増加 증가 | ~とは ~란 | 住居 주거 | 別に 별도로, 따로 | 共有スペース 공유 공간 | 住まい 거주 | 普通 보통 | ~に比べ ~에 비해 | 価格 가격 | 点 점 | メリット 메리트 | 都心 도심 | ~であっても ~라도 | 月々 매달 | 生活費 생활비 | 節約 절약 | 電子レンジ 전자레인지 | 冷蔵庫 냉장고 | 洗濯機 세탁기 | 電気製品 전기 제품 | なべ 냄비 | キッチン用品 주방용품 | そろう 갖추어지다 | 自分で 직접 | 人間関係 인간관계 | 生活習慣 생활 습관 | それぞれ 제각각 | それに 게다가 | 守る 지키다 | 共用 공용 | 常に 항상, 늘 | 苦手だ 서툴다 | ~にとっては ~에게 있어서는 | 苦痛 고통 | ~さえ ~조차, ~마저

---

19 | 1 注目しています | 2 注目されています
| 3 注目させています | 4 注目させられています

문법포인트!

⊘ 注目しています : 주목하고 있습니다

⊘ 注目されています : 주목받고 있습니다

⊘ 注目させています : 주목시키고 있습니다

⊘ 注目させられています : 주목시킴을 당하고 있습니다

(주목하고 싶지 않은데 억지로 주목하고 있습니다)

해설 앞에 「シェアハウスが~ 셰어하우스가~」가 있으므로 뒤에는 '주목받고 있다'는 표현이 나와야 자연스러우므로 2번이 들어가야 한다. 만약 「シェアハウスを~ 셰어하우스를~」이라면, 1번이 와서 '셰어하우스를 주목하고 있습니다'가 된다.

어휘 注目 주목

20	1 ヘルシーな	2 アプローチな
	3 モダンな	4 リーズナブルな

> **해설** 뒤에서 '셰어하우스의 큰 메리트'란 표현이 있다. 그렇다면 당연히 '저렴한 가격', 즉「リーズナブルな」이 와서 '합리적인 가격'이 되어야 문맥이 통하게 된다.

> **어휘** リーズナブルな 합리적인, (가격 등이)적당한 | ヘルシーな 건강한 | アプローチ 접근 | モダン 모던, 현대적

21	1 を通じて	2 について	3 をきっかけに	4 にかけて

> **해설** 뒤에서 '인간 관계를 만든다'는 말이 있는데, '셰어하우스'란 매개체가 있어 인간 관계를 만든다는 표현이므로, 매개체를 의미하는 1번「～を通じて ~을 통해서」가 들어가야 문맥이 맞게 된다.

> **어휘** ～を通じて ~을 통해 | ～について ~에 관해서 | ～をきっかけに ~을 계기로 | ～にかけて ~에 걸쳐

22	1 そこで	2 一方で	3 すなわち	4 実は

> **해설** 앞의 단락에서 셰어하우스의 장점을 논하고 있는데, 다음 단락에서는 단점을 논하고 있다. 따라서 대립을 뜻하는 단어가 와야 하므로, 2번「一方で 한편」가 들어가야 문맥이 맞게 된다.

> **어휘** 一方で 한편 | そこで 그래서 | すなわち 즉 | 実は 실은

문제 4 다음 (1)~(4)의 글을 읽고, 질문에 답하세요. 답은 1·2·3·4에서 가장 적당한 것을 하나 고르세요.

(1)

인간관계에서 지켜야 할 매너는 많지만, 그중에서도 나는 약속 없이 방문하는 사람을 매우 싫어한다. 비즈니스뿐만 아니라 친척이나 가족, 친구 등을 방문할 때도 그렇지만, 상대방도 사정이 있는데 그걸 생각하지 않고 갑자기 방문하는 것은 실례에 해당된다고 생각한다. 손님이 와 있을지도 모르고, 이제 나가는 길일지도 모르는데, 왜 자기 형편만 생각하고 방문하는지 신기하기 짝이 없다. 누군가를 방문하게 되면 미리 전화나 문자로 상대방의 사정을 확인하는 것이 중요하다. 그때 방문 일시나 목적, 소요 시간 등을 상세히 전달하고, 상대방의 허락을 얻고 나서 방문해야 한다고 나는 생각한다.

23 친한 친구를 방문할 때 어떻게 하는 것이 좋다고 말하고 있는가?

1 실례에 해당되니까 약속보다 이른 시간에 방문하는 것이 좋다.

2 미리 친구에게 (다른)예정이 있는지 물어 두는 것이 좋다.

3 미리 친구를 만나 방문 일시를 함께 정하는 것이 좋다.

4 친구니까 방문 일시를 미리 연락을 하지 않아도 된다.

어휘 人間関係 인간관계 | 守る 지키다 | ~べき +[명사] ~하는 것이 당연한 [명사] | マナー 매너 | アポ 약속(「アポイントメント」의 줄임말) | 訪問 방문 | 苦手だ 서툴다, 싫다 | ~だけではなく ~뿐만 아니라 | 身内 친척 | 友人 친구 | 相手 상대 | 都合 형편, 사정 | 突然 돌연, 갑자기 | 失礼 실례 | ~に当たる ~에 해당하다 | 不思議だ 이상하다, 의아하다 | ~てならない 매우 ~하다 | 前もって 미리, 앞서 | 確かめる 확인하다 | 際 경우, 때 | 日時 일시 | 目的 목적 | 所要時間 소요 시간 | 詳しい 자세하다, 상세하다 | 伝える 전하다, 전달하다 | 許可 허가 | 得る 얻다 | ~てから ~하고 나서 | あらかじめ 미리 | 事前に 사전에

해설 비즈니스뿐만 아니라 친척이나 가족, 친구를 방문할 때도 상대방의 사정을 확인하는 것이 중요하다고 하고 있으므로, 정답은 2번이다.

(2)

부하에게 있어 상사의 존재는 크다. 하지만 그 상사와의 관계로 고민하고 있는 부하는 적지 않다. 부하의 입장이나 기분을 생각하지 않고 감정적으로 꾸짖거나, 자신의 취향에 따라 부하의 평가나 대응을 바꾸거나 하는 상사와 함께 일하는 것은 스트레스가 쌓이기만 한다. 주의로부터 의지할 수 있는 좋은 상사가 되기 위해서는 자신의 생각뿐만 아니라 부하의 의견을 잘 듣고 존중하는 것, 그리고 어떤 부하라도 일할 기회를 주는 것이 중요하다. 그리고 무엇이 진정한 의미에서 부하를 위한 것이 되는가를 생각하고 애정을 가지고 매일의 지도나 소통에 임하는 것이 필요하다. 이렇게 함으로써 부하가 성장하고 좋은 인재가 자라날 것이다.

24 필자가 생각하고 있는 좋은 상사란 어떤 상사인가?

　　1 부하에게 일을 시키지 않고 자신이 열심히 일하는 상사

　　2 애정을 가지고 감정적으로 꾸짖을 수 있는 상사

　　3 자신의 생각만으로 부하를 평가하는 상사

　　4 부하의 의견을 존중해 주는 상사

어휘　部下 부하 | 上司 상사 | 存在 존재 | 悩む 고민하다 | 立場 입장 | 感情的 감정적 | 叱る 꾸짖다 | 好み 취향 | 評価 평가 | 対応 대응 | ストレスがたまる 스트레스가 쌓이다 | ～一方だ ～하기만 하다 | 周囲 주위 | 頼る 의지하다 | ～ばかりでなく ~뿐만 아니라 | 意見 의견 | きちんと 정확히, 어김없이 | 尊重 존중 | 機会を与える 기회를 주다 | 愛情を持つ 애정을 갖다 | 指導 지도 | コミュニケーション 커뮤니케이션 | ～に当たる ~에 임하다 | 成長 성장 | 人材 인재 | 育つ 자라다

해설　좋은 상사가 되기 위해서는 부하의 의견을 잘 듣고 존중하는 것, 그리고 어떤 부하라도 일의 기회를 주는 것이 중요하다고 하고 있으므로, 정답은 4번이다.

(3)

　　그림 전시회에 대해 알려드리겠습니다. 11월 30일까지 오사카부 미술관에서 '세계 그림 전시회'이 열립니다. 국적, 출신, 나이에 상관없이 전 세계 화가들의 작품에서 뽑힌 50여 편의 훌륭한 작품을 볼 수 있는 좋은 기회입니다. 이 그림 전시회는 오사카를 비롯해 히로시마, 후쿠오카, 홋카이도, 그리고 도쿄와 전국 각지를 순회할 예정입니다. 또한 이 그림 전시회에서는 화가의 작품 이외에도 화가의 그림이 그려진 포스터와 엽서, 수건 등이 판매될 예정입니다. 입장료는 무료이고 화요일은 휴무입니다. 여러분의 내관을 기다리고 있겠습니다.

> 이것은 오사카에서 열리는 그림 진시회를 일리는 글이다.

25 이 소식과 맞는 것은 어느 것인가?

　　1 이 그림 전시회는 일본뿐만 아니라 세계에서 개최된다.

　　2 이 그림 전시회는 일본 화가 50명의 작품이 전시된다.

　　3 이 그림 전시회는 주말에도 무료 입장이다.

　　4 이 그림 전시회에서는 화가의 그림만 판매된다.

어휘　絵画展 그림 전시회 | 知らせる 알리다 | 美術館 미술관 | 開く 열다, 개최하다 | 国籍 국적 | 出身 출신 | 年齢 연령 | 画家 화가 | 作品 작품 | あまり 남짓 | 素晴らしい 훌륭하다 | ～をはじめ ~를 비롯하여 | 全国各地 전국 각지 | 巡回 순회 | 販売 판매 | 入場料 입장료 | 無料 무료 | 来館 내관 | 開催 개최 | 展示 전시

해설　이 그림 전시회는 일본을 전국 각지로 돌며, 전 세계 화가 중에서 모아진 작품 50여 편을 전시하고 있다. 그리고 화가의 그림뿐 아니라, 화가의 그림이 그려진 포스터와 엽서, 수건 등이 판매될 예정이다. 쉬는 날은 화요일이고 입장료는 무료이기 때문에, 정답은 3번이다.

(4)

이것은 텔레비전 회사가 사원을 모집하고 있는 글이다.

현재 '도쿄 TV'는 텔레비전의 프로그램 제작뿐만이 아니라, 동영상이나 새로운 광고 비즈니스 등, 다양한 분야에서 활약해 줄 사원을 모집하고 있습니다. 당신의 기술과 경험을 살려 '도쿄 TV'에서 일해 보지 않겠습니까?

＊ **모집 요강**

1. 채용 인원 : 대졸 이상 3명
2. 응모 자격 : 대졸 이상으로 프로그램 제작 등의 경험이 있는 분, 해외기업과의 비즈니스 경험이 있는 분
　　　　　　　(미경험 · 졸업 예정자는 불가)
3. 직종 : 애니메이션 제작 · 해외 애니메이션 비즈니스 담당 등
4. 근무지 : 도쿄도 미나토구 롯폰기 도쿄 TV국 내
5. 제출 서류 : 이력서 · 직무 경력서 · 졸업 증명서 · 건강 검진서

26 이 게시글의 내용과 <u>맞지 않는</u> 것은 어느 것인가?

1 이 회사에 응모할 수 있는 것은 경력자뿐이며, 신규 졸업자는 응모할 수 없다.
2 이 회사에서는 다양한 분야에서 활약해 줄 사람을 모집하고 있다.
3 근무지는 도쿄가 될지 다른 지역이 될지 아직 모른다.
4 응모에 필요한 서류는 이력서와 직무 경력서 등 모두 4가지다.

어휘　募集 모집｜現在 현재｜番組 프로그램｜制作 제작｜動画 동영상｜広告 광고｜さまざまな 다양한｜分野 분야｜活躍 활약｜スキル 기술｜経験 경험｜生かす 살리다｜募集要項 모집 요강｜採用人数 채용 인원｜大卒 대졸｜資格 자격｜未経験 미경험｜新卒 졸업 예정자｜不可 불가｜職種 직종｜担当 담당｜勤務地 근무지｜提出書類 제출 서류｜履歴書 이력서｜職務経歴書 직무 경력서(경력 증명서)｜卒業証明書 졸업 증명서｜健康診断書 건강 진단서｜経歴者 경력자｜地域 지역｜種類 종류

해설　근무지는 한 곳만 제시되어 있기 때문에 다른 지역이 될 일은 없으므로, 정답은 3번이다.

문제 5 다음의 (1)과 (2)의 글을 읽고 질문에 답하세요. 답은 1·2·3·4에서 가장 적당한 것을 하나 고르세요.

(1)

야마다 씨는 올해 음악 대학을 졸업하고 음악교실에서 피아노 강사로 일하고 있습니다. 야마다 씨는 어렸을 때부터 악기를 연주하거나 노래를 부르는 것을 매우 좋아했습니다. 어른이 되면 음악 선생님이 되려고 매일 연습했습니다. 어렸을 때는 바이올린이나 플루트 등 다양한 악기를 배워왔지만, 중학교 때부터는 그 악기들을 모두 그만두고 본격적으로 피아노를 배우기 시작했습니다. 선생님은 엄격해서 연습은 힘들었지만, 하면 할수록 능숙해져서 피아노 연주가 즐거워졌습니다.

고등학교 3학년 때는 직접 작곡을 해 보게 되었습니다. 계기는 선생님께서 한번 직접 곡을 만들어 보는 것이 어떻겠느냐고 제안하셨기 때문이었습니다. 처음 만든 곡은 기술이 그렇게 어려운 것은 아니었지만, 자신이 직접 만들기는 정말 힘들었습니다. 게다가 직접 만든 곡을 쳐 봐도 정말 좋은 곡인지 몰라서 잘 칠 기분이 들지 않았습니다. 야마다 씨가 실망하자 선생님은 '처음치고는 잘했다'고 칭찬해 주셨습니다. 야마다 씨는 이 말을 듣고 다시 의욕이 생겼습니다. 작곡은 이후로 하지 않았지만, 이 선생님 덕분에 피아노 연습은 멈추지 않고 계속할 수 있었습니다.

그리고 대학생이 되어 장래의 취직자리를 생각했을 때, 야마다 씨의 머릿속에는 음악교실밖에 없었습니다. 야마다 씨는 대학 3학년 때부터 취직 활동을 시작했습니다만, 시작하자마자 지금의 음악교실에서 내정을 받을 수 있었습니다. 실력을 떨어뜨리지 않기 위해서라도 매일의 연습은 힘들지만, 야마다 씨는 자신이 하고 싶은 일을 할 수 있어서 정말 다행이라고 생각합니다.

27 **직접 작곡을 해 보게 되었습니다**라고 했는데, 왜 그렇게 된 것인가?

　　1 한 번쯤 피아노 곡을 스스로 만들어 보고 싶었기 때문에

　　2 대학졸업 후 취업할 회사에서 필요했기 때문에

　　3 어렸을 때부터 음악을 좋아했기 때문에

　　4 피아노 학원 선생님으로부터 제안을 받았기 때문에

해설 작곡을 시작하게 된 계기는 선생님께서 직접 곡을 만들어 보는 것이 어떻겠느냐고 제안하셨기 때문이므로, 정답은 4번이다.

28 야마다 씨는 피아노 학원 선생님에게 칭찬을 받고 어떻게 되었는가?

　　1 이 선생님에게 작곡 공부를 배우고 싶어졌다.

　　2 피아노 이외의 악기도 좋아하게 되었다.

　　3 자신의 곡을 더 만들기로 했다.

　　4 피아노 연습을 멈추지 않고 계속했다.

해설 작곡은 이때 이후로 하지 않았지만, 피아노 연습은 멈추지 않고 계속했다고 했으므로, 정답은 4번이다.

29

본문의 내용과 맞는 것은 어느 것인가?

    1 야마다 씨는 어릴 때부터 피아노만을 필사적으로 연습해 왔다.

    2 야마다 씨의 피아노 학원 선생님은 작곡도 가르쳐 준다.

    3 야마다 씨는 대학생이 되어서도 피아노 연습과 작곡을 계속했다.

    4 야마다 씨는 음악교실에 취직할 수 있어서 다행이라고 생각하고 있다.

해설 매일 연습하는 것은 힘들지만, 야마다 씨는 자신이 하고 싶은 일을 할 수 있어서 정말 다행이라고 생각하고 있기 때문에, 정답은 4번이다. 야마다 씨는 어렸을 때부터 바이올린이나 플루트 등 다양한 악기를 배워 왔고, 피아노 교실 선생님은 자신의 곡을 만들어 보는 것이 어떠냐고 제안을 했을 뿐 가르쳐 준 것이 아니며, 작곡은 고등학교 3학년 때 이후로 안 했다고 했다.

어휘 音楽大学 음악 대학교 | 卒業 졸업 | 講師 강사 | 楽器 악기 | 弾く 연주하다 | 幼い 어리다 | バイオリン 바이올린 | フルート 플루트 | 中学時代 중학교 시절 | やめる 그만두다, 중지하다 | 本格的に 본격적으로 | 習い始める 배우기 시작하다 | 厳しい 엄하다 | ~ば~ほど ~하면 ~할수록 | 演奏 연주 | 高校3年生 고등학교 3학년 | 作曲 작곡 | きっかけ 계기 | 提案 제안 | 技術 기술 | 直接 직접 | 気分 기분 | がっかりする 실망하다 | ほめる 칭찬하다 | やる気 의욕 | ~以来 ~한 이래 | おかげで 덕분에 | 将来 장래 | 就職先 취직 자리, 취직처 | 就職活動 취직 활동, 취업 활동(줄여서 「就活」라고 많이 쓴다) | 内定 내정 | 実力 실력 | 落とす 떨어뜨리다 | 必死に 필사적으로

(2)

현금을 거의 쓰지 않고 매일 ①자전거로 도내를 누비는 아저씨가 화제다. 이렇게 들으면 이상한 아저씨라고 생각하기 쉽지만, 사실 주주우대로 생활을 하고 있다. 주주우대란 기업이 자사 주식을 일정 수 갖고 있는 주주에게 자사 제품이나 서비스, 상품권 등을 선물하는 것이다. 즉, 이 아저씨는 개인 투자자인 것이다.

이 아저씨는 15년 전부터 개인 투자를 시작했다고 하는데, 어느 날 주식에서 실패해 현금이 거의 다 떨어진 시기가 있었다. 실망했던 아저씨에게 온 것이 주식 우대품과 우대권이었다. 그때 우대권의 장점을 깨닫고 그 이후로 계속 이런 생활을 하고 있다고 한다. 우대권은 기한이 만료될 것 같은 것부터 우선적으로 다 쓰도록 하고 있고, 이를 위한 이동수단으로 간편하게 탈 수 있는 자전거를 사용하고 있다고 한다. 자산이 충분하다면 사치스러운 생활을 할 것 같지만, 그러지 않고 우대권을 다 쓰기 위해 땀을 줄줄 흘리며 자전거를 타고 여러 곳에 간다. 이 아저씨에게는 이 생활이 가장 행복하다는 것이다.

사람은 다른 사람과 똑같다는 것에 안심하고, 모두와 다르면 그것은 보통이 아니라고 판단된다. 하지만 사람은 각자 자신의 생각이나 가치관을 가지고 있고, 다른 것은 당연한 것이다. 만약 당신이 남들과 다른 것으로 고민하고 있다면 모두가 정한 '보통'이라는 개념을 버리고 ②자신만의 인생을 살아 보는 것은 어떨까. 이 아저씨처럼 자신만의 인생을 꼭 찾길 바란다.

①자전거로 도내를 누비는 아저씨의 설명으로 바른 것은 어느 것인가?

    1 자전거로 누비는 이유는 기한이 끝날 것 같은 상품권을 기한 내에 사용하고 싶기 때문이다.

    2 자전거로 매일 여러 가게에 가서 현금으로만 생활하고 있다.

    3 자전거로 누벼도 우대권을 다 쓰지 못해 버리는 일이 많은 게 싫다.

    4 자전거를 누비는 것으로 주변에서는 이상한 아저씨로 여겨져 애를 먹고 있다.

이 아저씨가 자전거를 타는 이유는 기한이 끝날 것 같은 우대권이나 상품권을 다 쓰기 위한 이동 수단으로 간편하게 탈 수 있는 자전거를 선택한 것이기 때문에, 정답은 1번이다. 상품권을 다 쓰지 못해서 버린다는 내용이나 이상한 아저씨라고 생각되어 곤란하다는 내용은 본문에 없다.

---

31 ②자신만의 인생을 살아 보는 사람은 어떤 사람인가?

　1 주위로부터의 비판을 잘 듣지 않는 사람

　2 남과 생각이 나르면 사신의 생각을 바꾸는 사람

　3 남과 다른 생활방식에도 신경쓰지 않는 사람

　4 모두가 정한 '보통'을 따르는 사람

자신만의 인생을 산다는 것은 주변과 달라도 신경 쓰지 않고 자신의 인생을 사는 것이라고 했으므로, 정답은 3번이다.

---

32 이 글의 내용과 일치하는 것은 어느 것인가?

　1 자신의 인생을 살기 위해서는 사람들이 정한 '보통'은 크게 신경 쓰지 않아도 된다.

　2 요즘은 자신이 남들과 다른 것으로 고민하는 사람들이 많은 것 같다.

　3 주변과 다르게 행동하면 비판적인 의견을 가지는 사람이 많은 것 같다.

　4 자신만의 인생을 살기 위해 가장 중요한 것은 가치관의 차이를 받아들이는 것이다.

자신이 남들과 다른 것으로 고민하는 사람이 많다거나, 주변과 다르게 행동하면 비판적인 의견을 가지는 사람이 많다는 내용은 없다. 또 자신의 인생을 살기 위해 '보통'을 버리는 게 어떻겠느냐는 것은 가치관의 차이를 받아들이는 것이라고는 할 수 없기 때문에, 정답은 1번이다.

어휘 現金 현금｜自転車 자전거｜都内 도내(도쿄 내)｜走り回る 뛰어다니다, 분주히 돌아다니다｜話題 화제｜株主優待 주주우대｜企業 기업｜自社 자사｜一定数 일정 수｜株主 주주｜〜に対して ~에 대해｜製品 제품｜商品券 상품권｜個人 개인｜投資家 투자자｜がっかりする 실망하다｜届く 도착하다, (물건이)오다｜優待品 우대품｜優待券 우대권｜期限が切れる 기한이 만료된다｜優先的 우선적｜使い切る 다 쓰다｜移動 이동｜手段 수단｜手軽に 간편하게｜資産 자산｜ぜいたく 사치｜汗をダラダラかく 땀을 줄줄 흘린다｜普通 보통｜判断 판단｜価値観 가치관｜当たり前だ 당연하다｜悩む 고민하다｜概念 개념｜人生 인생｜批判 비판｜従う 따르다｜大勢 (사람이)많음, 많이

문제 6 다음 글을 읽고 질문에 답하세요. 답은1 · 2 · 3 · 4에서 가장 적당한 것을 하나 고르세요.

여름 더위 때문에 식욕이 없거나 몸이 나른하거나 해서, 컨디션이 좋지 않은 것을 '더위를 탐'이라고 하는데 더위를 타게 되는 원인은 무엇일까.

우선 첫 번째 원인은 덥고 땀을 많이 흘리면서 체내 수분이 적어져 탈수 증상이 나타나는 것이다. 여름에는 가벼운 작업을 하는 것만으로도 하루 2~3L의 땀을 흘린다. 이로 인해 수분이 부족해 식욕이 없어지고 어지럼 증과 같은 증상이 나타난다. 또 찬 음료나 음식만 먹으면 영양부족이 되기 쉽기 때문에 나른함이나 피로를 느끼기 쉽게 된다. 더욱이 여름은 매우 더운 바깥에 비해 실내는 에어컨으로 시원하기 때문에 실내외 온도 차가 커지기 쉽다. 이로 인해 몸에 부담이 되고 몸 상태가 나빠진다고 한다. 또 여름에는 더워서 잠을 못 자는 탓에 수면 부족으로 피로가 덜 풀리는 것도 더위의 원인이 되는 것이다.

이런 더위를 막기 위해서는 우선 부족하기 쉬운 수분을 잘 섭취하고 영양 균형을 의식해 제대로 식사하는 것이 중요하다. 돼지고기나 콩류, 브로콜리나 키위프루트 등 채소와 과일 등 영양가 높은 음식을 먹는 것이 효과적이다. 또 실내외 온도 차가 5도 이상 나는 것은 좋지 않으므로 에어컨 온도는 28도로 설정해 몸을 너무 차갑게 하지 말 것. 에어컨 때문에 방이 춥다고 느낄 경우는 겉옷을 입고 체온을 조절하는 것도 중요하다. 그리고 목욕하고 몸을 따뜻하게 한 다음 푹 자는 것. 이렇게 함으로써 질 좋은 수면을 취할 수 있다. 잘 때도 온도는 28도, 습도는 50~60%가 적당하고, 밤새 선풍기나 에어컨을 켜 두지 않는 것이 좋다. 그리고 체력을 기르기 위해서라도 약간 땀이 날 정도의 가벼운 운동을 할 것. 땀을 흘리면 더위에 강한 몸을 만들 수 있다. 운동을 하는 시간은 낮에는 너무 덥기 때문에 기온이 조금 낮고 햇볕도 약한 아침이나 저녁 이후에 하는 것이 포인트다.

이처럼 더위는 매일의 식사와 생활 습관을 조심해야 막을 수 있다. 여름을 컨디션 좋게 보낼 수 있도록 자신의 생활 습관을 재검토하길 바란다.

---

[33] 더위를 타게 되는 원인이 되는 것은 어느 것인가?

1 아이스커피나 아이스크림 등 차가운 것만 먹고 있다.
2 매일 밤 20~30분 정도 공원을 걷고 있다.
3 빌딩 해체 공사를 하면서 수분을 잘 섭취하도록 하고 있다.
4 실내 에어컨 온도를 높게 설정해 몸을 차게 하지 않도록 하고 있다.

해설 찬 음료나 음식만 먹으면 영양부족이 되기 쉽기 때문에 더위를 먹는다고 했으므로, 정답은 1번이다.

---

[34] 더위를 타는 것을 막기 위해서는 어떻게 해야 좋은가?

1 채소는 별로 먹지 말고 돼지고기를 많이 먹고 체력을 기른다.
2 자기 전이 아니라 아침에 일어나서 목욕을 천천히 하도록 한다.
3 땀이 조금 날 정도의 가벼운 운동을 하여 체력을 기르도록 한다.
4 에어컨 온도는 낮은 온도로 하고 되도록 방을 시원하게 한다.

해설 더위를 막기 위해서는 영양 균형을 의식해 제대로 식사할 것, 에어컨은 28도로 설정해 몸을 너무 차갑게 하지 말 것, 목욕 후 푹 잘 것, 체력을 기르기 위해서라도 땀이 조금 날 정도의 가벼운 운동을 하는 것이라고 했으므로, 정답은 3번이다.

35 더위를 타는 것을 예방하기 위해 식사나 생활 습관의 포인트가 <u>아닌</u> 것은 어느 것인가?

1 골고루 여러 가지 음식을 먹을 것

2 잘 때는 에어컨을 계속 켜 둘 것

3 목욕을 하고 몸을 따뜻하게 한 후 잘 것

4 냉방이 강한 곳에서는 소매가 긴 옷을 입을 것

해설 에어컨을 켜 놓고 자는 것은 좋지 않다고 했으므로, 정답은 2번이다.

36 이 글의 내용과 <u>일치하지 않는</u> 것은 어떤 것인가?

1 여름에는 수분이 부족하여 식욕이 없어질 수 있다.

2 더위로 잠을 잘 수 없는 탓에 피로가 풀리지 않아 몸 상태가 나빠진다.

3 여름에는 가벼운 운동만 해도 땀이 많이 난다.

4 운동은 땀을 많이 흘리기 쉬운 낮에 하는 것이 효과적이다.

해설 운동을 하는 시간은 낮에는 너무 덥기 때문에 기온이 조금 낮고 햇볕도 약한 아침이나 저녁 이후에 하는 것이 포인트라고 했으니, 정답은 4번이다.

어휘 食欲 식욕 | 体がだるい 몸이 나른하다 | 体調 몸 상태 | 夏バテ 더위를 탐 | 原因 원인 | 汗をかく 땀을 흘리다 | 水分 수분 | 脱水症状 탈수 증상 | 作業 작업 | 不足 부족 | めまい 어지럼증 | 症状 증상 | 栄養不足 영양 부족 | だるさ 나른함 | 疲れ 피로 | 非常に 매우 | ~に対して ~에 대하여 | 室内 실내 | エアコン 에어컨 | 冷える 차갑다 | 室内外 실내외 | 温度差 온도 차 | ~がちだ 자주 ~임, 그러한 경향이 있음 | 負担がかかる 부담이 되다 | 調子が悪い 상태가 나쁘다 | 睡眠不足 수면 부족 | 疲れが取れる 피로가 풀다 | 防ぐ 방지하다, 막다 | 栄養バランス 영양 밸런스 | 意識 의식 | 豚肉 돼지고기 | 豆類 콩류 | 果物 과일 | 効果的 효과적 | 設定 설정 | 上着 겉옷 | 調節 조절 | 重要 중요 | 温める 따뜻하게 한다 | ぐっすり寝る 푹 자다 | 質 질 | 睡眠 수면 | 湿度 습도 | 適切 적절함 | 一晩中 밤새도록 | 扇風機 선풍기 | ~っぱなし ~한 채 | 体力をつける 체력을 키우다 | 昼間 낮 | 気温 기온 | 日差し 햇살 | ~以降 ~이후 | 生活習慣 생활 습관 | 気を付ける 조심하다 | 見直す 재검토하다 | 解体工事 해체 공사 | そでが長い 소매가 길다

236

문제 7 오른쪽 페이지는 어떤 회사의 에너지 절약에 관한 알림이다. 이를 읽고 아래 질문에 답하세요. 답은 1·2·3·4에서 가장 적당한 것을 하나 고르세요.

---

[37] 이 알림의 목적으로 가장 적합하다고 생각되는 것은 어느 것인가?

　1 난방을 잘하는 방법

　2 전기 및 난방 관리 방법

　3 동복 착용 규정

　4 회사에서의 에너지 절약 방법

해설 본문에서는 난방 설정 온도부터 전기 관리하는 방법, 동복 규정 등에 관해 언급하고 있는데, 이 모든 것은 결국 에너지 절약(省エネ)을 위한 것이므로, 정답은 4번이다.

---

[38] 이번 주 금요일은 회사 창립기념일로 쉬고, 다음주 월요일은 공휴일로 쉬어서, 4일 연휴가 된다. 마지막으로 회사를 나가는 사람이 해야 할 일로 올바른 것은 어느 것인가?

　1 난방 온도를 20도로 설정하고 실내를 따뜻하게 하고 나서 돌아간다.

　2 전자기기의 전원을 끄고 콘센트에서 전원 플러그를 뽑고 나서 돌아간다.

　3 목도리나 장갑을 껴서 몸을 따뜻하게 하고 추위 대책을 확실히 하고 돌아간다.

　4 모든 업무를 끝내고 방을 깨끗이 청소하고 나서 돌아간다.

해설 연휴 전에는 컴퓨터나 프린터, 복사기 등의 전원을 끄고, 반드시 전원 플러그를 콘센트에서 빼 놓아야 한다고 했으므로, 정답은 2번이다.

제목 : 에너지 절약에 관한 부탁

* 겨울철 에너지 절약에 협력해 주십시오.

사원 여러분께

 수고하십니다. 총무부 다사키입니다. 에너지 절약에 관한 부탁입니다.

 올해는 전국적으로 강추위가 계속되고 있어 예년에 비해 전력 소비량이 증가하고 있습니다. 전력 부족을 막기 위해서라도 아래 겨울철 에너지 절약에 협력해 주시기를 바랍니다.

내 용

1. 난방 설정 온도는 20℃로 낮게 설정합시다.

2. 회의실이나 화장실, 응접실 등 사용하지 않는 장소의 전기, 난방은 끕시다.

3. 낮에는 바깥 햇살을 받아들여 방을 밝게 하고, 조명을 부분적으로 끕시다.

4. 겨울에는 뜨거운 물이 자주 사용됩니다. 온수기 온도를 낮추고 설거지를 하도록 합시다.

5. 퇴근 시나 주말, 연휴 전에는 컴퓨터나 프린터, 복사기 등의 전원을 끄고 반드시 전원 플러그를 콘센트에서 뽑아 둡시다.

6. 복장은 추위를 잘 막아주고 두껍게 입지 않는 것이 포인드입니다. 목, 손목, 발목을 따뜻하게 하기 위해 머플러나 무릎 담요를 사용합시다. 핫팩 등의 보온 상품을 사용하여 부분적으로 따뜻하게 하는 것도 효과적입니다. 또한 단지 겉옷을 입는 것뿐만 아니라 얇더라도 몸이 따뜻해지고 가볍고 입기 편한 것을 선택합시다.

이상 잘 부탁드리겠습니다.

총무부 다사키 케이타

어휘 省エネ 에너지 절약 | ～に関する ~에 관하다 | 協力 협력 | 総務部 총무부 | 全国的に 전국적으로 | 厳しい 엄한 | 寒さ 강추위 | 例年 예년 | 比べる 비교하다 | 電力 전력 | 消費量 소비량 | 増加 증가 | 電力不足 전력 부족 | 防ぐ 방지하다 | 以下 이하 | 暖房 난방 | 設定 설정 | 温度 온도 | い형용사어간+め 조금 ~한 정도(상태) | 会議室 회의실 | 応接室 응접실 | 使用 사용 | 昼間 낮 | 日差し 햇빛 | 取り入れる 받아들이다, 도입하다 | 照明 조명 | 部分的に 부분적으로 | お湯 뜨거운 물 | 給湯器 온수기 | 下げる 내리다 | 洗い物 설거지 | 退社 퇴근, 퇴직, 퇴사 | 連休 연휴 | 電源 전원 | 必ず 꼭, 반드시 | 抜く 뽑다, 빼다 | 服装 복장 | 厚着 옷을 많이 껴입음 | 首 목 | 手首 손목 | 足首 발목 | 温める 따뜻하게 하다 | ひざ掛け 무릎 담요 | カイロ 핫팩 | 保温グッズ 보온 상품 | 効果的 효과적 | 上着 겉옷 | 薄い 얇다 | お知らせ 알림 | もっとも 가장 | ふさわしい 적합하다 | 管理方法 관리 방법 | 冬服 겨울 옷 | 着用規定 착용 규정 | 創立記念日 창립기념일 | 祝日 공휴일 | 室内 실내 | 手袋 장갑 | 対策 대책 | しっかり 제대로, 확실히 | 業務 업무 | 終わらせる 끝내다, 마치다

문제 1 문제 1에서는 먼저 질문을 들으세요. 그리고 이야기를 듣고 문제지의 1~4 중에서 가장 적당한 것
을 하나 고르세요.

れい Track 5-1

_{おんな ひと おとこ ひと はな}
女の人と男の人が話しています。男の人はこの
_{あと い}
後、どこに行けばいいですか。

女：え、それでは、この施設の利用がはじめての
方のために、注意していただきたいことがあ
りますので、よく聞いてください。まず決め
られた場所以外ではケータイは使えません。
男：え？ 10分後に、友達とここで待ち合わせし
ているのに、どうしよう。じゃ、どこで使え
ばいいですか。
女：3階と5階に、決められた場所があります。
男：はい、わかりました。友達とお茶を飲んだ
り、話したりする時はどこに行ったらいいで
すか。
女：4階にカフェテリアがありますので、そちら
をご利用ください。
男：はい、わかりました。さあ、奈々ちゃん、ど
こまで来たのか電話かけてみるか。

_{おとこ ひと あと い}
男の人はこの後、どこに行けばいいですか。

1　1階
2　2階
3　3階
4　4階

예

여자와 남자가 이야기하고 있습니다. 남자는 이후, 어
디로 가면 됩니까?

여 : 에, 그럼, 이 시설의 이용이 처음이신 분을 위해
주의해 주셨으면 하는 것이 있으므로, 잘 들어 주
세요. 먼저 정해진 장소 이외에서는 휴대전화는
사용할 수 없습니다.
남 : 네? 10분 후에 친구와 여기서 만나기로 했는데,
어쩌지? 그럼, 어디에서 사용하면 됩니까?
여 : 3층과 5층에 정해진 장소가 있습니다.
남 : 네, 알겠습니다. 친구와 차를 마시거나 이야기하
거나 할 때는 어디로 가면 됩니까?
여 : 4층에 카페테리아가 있으므로, 그곳을 이용해 주
십시오.
남 : 네, 알겠습니다. 자, 나나는 어디까지 왔는지 전화
걸어 볼까?

남자는 이후, 어디로 가면 됩니까?

1 1층
2 2층
3 3층
4 4층

해설 남자는 마지막 대화에서 친구에게 '전화 걸어 볼까?'라고 했으므로, 통화가 가능한 3층이나 5층으로 가면 되니 정
답은 3번이 된다.

어휘 施設 시설 | 利用 이용 | 注意 주의 | 以外 의외 | 待ち合わせ (시간과 장소를 정하여)만나기로 함

店員とお客さんが話しています。お客さんはいつお金を入れますか。

女：あの、すみません、携帯電話の料金はいつ
　　引き落とされますか。

男：毎月、7日、14日、21日に引き落とされ
　　ます。

女：今日が15日だから、あと21日だけですね。

男：はい、ただその日が休日になる場合、前日
　　に引き落とされます。

女：あ、そうですか。そしたら今月の21日は日
　　曜日だから、お金を入れるのは20日の土曜
　　日でいいですね。

男：いいえ、引き落としの日が土日の場合、金
　　曜日に引き落とされますので、お金を入れ
　　るのはその前の日までにお願いします。

女：はい、わかりました。ということは…。

お客さんはいつお金を入れますか。

1

1번

점원과 손님이 이야기하고 있습니다. 손님은 언제 돈을 넣습니까?

여 : 저기 실례합니다, 휴대전화 요금은 언제 인출됩니까?

남 : 매월, 7일, 14일, 21일에 인출됩니다.

여 : 오늘이 15일이니까, 앞으로 21일뿐이네요.

남 : 네, 다만 그날이 휴일이 될 경우, 전날 인출됩니다.

여 : 아, 그렇습니까? 그러면 이번 달 21일은 일요일이니까, 돈을 넣는 건 20일 토요일이면 되겠네요.

남 : 아니요, 인출일이 주말인 경우 금요일에 인출되므로, 입금은 그날 전날까지 부탁드립니다.

여 : 네, 알겠습니다. 그렇다는 것은….

손님은 언제 돈을 넣습니까?

해설　인출일이 주말인 경우에는 금요일에 인출되므로 입금은 인출하는 날(금요일) 전날까지 부탁한다고 했으므로, 정답은 1번이다.

어휘　携帯電話 휴대전화 | 引き落とす 인출하다 | 休日 휴일

2ばん 🎧 Track 5-1-02

女の人と男の人が電話で話しています。女の人はこれからどうしますか。

（電話の着信音）

女：ありがとうございます。レストラン桜の山下でございます。

男：すみません、予約をしたいんですが、席空いてますか。

女：ありがとうございます。ご予約でございますね。何名様でしょうか。

男：大人4人と子供2人なんですが、来週の金曜日の午後7時から予約が可能でしょうか。

女：はい、少々お待ちください。

（しばらく経って）

女：申し訳ございません。あいにくその日はすでに満席でございまして…。

男：あっ、そうですか。

女：あの…お客様、近くに当社グループ系列のレストラン紅葉が先日オープンしたのですが、そちらはいかがでしょうか。

男：レストラン紅葉？近いんですか？

女：はい、歩いて5分くらいのところにございます。

男：5分ですか。いいですね。

女：もしそちらでもよろしかったら、空いているお席があるかどうか確認して、もう一度お客様にご連絡いたしましょうか。

男：そうしてもらえると助かります。それじゃ、お願いしますね。

女の人はこれからどうしますか。

1　違うレストランの予約をする
2　系列店に席があるかどうか確認する
3　系列店の店員に会って直接聞く
4　なんとかして空いている席を作る

2번

여자와 남자가 전화로 이야기하고 있습니다. 여자는 앞으로 어떻게 합니까?

（전화의 착신음）

여：감사합니다. 레스토랑 벚꽃의 야마시타입니다.

남：실례합니다, 예약을 하고 싶은데, 자리가 비어 있습니까?

여：감사합니다. 예약이시군요. 몇 분이신가요?

남：성인 4명과 어린이 2명입니다만, 다음주 금요일 오후 7시부터 예약이 가능할까요?

여：네, 잠시만 기다려 주십시오.

（잠시 후）

여：죄송합니다. 공교롭게도 그날은 이미 만석이어서….

남：아, 그래요?

여：저 고객님, 근처에 저희 회사 그룹 계열의 레스토랑 단풍이 얼마 전 문을 열었습니다만, 그쪽은 어떻습니까?

남：레스토랑 단풍? 가까워요?

여：네, 걸어서 5분 정도 거리에 있습니다.

남：5분입니까? 좋네요.

여：혹시 그쪽이라도 괜찮으시다면, 비어 있는 자리가 있는지 확인하고 다시 고객님께 연락드릴까요?

남：그렇게 해 주실 수 있다면 감사하겠습니다. 그럼, 부탁드릴게요.

여자는 앞으로 어떻게 합니까?

1 다른 레스토랑 예약을 한다
2 계열점에 자리가 있는지 확인한다
3 계열점 점원을 만나 직접 묻는다
4 어떻게든 해서 비어 있는 자리를 만든다

해설 여자는 계열점인 단풍에 빈 자리가 있는지 확인하고 다시 고객에게 연락하겠다고 했으므로, 정답은 2번이다.

어휘 着信音 착신음｜～でございます「~である」의 겸양어｜席が空く 자리가 비다｜可能 가능｜少々 조금, 잠깐, 약간 (부사)｜しばらく 잠시, 잠깐｜経つ 시간이 지나다, 경과하다｜あいにく 공교롭게도｜満席 만석｜当社 당사｜系列 계열｜先日 얼마 전｜いかが (형편, 의사 등이)어떠함｜ござる「ある」의 공손한 표현｜いたす「する」의 겸양어｜助かる ① 도움이 되다 ② 살아나다｜直接 직접｜なんとか 어떻게든

会議室で男の人と女の人が話しています。女の人は誰にプレゼンをさせることにしましたか。

男：課長、ちょっとよろしいでしょうか。ご相談したいことがあるんですが。

女：相談？どうしたの？

男：今度の企画発表のことなんですが…。

女：企画発表？

男：はい、あまり自信がなくて…。

女：大丈夫よ、小田君。この間のプレゼンもすごくよくできていたじゃない。

男：先日は先輩が助けてくださったので、なんとかできましたが、とても緊張するタイプなので心配で…。それに今回は中国語で企画発表をしなければならないですし、しっかりできるかどうか…。

女：それじゃ、どうすればいいかしら。

男：渡辺さんにやってもらうのはいかがでしょうか？彼女、中国語が私よりもかなり上手なんですよ。

女：渡辺さん？うーん、いくら中国語が上手でも担当じゃない企画を急にプレゼンするなんて無理じゃないかしら。

男：それもそうですね…。

女：それじゃ、小田君が日本語で話して、渡辺さんに中国語で通訳してもらうのはどう？二人でするなら安心よね。

男：そうですね。ありがとうございます。

女の人は誰にプレゼンをさせることにしましたか。

1 予定通り小田君一人だけにプレゼンをさせる
2 自分が小田君の代わりにプレゼンをする
3 小田君と渡辺さんの二人にプレゼンさせる
4 渡辺さん一人だけにプレゼンをさせる

3번

회의실에서 남자와 여자가 이야기하고 있습니다. 여자는 누구에게 프레젠테이션을 시키기로 했습니까?

남：과장님, 잠깐 괜찮으신가요? 상담하고 싶은 게 있는데요.

여：상담? 무슨 일이야?

남：이번 기획 발표 말인데요.

여：기획 발표?

남：네, 별로 자신이 없어서….

여：괜찮아, 오다 군. 지난번 프레젠테이션도 매우 잘 했잖아.

남：지난번에는 선배님이 도와주셔서 어떻게든 할 수 있었습니다만, 너무 긴장하는 스타일이라 걱정돼서…. 게다가 이번에는 중국어로 기획 발표를 해야 하고, 제대로 할 수 있을지 어떨지….

여：그럼, 어떻게 하면 좋을까?

남：와타나베 씨에게 해 달라고 하는 것은 어떨까요? 그녀는 중국어를 저보다도 훨씬 잘하거든요.

여：와타나베 씨? 음, 아무리 중국어를 잘해도 담당이 아닌 기획을 갑자기 프레젠테이션하는 것은 무리가 아닐까?

남：그것도 그렇네요….

여：그럼, 오다 군이 일본어로 말하고 와타나베 씨에게 중국어로 통역해 달라고 하는 건 어때? 둘이서 한다면 안심이겠지?

남：그렇네요. 감사합니다.

여자는 누구에게 프레젠테이션을 시키기로 했습니까?

1 예정대로 오다 군 한 사람에게만 프레젠테이션을 시킨다
2 자신이 오다 군 대신에 프레젠테이션을 한다
3 오다 군과 와타나베 씨 두 사람에게 프레젠테이션을 시킨다
4 와타나베 씨 혼자에게만 프레젠테이션을 시킨다

해설 여자는 오다 군이 일본어로 말하고, 와타나베 씨가 중국어로 통역을 하면 되겠다고 했으므로, 정답은 3번이다.

어휘 プレゼン 프레젠테이션 | 企画発表 기획 발표 | 自信がない 자신이 없다 | この間 지난번, 요전날 | 助ける 도와주다 | なんとか 어떻게든 | 緊張 긴장 | しっかり 제대로 | かなり 꽤 | 担当 담당 | 急に 갑자기 | なんて ~라니 | 無理 무리 | 通訳 통역 | 安心 안심

会社で女の人と男の人が話しています。女の人は
どうすることにしましたか。

女：先輩、おはようございます。ふぅ…。

男：おはよう。朝から疲れてるみたいだけど、ど
うしたの？

女：ええ、電車が満員で大変だったんです。

男：確かに満員電車って乗ってるだけでも疲れち
ゃうよね。毎朝大変だね。

女：先輩は大丈夫ですか。あ、確か先輩、バスで
通勤してるんですよね。

男：いや、実は今は車で通勤してるんだ。

女：え！？車ですか。車は楽そうですけど、朝の
渋滞ラッシュは大丈夫ですか。

男：思ったよりは混んでないから大丈夫だよ。音
楽を聞きながら運転するから、気分もいいし
ね。

女：でも車って高くありませんか。

男：高いけど、中古車もあるし、休みの日にドラ
イブもできるから1台はあってもいいと思う
よ。

女：いいですね。私も車で通勤しようかな。中古
車だといくらくらいするんですか。

男：今僕が乗ってるのは40万円。

女：へ〜思ったより安いですね。頑張って貯金し
たら買えそうです。

男：うん、おすすめだよ。そういえば免許は持っ
てるの？

女：あ、そうでした。まずはそれから取ることに
します。

女の人はどうすることにしましたか。

1 先輩の車で一緒に通勤することにした
2 明日から車で通勤することにした
3 まずは運転免許を取ることにした
4 先輩の車で運転の練習をすることにした

4번

회사에서 여자와 남자가 이야기하고 있습니다. 여자는
어떻게 하기로 했습니까?

여 : 선배님, 안녕하세요. 후….

남 : 안녕. 아침부터 피곤한 것 같은데, 무슨 일이야?

여 : 네, 전철이 만원이라 힘들었어요.

남 : 확실히 만원전철은 타고 있는 것만으로도 피곤하
지. 매일 아침 힘들겠네.

여 : 선배님은 괜찮으세요? 아, 분명히 선배님은 버스
로 통근하시는 거죠?

남 : 아니, 실은 지금은 차로 통근하고 있어.

여 : 네!? 차요? 차는 편할 것 같지만, 아침 정체 러시
는 괜찮으세요?

남 : 생각보다 붐비지 않으니까 괜찮아. 음악 들으면서
운전하니까 기분도 좋고.

여 : 하지만 차는 비싸지 않나요?

남 : 비싸지만, 중고차도 있고, 쉬는 날에 드라이브도
할 수 있으니까 한 대는 있어도 좋다고 생각해.

여 : 좋네요. 나도 차로 출퇴근 할까. 중고차면 얼마 정
도 하나요?

남 : 지금 내가 타고 있는 것은 40만 엔.

여 : 헤~ 생각보다 싸네요. 열심히 저축하면 살 수 있
을 것 같아요.

남 : 응, 추천해. 그러고 보니 면허는 가지고 있어?

여 : 아, 그랬네요. 일단 그거부터 따도록 할게요.

여자는 어떻게 하기로 했습니까?

1 선배의 차로 함께 통근하기로 했다
2 내일부터 차로 통근하기로 했다
3 우선 운전면허를 따기로 했다
4 선배의 차로 운전 연습을 하기로 했다

해설 여자는 중고차를 살 생각을 하고 있었지만, 면허가 없기 때문에 우선 면허를 따기로 했으므로, 정답은 3번이다.

어휘 確かに 확실히 | 満員電車 만원전철 | 通勤 통근 | 渋滞ラッシュ 정체 러시 | 混む 붐비다, 혼잡하다 | 中古車
중고차 | 貯金 저금 | おすすめ 추천 | 免許 면허

女の人と男の人が話しています。女の人は寝るときどうしますか。

女：ゴホンゴホン。ゴホンゴホン。

男：どうしたの？風邪？

女：そうみたい。昨日から咳も止まらないし、鼻水は出るし、夜も眠れないし辛いのよ。薬局で買った薬は飲んだけど、なかなかよくならなくて。

男：大変だね。部屋の温度はどう？部屋が寒すぎると体も冷たくなるからよくないよ。

女：部屋は暖房をつけてるから暖かいんだけど、もしかして乾燥してるのかしら。

男：それはあるかもね。マスクをして寝てみたら？喉にもいいし。

女：うーん、前にマスクして寝たことがあったんだけど、朝起きたらはずれてるのよ。何かいい方法ないかしら。

男：あ、それなら部屋に洗濯物を干して寝るのはどう？かなり効果があるらしいよ。

女：そうなんだ。いつもは朝に干すんだけど、今日からやってみるよ。

女の人は寝るときどうしますか。

1 病院でもらった薬を飲んでから寝る
2 体が冷たくならないように部屋の温度を上げる
3 喉が乾燥しないようにマスクをする
4 部屋が乾燥しないようにぬれた洗濯物を干す

5번

여자와 남자가 이야기하고 있습니다. 여자는 잘 때 어떻게 합니까?

여 : 콜록콜록. 콜록콜록.

남 : 무슨 일이야? 감기?

여 : 그런 것 같아. 어제부터 기침도 멈추지 않고, 콧물은 나고, 밤에도 잠도 못 자고 힘들어. 약국에서 산 약은 먹었는데 좀처럼 나아지지 않아서.

남 : 큰일이네. 방 온도는 어때? 방이 너무 추우면 몸도 차가워져서 안 좋아.

여 : 방은 난방을 틀어서 따뜻한데, 혹시 건조할까?

남 : 그럴지도 몰라. 마스크를 쓰고 자는 게 어때? 목에도 좋고.

여 : 음, 전에 마스크를 쓰고 잔 적이 있었는데, 아침에 일어나니까 빠진 거야. 무슨 좋은 방법 없을까?

남 : 아, 그렇다면 방에 빨래를 널고 자는 건 어때? 꽤 효과가 있는 것 같아.

여 : 그렇구나. 보통 아침에 말리는데, 오늘부터 해 볼게.

여자는 잘 때 어떻게 합니까?

1 병원에서 받은 약을 먹고 잔다
2 몸이 차가워지지 않도록 방의 온도를 높인다
3 목이 마르지 않도록 마스크를 쓴다
4 방이 건조해지지 않도록 젖은 빨래를 넌다

해설 남자의 빨래 널고 자면 좋다는 조언에 여자가 오늘부터 해 보겠다고 했으므로, 정답은 4번이다.

어휘 咳 기침 | 止まる 멈추다 | 鼻水 콧물 | 辛い 힘들다 | 薬局 약국 | 暖房 난방 | 乾燥 건조 | 喉 목 | はずれる 빠지다 | 干す 널다 | 効果 효과 | ぬれる 젖다

6ばん 🎧 Track 5-1-06

男の人とカード会社の人が話しています。男の人はこれからどうしますか。

男：すみません。カードを落としてしまったのですが、どうしたらいいでしょうか。

女：かしこまりました。カードはどのような種類をご利用でしたか。

男：クレジットカードです。

女：失礼ですが、カードの名義はご本人様でしょうか。

男：いえ、母のカードで、使ってるのは自分なんですが、このまま手続きすることは可能でしょうか。

女：大変申し訳ございません。名義のご本人様でないと、お手続きができません。ご本人様より再度ご連絡いただけますでしょうか。

男：そうですか、わかりました。

男の人はこれからどうしますか。

1 カードの持ち主を調べてから電話を掛けなおす
2 母の代わりに自分がこのまま手続きをする
3 カードの名義人である母に電話をさせる
4 自分の名義のカードを作るために電話をする

6번

남자와 카드 회사 사람이 이야기하고 있습니다. 남자는 앞으로 어떻게 합니까?

남 : 죄송합니다. 카드를 잃어버렸는데, 어떻게 해야 할까요?

여 : 알겠습니다. 카드는 어떤 종류를 이용하셨나요?

남 : 신용카드입니다.

여 : 실례지만, 카드 명의는 본인이신가요?

남 : 아니요, 어머니의 카드로, 사용하고 있는 것은 저입니다만, 이대로 수속하는 것은 가능할까요?

여 : 대단히 죄송합니다. 명의가 본인이 아니면, 절차를 밟을 수 없습니다. 본인이 다시 연락 주실 수 있을까요?

남 : 그렇습니까? 알겠습니다.

남자는 앞으로 어떻게 합니까?

1 카드 주인을 알아보고 나서 전화를 다시 건다
2 어머니 대신 자신이 이대로 수속을 밟는다
3 카드의 명의자인 어머니에게 전화를 하게 한다
4 자기 명의의 카드를 만들기 위해 전화를 한다

해설 카드 분실 신고는 명의자 본인이 해야 하므로, 이 카드의 명의자인 어머니가 직접 전화를 해야 한다. 그러므로 정답은 3번이다.

어휘 かしこまりました 알겠습니다(공손한 표현) | 種類 종류 | 利用 이용 | クレジットカード 신용카드 | 名義 명의 | 本人 본인 | 手続き 수속, 절차 | 再度 다시 | 持ち主 주인 | 調べる 조사하다 | 掛けなおす 다시 걸다 ▶ 동사ます형+なおす 다시(고쳐) ~하다 | 代わりに 대신에

문제 2 문제 2에서는 먼저 질문을 들으세요. 그 후 문제지를 보세요. 읽을 시간이 있습니다. 그리고 이야기를 듣고 문제지의 1~4 중에서 가장 적당한 것을 하나 고르세요.

れい 🎧 Track 5-2	예
女の人と男の人が映画のアプリについて話しています。女の人がこのアプリをダウンロードした一番の理由は何ですか。	여자와 남자가 영화 앱에 대해 이야기하고 있습니다. 여자가 이 앱을 다운로드한 가장 큰 이유는 무엇입니까?
女：田中君もよく映画見るよね。このアプリ使ってる？	여 : 다나카 군도 자주 영화 보지? 이 앱 쓰고 있어?
男：いや、使ってないけど…。	남 : 아니, 사용하지 않는데….
女：ダウンロードしてみたら。映画が見たいときにすぐ予約もできるし、混雑状況も分かるよ。	여 : 다운로드해 보지 그래? 영화가 보고 싶을 때 바로 예약도 할 수 있고, 혼잡 상황도 알 수 있어.
男：へえ、便利だね。	남 : 에~, 편리하네.
女：映画の情報はもちろん、レビューまで載っているから、すごく参考になるよ。	여 : 영화 정보는 물론, 리뷰까지 실려 있기 때문에 굉장히 참고가 돼.
男：ゆりちゃん、もうはまっちゃってるね。	남 : 유리, 이미 빠져 있구나.
女：でも、何よりいいことは、キャンペーンでチケットや限定グッズがもらえることだよ。私は、とにかくたくさん映画が見たいから、よく応募してるよ。	여 : 하지만 무엇보다 좋은 것은 캠페인으로 티켓이나 한정 상품을 받을 수 있는 거야. 난 어쨌든 많은 영화를 보고 싶으니까 자주 응모하고 있어.
男：そうか。いろいろいいね。	남 : 그렇구나. 여러모로 좋네.
女の人がこのアプリをダウンロードした一番の理由は何ですか。	여자가 이 앱을 다운로드한 가장 큰 이유는 무엇입니까?
1 早く映画の情報が知りたいから	1 빨리 영화 정보를 알고 싶으니까
2 キャンペーンに応募してチケットをもらいたいから	2 캠페인에 응모하여 티켓을 받고 싶으니까
3 限定グッズをもらって人に見せたいから	3 한정 상품을 받아서 남에게 보여주고 싶으니까
4 レビューを読んで、話題の映画が見たいから	4 리뷰를 읽고 화제의 영화를 보고 싶으니까

해설 「何よりいいことは 무엇보다 좋은 것은」와 같은 표현이 나오면 뒤에 나오는 말에 집중해야 한다. 여자는 어쨌든 많은 영화를 보고 싶다고 했으니 티켓을 받고 싶은 마음이 드러나 있다는 것을 알 수 있다. 그러므로 캠페인에 응모하여 티켓을 받고 싶다고 한 2번이 정답이 된다.

어휘 アプリ 앱 | 混雑 혼잡 | 状況 상황 | レビュー 리뷰 | 情報 정보 | 載る 실리다 | 参考 참고 | はまる 빠지다, 열중하다 | 限定 한정 | グッズ 상품 | とにかく 어쨌든 | 応募 응모 | 見せる 보여주다 | 話題 화제

女の人と男の人が会社で話しています。男の人は
どうして飲み会に行けませんか。

女：課長、明日お時間ありますか。
男：明日って水曜日だよね。どうしたの？
女：実は明日、吉村さんの誕生日なんですよ。な
　　ので、仕事が終わってから飲み会もしながら
　　誕生日パーティーを開いてあげようと思って
　　るんですが、課長もいかがですか。
男：あ、吉村さん誕生日だったんだ。知らなかっ
　　たな…。でもごめん。明日はちょっと…。
女：もしかして、取引先との飲み会ですか。
男：いや、それが今日の午前中の会議で決まった
　　んだけど、明後日から北海道に出張すること
　　になったんだ。
女：えっ！そうだったんですね。残念です。
男：明日は早く帰って準備をしなくちゃいけない
　　から…。ごめんね。吉村さんにおめでとうっ
　　て伝えておいてね。
女：わかりました。気を付けて行ってきてくださ
　　い。

男の人はどうして飲み会に行けませんか。
1　会議に行かなければならないから
2　取引先との飲み会があるから
3　出張の準備をしなければならないから
4　今から北海道に行かなければならないから

1번

여자와 남자가 회사에서 이야기하고 있습니다. 남자는
왜 회식에 갈 수 없습니까?

여 : 과장님, 내일 시간 있으세요?
남 : 내일이 수요일이지? 무슨 일인데?
여 : 실은 내일 요시무라 씨의 생일이에요. 그래서 일
　　이 끝나고 나서 회식도 하면서 생일파티를 열어
　　주려고 하는데, 과장님도 어떠세요?
남 : 아, 요시무라 씨 생일이었구나. 몰랐네…. 근데 미
　　안. 내일은 좀….
여 : 혹시 거래처와의 술자리인가요?
남 : 아니, 그게 오늘 오전 중 회의에서 정해졌는데, 모
　　레부터 홋카이도로 출장을 가게 되었어.
여 : 아! 그랬군요. 아쉽습니다.
남 : 내일은 일찍 돌아가서 준비를 해야 하니까…. 미
　　안. 요시무라 씨에게 축하한다고 전해 줘.
여 : 알겠습니다. 조심히 다녀오세요.

남자는 왜 회식에 갈 수 없습니까?

1 회의에 가야 해서
2 거래처와의 술자리가 있어서
3 출장 준비를 해야 해서
4 지금부터 홋카이도에 가야 해서

해설 남자는 갑자기 홋카이도로 출장을 가게 되어, 내일은 일찍 귀가하여 준비를 하지 않으면 안 되기 때문에 술자리
에는 갈 수 없다고 했으므로, 정답은 3번이다.

어휘 実は 실은 ┃ 開く (파티, 행사, 대회 등을)열다, 개최하다 ┃ 取引先 거래처 ┃ 午前中 오전 중 ┃ 急に 갑자기 ┃ 伝
える 전하다

2ばん Track 5-2-02

男の子とお母さんが家で話しています。男の子はどうして先生に怒られましたか。

男：ただいま。

女：お帰り。あら、ひろし、なんか元気ないわね。学校で何かあったの？

男：いや、別に…。

女：どうしたの？ いいから言ってみなさい。

男：それが…。今日先生に怒られたんだ。

女：もう！ 何したの？ 授業中に騒いだの？

男：まさか！ そんなことはしないよ。

女：わかった。宿題忘れたんでしょ。あれだけちゃんとかばんに入れなさいって言ったのに。

男：宿題はちゃんと持って行ったんだけど、実は誠君とけんかしちゃってさ。

女：誠君？ あなたたちいつも仲良く遊んでるじゃない。

男：そうなんだけど…。今日の休み時間にゲームのことで大声でけんかしちゃって…。それが先生にも聞こえてたんだ。

女：そうだったの…。

男の子はどうして先生に怒られましたか。

1 授業中に騒いだから
2 宿題を持って行くのを忘れたから
3 友達とけんかしたから
4 かばんを持って行くのを忘れたから

2번

남자아이와 엄마가 집에서 이야기하고 있습니다. 남자아이는 왜 선생님에게 혼났습니까?

남：다녀왔습니다.

여：어서 와. 어머, 히로시, 왠지 기운이 없네. 학교에서 무슨 일 있었어?

남：아니, 별로….

여：왜 그래? 괜찮으니까 말해 봐.

남：그게…. 오늘 선생님한테 혼났어.

여：세상에, 뭐 했어? 수업 중에 떠들었어?

남：설마! 그런 일은 하지 않아.

여：알겠다. 숙제 안 갖고 갔지? 그렇게 가방에 잘 넣으라고 했는데.

남：숙제는 잘 가져갔는데, 실은 마코토 군과 싸워 버려서 말이야.

여：마코토 군? 너희들 항상 사이좋게 놀고 있잖아.

남：그렇긴 한데…. 오늘 쉬는 시간에 게임 때문에 큰 소리로 싸워서…. 그게 선생님께도 들렸어.

여：그랬니…?

남자아이는 왜 선생님에게 혼났습니까?

1 수업 중에 떠들었기 때문에
2 숙제를 가져가는 것을 잊었기 때문에
3 친구랑 싸웠기 때문에
4 가방을 가져가는 것을 잊었기 때문에

해설 남자아이는 쉬는 시간에 친구와 큰 소리로 싸웠고, 그 소리가 선생님께도 들려서 선생님께 혼났다고 했으므로, 정답은 3번이다.

어휘 怒る 화내다 | なんか 왠지, 어쩐지 | 別に 별로, 딱히 | 騒ぐ 떠들다 | 宿題を忘れる 숙제를 안 갖고 가다 | あれだけ 그토록, 그만큼 | ちゃんと 제대로 | けんかをする 싸우다 | 仲良く遊ぶ 사이좋게 놀다 | 大声 큰 소리 | 聞こえる 들리다

男の上司と女の人が話しています。今度の社員旅行はどうすることにしましたか。

男：山本さん、今年の社員旅行のことなんだけど、どうしようか。まだ何も決まってないよね。

女：はい、去年のぽかぽか温泉は他の社員からも好評でした。

男：そうか。そしたら、今年も温泉がいいかな。

女：いやそれが…。

男：うん？

女：温泉はいいんですけど、若い社員の中には社員旅行に行きたくない人たちがけっこういるみたいなんです。

男：あっ、そう？

女：旅行なのに、上司と一緒だと疲れるという声もありますし、最近は仕事とプライベートをしっかり分ける人たちが多いんです。

男：そうか。上司と一緒だとどうしても気を使うからなぁ。

女：ええ、行くなら去年も若い社員から意見が出てたリゾートホテルの方がいいかもしれません。

男：うーん、年配の人たちはリゾートより温泉の方が好きだからな。もう少し考えてみようか。

女：そうですね。その方がいいと思います。

今度の社員旅行はどうすることにしましたか。

1 去年と同じ温泉に行く
2 若者に人気のリゾートホテルに行く
3 まだどうするかわからない
4 今年は行かないことにした

3번

남자 상사와 여자가 이야기하고 있습니다. 이번 사원 여행은 어떻게 하기로 했습니까?

남 : 야마모토 씨, 올해 사원 여행 말인데, 어떻게 할까? 아직 아무것도 정해지지 않았지?

여 : 네, 작년의 따끈따끈 온천은 다른 직원들로부터도 호평을 받았습니다.

남 : 그렇군. 그렇다면 올해도 온천이 좋을까?

여 : 아니 그게….

남 : 응?

여 : 온천은 좋지만, 젊은 직원 중에는 사원 여행을 가고 싶지 않은 사람들이 꽤 있는 것 같습니다.

남 : 아, 그래?

여 : 여행인데, 상사와 함께하면 피곤하다는 의견도 있고, 요즘은 일과 사생활을 확실히 나누는 사람들이 많거든요.

남 : 그렇군. 상사와 함께라면 아무래도 신경을 쓰니까.

여 : 네, 간다면 작년에도 젊은 직원으로부터 의견이 나왔던 리조트 호텔 쪽이 좋을지도 모르겠습니다.

남 : 음, 나이 든 사람들은 리조트보다 온천을 좋아하시니까. 좀 더 생각해 볼까?

여 : 그러네요, 그러는 편이 좋다고 생각해요.

이번 사원 여행은 어떻게 하기로 했습니까?

1 작년과 같은 온천에 간다
2 젊은이들에게 인기 있는 리조트 호텔에 간다
3 아직 어떻게 할지 모른다
4 올해는 가지 않기로 했다

해설 젊은 사원들은 리조트 호텔, 연배가 있는 사람들은 온천을 좋아하기 때문에 좀 더 생각해 보자고 했으므로, 정답은 3번이다.

어휘 上司 상사 | 社員旅行 사원 여행 | 去年 작년 | ぽかぽか 따끈따끈 | 温泉 온천 | 好評 호평 | 若い 젊다 | けっこう 꽤, 상당히 | しっかり 제대로, 확실히 | 分ける 나누다 | どうしても 아무래도 | 気を使う 신경을 쓰다, 배려하다 | 意見 의견 | 年配 연배, 중년 | 若者 젊은이

男の人と女の人が話しています。男の人はどうして手料理が好きだと言っていますか。

男：高木さんって料理得意？

女：うーん、得意っていうほどではないけど、節約のためにも毎日作るわよ。どうして？

男：いや、僕はいつもスーパーかコンビニで買ったものだから、たまには温かい手料理を食べたいなあと思って。

女：毎日作るのも面倒くさいわよ。私は自分で作るより外食の方が楽でいいな。

男：外食もいいけど、やっぱり手作りの方が体にもよさそうだし、心を込めて作ってくれるじゃない？

女：それだったら、彼女に作ってもらったら？

男：彼女は料理があんまり好きじゃないんだよ。お願いしてもいつも嫌そうな顔するし。

女：そしたら一緒に料理教室に行くのはどう？二人とも作れるようになったらいいじゃない。

男：それはいい考えだね。彼女に話してみるよ。

男の人はどうして手料理が好きだと言っていますか。

1 外食より手料理の方がおいしいから

2 体にもいいし、愛情を込めて作ってくれるから

3 料理教室で習って、上手に作れるようになったから

4 彼女が料理が上手なので、いつも食べているから

4번

남자와 여자가 이야기하고 있습니다. 남자는 왜 수제 요리를 좋아한다고 말하고 있습니까?

남 : 다카기 씨는 요리 잘해?

여 : 음, 특기라고 할 정도는 아니지만, 절약을 위해서도 매일 만들어. 왜?

남 : 아니, 나는 항상 슈퍼나 편의점에서 산 것이라서, 가끔은 따뜻한 수제 요리를 먹고 싶다고 생각해서.

여 : 매일 만드는 것도 귀찮아. 나는 내가 만드는 것보다 외식이 편하고 좋겠다.

남 : 외식도 좋지만, 역시 수제 쪽이 몸에도 좋을 것 같고, 정성껏 만들어 주잖아?

여 : 그렇다면 여자친구에게 만들어 달라고 해?

남 : 여자친구는 요리를 별로 좋아하지 않아. 부탁해도 항상 싫은 표정하고.

여 : 그럼, 같이 요리 학원에 가는 건 어때? 둘 다 만들 수 있게 되면 좋잖아.

남 : 그거 좋은 생각이네. 여자친구에게 말해 볼게.

남자는 왜 수제 요리를 좋아한다고 말하고 있습니까?

1 외식보다 수제 요리가 맛있으니까

2 몸에도 좋고 애정을 담아서 만들어 주니까

3 요리 학원에서 배워서 잘 만들 수 있게 되었으니까

4 여자친구가 요리를 잘해서 항상 먹고 있으니까

해설 남자는 요리는 직접 만드는 것이 몸에도 좋을 것 같고, 정성이 들어가서 좋다고 했으므로, 정답은 2번이다.

어휘 手料理 수제 요리 | 得意 특히 잘함 | 節約 절약 | たまには 가끔은 | 外食 외식 | 心を込める 마음을 담다, 정성껏 | 嫌だ 싫다 | 料理教室 요리 교실(학원) | 愛情 애정

男の人と女の人がドラマを見ながら話しています。男の人はどうしてドラマがおもしろくないと言っていますか。

男：最近のドラマってつまらないよね。

女：そう？ 私はけっこうおもしろいと思うけど。

男：今見てるドラマもさ、恋愛の話なんだけど、いつも同じパターンなんだよ。男性主人公に彼女がいるのに浮気して、女性同士がけんかしてさ。もう飽きちゃうよ。

女：それがおもしろいんじゃない。俳優も違うし、ドラマによって設定も変わるからいつでも楽しめるわよ。

男：そうかな。もっといろんなジャンルのドラマがあってもいいと思うんだけど。

女：そうね。でもやっぱり恋愛ストーリーは入れてほしいわね。

男：えー。それだったら僕は見たくないよ。結局結末は同じじゃないか。

女：そんなことないわよ。ドラマによっては悲しい結末もあるし。次の新作ドラマは主人公が恋愛もしながら事件を解決するみたいだよ。ぜひ見てみてよ。

男：うーん…。好きなジャンルじゃないけど、まあでもとりあえず見てみるよ。

男の人はどうしてドラマがおもしろくないと言っていますか。

1 ストーリーが同じパターンだから
2 俳優も設定もすべて同じだから
3 悲しい結末で終わるドラマが多いから
4 主人公が事件を解決しながら恋愛もするから

5번

남자와 여자가 드라마를 보면서 이야기하고 있습니다. 남자는 왜 드라마가 재미없다고 말하고 있습니까?

남 : 요즘 드라마는 재미없네.

여 : 그래? 나는 꽤 재미있다고 생각하는데.

남 : 지금 보고 있는 드라마도 말야, 연애 이야기인데, 항상 같은 패턴이야. 남자 주인공에게 여자친구가 있는데 바람을 피우고, 여자들끼리 싸우고. 벌써 질렸어.

여 : 그게 재밌잖아. 배우도 다르고 드라마에 따라 설정도 달라지니까 언제든지 즐길 수 있어.

남 : 그럴까? 더 다양한 장르의 드라마가 있어도 좋을 것 같은데.

여 : 맞아. 하지만 역시 연애 스토리는 넣었으면 좋겠어.

남 : 음. 그렇다면 나는 보고 싶지 않아. 결국 결말은 똑같잖아.

여 : 그렇지 않아. 드라마에 따라서는 슬픈 결말도 있고. 다음 신작 드라마는 주인공이 연애도 하면서 사건을 해결하는 것 같아. 꼭 봐봐.

남 : 음…. 좋아하는 장르는 아니지만, 뭐 그래도 일단 볼게.

남자는 왜 드라마가 재미없다고 말하고 있습니까?

1 스토리가 같은 패턴이니까

2 배우도 설정도 다 똑같으니까

3 슬픈 결말로 끝나는 드라마가 많으니까

4 주인공이 사건을 해결하면서 연애도 하니까

해설　남자는 드라마가 같은 패턴이어서 재미없고 질린다고 말하고 있으므로, 정답은 1번이다.

어휘　つまらない 재미없다 | 恋愛 연애 | パターン 패턴 | 主人公 주인공 | 浮気する 바람을 피우다 | ~同士 ~끼리 | 飽きる 질리다 | 俳優 배우 | 設定 설정 | ジャンル 장르 | 結局 결국 | 結末 결말 | 新作 신작 | 事件 사건 | 解決 해결 | とりあえず 일단

女の人と男の人が話しています。女の人はどうしてお風呂に入った方がいいと言っていますか。

女：あー、今日も疲れた。早く帰ってゆっくりお風呂に入りたいわ。

男：木村さんって毎日お風呂に入るの？ 僕は面倒くさくてシャワーばっかりだよ。

女：私はお風呂派よ。一日の終わりにお風呂に入ると、心も体もリフレッシュできるしね。

男：確かに疲れが取れて一日をリセットできそうだね。

女：そうそう。それに、お風呂に入りながら、その日あったことを整理して、一日を振り返ることもできるしね。仕事にミスがあったときはこうすればよかったとか、次はこうしようとか。

男：へー、それはいいね。今の家には湯舟がないからできないけど、実家に帰ったときには、久しぶりに入ってみようかな。

女：うん、ぜひそうしてみて！おすすめよ。

女の人はどうしてお風呂に入った方がいいと言っていますか。

1　一日の疲れがとれて、リフレッシュできるから

2　シャワーよりも体がきれいになるから

3　仕事のミスを減らすことができるから

4　その日のスケジュールを考えることができるから

6번

여자와 남자가 이야기하고 있습니다. 여자는 왜 목욕을 하는 편이 좋다고 말하고 있습니까?

여 : 아, 오늘도 피곤해. 빨리 돌아가서 천천히 목욕하고 싶어.

남 : 기무라 씨는 매일 목욕을 하나요? 나는 귀찮아서 샤워만 해.

여 : 나는 목욕파야. 하루의 끝에 목욕을 하면 몸도 마음도 재충전되고.

남 : 확실히 피로가 풀려서 하루를 리셋할 수 있을 것 같네.

여 : 맞아. 게다가 목욕하면서 그날 있었던 일들을 정리하고 하루를 되돌아볼 수도 있고 말이야. 일에 실수가 있을 때는 이렇게 할 걸 그랬나 거나, 다음에는 이렇게 해야지 하거나.

남 : 헤~, 그거 좋네. 지금 집에는 욕조가 없어서 못 하는데, 본가에 돌아갈 때는 오랜만에 들어가 볼까?

여 : 응, 꼭 그렇게 해 봐! 추천해.

여자는 왜 목욕을 하는 편이 좋다고 말하고 있습니까?

1 하루의 피로가 풀리고 재충전이 되기 때문에

2 샤워보다 몸이 깨끗해지기 때문에

3 일의 실수를 줄일 수 있기 때문에

4 그날의 스케줄을 생각할 수 있기 때문에

해설 여자는 하루의 끝에 목욕을 하면 몸도 마음도 재충전되기 때문에 좋다고 했으므로, 정답은 1번이다.

어휘 お風呂に入る (욕조에 들어가는)목욕을 하다 | ～派 ~파 | リフレッシュ 리프레시, 재충전, 상쾌하게 함 | 確かに 확실히 | 疲れが取れる 피로가 풀리다 | リセットする 리셋하다 | 整理 정리 | 振り返る 뒤돌아보다, 돌이켜보다 | 湯舟 욕조 | 実家 본가, 친정 | おすすめ 추천

문제 3　문제 3에서는 문제지에 아무것도 인쇄되어 있지 않습니다. 이 문제는 전체로써 어떤 내용인가를 묻는 문제입니다. 이야기 앞에 질문은 없습니다. 먼저 이야기를 들어 주세요. 그리고 질문과 선택지를 듣고, 1~4 중에서 가장 적당한 것을 하나 고르세요.

れい 🎧 Track 5-3

男の人と女の人が映画を見て話しています。

男：映画、どうだった？

女：まあまあだった。

男：そう？　ぼくは、けっこうよかったと思うけど。主人公の演技もよかったし。

女：うん、確かに。でも、ストーリーがちょっとね…。

男：ストーリー？

女：うん、どこかで聞いたようなストーリーっていうか…。主人公の演技は確かにすばらしかったと思うわ。

男：そう？　ぼくはストーリーもおもしろかったと思うけどね。

女の人は映画についてどう思っていますか。

1　ストーリーも主人公の演技もよかった

2　ストーリーも主人公の演技もよくなかった

3　ストーリーはよかったが、主人公の演技はよくなかった

4　ストーリーはよくなかったが、主人公の演技はよかった

예

남자와 여자가 영화를 보고 이야기하고 있습니다.

남 : 영화, 어땠어?

여 : 그냥 그랬어.

남 : 그래? 난 꽤 좋았다고 생각하는데. 주인공의 연기도 좋았고.

여 : 응, 확실히(그건 그래). 근데 스토리가 좀….

남 : 스토리?

여 : 응, 어디선가 들어본 것 같은 스토리라고 할까…. 주인공의 연기는 확실히 훌륭했다고 생각해.

남 : 그래? 나는 스토리도 재미있었다고 생각하는데.

여자는 영화에 대해 어떻게 생각하고 있습니까?

1　스토리도 주인공의 연기도 좋았다

2　스토리도 주인공의 연기도 좋지 않았다

3　스토리는 좋았지만, 주인공의 연기는 좋지 않았다

4　스토리는 좋지 않았지만, 주인공의 연기는 좋았다

해설　여자는 주인공의 연기는 좋았다고 인정했지만, 스토리가 별로였다고 하였으므로, 정답은 4번이 된다.

어휘　まあまあだ 그저 그렇다 ▶ まあまあ 그럭저럭 | 主人公 주인공 | 演技 연기 | 確かに 확실히 | すばらしい 훌륭하다

女の人が話しています。

女：本日もジャストスーパーにお越しいただき
　　まして、誠にありがとうございます。ご来
　　店中のお客様にご案内申し上げます。
　　本日はジャストスーパー割引の日となって
　　おります。ジャストカードでお支払いいた
　　だくと店内のすべての商品が１０％オフでお
　　買い物が可能です。このほかにも多数の割
　　引イベントをご用意しております。この機
　　会にぜひ、お得なジャストカードにご入会
　　ください。
　　本日もジャストスーパーをご利用いただき
　　まして誠にありがとうございます。

女の人は主に何について伝えていますか。
1　スーパーの利用案内
2　カードの入会案内
3　営業時間の案内
4　割引商品の案内

1번

여자가 이야기하고 있습니다.

여 : 오늘도 서스트 슈퍼를 방문해 주셔서 진심으로
　　감사합니다. 방문 중인 고객님께 안내 말씀드리
　　겠습니다.
　　오늘은 저스트 슈퍼 할인의 날입니다. 저스트 카
　　드로 결제하시면 매장 내 모든 상품이 10% 할인
　　된 가격으로 쇼핑이 가능합니다. 이외에도 다수
　　의 할인 이벤트를 준비하고 있습니다. 이번 기회
　　에 꼭 유익한 저스트 카드에 가입해 주십시오.
　　오늘도 저스트 슈퍼를 이용해 주셔서 진심으로
　　감사합니다.

여자는 주로 무엇에 관해 전하고 있습니까?

1 슈퍼 이용 안내
2 카드 가입 안내
3 영업시간 안내
4 할인상품 안내

해설 카드에 가입하면 모든 상품을 10% 할인된 가격으로 살 수 있을 뿐 아니라 다수의 할인 이벤트가 준비되어 있어 유익하므로, 이번 기회에 카드에 가입할 것을 알리고 있다. 그러므로 정답은 2번이다.

어휘 本日 오늘 | お越しいただく 와 주시다 | 誠に 진심으로 | 来店 내점, 가게로 방문함 | 案内 안내 | 申し上げる 말씀 드리다, 「言う」의 겸양어 | 割引 할인 | 支払う 지불하다 | 商品 상품 | 可能 가능 | 多数 다수 | 用意 준비 | 機会 기회 | ぜひ 꼭, 제발 | お得だ 이득이다 | 入会 입회, 가입 | 利用 이용 | 営業 영업

女の人と男の人が課題について話しています。

女：ああ。どうしよう。夏休みの課題が全然終わらない。

男：どうしたの？

女：それがこの１か月、アメリカに語学留学してたから忙しくて。それに帰国してから体調も悪くなったから何も進んでないの。雅夫君はもう終わった？

男：僕は夏休みに入ってからすぐ終わらせたよ。こういうのは計画を立てて早めに終わらせた方が気持ちが楽だしね。

女：すごいわね。私は嫌なことは一番最後にするタイプだから、早めにしようと思ってたのに…。間に合いそうにないから、今日徹夜するしかないわ。

男：どうしてもできなかったら教授に相談してみたら？ もしかしたら、少し時間をくれるかもしれないよ。

女：うん、そうしてみる。

男の人は課題についてどう考えていますか。

1 責任をもってしっかり終わらせるべきだ
2 嫌なことは最後にした方がいい
3 早めに終わらせた方が気持ちが楽だ
4 教授に相談して期間を延ばしてもらった方がいい

2번

여자와 남자가 과제에 대해 이야기하고 있습니다.

여 : 아, 어쩌지? 여름방학 과제가 전혀 끝나지 않아.

남 : 무슨 일이야?

여 : 그게 지난 한 달 동안 미국에 어학 연수에 갔기 때문에 바빠서. 게다가 귀국하고 나서 컨디션도 나빠서 아무것도 진행되지 않았어. 마사오 군은 벌써 끝났어?

남 : 나는 여름방학에 들어가고 나서 바로 끝냈어. 이런 건 계획을 세워서 빨리 끝내는 게 마음이 편하고.

여 : 대단하네. 나는 싫은 건 제일 마지막에 하는 타입이라서, 빨리하려고 했는데…. 시간에 맞추지 못할 것 같으니까, 오늘 밤을 새울 수밖에 없어.

남 : 아무래도 안 되면 교수님께 상담해 보는 건 어때? 어쩌면 조금 시간을 줄지도 몰라.

여 : 응, 그렇게 해 볼게.

남자는 과제에 대해 어떻게 생각합니까?

1 책임지고 확실히 끝내야 한다
2 싫은 일은 마지막으로 하는 편이 좋다
3 일찍 끝내는 편이 마음이 편하다
4 교수님께 상담해서 기간을 연장시키는 편이 좋다

해설 남자는 과제를 여름방학에 들어가자마자 끝냈고, 이런 건 계획을 세우고 일찍 끝내는 게 마음이 편하다고 했으므로, 정답은 3번이다.

어휘 課題 과제 | 語学留学 어학 연수 | 帰国 귀국 | 体調 컨디션, 몸 상태 | 計画を立てる 계획을 세우다 | 嫌だ 싫다 | 早めに 빨리 | 間に合う 시간에 대다 | 徹夜 밤샘 | 教授 교수 | 相談 상담 | 責任 책임

女の人と男の人が面接について話しています。

女：明後日、いよいよ面接だよ。緊張しないようにしないと。

男：面接のときは、数秒で自分のイメージが決まるから第一印象が大事だよ。

女：それはわかってるんだけど、緊張して表情が硬くなったらどうしよう。

男：今からでも練習しておかないと。あとは、服装に気を付けるとか、大きな声ではきはきと挨拶をするとか。

女：笑顔と服装と大きな声ね。他には何かある？

男：やっぱり面接だから話す内容は重要だと思うよ。どんなにきれいな服を着て笑顔でいたとしても、話の内容が無かったり言葉遣いが悪かったらその人の印象はよくないからね。一番大事だと思うよ。しっかり準備して、面接頑張ってね。

男の人は面接で一番大事なことは何だと言っていますか。

1 明るい表情ときれいな服
2 笑顔と大きな声
3 話の内容と話し方
4 見た目と言葉遣い

3번

여자와 남자가 면접에 대해서 이야기하고 있습니다.

여 : 모레 드디어 면접이야. 긴장하지 않도록 해야 해.

남 : 면접 때는 몇 초면 자신의 이미지가 결정되기 때문에 첫인상이 중요해.

여 : 그건 알지만, 긴장해서 표정이 굳어지면 어쩌지?

남 : 지금이라도 연습해 두지 않으면(안 돼). 그리고 복장에 신경 쓴다거나 큰 소리로 시원시원하게 인사를 한다든가.

여 : 웃는 얼굴과 복장과 큰 목소리 말이지. 또 뭔가 있어?

남 : 역시 면접이니까, 말하는 내용은 중요하다고 생각해. 아무리 예쁜 옷을 입고 웃는 얼굴로 있어도, 말의 내용이 없거나 말투가 나쁘면 그 사람의 인상은 좋지 않으니까. 제일 중요한 것 같아. 준비 잘하고 면접 잘 봐.

남자는 면접에서 가장 중요한 것은 무엇이라고 말하고 있습니까?

1 밝은 표정과 예쁜 옷
2 웃는 얼굴과 큰 소리
3 이야기의 내용과 말투
4 겉보기와 말투

해설 남자는 웃는 얼굴이나 복장, 큰 목소리 등 첫인상도 중요하지만, 이야기의 내용과 말투가 가장 중요하다고 말하고 있으므로, 정답은 3번이다.

어휘 面接 면접 | 緊張 긴장 | 第一印象 첫인상 | 表情が硬い 표정이 굳다 | 服装 복장 | 気を付ける 조심하다 | はきはき 말투나 태도가 확실하고 명료한 모습 | 笑顔 웃는 얼굴 | どんなに～としても 아무리 ~라고 해도 | 言葉遣い 말투 | しっかり 확실히, 제대로 | 見た目 외관, 겉보기

문제 4 문제 4에서는 그림을 보면서 질문을 들어 주세요. 화살표(→)가 가리키는 사람은 뭐라고
　　　　 말합니까? 1~3 중에서 가장 적당한 것을 하나 고르세요.

れい 🎧 Track 5-4

朝、友だちに会いました。何と言いますか。

男：1　おはよう。
　　 2　こんにちは。
　　 3　こんばんは。

예

아침에 친구를 만났습니다. 뭐라고 말합니까?

남：1 안녕.(아침 인사)
　　 2 안녕.(점심 인사)
　　 3 안녕.(저녁 인사)

해설 아침에 친구를 만나 인사하는 장면이다. 「おはようございます」를 친구나 가족에게 말할 때는 줄여서 「おはよう」라고 한다.

어휘 朝 아침 | 友だち 친구 | 会う 만나다

1ばん 🎧 Track 5-4-01

会社を辞める同僚がいます。同僚に何と言いますか。

女：1　長い間、お疲れさまでした。
　　 2　長い間、お待たせしました。
　　 3　長い間、お邪魔しました。

1번

회사를 그만두는 동료가 있습니다. 동료에게 뭐라고 말합니까?

여：1 오랫동안 수고하셨습니다.
　　 2 오랫동안 기다리셨습니다.
　　 3 오랫동안 실례했습니다.

해설 그만두는 사람에 대한 인사말은 1번이다. 2번은 누군가를 오랫동안 기다리게 했을 때, 3번은 주로 내가 상대방의 집이나 방문지에 오랫동안 머물다가 떠날 때 사용하는 인사말이다.

어휘 同僚 동료 | 邪魔 방해

2ばん 🎧 Track 5-4-02

雨が降っていますが、傘を持っていません。友達に何と言いますか。

女：1　申し訳ないんだけど、傘貸してくれる？
　　 2　申し訳ないんだけど、傘借りてくれる？
　　 3　申し訳ないんだけど、傘返してくれる？

2번

비가 오는데 우산이 없습니다. 친구에게 뭐라고 말합니까?

여：1 미안한데, 우산 빌려줄래?
　　 2 미안한데, 우산 빌리게 해줄래?
　　 3 미안한데, 우산 돌려줄래?

해설 우산이 없기 때문에 여자가 친구에게 빌리고 싶어 하는 상황이므로, 정답은 1번이다.

어휘 申し訳ない 할 말이 없다, 미안하다 | 貸す 빌려주다 | 借りる (내가 남에게)빌리다 | 返す 돌리다

今、ちょうど3時ですが、友達の時計は2時50分になっています。友達に何と言いますか。

男：1　その時計、10分も進んでるよ。

　　2　その時計、10分も遅れているよ。

　　3　その時計、10分も遅いよ。

3번

지금 정각 3시인데, 친구의 시계는 2시 50분으로 되어 있습니다. 친구에게 뭐라고 말합니까?

남：1 그 시계, 10분이나 빨라.

　　2 그 시계, 10분이나 느려.

　　3 그 시계, 10분이나 늦다.

해설 '시계가 빠르다'와 '시계가 느리다'를 일본어로 표현할 때 「時計が進む」, 「時計が遅れる」라고 한다. '빠르다/느리다'라고 하여 「はやい/おそい」라고 쓰지 않는다는 것에 주의하자.

어휘 ちょうど 정각 | 時計 시계

取引先の会社の人が、お茶を出してくれようとしています。その人に何と言いますか。

男：1　まだたくさんありますので、どうぞご遠慮なく。

　　2　すぐ失礼しますので、どうぞおかまいなく。

　　3　これから伺いますので、どうぞよろしく。

4번

거래처 회사 사람이 차를 내주려고 합니다. 그 사람한테 뭐라고 말합니까?

남：1 아직 많이 있으니까, 부디 사양하지 마세요.

　　2 곧 실례할 테니(금방 갈 테니), 신경 쓰지 말아주세요.

　　3 앞으로 찾아뵙겠으니, 잘 부탁드립니다.

해설 「どうぞおかまいなく」는 손님이 미안한 마음에 '자기 때문에 너무 신경 쓰지 말라'는 의미로 쓰이므로, 정답은 2번이다. 「どうぞご遠慮なく」는 남에게 무언가를 주거나 권할 때 사양하지 말라는 뜻으로 사용하는 표현이다.

어휘 取引先 거래처 | お茶を出す 차를 내다 | 遠慮 사양 | かまう 신경을 쓰다 | 伺う 「聞く、尋ねる、訪問する」의 겸양어

문제 5 문제 5에서는 문제지에 아무것도 인쇄되어 있지 않습니다. 먼저 문장을 들어 주세요. 그리고 그 대답을 듣고 1~3 중에서 가장 적당한 것을 하나 고르세요.

れい 🎧 Track 5-5

男 : では、お先に失礼します。

女 : 1 本当に失礼ですね。

2 おつかれさまでした。

3 さっきからうるさいですね。

예

남 : 그럼, 먼저 실례하겠습니다.

여 : 1 정말로 무례하군요.

2 수고하셨습니다.

3 아까부터 시끄럽네요.

해설 남자는 일 등이 끝나 '먼저 실례한다' 즉, '먼저 돌아가겠다'고 하였으므로, '수고하셨습니다'라고 대답하는 것이 가장 적당하다.

어휘 先に 먼저 | 失礼 ① 실례 ② 무례 | さっき 조금 전, 아까 | うるさい 시끄럽다

1ばん 🎧 Track 5-5-01

女 : お客様、こちらで召し上がりますか。

男 : 1 いいえ、いただきます。

2 はい、ここで召し上がりたいです。

3 いいえ、持ち帰りでお願いします。

1번

여 : 손님, 여기서 드시겠습니까?

남 : 1 아니요, 잘 먹겠습니다.

2 네, 여기서 드시고 싶어요.

3 아니요, 포장해 주세요.

해설 패스트푸드점 등에서 흔히 쓰이는 표현이다. 「持ち帰り」는 「テイクアウト 테이크아웃」 정도로 생각하면 된다. 2번은 자기 스스로에게 존경어 「召し上がる」를 써서 잘못된 표현이다.

어휘 召し上がる 드시다, 잡수시다 | いただく 「もらう、食べる」의 겸양어 | 持ち帰る 가지고 돌아가다

2ばん 🎧 Track 5-5-02

女 : これ、お口に合うといいのですが…。

男 : 1 わあ、おいしそうですね。

2 やっぱり口には合いませんね。

3 サイズが大きいと思いますよ。

2번

여 : 이거 입맛에 맞았으면 좋겠는데요….

남 : 1 우와, 맛있어 보이네요.

2 역시 입맛에는 맞지 않네요.

3 사이즈가 클 거라고 생각해요.

해설 「お口に合う」는 '입맛에 맞다'란 의미로 「お口に合うかどうかわかりませんが、どうぞ。 입맛에 맞을지 어떨지 모르겠습니다만, 드세요.」는 주로 상대에게 음식을 권할 때 많이 사용한다.

어휘 口に合う 입맛에 맞다 | おいしい 맛있다

3ばん 🎧 Track 5-5-03

女：部長、お客様がお越しになりました。

男：1　え？ 山を越えてきたの？

　　2　それは大変だったね。

　　3　こちらへ案内してくれ。

3번

여 : 부장님, 손님이 오셨습니다.

남 : 1 어? 산을 넘어 왔어?

　　2 그거 힘들었겠네.

　　3 이쪽으로 안내해 주게.

> **해설** 「お越しになる」는 「来る」의 존경어로 '오시다'란 의미이다.

> **어휘** 部長 부장님｜越える 넘다｜案内 안내｜~てくれ ~해 줘(주게)

4ばん 🎧 Track 5-5-04

男：この資料、ちょっと借りてもいいですか。

女：1　あ、すみません、これから会議で使うので…。

　　2　あ、すみません、もう会議で使ったので…。

　　3　あ、すみません、まだ会議では使ってないので…。

4번

남 : 이 자료 좀 빌려도 될까요?

여 : 1 아, 죄송합니다. 이제부터 회의에서 사용하기 때문에….

　　2 아, 죄송합니다. 이미 회의에서 사용했기 때문에….

　　3 아, 죄송합니다, 아직 회의에서는 사용하지 않아서….

> **해설** '자료 빌려도 되느냐'는 질문에 대해 적절한 대답을 찾는 문제이다. 여기서는 「これから 이제부터, 앞으로」, 「もう 이제」, 「まだ 아직」의 용법도 알아두기 바란다.

> **어휘** 資料 자료｜これから 이제부터, 지금부터, 앞으로｜会議 회의｜もう 벌써, 이미, 이제｜まだ 아직(도)

5ばん 🎧 Track 5-5-05

男：今日は僕がおごるよ。

女：1　そんなに怒らなくてもいいのに。

　　2　ううん、そんなわけにはいかないよ。

　　3　いつも私がおごってばかりだね。

5번

남 : 오늘은 내가 살게.

여 : 1 그렇게 화내지 않아도 되는데.

　　2 아니, 그럴 수는 없지.

　　3 맨날 내가 한턱 내기만 하네.

> **해설** 「おごる」는 '밥, 술 등을 내가 사겠다'는 의미이다. 유의어로 「ごちそうする」도 함께 알아두자. 일본의 문화는 상대방에게 얻어먹으려 하지 않는다. 대개 상대의 제안 등을 거절할 때 쓰는 표현인 「そんなわけにはいきません」을 사용하여 그러지 말라고 거절한다.

> **어휘** そんなに 그렇게｜怒る 화내다｜~てばかりだ ~하기만 하다

6ばん 🎧 Track 5-5-06

女 : どうしよう、終電、逃しちゃった。

男 : 1 バスはまだあるから大丈夫だよ。

　　 2 逃したなんてびっくりだね。

　　 3 仕方がないから、次の電車に乗ろう。

6번

여 : 어쩌지? 막차(마지막 전철) 놓쳐 버렸어.

남 : 1 버스는 아직 있으니까 괜찮아.

　　 2 놓쳤다니 깜짝 놀랐네.

　　 3 어쩔 수 없으니, 다음 전철을 타자.

> **해설** 마지막 전철을 놓쳤다고 하자, 버스는 아직 있으니까 괜찮다고 대답한, 1번이 정답이다.

> **어휘** 終電 마지막 전철 | 逃す 놓치다 | ～なんて ~라나, ~하다니 | びっくり 깜짝 놀람 | 仕方がない 어쩔 수 없다

7ばん 🎧 Track 5-5-07

男 : この番号、間違ってませんか。

女 : 1 いいえ、正しい番号はわからないんです

　　　が。

　　 2 えっ？ 合ってるはずないんですが。

　　 3 おかしいですね。何度も確認したはずな

　　　んですが。

7번

남 : 이 번호 틀리지 않았나요?

여 : 1 아니요, 올바른 번호는 모릅니다만.

　　 2 네? 맞을 리가 없는데요.

　　 3 이상하네요. 몇 번이나 확인했을 텐데요.

> **해설** 「～はずだ」는 '당연히(마땅히) ~일 것이다'라는 뉘앙스이므로, 대화의 흐름상 3번이 가장 자연스럽다.

> **어휘** 間違う 틀리다, 잘못되다 | 正しい 올바르다 | 番号 번호 | 合う 맞다 | 何度も 몇 번이나 | 確認 확인

8ばん 🎧 Track 5-5-08

男 : 高橋さん、久しぶり。

女 : 1 あ、部長、ご無沙汰しております。

　　 2 あ、部長、ご苦労様です。

　　 3 あ、部長でいらっしゃいますね。

8번

남 : 다카하시 씨, 오랜만이야.

여 : 1 아, 부장님, 오랜만입니다.

　　 2 아, 부장님, 수고하세요.

　　 3 아, 부장님이시군요.

> **해설** 「ご無沙汰しております」는 '그동안 격조했습니다, 연락이 뜸했습니다'라는 표현이다. '오랜만이야'라는 말에 가장 적절한 반응은 1번이다. 「ご苦労様」는 윗사람이 아랫사람에게 쓰는 표현이다.

> **어휘** 久しぶり 오래간만 | 無沙汰 소식을 전하지 않음, 격조함 | 苦労 수고, 고생

9ばん 🎧 Track 5-5-09	9번
女：気に入っていただけるとうれしいのですが。 男：1　お気遣いありがとうございます。 　　2　そんなに気にしないでください。 　　3　多分、気に入ると思います。	여：마음에 드셨으면 좋겠는데요. 남：1 신경 써 주셔서 감사합니다. 　　2 그렇게 신경 쓰지 마세요. 　　3 아마 마음에 드실 거예요.

해설 「気に入っていただけるとうれしいのですが」는 뭔가 선물을 줄 때 쓰는 표현으로 이에 대한 대답으로는 '신경 써 주셔서 감사합니다'라고 대답한 1번이 정답이다.

어휘 気に入る 마음에 들다 | 気遣い 마음을 씀, 배려 | 気にする 신경 쓰다, 배려하다

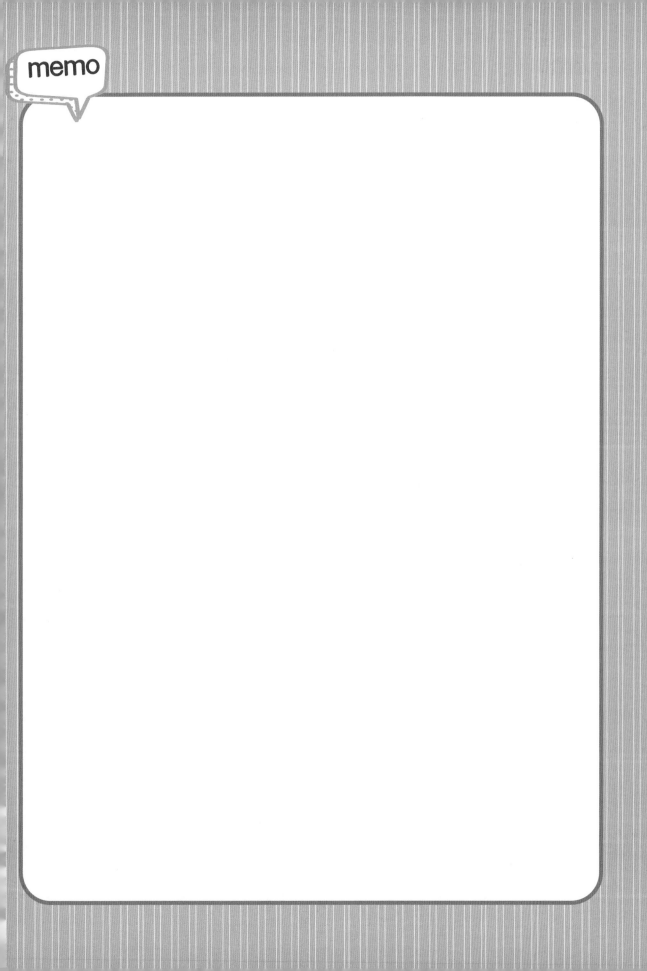
memo